Leopold Friedrich Franz,

Herzog und Fürst von Anhalt-Deßau.

Nicht immer strömte der Ruf von dem, was edle Fürsten thaten, mit den Jahrhunderten fort; allein die mächtige Wirkung ihres Beispiels, welches von ihnen der lernende Freund sah', dem Enkel es zeigte, verflicht sich in die Thaten der Nachwelt, zwar ins Geheim, doch gewiß.

Wessenberg.

Gedruckt in der Hofbuchdruckerei.

Leopold Friedrich Franz,

Herzog und Fürst von Anhalt-Deßau,

ältestregierender Fürst in Anhalt,

nach

Seinem Wirken und Wesen.

Mit Hinblick auf merkwürdige Erscheinungen Seiner Zeit

geschildert

von

dem Propst und Doktor der Philosophie

Friedrich Reil.

Verlag von Karl Aue in Dessau.

1845.

Titel *Herzog Leopold Friedrich Franz von Anhalt-Dessau,* unbekannter Künstler, Pastellkreide auf Papier, um 1800. Gymnasium Francisceum Zerbst.

Die Deutsche Bibliothek - CIP-Einheitsaufnahme
Reil, Friedrich:
Leopold Friedrich Franz, Herzog und Fürst von Anhalt-Dessau, ältestregierender Fürst von Anhalt, nach seinem Wirken und Wesen; mit Hinblick auf merkwürdige Erscheinungen seiner Zeit / geschildert von Friedrich Reil. - (Nachdr. der Ausg.)
Dessau, Aue, 1845. – Wörlitz: Kettmann, 1995

ISBN 3-930696-01-0 Pb.

Gesamtherstellung:
Alfa-Druck GmbH, Levinstraße 9a, 37079 Göttingen

Vorrede.

Hiermit übergebe ich dem größern Publikum, zunächst meinen lieben Landsleuten, meine Schrift: **Leopold Friedrich Franz**, Herzog zu Anhalt-Deßau ꝛc., schüchtern, aber mit Vertrauen und mit der Bitte um freundliche Aufnahme und billige Beurtheilung. Eine vollständige Biographie und Regierungsgeschichte des Fürsten darf man hier nicht erwarten, weil ich sie nicht geben wollte und nicht geben konnte. Dazu fehlte mir eines Theils das Material, das ich aus den Archiven, Correspondencen, öffentlichen Erlassen und Papieren von Privatpersonen hätte mühsam zusammensuchen müssen, anderen Theils das rechte Geschick eines Biographen, der über seinen Stoff Herr zu werden versteht. Was ich gebe, ist das Ergebniß eigener Beobachtung, Selbsterfahrung und Erforschung, das Opfer kindlicher Pietät gegen einen Fürsten, den als Menschen ich kennen, verehren und lieben gelernt, unter dessen Augen, auf dessen Schulen und in dessen näherem und vertrauterem Umgange ich erzogen, unterrichtet und gebildet worden bin. Möge der Herrliche, der nie aufgehört hat für Andere zu leben, dereinst einen tüchtigeren und würdigeren Biographen finden.

Deutschland, dessen Liebling der Fürst Franz von Deßau noch vor funfzig Jahren war, hat Ihn ganz vergessen; die Zeitumstände haben Sein Andenken aus dem Gedächtnisse der Menschen verdrängt, und es hat mich oft befremdet und schmerzhaft berührt, wenn ich auf meinem Lebenswege sogar Gelehrte und wissenschaftlich gebildete Männer antraf, welchen ich doch Kenntniß der Geschichte, der Aufklärung und Entwickelung menschlicher Kultur in Deutschland, wo der Fürst von Deßau auch ein Stern unter Sternen glänzt, zutrauen durfte, die so wenig von Ihm und Seiner Wirksamkeit wußten, daß sie die wissenschaftlichen und Wohlthätigkeits-Anstalten, die Kunstwerke und Naturverschönerungen des Deßauer Landes keinem Andern, als dem weltberühmten Fürsten Leopold, dem Sieger bei Kesselsdorf, zuschrieben. Solcher Unkundigen begegne ich leider! noch alle Tage, wie erst noch vor wenigen Wochen in den Osterländischen Blättern 1845 St. 16. 17. Es ist der Jetztwelt eigenthümlich, gereicht ihr aber keineswegs zur Ehre, daß sie der großen, menschenfreundlichen und liebenswürdigen Männer, auf deren Schultern sie doch steht, so selten und nur so im Vorbeigehen gedenkt, daß sie aus der Acht läßt und sich selbst verbirgt, wie sie auf die Bahn, wo sie sich eben tummelt, wo sie jubelt, zum Kampf sich rüstet und „Vorwärts“ schreitet, von Jenen doch erst gerufen, gedrängt, getrieben, ja oft genug gestoßen worden ist. Aber Arminius, der vor achtzehn hundert Jahren die Römer schlug, erhält sein Denkmal, und Hengist und Horsa, welche von kundigen Geschichtsforschern nicht einmal für Menschen gehalten werden, werden in Walhalla untergebracht. Was ist Nachruhm!

In dem Lande, das dem Fürsten Franz seine Erhebung und Verschönerung verdankt, leben nur noch Wenige, die Ihn gekannt haben und Zeugen Seiner rastlosen Thätigkeit für das wahre Gute gewesen sind. Das jüngere Geschlecht, das sich auf dem Schauplatz Seines Ruhmes jetzt froh bewegt, weiß wenig mehr von Ihm, als der Fremde, der aus der Ferne noch herkommt, die Denkmale Seiner Fürsorge für die Nachwelt zu betrachten. Darum ist es Zeit, besonders in unsern Tagen, wo man über den Genuß der Gegenwart der Vergangenheit mit ihren rüstigen Trägern und hehren Führern so leicht und so schnöde vergißt, Ihn wieder in Erinnerung zu bringen, damit die Höchsten wie die Niedrigsten sich an Ihm erbauen und sich überzeugen, daß ächte Fürstengröße nur in der Schule der Humanität gedeiht, deren ausgezeichneter und erhabener Zögling Er war.

Bei der Ausarbeitung meiner Schrift bin ich hier und da auf Schwierigkeiten gestoßen, die ich nur mühsam beseitigen konnte, und ich gestehe gern, daß Unrichtigkeiten vorkommen können, welche ich bei dem besten Willen nicht zu vermeiden im Stande war. Ich konnte mich zwar, unterstützt von meinen, bald mit Tinte, bald nur mit Bleistift geschriebenen Notizen, auf mein treues Gedächtniß verlassen, und das Meiste aus der Erinnerung sicher niederschreiben. Dennoch mußte ich zuweilen, wie Göthe, zur Dichtung, zur Divination meine Zuflucht nehmen, um das Rechte zu treffen und das Gewisse, was verschleiert war, an das Licht zu bringen. Es bleibt doch wahr, daß der beste Geschichtschreiber wie der beste Prophet der ist, der gut vermuthet. Beide müssen Manches errathen und in dem gegebenen Stoffe den Geist suchen, welcher darin verborgen ist. Was ich hier andeute, gilt besonders vom zweiten Abschnitt meiner Schrift. Der Fürst gab Sich selten die Mühe, Sich immer ganz und deutlich auszusprechen, noch war es zu erwarten, daß Er allemal Sein „Geheimniß" offenbaren würde. Er ließ oft nur errathen, und man konnte und durfte nicht immer fragen, wenn man Etwas nicht recht verstanden hatte. Er widersprach Sich auch zuweilen, ohne es Selbst zu wissen, und stellte manchmal, wenn Er denselben Gegenstand öfter berührte, ein Faktum ganz anders hin, als es wirklich vorgekommen war und der Zeit und den Umständen nach sein konnte. Er hatte Manches aus Seinem Leben vergessen, oder Sich davon

Unpassendes und Widersprechendes zusammengesetzt, das Er für ganz angemessen und sicher hielt. Hier mußte man nur für sich das Wahrscheinlichste heraussuchen und konnte froh sein, wenn man die Widersprüche glücklich überwunden hatte. Uebrigens habe ich die eigenen Worte, eigenthümlichen Ausdrücke und Wendungen aus den Gesprächen und Unterhaltungen des Fürsten mit mir und Anderen genau beibehalten, woran Jeder, der Ihn gekannt und mit Ihm in näherer Verbindung gestanden hat, Ihn sogleich wieder erkennen wird. Um die lästigen Einschiebsel: sagte, erwiderte, antwortete Er, möglichst zu vermeiden, habe ich den eigenen Worten des Fürsten da, wo es anging, ohne unverständlich zu werden, die gewöhnlichen Anführungszeichen („ “) vor- und nachgesetzt, so daß sie von den Worten Anderer leicht zu unterscheiden sind. Auch habe ich Wiederholungen nicht wohl vermeiden können. Sie sind übrigens da, wo sie vorkommen, allemal an ihrer Stelle und dienen zur Erläuterung und zum bessern Verständniß des Andern.

Daß ich im zweiten Abschnitt so viel von mir selber spreche und meine eigenen, doch so kleinen Erlebnisse in die Darstellung Seines herrlichen Lebens mit einflechte, wird man mir verzeihen. Es ist weder aus Eitelkeit, die mir fremd ist, noch aus irgend einem andern Grunde, den man etwa darin suchen möchte, geschehen. Wollte ich Alles treu wiedergeben, was ich von Ihm gehört und gesehen, aus Seinen Händen für mich empfangen und durch Seine Vermittelung, die ich oft in Anspruch nahm, auch für Andere erlangt habe, wodurch ich eben Sein Wesen und Wirken in das rechte Licht stellen konnte, so mußte ich gerade aus meinem Leben Vieles mittheilen, was Manches in dem Seinigen erklärt, mit demselben in besonderer Verbindung steht, sich darauf bezieht und Aufschlüsse über gewisse Vorfälle giebt, die auf keine bequemere Weise erwähnt werden konnten. Wenn man mit Jemandem lange und unter seinen Augen gelebt hat und in Vertrauen und Liebe an ihn gebunden gewesen ist, so ist das, was unserm Leben angehört von dem seinigen, vorausgesetzt, daß es ein edel-menschliches war, schwer zu trennen, sondern es ist gleichsam darin aufgegangen.

Noch hatte ich bei Abfassung meiner Schrift die Absicht, den treuen Gefährten und Mitarbeitern des Fürsten ein kleines Denkmal zu setzen und sie meinen Landsleuten, unter welchen sich ihre Kinder und Kindeskinder befinden, theuer und werth zu machen. Ich habe sie mit aufgeführt und genannt, ohne Rücksicht auf Herkommen, Stand und Würden, die Edlen, Kunstfertigen und unermüdlich Thätigen, in welchen ich Viele als meine Lehrer, Wohlthäter und Freunde verehre, und gezeigt, wie der Fürst gern von ihnen sprach, Sich ihrer mit Wohlgefallen erinnerte und ihre Verdienste um Ihn und das ganze Land dankbar anerkannte.

Allerdings mußte ich dann auch, um gerecht zu sein, da, wo es unvermeidlich war, der Wenigen erwähnen, und auf sie hindeuten, auf welche der Fürst mit Recht nicht gut zu sprechen war, die Ihn getäuscht und, bei allen ihren sonstigen Vorzügen, Seinen Erwartungen keineswegs entsprochen hatten.

Der Gegenstand, den ich bearbeitete, und der Zweck, den ich dabei vor Augen hatte, brachten es mit sich, daß ich der traurigen Lage des Landes gedachte, wo der Fürst Sein Tagewerk begann und Seine Thätigkeit entwickelte. Er konnte mir die hülflose Lage und traurige Beschaffenheit des Landes, so wie die Zustände und sittliche Verwahrlosung der Einwohner nicht schrecklich genug schildern. Will man Ihn als zweiten Schöpfer des Landes und Retter des Volkes recht würdigen, so muß man das, was Er für Land und Leute gethan hat, mit dem vergleichen können, was sie waren, als Er auftrat, und Sich entschlossen hatte, ihnen aufzuhelfen und ein besseres und glücklicheres Geschlecht um Sich zu sammeln.

Daß endlich in meiner Schrift polemische Tendenzen vorkommen, möge Keinen befremden. Ich mußte den Feinden der Aufklärung und des Lichts, der Entwickelung und des Fortschrittes entgegentreten, die sich herausgenommen haben, den Fürsten Franz deswegen zu tadeln und Sein Verdienst herabzusetzen, weil Er Sich den Männern der Aufklärung und des

Fortschrittes angeschlossen, und dadurch den christlichen Glauben und die Sittlichkeit des Volkes gefährdet habe. Es lohnt übrigens nicht die Mühe, mit ihnen zu streiten. Denn auf ihrem beschränkten Standpunkte, der Schule der Humanität so fern stehend, wobei ich sie hier auf Herder's Ideen, Th. 3. S. 306 u. ff., erste Ausg. 1787, verweise — sind sie gar nicht fähig und tüchtig, einen Mann recht zu beurtheilen und unbefangen zu würdigen, der Sich durch Willen und That über Sein Zeitalter muthig erhoben hat und einer neuen und bessern Ordnung der Dinge in ganz Deutschland, wie in Seinem eigenen Lande, Bahn brechen half.

Delitzsch, im Mai 1845.

Der Verfasser.

Erster Abschnitt.

Leopold Friedrich Franz,

Herzog und Fürst zu Anhalt-Deßau, ältest regierender Fürst in Anhalt.

Sein Wirken.

„Vieles sehen wir wohl, was groß und schön ist,
In dem Leben. Allein das ist das Höchste,
Was des Sterblichen Auge
Sehn kann, ein Fürst, der Glückliche macht."

Klopstock.

Leopold Friedrich Franz, Herzog und Fürst zu Anhalt-Deßau, ältester Sohn des Fürsten Leopold Maximilian und der Gidela Agnes, geb. Prinzessin von Anhalt-Cöthen, wurde geboren zu Deßau am 10. August 1740, trat die Regierung des Landes an den 20. October 1758, vermählte Sich den 25. Juli 1767 mit der Prinzessin Louise Henriette Wilhelmine (des Markgrafen Heinrich Friedrich von Brandenburg-Schwedt und der Leopoldine Marie, des Fürsten Leopold von Deßau, unsers Franz Großvaters Tochter), geboren den 24. September 1750, gestorben den 14. December 1811, beging Sein Regierungs-Jubiläum den 20. October 1808 und starb, als ältest regierender Fürst in Anhalt, den 9. August 1817 auf dem Lustschlosse Luisium bei Deßau. Ein Mann, ein Fürst, ein Mensch, wie Wenige, ein Genius, auf den die Menschheit stolz sein kann. Die

Stimmen der Zeit, in welcher Er lebte und wirkte, sprechen nur Sein Lob aus, verkündigen, wie aus Einem Munde, Seinen Ruhm, rufen laut den entferntesten Geschlechtern zu: Fürst Franz von Deßau ist als Regent, wie als Mensch die Ehre und der Glanz Seines Jahrhunderts! — Nicht der Gehülfe eines Eroberers wollte Er sein, nicht Städte zerstören, Länder verwüsten und Jammer verbreiten. Krieg war nicht sein Losungswort, sondern Friede. Er schloß Sich den Helden nicht an, welche groß genannt werden, weil sie, von Menschenblut triefende Waffen in der Hand, nur Großes gethan. Er hat Sich höher gestellt. Ein ganzer Mann, ein ganzer Fürst, ein ganzer Mensch, hatte Er Einen durchgreifenden ganzen Lebensplan, den Er vom Tage Seines Regierungsantritts an bis zu seinem Abscheiden rastlos verfolgte; als Schöpfer Seines Landes, als Retter, Wohlthäter und Beglücker Seiner Unterthanen, wollte Er den hehren, schönen Namen Vater des Vaterlandes verdienen und hat ihn errungen.

Wäre Sein Großvater länger leben geblieben, so würde Fürst Franz ein tüchtiger Kriegsmann, ein guter Finanz-Direktor und ein großer Jäger geworden sein — und weiter nichts. Auch Sein Vater und Seine Mutter lebten nicht lange genug und in einer viel zu stürmischen und bewegten Zeit, als daß sie sich viel und ernstlich um Seine früheste Erziehung hätten bekümmern können. Allein Sein Vormund und Oheim, der edle und menschenfreundliche Fürst Dietrich, wenn auch nicht selbst in Kunst und Wissenschaften erfahren und geübt, ließ Ihn, den Lernbegierigen und Hochstrebenden, früh für die schönen Wissenschaften und Künste durch Andere gewinnen und allmählig begeistern und

Ihm Alles geben, was man damals zur Erziehung und Bildung eines jungen Fürsten rechnete.

In allen ritterlichen Uebungen, im Reiten, Fechten, Tanzen und Wagenlenken, brachte Er es bald zu einer außerordentlichen Fertigkeit, so daß Er sogar Seine Lehrmeister weit übertraf und Sich vor Allen, die mit Ihm wetteiferten, durch männlichen Anstand, durch Freiheit und Sicherheit in den Bewegungen und durch Festigkeit und große Kühnheit auszeichnete.

„Bei dem Allen," sagte Er mir bei einer gewissen Gelegenheit, „fehlte mir Anmuth und Feinheit, die mir meine Umgebungen nicht mittheilen konnten, weil sie sie selbst nicht hatten. Ich blieb in gewissen Dingen noch ungeschlacht und unmanierlich, denn erst in England habe ich mit Messer und Gabel umgehen lernen." — Im Französischen, in der Geschichte der Regenten, ihrer Höfe, ihrer innern und äußern Verhältnisse wurde Er sehr gut unterrichtet, und Ihm, was bemerkt zu werden verdient, mit einer besonderen Vorliebe durch Wort und Beispiel empfohlen, die Jagd, namentlich die Parforcejagd, nicht bloß zur Lust, sondern auch als Kunst zu treiben. Sein vorzüglichster Lehrer war ein Herr L'estocq, sein würdiger Oberhofmeister ein Herr von Guericke. — Das Kriegshandwerk, das Ihm wenig zusagte, lernte Er, wie es Sitte war, praktisch beim Regiment, dessen Inhaber Er nach dem Tode Seines Vaters geworden war, in Halle, machte in den Jahren 1756 und 1757 als Volontair, in Seinem 16. Jahre, unter Seinem Oheim, dem kriegserfahrnen Fürsten Moritz, die Feldzüge in Sachsen und Böhmen mit, wo Er noch der Schlacht und Belagerung von Prag beiwohnte, wegen zunehmender, sehr bedenklicher

Kränklichkeit aber das Heer verließ und Sich, da Sein Vormund noch andere gewichtige Ursachen hatte, Ihn bei sich und im Lande zu behalten, gedrängt sahe, um Seine Entlassung zu bitten, die Er auch, als Oberst von der Infanterie, erhielt, worauf Er, vom Kaiser für volljährig erklärt, die Regierung des Landes antrat.

Die Folgen dieses gewiß nothwendigen und wohlüberlegten, Friedrich dem Großen aber, der darin eine Hinneigung des jungen Fürsten zu Kaiser und Reich sahe, nicht gehörig motivirten Schrittes, blieben nicht aus. Friedrich behandelte das Land feindselig, wie eine eroberte Provinz, und legte demselben jährlich bis 1763 unerträgliche Lasten auf. — Diese harte Behandlung, welche Fürst Franz vom großen König aus dieser Veranlassung und noch bald darauf in Beziehung auf Seine Vermählung erfahren und Sich gefallen lassen mußte, ist Ihm immer im Gedächtniß geblieben und Er hat Sich darüber gegen mich mehrmals recht empfindlich geäußert. Als der verstorbene König Friedrich Wilhelm III. im Jahre 1812 von Dresden, wohin ihn Napoleon, wie es hieß, hatte entbieten lassen, nach Wörlitz kam und ich mich gegen den Fürsten über das tyrannische Betragen des Kaisers derb aussprach, sagte der Fürst: „Sie können glauben, ich habe vor Friedrich dem Großen mehr Furcht gehabt, als ich vor dem Kaiser habe. Friedrich ließ sich, wenn er böse war und etwas argwöhnte, gar nicht bedeuten und bestand fest auf seinen Kopf. Er war viel hartnäckiger, als Napoleon, und in seinen Ausdrücken und in seinem Verhalten, wenn er etwas gegen Jemand hatte, sehr bitter und ungerecht. Der Kaiser ist meist sprudelnd und grob, nimmt aber doch zuletzt raison an. Friedrich in seinem Unwillen beachtete gar nicht, was man sagte und schrieb. Was er wollte, mußte durchaus geschehen."

Selten hat wohl ein Fürst unter so schwierigen Umständen und in so drückenden Verhältnissen die Regierung seines Landes angetreten, als Fürst Franz. Die öffentlichen Kassen waren erschöpft und das Privat-Vermögen Seiner Unterthanen zu Grunde gerichtet. Er konnte auf ihren Beitrag zur Abtragung der Kriegssteuer, so wie auf ihren Beistand, das allgemeine Elend zu mildern, nicht rechnen; sie sahen aber auf Ihn und harrten auf Seine Hülfe und Vermittelung. Da Er Sich gewissermaßen die Schuld an dem Unglücke beimessen mußte, von welchem sie heimgesucht wurden, so ward Sein junges, menschenfreundliches Herz mächtig von ihrer Noth ergriffen und tief über das Elend, dem sie Preis gegeben worden, erschüttert. Er zahlte daher die Kriegessteuer aus eigenen Mitteln, gab dazu Sein ganzes reiches väterliches Erbe her, versetzte und verkaufte Sein Silbergeschirr und viele Kostbarkeiten und erließ dennoch Seinen Unterthanen, um ihnen Erleichterung zu verschaffen, den Frohnpfennig. Doch das war nur Hülfe für den Augenblick, eine Palliativkur, die nicht nachhaltig wirken konnte, weil das Uebel tiefer lag. Es lag, um es hier mit wenigen Worten zu sagen, in der gänzlichen Vernachlässigung der Landes- und Menschenkultur, wie damals überall in Deutschland.

Hier mußte gründlich und überall, mit vieler Umsicht, mit beharrlichem Ernst, mit großer Geduld und mit weiser Berücksichtigung sowohl der Personen, als der Verhältnisse für Gegenwart und Zukunft, geholfen werden, wenn Land und Leute vor Verkümmerung und Verarmung bewahrt, wenn diese vor allen Dingen zur Selbstthätigkeit und Kraftanstrengung ermuntert und gebildet und mit Freude über den Fortschritt und seine Segnungen erfüllt werden sollten. Es kam auf nichts Geringeres an, als auf eine durchgreifende Reform alles Bestehenden in Wissenschaft und Leben, in Schule und Kirche, als auf Umgestaltung alles Gegebenen und Vorhandenen, kurz auf eine neue Schöpfung aller Dinge, durch die das Alte verjüngt, das Rohe veredelt und verschönert und allenthalben, wo es sich thun ließ, einem neuen Geiste in einem neuen Leibe Bahn gebrochen und Raum gegeben werden sollte. Der Fürst, jung, feurig und voll Thatkraft, begeistert für alles Gute und Edle, ahnte es, fühlte es wohl und hielt es nicht für unmöglich, daß solche Wiedergeburt Seines Landes, solche Erhebung Seines Volkes wirklich und zur Wahrheit werden, wenigstens zum Theil bewerkstelligt und dabei die Bewegung und Entwickelung des menschlichen Geistes in Allem, was ihn erhebet und ihm zur Zierde gereicht, veranlaßt und hervorgerufen werden könnte. Er sahe das Ziel vor Sich, dem Er zueilen und das zu erreichen Er auch hoffen durfte. Die Aufgabe, die Er zu lösen hatte, war allerdings nicht leicht, ihre Lösung schien Ihm aber möglich; Er erkannte Seinen Beruf, der Retter, Wohlthäter und Beglücker Seines Volkes zu werden, und machte es Sich zur Gewissenssache, zur Lebenssache, ihn auch redlich und mit aller Treue zu erfüllen. Aber noch immer war Er zaghaft, noch wankte Er, noch war Er mit Sich nicht darüber einig, wann, wo und wie Er das Werk beginnen und zur Vollendung bringen sollte. Es fehlte Ihm noch die Einsicht und Selbstständigkeit, der Muth und das Vertrauen, welche Resultate erlangter, vielseitiger Kenntnisse und gesammelter Erfahrungen sind. Auch sahe Er Sich in der Heimath vergebens nach Gefährten und Gehülfen um, die Ihn verstanden, die willig und bereit, tüchtig und vorbereitet genug waren, Seine Idee zu verwirklichen und Seine Pläne geschickt auszuführen. Doch was Er suchte, kam Ihm von selbst entgegen, oder vielmehr und mit Recht, Gott führte Ihm den zu, der für immer Sein Vertrauter werden sollte, zu einer Zeit, wo Er über den Mangel treuer Gefährten bekümmert und wegen der Wahl eines sicheren Begleiters und tüchtigen Gehülfen in der größten Verlegenheit war. Eines Tages fand sich ein junger Edelmann aus Sachsen, der in Wittenberg studirt hatte, in Deßau ein. Friedrich Wilhelm von Erdmannsdorf ist der Name des Edlen, bei dessen Erscheinung der Fürst in einer Art plötzlicher Aufwallung für Sich in die Worte ausbrach: ach, daß Dieser sich mit mir verbinden möchte! Und sie verbanden sich und wurden Eins, Ein Herz und Eine Seele. Der Herr von Erdmannsdorf war aber auch ganz der Mann, welcher der Freund eines Fürsten werden und bleiben konnte, eines Fürsten, der Mensch war, und in allen Gestalten, wo Er sie fand, die Menschheit ehrte, der die Wissenschaft und ihre Pfleger schätzte, die Kunst und ihre Gebilde liebte, das Leben genießen, aber auch Andern den Genuß desselben reichlich gewähren wollte. Ein fester und biederer Charakter, ein ächt deutsches Gemüth, ein reiner Mensch, religiös, gewissenhaft und treu in allen Verhältnissen, den Freuden und Genüssen des Lebens nicht abhold, aber Feind aller Frivolitäten und groben Gelüste, ernst unter Spöttern, fein im Umgange, freundlich und zuvorkommend gegen Jedermann, überall helfend, so weit Sein Arm reichte, häuslich und still im Kreise seiner

Familie, den Wissenschaften von ganzem Herzen huldigend, für alles Schöne, Edle und Große in Natur und Kunst hochbegeistert, sich leicht hingebend und anschmiegend, dabei aber freisinnig und offen, stand der Herr von Erdmannsdorf unter seinen Standesgenossen in den Umgebungen des Fürsten einzig da und wurde von Allen, die ihn kannten und mit ihm in Verbindung kamen, eben so hochverehrt und geliebt, als der Fürst selbst. *) Man muß nicht glauben, daß der Herr von Erdmannsdorf nur der Studiendirektor, Baumeister und Reisegefährte des Fürsten gewesen ist, nein, er war mehr, er war — ohne ein öffentliches Amt zu haben oder einen besondern Titel zu führen — der einzige Vertraute, der Herzensfreund Desselben, Sein Rathgeber in den wichtigsten Angelegenheiten, der Vermittler in den schwierigsten Verhältnissen, auf dessen Wort und Rath der Fürst das größte Gewicht legte, dessen Lob und Tadel Ihm mehr galt, als aller Beifall und alles Mißfallen der Welt. Er hat Sich auch nie in ihm geirrt, Er ist nie von ihm getäuscht und auf einen falschen Weg geführt worden; Er gab ihm selbst da vollkommen Recht und beklagte nur Sein eigenes Geschick, wo der Herr von Erdmannsdorf über ein bedauernswürdiges Ereigniß mit aller Freimüthigkeit seine Meinung gesagt und ganz unerschrocken, wie der Freund zum Freunde, über das Beginnen des Fürsten seinen Tadel ausgesprochen hatte. Ich bin fest überzeugt, daß der Herr von Erdmannsdorf dem Fürsten mehr genützt, dessen Inneres besser bewahrt, Ihn für das Höhere und Edlere uneigen-

*) S. Leben des Herrn Fr. W. von Erdmannsdorf, von August Rode in Deßau. Deßau bei P. Tänzer 1801.

nütziger gewonnen und das Reinmenschliche in Ihm sorgfältiger hervorgehoben und gepflegt hat, als das Alles von dem Herrn von Göthe in seiner Verbindung mit dem Großherzoge von Weimar geschehen ist. — Göthe lebte mit dem Großherzoge und that, was dem Herrn wohlgefiel. Erdmannsdorf lebte mit dem Fürsten und für Ihn, und that nichts, dessen sich Beide zu schämen gehabt hätten. Erdmannsdorf übte auf das Thun und Lassen des Fürsten einen bedeutenden Einfluß aus, ohne dabei zu intriguiren, ohne irgend Jemand zu verletzen, oder mit Andern in Streit zu gerathen, ohne sich und den Fürsten in irgend einer Weise bloß zu stellen. Sie besprachen erst Alles mit einander oft und von allen Seiten, sie überlegten erst Alles genau, prüften und wählten. Der Fürst hörte und befolgte dann gern den Rath Seines Freundes; dieser gab aber auch den Rath nur dann, wenn er den Willen des Fürsten klar erkannt und sich überzeugt hatte, daß ihm ohne Beeinträchtigung fremder Interessen und Verhältnisse wirklich genügt werden könne. An dem Ruhme seines fürstlichen Freundes war ihm Alles gelegen, denn er wollte Ihn auf der Höhe der Menschheit sehen und, wie er sich bei einer gewissen Gelegenheit ausgesprochen hat, verhüten, „daß Er nicht in die Reihe gemeiner Fürsten zurücksinke.“

Der Fürst war hocherfreut über das glückliche Zusammentreffen mit Erdmannsdorf; Er nannte es eine Schickung Gottes und war „selig.“ — Lange nach Erdmannsdorf's Tode, als ich den Fürsten fragte, ob Er nicht die leere Stelle im Wörlitzer Park, wo die Büsten Gellert's und Lavater's stehen, mit Erdmannsdorf's Büste zieren und ihm so ein Denkmal setzen wolle? erwiderte Er: „O, bewahre! der gehört da nicht hin, er steht mir höher, als diese. Ich bin nie so sehr mit mir zufrieden gewesen, als damals, wo ich ihn zu meinem Freunde wählte. Nie habe ich die Wahl bereuet — und so oft ich an ihn denke, fühle ich meine Schuld."

Mit diesem Freunde nun, wohl vorbereitet, voll der edelsten Wißbegierde und von einer Dienerschaft begleitet, die auch erst lernen sollte, trat der Fürst sogleich nach Beendigung des siebenjährigen Krieges 1763 Seine erste große Reise nach England an, auf die Er ein ganzes Jahr zubrachte. Unaufhaltsam eilten die Reisenden durch Deutschland, das ihnen nichts bieten konnte, verweilten länger in Holland, um sich von dem so wichtigen Deich- und Dünen-Bau gründlich zu unterrichten, so wie mit der niederländischen Malerschule und den Produktionen der höheren Schlosserkunst Bekanntschaft zu machen, und setzten dann von Calais nach England über, wo sie von London aus häufige Ausflüge in das Innere des Landes unternahmen. Ueberall wurden sie von Gelehrten, Künstlern und Handwerkern zuvorkommend und mit großer Achtung empfangen. Die edlen Britten freueten sich und rechneten es sich zur Ehre, daß ein deutscher Fürst, der Enkel des weltberühmten Kriegshelden, der Friedrich dem Großen gedient, komme, um von ihnen die Künste des Friedens zu lernen, nicht nur für Sich allein und zu Privatzwecken, sondern auch für Sein Land und in der Absicht, Seine Unterthanen auf eine Stufe der Kultur zu heben, auf der sie immer weiter fortschreiten und auch Andern im deutschen Lande Antrieb und Muster werden sollten. Die vornehmsten und reichsten Familien, die großen Häuser, welche den Kern brittischer Hoheit und Eigenthümlichkeit in sich bewahrten, zogen Ihn gastfreundlich an sich, nahmen

Ihn gleichsam in ihren Schooß und in ihre Pflege und wetteiferten unter einander, Ihn in englischer Sitte und Gewohnheit heimisch zu machen und in die Geheimnisse ihres innern Lebens einzuweihen. In der Familie Hamilton insonderheit, der ausgezeichnetsten und begabtesten, war Er wie zu Hause, ihr Kind, ihr Zögling, der in ihr Seine ganze menschliche Bildung empfangen und Alles abstreifen sollte, was Ihm noch anklebte von deutscher Unbeholfenheit und jener soldatischen Rohheit, die den Aufschwung Seines Geistes hemmen und die Gefühle Seines Herzens für Freundschaft und Liebe, für Menschenwohl und Menschenglück erdrücken mußte. Hier empfing Er die Weihe der Humanität, welche den Fürsten die Unsterblichkeit sichert. Dieser einzigen Familie bewahrte Er auch die tiefste Verehrung, das treueste Angedenken und die dankbarste Liebe. Daher nannte Er auch England, wo er von Neuem geboren worden, Sein zweites Vaterland. „In England," sagte Er, „kann man ein ordentlicher Mensch werden, in Frankreich geht man unter und in Italien sind es Natur und Kunst, das Alterthum in seinen herrlichen Gebilden, die Ruinen einer untergegangenen Welt, was den Geist erhebt und nährt, wenn auch das Herz bricht."

Aber nie war der Fürst müßig oder bloß den Vergnügungen hingegeben. Nie verlor Er das Ziel Seiner Reise, das zugleich das Ziel Seines Lebens war, aus den Augen. Dafür sorgte schon der edle von Erdmannsdorf, der Ihn zum Stillstand ermahnte, wo Er rasch davon eilte, und mit sich fortzog, wo Er in jugendlicher Behaglichkeit, bei Personen und Dingen länger verweilte, als nöthig war. Die geistreichsten Männer, die anmuthigsten Frauen, die hochstrebendsten Jünglinge, die kühnsten Seefahrer, die sinnigsten

Künstler und die erfindungsreichsten Handwerker bildeten den Kreis, in dem Er Sich täglich bewegte, wo Er Unterricht nahm und Seinen Durst nach Wissen stillte. Denn Ihn reizte und fesselte Alles, was Er sahe und hörte: die Freisinnigkeit und der Stolz der Britten, verbunden mit einer Gesetzmäßigkeit, die jede nothwendige Schranke ehrt, die Kunst und der Ernst, womit sie regiert wurden, womit Jeder in seinen Rechten geschützt und das heilige Herkommen aufrecht erhalten wurde, ihre Gemüthlichkeit und Häuslichkeit bei dem rastlosen Streben nach Außen, das sie in großen Vereinen sammelte und jeden Einzelnen bei den öffentlichen Angelegenheiten betheiligte, ihr Handel, ihre Schifffahrt, ihre Industrie, ihre Fabriken und Manufakturen, die unermeßlichen Vorräthe, die sie aufhäuften und dann wieder in alle Welt führten, die Geschicklichkeit und der Fleiß, den sie bewiesen, die rohesten Produkte der Natur in die schönsten und haltbarsten Produkte der Kunst zu verwandeln — das Alles setzte den Fürsten nicht bloß in Erstaunen und in Verwunderung, es regte auch Sein ganzes Nachdenken auf, und veranlaßte Ihn zum anhaltendsten Forschen, um den Dingen auf den Grund zu kommen und Sich den volksthümlichen Sinn und Geist dieser Insulaner zu erklären. „Man muß aber die Geschichte dieses Landes und die Entstehung seiner Staatsform genau studiren, was nicht leicht ist, wenn man das Alles begreifen und gehörig würdigen will.“ — Vor Allem aber nahmen Ihn die großartigen Bauwerke, die herrlichen Parks, der Ackerbau und die Viehzucht, die Wiesenkultur und der Gartenbau in Anspruch; bei diesen verweilte Er am längsten und mit ganzer Seele; denn von dem, was Er hier sahe und lernte, konnte Er in Seinem Lande und für Seine Unterthanen am ersten die sicherste Anwendung machen und auf einen günstigen Erfolg rechnen.

Daß der Fürst Sich den Freuden und Genüssen des gesellschaftlichen Lebens der Engländer unbedingt und ohne Rückhalt hingab, ist nicht zu verwundern und konnte gar nicht ausbleiben. Jung, kräftig, lebenslustig und frei im freiesten Lande, nahm Er den Becher der Lust aus jeder Hand, die Ihm denselben darreichte. Der junge Mensch ist wie der junge Wein; sie müssen in Gährung kommen und aufbrausen; je geistiger Beide sind, desto stärker ist die Kraft, die sie treibt.

„„Wir trieben es oft recht arg und bis zum Uebermaaß. Vornämlich war es die Jagd, welche die Engländer so leidenschaftlich lieben und die auch meine Passion war, die mich fortriß und nicht selten in Gefahr brachte, Hals und Bein zu brechen; denn aus einem Lehrlinge der tollen Jäger wurde ich bald ihr Meister. Wir überließen uns, von starken Getränken erhitzt, den thörichtsten Zeitvertreiben und den unsinnigsten Wagnissen, so daß meine Leute über unsere Possen oft in das lauteste Gelächter ausbrachen, aber auch für mich zitterten und bebten. Dem armen Erdmannsdorf, feiner organisirt, als wir, weniger kräftig und ruhigen Blutes, wurde oft himmelangst. Er konnte nicht mit uns fort und doch wollte er um meinetwillen nicht zurückbleiben. Er machte mir stets die verdientesten Vorwürfe und brachte mich am leichtesten dadurch zur Besinnung, wenn er mir zurief: Es lebe Deßau, das einen Fürsten braucht!““

Im Jahre 1764 kehrten die Reisenden schnell nach Deßau zurück, reich an Kenntnissen und Erfahrungen aller

Art, zum Beobachten, Forschen und Prüfen tüchtig gemacht, reif zum Urtheilen, und doch nicht ganz befriedigt. Die Maler-, Bildhauer-, Kupferstecher- und die schöne Baukunst waren ihnen in England nicht in dem Lichte erschienen, wie sie dieselben in Italien zu erblicken gewiß sein konnten. Der Geist und die Schöpfungen der neuen Welt, die sie bis dahin nicht gekannt, hatte sie mächtig ergriffen, und nun sehnten sie sich nach der Bekanntschaft mit dem Geiste und den Werken der alten Welt, der untergegangenen und zertrümmerten, die nur noch in ihren Ruinen lebte und die sich in Italien ihnen aufschließen sollte. Auch sahen sie ein, daß sie in Italien die neuere Malerkunst und die neuere römische Baukunst, wie sie nach Wiederherstellung der Wissenschaften allmählig entstanden und ausgebildet worden waren, durch Anschauen und Vergleichung altrömischer und griechischer Bauwerke, leichter verstehen und besser studiren konnten, als in England. Daher ward schon unterweges die Reise nach Italien beschlossen und auch nach Jahr und Tag ausgeführt.

Doch zuvor sollte der Fürst noch einen Kampf in einer Angelegenheit bestehen, die Ihm Herzenssache geworden war, ein Kampf, der Ihm den Gewinn und die Freuden Seiner Reise verkümmert und verbittert haben würde, wenn sie nicht schon Blut und Leben in Ihm geworden wären. Der Fürst war nämlich mit einem Mädchen aus dem Bürgerstande ein Verhältniß eingegangen, das Er, weil es so rein und innig, auf Treu' und Glauben geknüpft und in Seinem Hause nicht unerhört, wegen äußerer Rücksichten und fremder Einflüsse schlechterdings nicht aufgeben wollte. Die Dame Seines Herzens war schön, außerordentlich liebreich, sanft und häuslich und ohne alle Ansprüche. Die Freunde des Fürsten, welche etwas über Ihn vermochten und ein Wort reden durften, machten Ihn auf Seine Stellung als regierenden Fürsten aufmerksam und riethen Ihm, Seinem hohen Range ein Opfer zu bringen. Er wollte aber durchaus nichts davon hören und entschloß sich, lieber Land und Leute zu meiden, Seinem Bruder die Regierung zu überlassen, nach England zu gehen und dort als Privatmann Seinem Genius zu leben. Die Anstalten waren schon getroffen, die Ausführung war nahe, da schlug sich Friedrich der Große ins Mittel und erhielt dem Lande seinen Retter und Wohlthäter. Die Wahl des Fürsten wurde auf die Prinzessin Louise Henriette Wilhelmine, Tochter des Markgrafen Heinrich Friedrich von Brandenburg-Schwedt und der Leopoldine Marie, Tochter Leopold's von Anhalt-Deßau, des Großvaters des Fürsten, gelenkt. Und in der That, der Fürst hatte alle Ursache, mit dieser Wahl zufrieden zu sein. Die Prinzessin war geistreich, hochgebildet, tief-religiös, dabei schön, königlichen Anstandes und von der einnehmendsten Anmuth, für die menschenfreundlichen Absichten und Pläne des Fürsten ganz geschaffen, und, was auch in den höchsten Verhältnissen Werth hat, Erbin großer Güter: doch es war die erste Liebe nicht! — Daß dadurch, daß der Fürst Sich fügte, eine Aussöhnung und Verbindung mit dem preußischen Hofe bewirkt wurde, läßt sich erwarten. Jene Freudin wurde mit einem Herrn des Hofes, einem sächsischen Edelmanne, verheirathet, um ihr eine Stellung zu geben, der sie in jeder Hinsicht so würdig war.

Jetzt stand der Reise, auf die der Fürst mehr als je zu dringen Ursache hatte, nichts mehr im Wege, da auch die Vermählung des hohen Paares auf längere Zeit hinausgeschoben ward. Die Reisegesellschaft bestand, außer dem Fürsten Selbst, aus Seinem jüngern Bruder, Hans Jürge, Seinem Freunde Erdmannsdorf und dem nachherigen Oberhofmeister des Erbprinzen Friederich, von Berenhorst. Sie gingen 1765 gerades Weges nach Italien, wo sie den 27. December glücklich in Rom eintrafen. Wenn in England der feine Geist der Nation, ihr hoher Sinn, ihr kühnes Streben und Wirken und die Wunder ihrer Industrie, ihres Handels und ihrer Schifffahrt den Fürsten hocherhoben und mit großen Entwürfen für die Erhebung Seines Volkes erfüllt hatten: so waren es in Italien das Alterthum und die freie Entwickelung der neuern Kunst mit ihren unermeßlichen Schätzen, die herrliche, immer grünende, blühende und fruchtbringende Erde und die feinern Genüsse und idyllischen Freuden des Lebens, was Ihn in Italien ergriff, mit starken Armen festhielt und entzückte. Rom und dessen Umgegend mit Neapel waren und blieben Ihm der Schauplatz des Merkwürdigsten, des Erhabensten, Schönsten und Unübertrefflichsten, was die Erde aufzuweisen habe. Wer in Rom und überhaupt in Italien gewesen war, der war nach Seinem Urtheile in einem Himmel voll Wundern und Seligkeiten gewesen. Dabei übersahe Er freilich nicht die sittliche Erniedrigung des Volks, seine schreiende Armuth, die Bettelhaftigkeit selbst vornehmer Familien, den Mangel an Industrie, den gelähmten Handel, die Verwahrlosung des Bodens und was sonst in Italien vermißt und daran getadelt werden mag. „„Das sei allerdings zu beklagen; aber es sei unentbehrlich und gewissermaßen nothwendig, wenn man sich in die Vergangenheit versenken, aus der Tiefe das Leben heraufbeschwören und die Größe, Würde, Kraftfülle einer untergegangenen Welt, über deren Trümmer man hinwandle, sich vergegenwärtigen und erklären wolle.""

„Nur wenn in Rom eine so göttliche Anarchie und um Rom eine so himmlische Wüstenei ist, sagt Göthe in „Winkelmann und sein Jahrhundert", bleibt für die Schatten Platz, deren einer mehr werth ist, als dies ganze Geschlecht.

„Das stolze Venedig und das schöne Florenz mit ihren reichen Kunstschätzen und hohen Marmorpalästen, Neapel, das wegen seiner Lage die reizendste Stadt der Erde ist, und das lebendige Genua, das mit Neapel wie mit Venedig wetteiferte, waren für uns Sterne erster Größe am dunkeln Himmel, aber auch die einzigen." Um das kirchliche Wesen und Treiben bekümmerte Er Sich nicht im geringsten; desto öfter verweilte Er bei den Kirchen, an welchen sich alle Künste verherrlicht hatten. Er vertiefte Sich ganz in das Heidenthum, um Winkelmann zu verstehen und das alte Rom zu begreifen.

Kaum in Rom angekommen, das eben einer Hungersnoth entgangen war, die sich im folgenden Jahre wiederholen sollte, suchte der Fürst allein, ohne einen Bedienten, den berühmten Winkelmann auf, den größten Alterthumsforscher und Kunstkenner aller Zeit, der seinen Ruhm dadurch erlangt und begründet hatte, daß bei ihm gelehrte Kenntnisse und lauter Kunstsinn im engsten Bunde standen. „Ich bin von Deßau, mein lieber Winkelmann, ich komme nach Rom, um zu lernen, und habe Sie nöthig," sagte der Fürst bei Seinem Eintritt. Diese Anrede war ganz geeignet, einen Mann zu gewinnen, der es eben so redlich mit andern wie mit sich selber meinte, und der seine größte Ehre darin setzte und suchte, der „Schulmeister" deutscher Fürsten zu sein, welche die Kunst liebten. Der Fürst schloß Sich Winkelmann ganz auf, theilte ihm alle Seine Gedanken, Seine Wünsche, Pläne und Entwürfe zur Verschönerung Seines Landes mit, und dieser, Freudenthränen vergießend und sich Glück wünschend, einem solchen Fürsten nahe gekommen zu sein, gab sich Ihm ganz und mit der unbefangensten Offenheit hin. „Wir wurden so heiter und gesprächig," erzählte der Fürst, „als wenn wir schon lange mit einander umgegangen wären." Sie blieben bis nach Mitternacht bei einander; sie wurden Eins und schlossen einen Freundschaftsbund, dem die edelsten Motive zum Grunde lagen und der für den Fürsten und Seine Gefährten die reichsten Früchte trug.

Winkelmann wurde der sicherste Führer, der treueste Rathgeber und der unverdrossenste Lehrer des Fürsten. Der Fürst studirte unter ihm förmlich die Alterthumswissenschaft und die neuere Kunstgeschichte, und lernte unter seiner Anleitung auch das Materielle und Technische der Künste so genau und gründlich kennen, daß Er nicht nur die Werke des Alterthums gehörig zu würdigen und Andern zu erklären, sondern auch die Werke neuerer Künstler aller Schulen mit Sicherheit zu beurtheilen und unter einander zu vergleichen im Stande war. — Winkelmann wurde der beständige Gesellschafter des Fürsten, vom frühen Morgen an bis in die Nacht hinein, und begleitete Ihn überall in Rom und in der Umgegend. Da er damals Aufseher der Alterthümer im Vatikan war, zugleich Bibliothekar des gelehrten Alterthumskenners, des Cardinals Alessandro Albani, überall Zutritt hatte und auch hinter das kommen konnte, was man verborgen hielt, so blieb nichts Merkwürdiges unbeachtet das Wichtigste wurde mehr als Einmal in Augenschein genommen und der Fürst in Rom und der Umgegend so bekannt, wie in Seinem eigenen Lande. Die vornehmsten Familien sahen und bewirtheten den Fürsten in ihren Villen, fühlten sich geehrt von Seinen Besuchen, und selbst das gemeine Volk, das von Ihm Gewinn hatte, liebte Ihn wegen Seiner Freundlichkeit und des vertraulichen Wesens, womit Er die Leute anredete und ihre Dienste begehrte.

Eine eben so interessante als lehrreiche Bekanntschaft, wie mit Winkelmann, knüpfte der Fürst mit dem Maler und Architekten Clérisseau an, der damals auftrat und nachher so berühmt geworden ist. Erdmannsdorf insonderheit schloß sich diesem ganz an und wurde von ihm für den römischen Baustiel gewonnen, in welchem Erdmannsdorf so ausgezeichnete Werke aufgeführt hat.

Sechs volle Monate verweilten unsere Reisenden in der ewigen Stadt; sie hatten daselbst ihre Studien mit so anhaltendem Eifer gemacht, als wenn sie dereinst von den Ergebnissen derselben ihr Brod hätten verdienen wollen. Noch bei Seinem Abschiede wiederholte der Fürst die dringende Bitte an Winkelmann, Ihn in Deßau zu besuchen und Zeuge von der Anwendung der erlangten Einsichten, Kenntnisse und Erfahrungen zu sein, welche Er zur Verschönerung Seines Landes und zum Wohl Seiner Unterthanen zu machen gedachte. Winkelmann machte sich auch wirklich im Jahre 1768 dahin auf den Weg, mußte aber von Wien, wo er bereits angekommen und woher er dem Fürsten einen schwermüthigen Brief schrieb, nach Italien zurückkehren, auf welcher Rückreise er in Triest den 8. Juni desselben Jahres von seinem Begleiter, dem habsüchtigen Arcangeli, ermordet wurde.

Der Fürst erhielt die traurige Nachricht von Winkelmann's Tode in Wörlitz, das Er zu Seinem Sommersitze ausersehen hatte, und wo Er mit Seiner jungen Gemahlin und Seinem treuen Erdmannsdorf eben beschäftigt war, den Platz zu bestimmen, auf welchem das herrliche Schloß aufgeführt werden sollte, das Erdmannsdorf's Meisterstück geworden ist. Der Fürst war tief erschüttert und sagte zu Seiner Gemahlin: „Louise, ich habe einen einzigen Freund verloren und Du einen Anbeter, der nicht zu ersetzen ist — und Erdmannsdorf die Hand reichend: wir wissen, was wir an ihm hatten." Seine Verehrung gegen Winkelmann war rein und unvergänglich wie die eines dankbaren Schülers gegen seinen treuen Lehrer; Er sprach am liebsten von ihm und mit einer Art frommer Begeisterung; noch in Seinem Sterbejahre, wo Er Sich alt und lebenssatt nach Luisium zurückgezogen hatte, ließ er Sich meistens aus Winkelmann's Schriften vorlesen und erzählte von ihm.

Mit welcher innigen Verehrung, mit welcher zärtlichen Liebe und unverbrüchlichen Treue Winkelmann dem Fürsten ergeben war und an Ihm hing, sieht man aus einer Stelle seines 27sten Briefes an seinen Landsmann, Schulfreund und ehemaligen Hausgenossen, Hieronimus Dietrich Berendes, die hier zur Verherrlichung des Fürsten aufgenommen zu werden verdient:

„Noch vertrauter aber und ein ganzes Jahr habe ich mit dem liebenswürdigen jungen Prinzen von Meklenburg gelebt, welche Gesellschaft einige Monate nach dessen Ankunft verstärkt wurde durch den würdigsten aller Fürsten, ja ich möchte sagen aller Menschen, den regierenden Fürsten von Anhalt-Deßau. Ich kann ihn den aus Gott

Gebornen nennen, denn alle menschlichen Tugenden sind im höchsten Grade in dessen edler Seele vereinigt und jedermann wünschte einen solchen Freund. Daher wird hier und wo er gewesen ist, sein Andenken ewig erneuert werden. Außerdem hat er hier keinen Augenblick verloren zugebracht, so und nicht anders, als wenn er den strengsten Aufseher gehabt hätte. Durch dessen Exempel gereizt, that sein jüngerer Bruder, Prinz Hans Jürge, und beider Gefolge desgleichen. Diesen göttlichen Mann wiederum zu sehen und zu genießen, ist einer von den Gründen, die mich reizen, eine Reise nach Deutschland zu thun, welches gegen künftigen Frühling, so Gott will, und zwar von Wien aus, in Gesellschaft meines Prinzen von Meklenburg, nach Deßau geschehen wird, wo ich einige Wochen werde Halt machen."

Ich bin überzeugt, daß der Fürst keine kleine Summe zu dem Denkmal beigesteuert haben würde, das jetzt in Stendal, Winkelmann's Vaterstadt, wo er 1718 geboren wurde, seinem Andenken errichtet werden soll. Göthe sagt von Winkelmann: „Er hat als Mann gelebt und ist als vollständiger Mann von hinnen gegangen. Auf Wahrheit, Geradheit, Derbheit und Redlichkeit stand sein ganzes Wesen gegründet. Nun genießt er im Andenken der Nachwelt den Vortheil, als ein ewig Tüchtiger und Kräftiger zu erscheinen: denn in der Gestalt, wie der Mensch die Erde verläßt, wandelt er unter den Schatten, und so bleibt uns Achill als ewig strebender Jüngling gegenwärtig. Daß Winkelmann früh hinwegschied, kommt auch uns zu Gute. Von seinem Grabe her stärkt uns der Anhauch seiner Kraft und erregt in uns den lebhaften Drang, das, was er begonnen, mit Eifer und Liebe fort und immer fortzusetzen. In diesem Sinne haben wir alle Ursache, das Andenken solcher Männer, deren Geist uns unerschöpfliche Segnungen bereitet, auch von Zeit zu Zeit wieder zu feiern und Ihnen ein wohlmeinendes Opfer darzubringen."

In Italien blieben unsere Reisende, nachdem sie Rom verlassen hatten, nur noch einige Monate, und gingen über Florenz und Genua, von wo sie nach Antibes übersetzten, um die dort befindlichen römischen Alterthümer in Augenschein zu nehmen, nach Frankreich. Auch hier, im alten Gallien, waren es wieder diese Alterthümer, denn sie waren ja ganz voll davon, besonders die Aquadukte, welche Gegenstand ihrer Forschung wurden. Der Fürst, dem nichts entging, was der Kunst angehörte, wurde hier auch zuerst auf die alte Glasmalerei aufmerksam, deren Nachlässe, wenig beachtet und damals von den Engländern noch nicht aufgespürt, sich in den Kirchen, Klöstern und andern öffentlichen Gebäuden befanden. Erst in der Folge, bei einem abermaligen Aufenthalte in Frankreich und in der Schweiz, wo der Fürst in eigener Person Kisten und Kasten der Glaser und Glashändler durchsuchte, hatte Er die schöne und reiche Sammlung der Glasmalereien zusammengebracht, welche die Zierde und der Schatz des Gothischen Hauses in Wörlitz sind, und wobei zu bemerken ist, daß Er Selbst mit Hülfe eines Glasers die Stücke, welche die Schweizergeschichten darstellen, mühsam und unverdrossen zusammensuchte und zusammensetzte und mit so vieler Kunst einfügen ließ.

Die Reise ging über Paris schnell weiter nach London; denn es trieb den Fürsten, Sein geliebtes England wiederzusehen. Er freuete Sich, Seinen Bruder und den Herrn von Berenhorst in ein Land führen zu können, wo die Freiheit herrschte, wo schon damals die Industrie glänzende Siege feierte und wo auf festem Grunde und Boden jede Art menschlicher Kultur gedieh. Sie durchreisten nun gemeinschaftlich, „„doch es war schwer, sie immer zusammenzuhalten,““ ganz England, einen Theil von Schottland, wo sie in Edinburg und Glasgow einige Zeit verweilten, und nahmen auch Irland mit, wo ihnen die reizenden Gebirgsthäler und der See Killarney Naturgenüsse darboten, die sie gar nicht dort gesucht hatten. Ueberall erneuerte der Fürst Seine alten Bekanntschaften, machte neue und zog die Aufmerksamkeit der weltkundigsten und ausgezeichnetsten Männer auf Sich, die einen Mann bewunderten, der es eben so gut und in manchen Stücken noch besser als einer der Ihrigen verstand, Sich mit Kenntnissen zu bereichern, Erfahrungen zu sammeln, die verschiedenartigsten Eindrücke festzuhalten, um einen Schatz anzulegen und mitzunehmen, der Sein ganzes Leben hindurch ausdauern sollte.

Unverrückt behielt der Fürst die schöne Baukunst, die von den Engländern so gepflegt wurde, und die schöne Gartenkunst, die in England den höchsten Gipfel der Ausbildung erreicht hatte, im Auge, so wie die Art der Anlegung und Verschönerung der Kunst- und Verbindungsstraßen und Dämme. Was letzte anlangt, so hat Er in Seinem Lande die Weise der Engländer und Italiener vermischt: Alleen, bald in schnurgeraden, bald in sanftgebogenen Linien, mit Pappeln und Fruchtbäumen aller Art bepflanzt, mit Schutzhecken, unter welchen die bei Rehsen, einem Dorfe $\frac{5}{4}$ Stunden von Wörlitz, die vorzüglichste ist, hier und da befriedigt und mit kleinen Anlagen, aus blühenden Bäumen und Ziergebüschen, geziert.

Doch war es vornehmlich die gothische Baukunst, die den Fürsten in England unwiderstehlich an Sich zog. Sie harmonirte ganz mit Seinem Geiste. Ihr religiöser Charakter, der in dem Seinigen Anklang fand, die schlanken, himmelanstrebenden Säulen, die oben ein dichtes Laubdach bilden, welches das Heilige beschattet, das unten seine Altäre hat, die kühnen Verhältnisse und wundersamen Verzierungen, welche die Phantasie des Beschauers so angenehm beschäftigen, machten auf Ihn einen erbaulichen und wohlthuenden Eindruck und erhoben Ihn in höhere Regionen, wo Er mit Seinen Gedanken so gern verweilte. Seine Gemüthlichkeit, Seine Neigung zu einem stillen, häuslichen und behaglichen Leben, das durch große, weite und prachtvolle Räume nur gestört wurde, fanden in den gothischen Gebäuden volle Befriedigung. Hätte Ihn Winkelmann's Geist nicht bewahrt und Erdmannsdorf, der sich mit dem Gothischen eben nicht vertragen konnte und gothische Gebäude in der Nähe derer, welche er aufzuführen hatte, nicht dulden wollte, Ihm nicht das Widerspiel gehalten, so würde Er in Wörlitz ein gothisches Schloß aufgebauet haben, das denen in England gewiß hätte an die Seite gesetzt werden können. Das gothische Haus in Wörlitz, die Kirche daselbst mit ihrem beinahe 200 Fuß hohen, schlanken und wohlverzierten Thurme, so wie einige andere kleine Bauwerke, sind Zeugen Seiner Vorliebe für eine Bauart, die Ihn ganz für sich gewonnen hatte. Aber auch Göthe stimmte nicht mit Ihm überein und machte oft Ausstellungen und Einwendungen, die Ihm verdrießlich waren, ohne Ihn zu bekehren. „Wir besprachen diesen Gegenstand oft genug," sagte Er, „Griechen und Römer sollten entscheiden und Clérisseau selbst den Ausschlag geben; aber ich hielt es mit den Gothen und Erwinen von Steinbach, von welchem Göthe doch selbst sagt, sein Genius habe ihm eingegeben: „vermannigfaltige die ungeheure Mauer, die du gen Himmel führen sollst, daß sie aufsteige gleich einem hocherhabenen, weitverbreiteten Baume Gottes, der mit tausend Aesten, Millionen Zweigen und Blättern, wie Sand am Meere, ringsum der Gegend verkündet die Herrlichkeit des Herrn, seines Meisters."

Nach einer Abwesenheit von achtzehn Monaten kehrte Fürst Franz in Sein Land zurück, das sich nach Ihm und nach den Früchten Seiner Reise sehnte; denn die Kunde, wie Er in fremden Ländern aufgenommen und gefeiert worden, war Ihm bis in die Hütten Seiner Unterthanen vorangegangen. Nun wollte Er Sein großes Werk, die Aufgabe Seines Lebens, beginnen. Dazu fand Er auch ein großes, freies Feld, wo Er überall auch freie Hand hatte. Dafür hatte schon Sein Großvater Leopold gesorgt und dessen von ihm selbst nach seinem Sinne gebildeter Kammerdirektor, Schönberg von Brenkenhof,*) der lange nur als sein Leibpage figurirte. Es gab keinen einzigen Rittersitz mehr im Lande, viele Lehen und Zinsen waren abgelöst, die geistlichen Güter durch Austausch oder Vertrag erworben, Anderes auf andere Weise gewonnen und zu den größern Gütern geschlagen, die fast mehr als 50,000 Morgen Flächeninhalt hatten, mit 80,000 Morgen der herrlichsten, wildreichsten Waldungen, die unvermessenen, ausgedehnten Hutungen und

*) S. dessen Leben von Meißner, Leipzig 1782. 8.

Weiden ungerechnet. Das ganze Land war Eine große zusammenhängende Domaine. Hier nun konnte Fürst Franz schalten und walten, schaffen und bauen, verändern und bessern, wo und wie Er wollte. Er durfte nicht fürchten, auf fremdes Eigenthum zu stoßen, fremde Rechte zu verletzen und fremden Interessen zu nahe zu treten, und wenn ja hier und da einzelne Einreden und Widersprüche noch erhoben wurden, so wußte Er sie durch Tausch oder Kauf, wobei Er kein Opfer scheuete, bald und leicht zu beseitigen.

Auch Seine junge Gemahlin, mit der Er Sich am 25. Juli 1767 in Berlin, gleich nach Seiner Rückkehr, vermählt hatte, stand Ihn bei Allem, was Er ausführen wollte, theilnehmend zur Seite. Sie war vorsorglich, denn man kannte am preußischen Hofe Seinen Sinn und Sein edles Streben, auf Alles vorbereitet worden, was in dem Lande, das ihr als regierender Fürstin huldigen würde, geschaffen und wirklich werden sollte. In ihren Neigungen und Wünschen, in ihrer Liebe zur Wissenschaft und Kunst, in Förderung nützlicher Anstalten und Gründung wohlthätiger Stiftungen stimmten Beide vollkommen überein. Ihre Unterthanen sahen und verehrten in ihnen die helfenden und schützenden Engel, vom Himmel gesandt, ihnen die Güter und Freuden der Erden zugänglich und genießbar zu machen.

Der Plan des Fürsten im Ganzen und Großen war aber dieser: zuerst das Nothwendige und Nützliche, das Materielle und Leibliche; dann das Geistige, Sittliche und Religiöse; zuletzt Alles das, wodurch die schönen Künste in ihren lebendigen und bewegten Darstellungen, in beredter Rede und in lieblichen Melodieen den Menschen an Sich ziehen und gewinnen, ihm das Heiligthum seines innern, geistigen Lebens aufschließen, seine Sinnlichkeit veredlen, seinen Geist erheben, sein Herz mit seligen Ahnungen erfüllen, ihn zum Streben nach dem Höhern ermuntern und fühlen lassen, daß er im Bewußtsein seiner erhabenen Menschenwürde göttlichen Geschlechtes ist. Doch machte Sich der Fürst von diesem Plane nicht so sklavisch abhängig, daß Er Sich nicht Vor- und Uebergriffe erlaubt hätte, wenn die Umstände und Bedürfnisse solches geboten. Alles zur rechten Zeit — zur Zeit, wo die Noth drängt, die Umstände günstig sind, der Begehr vorhanden ist und wo es frommt — war in dieser Beziehung Sein Wahlspruch.

Aber noch fehlten Ihm die Gehülfen; und woher die nehmen in der Wüste, der gewissermaßen Sein Land glich? Er hatte ihrer nur wenige, und die waren tüchtig und voll Eifer; sie thaten Ihm genug, aber sie reichten nicht hin. Wenn man Ihn den Geist nennen kann, in dem Alles gährte und aus dem Alles geboren wurde, so war Erdmannsdorf, der Vertraute und Eingeweihte, die Seele aller Bewegungen im gesammten Bauwesen, in den inneren und äußeren Verschönerungen und Verzierungen. Unter ihm und dem Fürsten stand Hesekiel, als Baudirektor. Die Bodenkultur und was damit zusammenhängt, besorgte der Herr von Raumer; die Damm- und Uferbauten besorgte der Förster Wöpke; die Garten- und Parkanlagen leiteten Schoch, dem der Fürst ein Denkmal im Park zu Wörlitz errichtete, so wie Eiserbeck, Obereit, Neumark und Klewitz, der Vater, jeder an seiner Stelle. Die meisten von ihnen waren mit Ihm in Holland, England und Frankreich gewesen, und hatten gelernt, was jeder für sein Fach gebrauchen konnte. Der Fürst war, meist von Seiner Gemahlin begleitet, allenthalben Selbst zugegen, leitete die Arbeiten, ordnete an, lobte und tadelte, änderte ab, wie es die Umstände mit sich brachten und die Sache erforderte. Aufmerksam auf Alles, was sich in Deutschland für die Verbesserung der menschlichen Zustände zu regen anfing, bekannt mit den Geistern der Nation, wie Lessing, Mendelssohn, Weiße, Küstner und andere, welche Licht brachten, aufräumten und sich Bahn brachen, lud Er Gelehrte zu Sich ein, ließ Sich ihre Ideen mittheilen, machte sie mit Seinen Plänen vertraut und unterredete Sich mit ihnen über Wissenschaft und Kunst; rief Er Künstler herbei, die Er oft Selbst in ihrem Fache gründlich unterwies, bei denen Er Bestellungen machte, zu welchen Er die Ideen angab; zog Handwerker heran, welchen Er Arbeit auftrug, bessere Handgriffe lehrte, brauchbareres Handwerkszeug verschaffte und Vorschüsse leistete. Sein und Erdmannsdorf's Haus wurden eine Akademie, eine Handwerksschule, wo Jeder Bücher, Modelle, Muster, Vorschriften, Werke großer Meister vorfand, wie in Deutschland noch nicht dagewesen und ausgelegt worden waren. So regte Sich allmählig in Seinem Lande ein neues Leben, so weckte Er allmählig unter den Seinigen die Geister, welche bis dahin geschlummert hatten, so sahe Er bald aus ihnen zu Seiner Freude Bauverständige, Künstler, Handwerker, wie Zimmerleute, Maurer, Tischler, Schlosser, ja ganz gewöhnliche Tagelöhner hervorgehen, die es in vielen Stücken mit den Fremden aufnehmen konnten und sie sogar übertreffen lernten. Das wollte Er; darum war es Ihm zu thun: mit eigenen Künstlern und Leuten zu Stande bringen, was Er Sich vorgenommen.

Es war um diese Zeit (1768), wo Göthe, der damals

in Leipzig studirte und nicht ahnen konnte, dereinst unter die gefeiertesten Freunde des Fürsten und Seiner Gemahlin gezählt zu werden, auf Ihn, Sein Streben und Wirken aufmerksam wurde. Sein Freund Behrisch, den er in Seiner Selbstbiographie „aus meinem Leben" so treu und mit so behaglicher Laune schildert, war schon früher nach Deßau zum Erzieher des Erbprinzen berufen worden, wo er „„an dem Hofe eines in jeder Rücksicht trefflichen Fürsten ein solides Glück fand."" Nun verbreitete sich die Nachricht durch ganz Deutschland, daß Winkelmann über Wien nach Deßau kommen und längere Zeit bei seinem fürstlichen Freunde verweilen würde. Göthe und seine Freunde in Leipzig, die für Wissenschaft und Kunst glüheten, hatten darüber die größte Freude und empfingen die Nachricht mit Jubel. Wie er sich bei dieser Veranlassung über den Fürsten von Deßau äußert, verdient hier zum Ruhme desselben angeführt zu werden:

„Winkelmann genoß einer allgemeinen, unangetasteten Verehrung. Alle Zeitschriften stimmen zu seinem Lobe überein, die bessern Reisenden kamen belehrt und entzückt von ihm zurück, und die neuen Ansichten, die er gab, verbreiteten sich über Wissenschaft und Leben. Der Fürst von Deßau hatte sich zu einer gleichen Achtung emporgeschwungen. Jung, wohl- und edeldenkend, hatte er sich an seinen Reisen und sonst recht wünschenswerth (!?) erwiesen. Winkelmann war im höchsten Grade von ihm entzückt und belegte ihn, wo er seiner gedachte, mit den schönsten Beinamen. Die Anlage eines damals einzigen Parks, der Geschmack in Baukunst, welchen Erdmannsdorf durch seine Thätigkeit unterstützte, alles sprach zu Gunsten eines Fürsten, der, indem er durch sein Beispiel den übrigen vorleuchtete, Dienern und Unterthanen ein goldnes Zeitalter versprach. Nun vernahmen wir jungen Leute, daß Winkelmann aus Italien zurückkehren, seinen fürstlichen Freund besuchen, unterwegs bei Oesern eintreten und also auch in unseren Gesichtskreis kommen würde. Wir machten keinen Anspruch, mit ihm zu reden; aber wir hofften, ihn zu sehen, und weil man in solchen Jahren einen jeden Anlaß gern in eine Lustparthie verwandelt, so hatten wir schon Ritt und Fahrt verabredet, wo wir in einer schönen, durch Kunst verherrlichten Gegend, in einem wohl administrirten und zugleich äußerlich geschmückten Lande, bald da, bald dort aufzupassen dachten, um die über uns so weit erhabenen Männer mit eigenen Augen umherwandeln zu sehen."

Göthe: Aus meinem Leben. Dichtung und Wahrheit, zweiter Theil. Vollständige Ausgabe letzter Hand. Stuttgart und Tübingen bei Cotta. 1829. S. 180 und 181.

Indessen muß bemerkt werden, daß Göthe sich hier erlaubt hat, zu anticipiren. Behrisch soll zu einer Zeit zum Erzieher des Erbprinzen nach Deßau berufen sein, wo dieser, der erst den 27. December 1769 das Licht der Welt erblickte, noch nicht geboren war. Auch war in den Jahren, wo Göthe in Leipzig lebte, das Deßauer Land noch gar nicht so verschönert, daß Fremde dadurch hätten hingezogen werden können. Zu der Anlage des damals einzigen Parks war noch nicht einmal genau der Platz ausgemittelt und gewonnen, und zu dem geschmackvollsten Bauwerke des Fürsten, dem Schlosse, welches die Zierde des Parks werden sollte, wurde erst am 3. April 1769 der Grund gelegt. Der Fürst aber verdankte schon damals Seinen Ruhm und das Ansehen, das er in der gelehrten- und Kunstwelt genoß, Seinen beiden wissenschaftlichen Reisen, Seinem Umgange mit den ausgezeichnetsten Männern Seiner Zeit, Seiner Liebe zur Wissenschaft und Kunst, der Freigebigkeit, womit Er Kunstfleiß belohnte, dem Entschlusse, der aller Welt bekannt wurde, Sein Land zu erheben und Wohlthäter Seiner Unterthanen zu werden. Mit Ausführung dieses Entschlusses hatte Er bereits bei Antritt Seiner Regierung begonnen. Er hatte mit dem Nothwendigsten angefangen, mit dem Kampfe gegen Feuer und Wasser.

Der Regierungsantritt des Fürsten fiel in die Zeit des siebenjährigen Krieges. Brandstiftungen und zufällige Feuersbrünste gehörten zu den traurigsten Erscheinungen des Tages. Freches Gesindel von entlaufenen und abgedankten Soldaten, von Zigeunern und anderm losen Volke trieb sich auf den Gränzen umher und suchte durch Feueranlegen seine nächtlichen Einbrüche und Räubereien zu begünstigen und seine Flucht zu decken. Dasselbe zu verjagen oder einzufangen, war sehr schwierig, denn desfallsige Vereinbarungen mit den Nachbarstaaten fanden nicht Statt; auch fehlte es überall an hinreichenden Gefängnissen und Zuchthäusern. — Man konnte sich nur darauf beschränken, die Dorfwachen zu verstärken und ihnen eine bessere Einrichtung zu geben. Dazu kam, daß die Dörfer sich in einem so schlechten baulichen Zustande befanden, daß der kleinste Funke leicht zu hellen Flammen auflodern konnte und dann ganze Dörfer augenblicklich in Asche lagen. Die Feuerlöschungsanstalten und Geräthschaften waren nur unbedeutend und schlecht, die Leute in Handhabung der etwa vorhandenen wenig geübt, auch eben nicht geneigt, Andern zu Hülfe zu eilen, da Jeder nur an seine eigene Rettung und an den Schutz seiner Habe dachte. Schon den 10. April 1761 wurde angeordnet, daß auch den Nachbarn fremder Gebiete zu Hülfe zu eilen sei, wiederholt den 20. November 1770. Bald darauf, den 19. April 1762, erschienen die Verordnung wegen der zu errichtenden Brandkasse für das ganze Land, nicht ohne Widerspruch selbstsüchtiger Hausbesitzer, die daher erst über diese wohlthätige Einrichtung durch das Edikt vom 1. Juni 1770 aufgeklärt werden mußten, und die Verordnung für die Stadt Deßau vom 21. November 1764, sodann die Anweisung zur zweckmäßigen Aufführung von Brandmauern, den 18. Febr. 1766, so wie späterhin die Edikte wegen der zu bestrafenden Nachlässigkeit beim Feuer, den 3. Juli 1778, wegen Verhaltungsregeln bei Feuersgefahr, besonders während eines Sturms, 1776 und wegen der Weite der zu bauenden Schornsteine 1779. — Auch wurden bessere Feuergeräthschaften und in größerer Anzahl angeschafft, und die zu ihrer Bedienung bestimmten Mannschaften fleißig im Gebrauch derselben geübt. Dabei ließ es der Fürst keinesweges bewenden, Er gab allen Seinen Beamten, wie den zur Hülfe Herbeigeeilten ein gutes Beispiel, erschien, wo möglich, bei jeder Feuersbrunst Selbst und augenblicklich, ordnete Selbst an, theilte wiederholt Befehle aus, stellte Spritzen und Mannschaften an, richtete die Reihen ein, ermahnte freundlich, trieb, wo es nöthig schien, kräftig an, und verließ die Brandstätte nicht eher, als bis die Gefahr vorüber war.

Einst wurde in Wörlitz, als Er Sich eben im See badete, ein großes Feuer in Deßau signalisirt und Ihm Anzeige gemacht. Ohne Sich abzutrocknen und von dem grünen Schleim, der Seine Glieder überzogen hatte, zu befreien, kleidete Er Sich rasch an, bestieg das Ihm zugeführte Pferd „die Taube" und legte den Weg von Wörlitz nach Deßau, wozu man damals zu Fuß gewiß 3 Stunden brauchte, in der fast unglaublich schnellen Zeit von elf Minuten zurück. Die arme Taube fiel, Er aber stand als Rettungsmann mitten unter den Seinigen, die auf Ihn harrten.

Diese waren bei solchen Gelegenheiten so an Ihn und an Seine Befehle gewöhnt, daß sie kaum und nur ungern einem Andern gehorchten. Sie warteten lieber, sahen sich ängstlich nach Ihm um, wurden ungeduldig. Wenn Er aber dann da war, so waren sie auch alle bei der Hand, rüstig, munter und unverzagt. Er hätte sie ins Feuer jagen können. Einige glaubten, Er könne das Feuer besprechen, durch Zauberworte zum Stehen bringen und auf den engsten Raum beschränken. Bei einem noch nicht zum Ausbruch gekommenen Feuer in Deßau auf dem Sande hatten sich die Bürger auf einem freien Platze versammelt. Nur Er fehlte noch und ohne Ihn konnten und wollten sie nichts thun. Spritzen, Sturmfässer, Leitern waren in Bereitschaft. Da nahm sich eine Militairperson heraus, die Bürger zu treiben, barsch anzufahren und ihnen sogar zu drohen. Sie lachten Anfangs. Doch der Mann wurde heftiger und ungebärdig. Nun wurden sie wild und wollten ihn vom Pferde werfen. Er mußte ausreißen. Jetzt erschien der Fürst. Alle wurden ruhig; Jeder eilte an seinen Posten und horchte auf Seine Stimme, Einer drängte den Andern an die Arbeit zu gehen und anzugreifen. — Als die Feuersbrunst hinter dem Rathhause in Deßau, zwischen den Robitzschen und Schmelzerschen Gehöften, am hellen Tage in den Nachmittagsstunden ausbrach, waren nicht nur das Quartier, in welchem die Flammen wütheten, sondern auch die Häuser der beiden Straßen, die daran hinliefen, in der größten Gefahr. Der Fürst war augenblicklich zur Stelle. Bürger und Landleute eilten zur Rettung und Hülfe herbei. Es kostete aber ungeheure Anstrengung von mehreren Stunden, bevor man das Feuer, welches in der Niederlage eines Kaufmanns volle Nahrung fand, in seine Gewalt bekommen konnte. Meine Mutter stand mit uns Kindern an der Thür unsers Hauses, das der Brandstätte schräg gegenüber lag, und sahe weinend in die Gluth. Da kam der Fürst, mannhaften Schrittes, wie gewöhnlich, vom Hofe des Rathhauses her auf uns zu, und redete meine Mutter mit den beruhigenden Worten an: „Nun können Sie ruhig sein. Die Gefahr ist vorüber. Der Wind ist uns günstig. Wenn Säuberlichs große Rummelei ergriffen worden wäre, so wäre auch Ihr Haus nicht zu retten gewesen. Die Leute haben aber auch rechtschaffen gearbeitet. Ich bin ganz zufrieden. Friedrich (der Erbprinz) sitzt dort oben auf dem Dache und läßt sich Wasser zureichen, um einen Giebel zu schützen. Die Leute werden aber hungrig sein. Geben Sie ihnen Brod, so viel Sie haben und anschaffen können. Ich will alles bezahlen. Lassen Sie ja, indem Er uns freundlich ansahe, die Kinder nicht von Sich, daß sie nicht unter die Pferde kommen.“ So schritt Er ruhigen Blicks weiter.

Bei dieser Feuersbrunst war dem hochbejahrten Tischler Strömer ein brennender Balken auf den Arm gefallen, und man war nicht im Stande gewesen den unglücklichen Mann hervorzuziehen. Ein entschlossener Zimmergesell hatte ihm den Arm bei der Schulter abgehauen, um ihn nicht lebendig verbrennen zu lassen. Der Mann aber starb bald darauf an Verblutung. Der Fürst ließ seinen Leichnam auf dem neuen Begräbnißplatze feierlich in eines der eben fertig gewordenen Gewölbe beisetzen und folgende Inschrift, zu Ehren des Mannes, dem sie galt, Andern zur Ermunterung, über dem Eingang zur Gruft anbringen:

„A. F. D. Strömer, geb. den 15. März 1714, ehrbarer Meister des Tischlerhandwerks, eilte, als am 18. October 1787 die Feuersbrunst hinter dem Rathhause ausbrach, obgleich alt und schwach, dennoch zur Hülfe herbei, und verlor sein Leben in der edlen Beschäftigung, Andern zu dienen. Gewiß ein glücklicher Hintritt! Sein Name sei in Ehren und sanft ruhe die Asche dieses treuen Mitbürgers!"

Ich führe diese Inschrift auch noch deswegen hier an, um sie der Vergessenheit zu entreißen, da sie schon so verwittert ist, daß sie nicht lange mehr lesbar sein wird. Sie verdient wohl wieder aufgefrischt oder lieber in festerm Stein gänzlich erneuert zu werden.

Hartnäckiger und langwieriger war der Kampf mit dem Wasser, den der Fürst zu bestehen hatte.

Elbe und Mulde traten fast jährlich, oft mehr als Einmal über die Ufer, überschwemmten die Niederungen, verdarben die Straßen und vernichteten die Aernten. Der Fürst Leopold hatte bereits für Dämme gesorgt, allein sie waren nicht hinlänglich und standen, worauf Alles ankam, weder unter sich, noch mit den benachbarten sächsischen Dämmen in Verband. Fürst Franz entwarf zuvörderst mit Raumer und Erdmannsdorf einen umfassenden Deichverbindungsplan, wobei der nachherige Förster Wöpke nicht ungefragt blieb und der allmählig zu Stande kam. Die Dämme wurden verstärkt und erhöhet, an gewissen Stellen Schutzhügel aufgefahren, von Entfernung zu Entfernung Schuppen, meist in augenfälliger und bedeutsamer Bauart, wie z. B. der bei Rehsen, errichtet, worin die zum Dammbau und Dammschutz erforderlichen Utensilien, als Karren, Faschienen, Bretter, Pfähle und dergleichen aufbewahrt wurden, welche immer tüchtig und vorräthig waren und zu anderen Arbeiten nicht gebraucht werden durften, auch besondere Leute angestellt, welche die Maulwürfe von den Dämmen wegfangen mußten, was, wie ich aus Erfahrung weiß, in andern Elbgegenden meist so sehr verabsäumt wird. Hierauf erschien eine zweckmäßige Wallordnung, in welcher den Ober- wie den Unterbeamten, Handarbeitern und Gemeinden ihre Posten, die sie bei großem Wasser einzunehmen hatten, angewiesen waren, und Jedem genau und umständlich vorgeschrieben war, worauf er zu achten und was er zu thun habe. Der Fürst leitete, meist von Wörlitz aus, das Ganze; reitende Boten, wozu die Herren von der Jägerei gebraucht wurden, brachten Ihm Meldungen und erhielten weitere Verhaltungsbefehle; wo die Gefahr am größten war, fand Er Sich persönlich ein und ordnete an; denn Er hatte die ganze Lage der Dinge im Kopfe und wußte stets das Rechte zu treffen. Die Correspondence, welche bei solchen Gelegenheiten der Förster Wöpke mit dem Fürsten führte, gewährt wegen ihrer stilistischen Eigenthümlichkeiten, Kraftausdrücke und Flüche eine köstliche Lektüre, und zeigt, mit welcher Freimüthigkeit und Sicherheit ein erfahrner, praktischer Diener seinem fürstlichen, eben so erfahrnen Dirigenten Vorschläge thut und Einwendungen macht, von ihm Befehle einholt und Hülfe verlangt. Hier eine Probe:

Unterthänigster Wasserbericht.

„Durchlaucht! ich kann Gott straf mir, das Wasser nicht länger halen und wenn sie mich nicht zu Hülfe kommen, so lahs ichs, hol' mich der Teufel losen zur Schockschwerenoth.“

Bei alle dem mußte auch der Fürst, wie jeder Sterbliche, die Erfahrung machen, daß wir mit unserer Macht vor der Gewalt der Natur oft weichen müssen und mit aller unserer Vorsicht vor ihr zu Schanden werden — eine weise und wohlthätige Einrichtung, die uns nicht nur vor Uebermuth und gefährlicher Sicherheit bewahrt, sondern auch den Geist beständig in Spannung erhält und uns die Pflicht auflegt, stets auf Alles vorbereitet und gefaßt zu sein, was kommen kann. Das Jahr 1770 stellte den Muth des Fürsten zur Ausdauer und Beharrlichkeit auf die härteste Probe. Die Elbe wuchs plötzlich und erreichte eine unerhörte Höhe, überstieg und durchbrach stellenweise die noch frischen Dämme und überschwemmte Meilen weit die Umgegend von Wörlitz. Auch der Park, mit dessen Anlegung man eben beschäftigt war, ward überflutet, denn an seinem östlichen Ende geschahe der stärkste Dammbruch, die jungen Pflanzungen wurden vernichtet und die frisch gepflanzten fremden Bäume und Gesträuche mit fortgerissen. Dies Schicksal hatte auch ein Plantanus, damals noch ein seltener Baum in Deutschland. Der Fürst, der ihn nicht missen wollte, bestieg sofort, ohne auf die Gefahr zu achten, mit Seinem Gärtner einen Kahn, ein geschickter Fischer mußte fahren, und so wurde dem Flüchtling nachgesetzt, den man auch, eine gute Stunde von seinem Standort, am Ende der Griesenschen Wiesen, wiederfing. Das ist der herrliche Plantanus, im Parke der schönste, welcher noch jetzt so malerisch das Nympheum beschattet und seine Zweige bis auf die Oberfläche des See's niedersenkt.

Es geschahen in der Folge noch einige Dammbrüche, z. B. bei Vockerode und in der Nähe von Deßau, auf der Straße nach Zerbst, zwischen dem Försterhause und der eben erst überbaueten Brücke, wodurch viel Schaden an Feldern, Gärten und Plantagen angerichtet wurde. Die Dämme wurden aber so tüchtig wieder hergestellt, daß in neuester Zeit ein Sachverständiger von ihnen urtheilte: sie seien für die Ewigkeit gebauet. Die meiste Wassersnoth und Gefahr brach immer von der sächsischen Gränze herein, wo die Dämme schlecht angelegt waren und noch schlechter unterhalten wurden. Bei einer Ueberschwemmung, welche von dieser Seite, wenn ich nicht irre, im Jahre 1810 bis gen Wörlitz vordrang, fuhr der Fürst mit mir nach Vockerode, wo sich das Eis gesetzt und zu einem drohenden Berg emporgehoben hatte. Der Fürst war sehr verdrießlich und brummte in einem weg. Wir sprachen von den enormen Summen, welche die Dämme gekostet, wogegen sie denn auch dem Lande den sichersten Schutz gewährten. „Was hilft uns denn das, zürnte der

Fürst, wenn die Herren Sachsen so wenig für ihre Dämme thun. Ich werde ihnen wohl noch aus meinen eigenen Mitteln Dämme bauen lassen müssen, und wenn ich das Geld von den Juden borgen soll."

Das namenlose Unglück, wovon in jenen Jahren, die man die großen Wasserjahre nennt, das Land heimgesucht wurde, wo Wiesen und Felder und Hutungen theils verschlemmt, theils Ellen hoch versandet waren, wo der Landmann nicht säen und weder sich noch sein Vieh ernähren konnte, wo eine Theuerung aller Lebensmittel einbrach, die bis zur Hungersnoth stieg, gab dem Fürsten Antrieb und Gelegenheit, nicht nur Seine Bau- und Gartenunternehmungen schneller als sonst geschehen sein würde, zu fördern, sondern auch als Wohlthäter und Ernährer Seiner in die bitterste Armuth versunkenen Unterthanen aufzutreten.

Schon im Jahre 1768 hatte der Fürst Sich Wörlitz, einen unansehnlichen Ort, den jeder Reisende gern vermied und wo nur ein altes Jagdhaus (das gelbe Haus) stand, zum Landsitz erwählt. Hier sollten Schloß und Park zugleich in Angriff genommen und durch alle Künste, in welchen der Fürst Sich zur Meisterschaft emporgeschwungen hatte, verherrlicht werden. Die schönen Eichenwaldungen, welche den Ort umgeben, die grünen Wiesenflächen, die sich an ihm hinziehen, der spiegelhelle See, der ihn umspült, das hohe Ufer, das auf der Südseite ihn begränzt, das Alles schien vortrefflich geeignet, der Wohnsitz eines Mannes zu werden, der Natur und Kunst über Alles liebte und im Genusse häuslicher Freuden, im Umgange mit gleichgesinnten und wohlwollenden Freunden, die Wissenschaft pflegend, den Regierungsgeschäften im Stillen nachdenkend, seine Tage verleben wollte. Den Plan zum Schlosse entwarf Erdmannsdorf, den zum Park der Fürst Selbst mit Seinem kunstverständigen Gärtner Schoch. Am 3. April 1769 legte Er mit Seiner Gemahlin und mit Erdmannsdorf, der hier sein Meisterstück machte, den Grundstein zum Schlosse, das den 22. März 1773 vollendet ward.

Die Ueberschwemmung, welche eingebrochen war, hinderte, wie gesagt, die Bauten nicht, beschleunigte sie vielmehr. An Arbeitern fehlte es ja nicht; von allen Seiten drängten sie herbei. Der Fürst stellte alle an, Männer, Weiber und Kinder. Da saß die Fürstin nicht selten auf einem der aufgefahrnen Hügel, mit weiblicher Arbeit beschäftigt, ein Körbchen neben sich, worin Kupfermünze befindlich war. Der Fürst stand neben ihr und ordnete die junge Schaar und wies sie an. So oft Einer vor Ihnen vorbeikam, reichte ihm die Fürstin einen Dreier. Das reizte die Kinder und machte ihnen Lust zur Arbeit. So setzte der Fürst Alle in Bewegung, und ruhete nicht, bis die verwüstete Umgegend mit ihren Ländereien, Alleen und Plantagen wieder in den blühendsten Zustand gesetzt war. Die Dämme, Wege und Brücken waren nach einigen Jahren vollkommen wieder hergestellt. Kanäle wurden gegraben, Inseln bepflanzt und geschmückt und Alles wie neu geschaffen und verschönert. Der Park erhielt von der Zeit an größere Ausdehnung und seine jetzige Gestalt. Auf ihn wendete der Fürst von nun an alle Sorgfalt und allen Fleiß; es entstand ein neues, schönes Bauwerk nach dem andern, in jedem Jahre wurde man durch eine neue Veränderung, durch ein neues Gebilde der

Kunst überrascht. Der Garten zu Wörlitz, wie er hieß, erlangte bald den allgemeinsten Ruf, in ganz Deutschland sprach man nur von ihm; Fremde strömten herbei, ergingen sich ungestört in ihm und bewunderten den Geschmack seines Gründers, der das Schöne mit dem Nützlichen, die Natur mit der Kunst so reizend zu verbinden wußte. Das ganze Land wurde zuletzt in den großartigsten Park umgeschaffen, der keine anderen, als die natürlichen Landesgränzen hatte, zu dem man von allen Seiten kommen konnte, und wo der Beschauer bald durch kräftige Waldungen, worin Wild aller Art umherirrte, bald über endlose Wiesenflächen, bald neben schattigen Hainen und lieblichen Baumgruppen wandelt, sich ihm hier Aussichten auf dem mächtigen Strom öffnen, den die Schifffahrt belebt, dort seinen Blick auf größere und kleinere, immer zierliche Gebäude, Tempel, Statuen, Denkmäler ziehet, die ihn an Griechenland und Rom erinnern, oder an das bauverständige Mittelalter, das in seinen erhabenen Domen und himmelanstrebenden Thürmen seinen Glauben an eine höhere Welt beurkundet.

Schöpfer, Gründer, Erbauer von dem Allen war Fürst Franz. So sorgte Er für den äußern Schmuck Seines Landes, so verschönerte Er jeden Raum desselben und jede Stelle, zu der Er kommen konnte, immer den Winken der Natur folgend und von den schönen Künsten geleitet, die Ihn zu ihrem Günstling erkoren hatten.

Die Verarmung des ganzen Landes, dessen Hülfsquellen durch den siebenjährigen Krieg völlig erschöpft waren, war bei dem Regierungsantritt des Fürsten ein großes Unglück und für Ihn die drückendste Last. Dazu kam das Bettelwesen, das, nach Beendigung des gedachten Krieges, der eine Menge heimathloser Leute aus seinen Reihen auf die Straße stieß, und in Folge der nassen Jahre, welche Mißwachs und Hungersnoth erzeugten, zu einer furchtbaren Höhe stieg. Nicht bloß die einheimischen Bettler, sondern auch die fremden, welche von allen Seiten das Ländchen überschwemmten und nicht selten mit jenen ins Handgemenge geriethen, durchzogen in frechen Schaaren Städte und Dörfer, und belagerten die Thüren der Reichen und etwa noch Bemittelten, welche sich förmlich vor ihnen verschanzen mußten. Die armen Leute aus den Städten und auf dem Lande waren überhaupt ganz muthlos, völlig gleichgültig gegen das elende Leben und unverschämt oft bis zur Frechheit. Viele von denjenigen, welche noch etwas besaßen und im Kriege gewonnen hatten, ergaben sich dem Trunke und der gemeinsten Schlemmerei, bis der Beutel leer war; Andere, welche nichts mit in die Welt gebracht hatten als gesunde Glieder, wurden bei ihrer natürlichen Trägheit arbeitsscheu und faul, weil der Lohn für Arbeit nur gering war, und schlossen sich lieber als Helfershelfer den Verwegenen an, die, auf den Gränzen lagernd, in den dichten Wäldern verborgen und von den Bewohnern einzeln liegender Häuser jederzeit wohl aufgenommen, bei Feuersbrünsten, die damals fast täglich sich ereigneten, durch nächtliche Einbrüche und räuberische Ueberfälle das öffentliche wie das Privatvermögen angriffen und davonschleppten. Es gab sogar viele sonst fleißige und nüchterne Handwerker, die sich nicht schämten, denn sie waren gezwungen, Sonntags mit den Ihrigen auf das Land zu gehen, und in den Dörfern zusammen zu betteln, wovon sie sich und die Ihrigen in den Wochentagen kümmerlich ernähren wollten. Arme Wittwen und Greise, Kranke und Gebrechliche, fremde wie einheimische, waren gänzlich ihrem Schicksal Preis gegeben; um sie kümmerte sich fast keine Behörde und kein Mensch, wenn nicht etwa einige reiche Familien in der Stadt sich ihrer annahmen und für ihre Pflege Sorge trugen. Denn ein Kranken- und Versorgungshaus für dergleichen Fremde gab es nicht, und die einheimischen Wittwen, Gebrechlichen und Betagten, welche etwa in das Stift zum heiligen Geist, oder in das St. Gorgen-Hospital, oder in das Wittwen- und Versorgungshaus zu Oranienbaum untergebracht werden konnten, mußten theils Bedingungen eingehen, die nicht jeder erfüllen konnte, theils oft wegen Mangels an Raum Jahre lang warten, bevor sie aufgenommen werden konnten.

Mit dem Bettelwesen sah es noch viel ärger aus. Es war in Deßau von so eigenthümlicher und widerlicher Beschaffenheit, daß man sich jetzt kaum noch eine richtige Vorstellung davon machen und nicht begreifen kann, wie es so lange hat geduldet werden können. Die Bettler zerfielen in zwei Rotten, in Stadtbettler, welche die Erlaubniß hatten, an gewissen Tagen in der Woche vor die Häuser bestimmter Familien und reicher Leute zu kommen, um Almosen in Empfang zu nehmen, und in fremde Bettler, Vagabonden, Zigeuner, Handwerksburschen, welchen das Ansprechen nirgends gestattet war und die sich mit dem, was sie etwa aus einer Vagabonden-Kasse und von ihren Zunftgenossen empfingen, begnügen sollten. Es kam oft unter beiden zu lächerlichen Auftritten, aber auch zu Straßentumulten und blutigen Raufereien, wodurch allein schon den begüterten

Einwohnern, und nicht etwa wegen der kleinen Gabe, wodurch sie sich der schlechten Münze entledigen, das ganze Bettelwesen hätte lästig und verhaßt werden müssen. Greise und Kinder, Männer und Weiber, Gesunde und Kranke thaten sich an gewissen Tagen zusammen und zogen, den damals einzigen Bettelvogt — wer sollte nichts von dem rohen, neunfingerigen Bettelvogt Kusch, das Schrecken der Handwerksbursche, gehört haben!? — an der Spitze, durch die Straßen vor die Häuser mitleidiger und begüterter Einwohner, die ihnen aus den Fenstern, denn durch die Thüren durfte man sie nicht eindringen lassen, schlechte Pfennige, oder ein Stück schwarzes Brod zuwarfen, wobei der Bettelvogt, der zuletzt auch seine Gabe empfing, Ruhe und Ordnung halten mußte; denn es fielen oft genug Raufereien unter ihnen vor. Daß dadurch Faulheit, Arbeitsscheu, Gierigkeit und Dieberei Vorschub gethan wurde, leidet keinen Zweifel. Mehr Noth und Skandal verursachten aber die fremden Bettler, mit welchen die Straßenjungen und Stadtmüßiggänger gewöhnlich gemeinschaftliche Sache gegen den Bettelvogt machten, ihnen beistanden und durchhalfen. Diese trieb der Bettelvogt mit seiner ellenlangen Hetzpeitsche unter Geschrei und Toben der Jungen und Verhöhnen der Erwachsenen in den Straßen umher und gerieth oft mit ihnen in blutigen Kampf; wenn er dann endlich einen oder den andern solcher Unglücklichen niedergehauen und erwischt hatte, so führte er sie in das Zuchthaus ab, wo sie durchgeprügelt, bei Wasser und Brod eingesperrt und am andern Morgen zum Thore hinausgewiesen wurden. Die Folgen solcher Behandlung blieben selten aus. Die Vertriebenen rächten sich an den Obstbäumen, die sie beschädigten, oft zu Hunderten umbrachen, so wie an den öffentlichen Denkmälern und Gebäuden, die sie verstümmelten und beschmutzten, und trieben sonst noch allerlei Unfug bis über das Weichbild der Stadt hinaus.

Ich habe mich hier bei Darstellung des Armen- und Bettelwesens, wie es der Fürst bei Seinem Regierungs-Antritt vorfand und noch längere Zeit dulden mußte, absichtlich verweilt, damit Jeder ermessen kann, wie schwer die Aufgabe war, die der Fürst zu lösen hatte. Ueberall Armuth, Elend und Noth, welchen gesteuert, welchen gründlich und für immer abgeholfen werden sollte. Er aber ließ Sich nicht abschrecken. Er hat so schnell als möglich und verhältnißmäßig in kurzer Zeit mehr für das Armenwesen in Seinem Lande gethan, als in irgend einem andern Lande Deutschlands, das Markgrafenthum Baden ausgenommen, wo der Markgraf Karl Friedrich, Sein vertrauter Freund, mit Ihm in allen Stücken wetteiferte, geschehen ist. — Das von 1766 bis 1770 mit einem Kostenaufwand von mehr als 13,000 Thalern erbauete Armen-, Kranken-, Zucht- und Arbeitshaus, das vorläufig — (und daher auch die allerdings befremdende Ueberschrift: **Miseris et Malis** — die indessen 1804 nach Errichtung der Zucht- und Besserungsanstalt in Zerbst weggenommen wurde) — zur Aufnahme von Armen, Kranken, Waisen, Vagabonden und Verbrechern bestimmt war, konnte schon im Jahre 1770 eine beträchtliche Anzahl Nothleidender aufnehmen. Dennoch reichte die Anstalt in den Jahren 1771 und 1772 lange nicht aus, und der Fürst mußte das gesammte Armenwesen in der Stadt und auf dem Lande auf Seine Kosten erhalten. Er ließ Getreide aus Rußland kommen, verkaufte es an die Zahlungsfähigen wohlfeiler — den Scheffel zu Einem Thaler — gab dem Landmanne das benöthigte Saatgetreide, den Arbeitsfähigen in der Stadt und auf dem Lande, die Er bei Seinen Bauten nicht anstellen und gebrauchen konnte, Wolle und Flachs zum Spinnen, schenkte das daraus gefertigte Zeug den Armen, sandte den Kranken Aerzte, Arznei und gesunde Nahrungsmittel, ernährte noch außerdem eine gewisse Anzahl von Hausarmen aus Seinen eigenen Vorräthen, indem ihnen täglich aus Seiner Küche und Keller Brod und Bier verabreicht wurde. In dem Allen ging die regierende Fürstin, Seine Gemahlin, ihr ganzes Leben hindurch die Mutter aller Armen und Nothleidenden, Wittwen und Waisen, mit Ihm Hand in Hand, und Beide genossen die hohe Freude, in der Zeit der größten Noth und des tiefsten Elendes, Hungrige gespeist, Durstige getränkt, Nackte bekleidet, Elende in das Haus geführt zu haben, das für sie erbauet worden war. Ihnen galt hierbei kein Ansehen der Person, des Standes, des Herkommens und der Religion. Sie ließen Sich allein von der Liebe leiten, in deren Hände Sie Ihre hülfreiche Macht legten.

Dem Fürsten fehlte es aber auch nicht an tüchtigen und willenskräftigen Männern, welche das Werk der Armenversorgung nach seinem ganzen Umfange zu Stande zu bringen wußten und auf die Er Sich vollkommen verlassen konnte. An dem Regierungspräsidenten Stubenrauch und dem Dr. med. Hofrath Kretzschmar, Seinem Leibarzt, hatte Er eben so treue Rathgeber als beharrliche Vollstrecker Seiner Befehle. Beide verstanden, das Armenwesen von Grund aus zu organisiren, und Hindernisse, welche ihnen nicht nur die Armen selbst, sondern auch einige Reiche, die sich nicht von ihrem Mammon trennen mochten und gern sahen, wenn Alles beim Alten geblieben wäre, in den Weg legten, ohne viele Umstände zu beseitigen. Denn allerdings, ein wenig gewaltsam und ohne ängstliche Schonung mußte man hier und da verfahren, wenn man zum Ziele kommen wollte. Diese ehrenwerthen Männer, namentlich Kretzschmar, wurden Anfangs von Vielen verkannt, ungerecht und schnöde beurtheilt und behandelt, und sogar von denen, welchen sie Wohlthaten verschaffen wollten, mit Undank, mit übler Nachrede und Schmähungen belohnt. Aber sie kehrten sich nicht daran, sondern thaten festen Sinnes und regen Eifers, was ihres Amtes und ihrer Pflicht war. Doch gab es auch unter den übrigen begüterten Einwohnern und reichen Familien der Stadt wohlgesinnte Leute genug, welche ihnen unbedingt Beifall zollten, die neuen Einrichtungen wohl aufnahmen und sich bestrebten, zu den Opfern, die für das Armenwesen verlangt wurden, mit vollen Händen beizusteuern, wie denn auch die bei den neuen Einrichtungen betheiligten und angestellten Ober- und Unterbeamten eine Umsicht, eine Thätigkeit und Ausdauer an den Tag legten, die nichts zu wünschen übrig ließen. — Zuerst erschienen im Jahre 1770 den 5ten Januar das Edikt wegen des Bettelwesens und darauf bezüglich die Edikte vom 25. November 1771 und 10. Juni 1772, wodurch dasselbe für immer unterdrückt, das Betteln den Einheimischen streng untersagt, und den Fremden, welche durch eine gute Polizeiordnung von Stadt und Land abgehalten wurden, möglichst erschwert wurde. Die Edikte vom 28. Januar 1772, 8. Februar 1773, 3. Februar 1781, das gesammte Armenwesen betreffend, bestimmten, erörterten und erläuterten die neue Armen-, Versorgungs- und Verpflegungs-

Anstalt, und machten auf Alles aufmerksam, was man dabei zu leisten und davon zu erwarten habe, wozu nachher das Verbot des Collektirens zu Lotterien vom 24. Januar 1784, das Verbot der Fastnachtsaufzüge vom 30. Januar 1788 und die Verordnung wegen der Trauer vom 11. Juli 1789 noch hinzukamen, um unnütze und kostspielige Ausgaben zu verhindern und zu beschränken, wozu Glücksspiele, wüste Zechgelage und Prunksucht bei Sterbefällen so oft und so leicht Veranlassung gaben. Es wurde ein Armendirektorium eingerichtet, welches aus dem Präsidenten der Landesregierung, dem Superintendenten und anderen angesehenen Geistlichen bestand; ferner eine Armenkasse errichtet, und jeder reiche und bemittelte Einwohner zu einem freiwilligen Beitrag nach Stand und Vermögen aufgefordert; alle einzelnen Fonds, aus welchen bisher Arme, Nothleidende und Vagabonden unterstützt worden waren, wurden in Einen vereinigt und daraus die gesammten allgemeinen und besonderen Ausgaben bestritten. Wo es fehlte, schossen der Fürst und Seine Gemahlin immer zu. Jede Woche versammelte sich das Armendirektorium und theilte monatlich 10 bis 1200 Pfund Brod, 10 bis 1200 Pfund Graupen und über 100 Thaler baares Geld aus. Jährlich wurden über 300 Thaler zur Arznei und 400 Thaler zur Kleidung vom Fürsten angewiesen. Doch dabei ließ Er es nicht bewenden, Er wollte auch den Gebern die Fürsorge für die Armen erleichtern. Daher hatte Er schon während des Krieges den Unterthanen den Frohnpfennig erlassen, daher verminderte Er zu verschiedenen Malen 1765, 80 und 91 die Accise, und hob endlich auch 1783 das Salz- und Oelgeld auf, welches jährlich 7000 Thaler eintrug, wobei Er in dem darauf bezüglichen

Edikt vom 7. Januar 1783 bemerkt: „wir werden uns von dem Danke unserer getreuen Unterthanen am besten überzeugen, wenn wir sehen werden, daß sie sich ihrer Armen mehr, als bisher geschehen, annehmen, an welche Schuldigkeit wir sie bei dieser Gelegenheit zu erinnern nicht Umgang nehmen können."

Noch blieb dem Fürsten und Seiner Gemahlin, denn beide handelten in Beziehung auf Armenpflege immer einstimmig und gemeinschaftlich, die Sorge für die Wittwen und Waisen Ihrer Dienerschaft, so wie der Beamten und Geistlichen übrig. Dergleichen Wittwen und Waisen befinden sich nach dem Ableben ihrer Männer und Väter nicht selten in der bittersten Verlegenheit und großer häuslichen Noth, auch können sie nicht, wie ihres Gleichen aus anderen Ständen und Verhältnissen, Almosen suchen und empfangen. Der Fürst errichtete daher unter Zustimmung Seiner Dienerschaft eine Wittwen= und Waisenkasse für dieselben (laut Edikts vom 21. November 1779), nach welcher alle in fürstlichen Diensten stehenden Beamten in sechs Klassen getheilt werden, von denen die Mitglieder der ersten vier Abtheilungen jeder Eins vom Hundert der Einkünfte, die letzten nichts besteuern. Ein Kapital für Pfarrwittwen, aus dem Vermächtniß Seiner Großtante, der Herzogin Radzivil, schlug der Fürst dazu, und verband Sich Selbst, jährlich 1500 Thaler in Gold und die Fürstin 1000 Thaler Beitrag zu geben, den der Erbprinz nach dem Tode Seiner Eltern zu übernehmen versprach. Der Ueberschuß wird jedesmal zum Kapital geschlagen, welches nie verringert werden darf. Reicht die Kasse nicht aus, so wird der Beitrag, sowohl des Fürsten als der Theilnehmer, nach Befinden erhöhet.

Auch erhielten die fürstlichen Diener den Scheffel Korn zum Thaler aus der fürstlichen Mühle, die Getreidepreise mochten übrigens so hoch oder niedrig stehen als sie wollten.

Auch auf das öffentliche Gesundheitswesen richtete der Fürst Seine ganz besondere Aufmerksamkeit. Es wurde 1793, 12. October, eine Medizinalcommission errichtet, welche für dasselbe in Stadt und auf dem Lande mit dem regsten Eifer Sorge trug, wobei sich besonders erst der Hofrath Dr. Schwabe, hernach der Hofrath und Medizinalrath Dr. Olberg, welche für wahre Pfleger der Kranken galten, auszeichneten; ein Krankenhaus für arme Handwerker und dienende Personen erbauet und zweckmäßig ausgestattet; sämmtlichen Hebammen im Lande unentgeldlich Unterricht ertheilt (1809) und ein besonders dazu besoldeter Arzt angestellt, allen Kindern, deren Eltern es wünschen würden, die Kuhpocken unentgeldlich einzuimpfen. So ward für Alles gesorgt, was die leibliche Nothdurft erheischte. Dennoch trat bei aller Fürsorge des Fürsten im Winter zwischen den Jahren 1805 und 1806 eine allgemeine Theuerung ein, gewiß eine künstliche, denn das Getreide wurde wohlfeiler, so wie die Franzosen in das Land eingebrochen waren. Da wurde nun eine Rumfordsche Suppenanstalt eingerichtet, aus der die armen Familien sich ihren Bedarf an warmer, kräftiger Nahrung täglich abholen konnten. Dazu sammelten die Geistlichen Beiträge von den begüterten Einwohnern der Stadt, die zu dem Ende in Distrikte eingetheilt ward. Hier hat leider! mancher der sammelnden Geistlichen die befremdende und traurige Erfahrung gemacht, daß Leute, die Gott mit zeitlichem Gut gesegnet hatte, sich nicht selten karg und filzig bewiesen und gerade das Allerwenigste beisteuerten, worüber der Fürst sehr aufgebracht und betrübt war.

Da der öffentliche Gesundheitszustand von der Reinlichkeit der Straßen und freien Plätze meist mit abhängt, so war die Polizei besonders beauftragt, in dieser Hinsicht überall auf Ordnung und Reinlichkeit zu halten, was sie mit Umsicht und großer Strenge that, so daß Deßau bald eine der reinlichsten Städte Deutschlands wurde. „„In den Häusern, etwa mit Ausnahme der Gasthäuser, muß man die Bürger nicht belästigen, sagte der Fürst. Wohlgesinnte Bürger, wenn sie sehen, daß die Polizei für die Reinlichkeit Sorge trägt, ahmen bald nach; denn sie befinden sich ja wohl dabei. Man muß in allen Fällen mit einem guten Beispiele vorangehen und nie säumig werden.""

So unermüdet Sich auch der Fürst mit dem Armen- und Krankenwesen, das Seine ganze Thätigkeit mehrere Jahre in Anspruch nahm, beschäftigte, so verlor Er dennoch die Landeskultur in ihrem ganzen Umfange, Boden- und Gartenkultur, kurz, die ökonomischen Dinge, nicht aus den Augen. Die Landwirthschaft mit der Viehzucht und dem Obst- und Gemüsebau lagen hier, wie überall im deutschen Vaterlande, im Argen, und nur der Gemüsebau im Ankuhn bei Zerbst wurde fleißig und vortheilhaft getrieben. An rationeller Bewirthschaftungsart war nicht zu denken; es wurde Alles in hergebrachter Weise und altem Schlendrian fortgeführt, auf den fürstlichen Domainen, wie in den Gemeinden. Diese waren zu unbemittelt, besaßen zu wenig Länderei, hatten zu wenig, eigentlich gar keine guten Muster um und neben sich, als daß sie hätten kostspielige Versuche machen, sich Abweichungen erlauben und Neuerungen unter sich einführen sollen. Der Landmann liebt das Alte, Herkömmliche und von den Vätern Ererbte, und giebt nur dann dem Neuen den Vorzug und Beifall, wenn ihm der Segen desselben sogleich in die offene Hand gedrückt wird. Auch jenen aber gestatteten die Verhältnisse nicht immer, von den eingeführten Wirthschaftsplänen abzugehen und sich in Neuerungen einzulassen. Dazu kamen Hindernisse verschiedener Art, die nur erst durch ein agrarisches Gesetz, das bekanntlich eben so schwer zu entwerfen als durchzuführen ist, beseitigt werden konnten. Da gab es schädliche Gemeinheiten, hemmende Triftberechtigungen, den regellosen Weidegang, das Unbenutztlassen der Brache und andere lästige Gewohnheiten und Servitute, welche einer durchgreifenden Verbesserung der landwirthlichen Zustände und Verhältnisse überall im Wege standen.

Doch über das Alles kam der Fürst glücklich hinüber; denn es stellten sich Ihm zwei Männer zur Seite, bei welchen die Intelligenz zum Durchbruch kam und die glänzendsten Resultate lieferte: der Amts-Kammerrath von Raumer in Wörlitz (nachheriger Kammerdirektor in Deßau) und der Oberamtmann Holzhausen in Gröbzig. Beide Männer wirkten von einander unabhängig, selbstständig, jeder für sich und in seiner Art und nach seinem Bedürfniß mit einer Umsicht und einem beharrlichen Eifer, die nichts zu wünschen übrig ließen und in den ökonomischen Dingen einen Umschwung hervorbrachten, der zu den schönsten Hoffnungen berechtigte. In Wörlitz wurde eine Art von Musterwirthschaft eingeführt, wozu der Fürst schöne, zweckmäßige, von Grund aus neue Wohn- und Wirthschaftsgebäude erbauen ließ, ein Versuch nach dem andern gemacht, der Rapsbau gefördert, die Stallfütterung zum Theil eingerichtet und der Landmann durch Wort und Beispiel ermuntert, mit fortzugehen und seine alten Vorurtheile aufzugeben. Der Fürst scheuete keine Kosten, war immer bereitwillig, den Landmann da, wo es nöthig war, zu unterstützen und brachte die schwersten Opfer, welche freilich Seine Unterthanen nicht hätten erschwingen können. Der Oberamtmann Holzhausen schritt in Gröbzig eben so rasch und rüstig vorwärts, wie der Herr von Raumer. Er machte zuerst neue landwirthschaftliche Versuche im Großen, und mit dem glücklichsten Erfolge, brachte die Sonderung der Gemeindetriften zu Stande, führte den Klee- und Futterbau und die Stallfütterung ein und wetteiferte in allen Stücken mit der Musterwirthschaft in Wörlitz. Auch wurden bessere Viehracen, besonders veredelte Schafe aufgestellt, worin vornehmlich der Oberamtmann Nordmann in Pötnitz es allen Uebrigen zuvor that und durch vorzügliche und ganz eigenthümliche Pflege und Fütterung der Schafe in ganz Deutschland den Sieg davon trug. Er erhielt im Jahre 1819 für den Stein Wolle 8½ Friedrichsd'or, 15,000 Thaler nahm er für 99 Schafe ein, welche öffentlich verkauft wurden; für einen Mastochsen bekam er 475 Thaler.

Der Fürst hatte bald keine Ursache mehr, Sich um die ökonomischen Dinge, die Er in den fleißigsten Händen sahe, fernerhin zu bekümmern. Der Anstoß war gegeben; Pächter, Administratoren und Landleute befanden sich auf dem besten Wege; sie bebten nicht mehr vor Schwierigkeiten zurück, und gewannen dem Boden bessere und reichere Aernten ab, denn je zuvor. Selbst das von Natur karge und unfruchtbare Land wurde durch kluge Fruchtfolge, durch tüchtiges Rajolen, hier und da durch vorsichtiges Mergeln gezwungen, sein Gewächs zu geben und den auf ihn verwandten Fleiß zu belohnen. Man sahe es auch bald an den wöchentlichen Getreidemärkten in Deßau, die oft ganz überfahren waren, daß die Oekonomen im Inlande wie im Auslande, namentlich im Köthenschen, sich gehoben, und wie an Ausdehnung, so auch an Kraft gewonnen hatten.

Wo von jetzt an auf allen Triften und Weiden, allen Wegen und wüsten Plätzen nur irgend Raum gefunden werden konnte, da wurden Pflanzungen, je nach Oertlichkeit und Lage, hier von Waldbäumen, besonders fremden Eichenarten, dort von Fruchtbäumen angelegt, wobei nur wegen der Eile, womit man die Sache betrieb, nicht immer und nicht überall auf feine Obstsorten Bedacht genommen worden ist. Der Erbprinz Friedrich, der sich diesem Theile der Landeskultur eifrigst zuwandte und das Schöne mit dem Nützlichen so gut zu verbinden wußte, machte ganze Strecken Sandes durch Rajolen und Abtragen urbar, und verschönerte einen Theil der Umgegend um Deßau bis Kühnau durch Anlagen von Akazien, Nadelhölzern, Sauerkirschen und den feinsten Obstarten so außerordentlich, daß man sich nach einigen Jahren kaum daselbst zurechtfinden konnte und den mühsamen und beharrlichen Fleiß bewundern mußte, der darauf verwendet worden war. Die Oranienbäumer, ein sehr betriebsames Völkchen, hatten sich auf den Tabaksbau gelegt, zu welchem ihr Boden geschickt ist, und sie sahen sich oft für die mühselige Arbeit, die er verlangt, durch reiche und einträgliche Aernten entschädigt.

So kam der Reisende, welcher sonst das unwirthbare Land vermieden hatte, von welcher Seite er auch eintrat, in einen endlosen und unbegränzten, schönen und blühenden Garten, wandelte unter fruchtbeladenen Obstbäumen, über Wiesen, die im schönsten Grün prangten, durch herrliche, schattenreiche Waldungen, zwischen üppigen Saaten, und sahe überall die Hand, ja oft den Mann selbst, der dies Alles geschaffen hatte und nicht aufhörte, es zu erhalten, zu rechter Zeit zu verjüngen und unaufhörlich zu verschönern.

Uebrigens muß der Fürst, wie ich aus einigen Aeußerungen von Ihm entnommen habe, in Beziehung auf Landeskultur und Viehzucht einen eigenen Plan, nach englischer Art, gehabt haben, der aber, wahrscheinlich aus finanziellen Rücksichten und weil die Unterthanen auf Seine Ideen nicht eingehen mochten, nicht zur Ausführung gekommen ist, den Gemeinden aber, wenn er zu Stande gekommen wäre, den größten Vortheil gebracht haben würde. Es sollten nämlich sämmtliche Domainen, mit Ausnahme von vier bis fünf der größten, an die Unterthanen ausgethan, in Erbpacht gegeben, oder in kleinere und größere Zeitpachtungen zertheilt werden. In jedem Dorfe sollten mehrere kleinere und größere Bauerngüter bestehen, die nicht zerschlagen und weder vergrößert noch verkleinert werden durften, und wo jeder Dorfbewohner so viel an Ländereien bekommen sollte, daß er eine selbstständige Wirthschaft, die ihn ernährte, führen konnte. Ferner sollten Gemeindeschäfereien und Gemeindeplantagen eingerichtet werden, woran Jeder nach Verhältniß seiner Einlage beim Gewinn wie beim Verlust betheiligt sein, und namentlich, was die Schäferei anlangt, vom Wollertrag, vom Stalldünger, vom Lagern und Pferchen, den ihm ge=

bührenden Antheil bekommen sollte. Einige unbedeutende Versuche, den Plan durchzuführen, sind gemacht worden, z. B. in Bobbau, in Alten; jedoch scheint der erforderliche Ernst nicht dabei gewesen zu sein. Auch wurden den Bürgern in Deßau von dem Gute Neu-Wülknitz ansehnliche Flächen zur Förderung des Gemüsebaues gegeben, mit dem es aber nicht fort wollte, weil die Leute eben keine Neigung dazu hatten. — Der Gedanke einer Vervollkommnung des Landbaues durch freie Hände und in Grundstücken von minderem Umfange scheint den Fürsten damals besonders angeregt und beschäftigt zu haben. Mir ist, sagte Er bei dieser Veranlassung, Ein wohlhabender Bauer lieber als zehn reiche Pächter.

Dem edlen Fürsten glückte fast Alles, was Er unternahm, Er führte Alles zum erwünschten Ziel, was Er ergriff; denn Er wußte nicht nur mit Sicherheit Zeit und Umstände zu benutzen, Er wählte auch immer mit Vorsicht die Leute, welche Ihm bei Seinen Unternehmungen behülflich sein sollten. Viele rief Er aus der Fremde herbei, und sie kamen gern, denn sie fanden Arbeit und Brod; Andere kamen von selbst und ungerufen, angelockt durch Seine Freigebigkeit und Milde und gezogen von Seinem Geiste, der sie fesselte. Nur Eins wollte Ihm nicht ganz gelingen, so viel Mühe Er und Seine Beamten sich auch gaben, hier Etwas zu Stande zu bringen. Merkantilisches Leben konnte Er nicht schaffen, noch das, was dazu gehört und worauf es dabei ankommt, hinstellen und in fortschreitender Bewegung erhalten. In einem kleinen Lande von kaum 17 Q. Meilen im Umfange, eingeklemmt zwischen zwei großen Staaten, die sich ebenfalls in der Entwickelung nationaler Kräfte befanden und alle Augenblicke Beschränkungen eintreten ließen, welche der Fürst selten beseitigen konnte, gehörte das zu den unmöglichen Dingen; auch fehlten überall betriebsame Leute, unternehmende Köpfe und reiche Kapitalisten, die etwas hätten wagen können; dazu kam der Mangel wissentschaftlicher Bildung, ohne die sich nie ein Handwerk zur Kunst erheben kann und als solche bevorzugt zu werden verdient. Fabriken und Manufakturen, mit welchen man Versuche machte, wollten durchaus nicht gedeihen; die Bramigksche Tabaksfabrik, ein Privatunternehmen, worüber der Fürst besondere Freude hatte, hielt sich noch am längsten und hat mehre Jahre hindurch Hunderte von Menschen ernährt.

Das ganze Gewerbewesen, mit Ausnahme der Tuchfabrikation in Raguhn und Jeßnitz und der Gerbereien in Deßau und Wörlitz, lag noch in der Wiege, gleichsam in der Erstarrung, aus der es sich von selbst nicht zu erheben vermochte. Was der Mittelmann und der Bauer, welche wenig Ansprüche machten, brauchten, konnten sie bequem und billig von den Krämern, von herumziehenden Trödlern und auf den Jahrmärkten erlangen. Die Vornehmen so wie der Hof nahmen ihren Bedarf von Leipzig oder Magdeburg. Doch der Fürst brachte bald so viel Leben und Bewegung in die todte Masse, daß selbst der Gleichgültigste und Trägste sich rühren mußte, wenn er nicht Gefahr laufen wollte, ganz und gar zu verkümmern. Einige Handwerker wurden durch die Umstände, in die sie sich plötzlich versetzt sahen, umringt von den schönen Künsten, gegen deren herrliche Gebilde die ihrigen nur als unscheinbares und verwerfliches Machwerk erschienen, gezwungen, ihre Kräfte anzustrengen, sich hervorzuthun und ihren Arbeiten mehr Tüchtigkeit, Glanz und Geschmack zu geben. Diejenigen, welche der Fürst zunächst bei Seinen Bauten und Verschönerungen brauchte und die unmittelbar unter Seiner und Erdmannsdorf's Aufsicht standen, wie Maurer, Zimmerleute, Tischler und Schlosser, zeichneten sich bald vortheilhaft aus, lieferten Treffliches und Tüchtiges und wurden sogar im Auslande gesucht, das sich sonst nach ihnen gar nicht umgesehen hatte. Andere, wie Schneider, Schuhmacher, Beutler, Schmiede, sahen sich, gedrängt von den Fremden, welche herbeiströmten, dem Genius einer neuen Zeit zu huldigen, genöthigt, ebenfalls fortzuschreiten und ihre Arbeiten durch modische Eleganz und Zierlichkeit, wie durch Festigkeit und Dauer zu empfehlen, wenn sie den Anforderungen der Fremden genügen und ihre erhöheten Bedürfnisse befriedigen wollten. Auch Bäcker und Fleischer, Gastwirthe und Hausvermiether blieben nicht zurück und beeiferten sich, ihre Waaren und was sie sonst anzubieten hatten, in besserer Gestalt, fein und zierlich, öffentlich auszulegen, so wie durch Reinlichkeit und äußeren Schmuck annehmlich zu machen. Alle aber gaben im Verkehr mit den Fremden und im Umgange unter sich durch ein anständiges, freundliches und zuvorkommendes Benehmen Beweise, daß die schönen Künste und ihre Pfleger, von welchen sie umringt waren, auf ihre Sitten und Gewohnheiten den stärksten Einfluß ausübten. Vornehmlich war es die jüdische Bevölkerung, welche früh ihre Stellung und ihre Zukunft begriff. Sie bemächtigte sich bald des Detailhandels in der Stadt wie im ganzen Lande, und dehnte ihn sogar auf das benachbarte Sachsen aus. Der Handel mit Schnittwaaren, mit

Mode-, Putz- und Luxus-Artikeln war ihr eigentliches Element; auch hatte sie meist den geräuschvollen Pferdehandel, den der Fürst sehr begünstigte, in Händen, worin oft glänzende Geschäfte gemacht wurden.

So geschah es, daß der Fürst Seine Absicht, merkantilisches Leben, verbunden mit Gewerbtüchtigkeit und Gewerbthätigkeit Seiner Unterthanen, in Seinem Lande zu schaffen, dennoch, soweit es die Lage desselben zuließ, erreichte. Der Verkehr mit Leipzig und Magdeburg wurde immer lebhafter. Die Raguhner und Jeßnitzer Tuchmacher bezogen mit groben und auch recht feinen Tuchen die Messen von Leipzig, Braunschweig und Frankfurt a. O. Die Oranienbäumer führten ihren Tabak nach Sachsen bis an die böhmische Gränze. In Deßau öffnete sich ein glänzender Putzladen nach dem andern, und nur die Materialisten beschränkten sich darauf, die ersten und dringendsten Bedürfnisse der Einwohner zu befriedigen. Die Bahn war wenigstens gebrochen, daß Handel und Wandel, Industrie und Fabrikgeschäfte sich unter begünstigenden Umständen und Zeitverhältnissen immer mehr entwickeln und vorwärts schreiten konnten.

Wir kommen jetzt zu der glänzendsten Periode der reformatorischen Thätigkeit des Fürsten, in der die Augen von ganz Deutschland auf Ihn gerichtet waren, in der Er Sich und Seinem Lande einen europäischen Ruf erworben hat. Dem Erziehungs- und Unterrichts-Wesen wandte Er Sich zu und lebte und wirkte für dasselbe mit dem glühendsten Eifer. Es bedurfte nicht etwa nur der theilweisen Verbesserung und Nachhülfe, nein, es mußte von Grund aus hergestellt und erneuert werden, wenn der Fürst Seine Absicht, Seine Unterthanen aus der Niedrigkeit zu erheben und der Verwilderung zu entreißen, erreichen wollte. Mit den schönen Künsten mußte die ernste Wissenschaft, mit dem Naturgenuß, zu welchem Er einlud, mußte der Genuß höherer Freuden, welche das Wissen und die Erkenntniß gewähren und eine aufgeklärte Religion heiligt, auf das Innigste vereinigt werden, wenn Ihm ein Volk erblühen sollte, was fähig wäre, sich seines Daseins herzlich zu freuen und die Gaben der Erde würdig zu gebrauchen. Es ist wirklich unglaublich, in welchem Zustande der Verwahrlosung und der Verwilderung sich Seine Unterthanen am Ende des siebenjährigen Krieges befanden, der alle Bande des geselligen Lebens aufgelöst zu haben schien. Unwissenheit und Rohheit, der unsinnigste Aberglaube und Vorurtheile aller Art herrschten überall im Lande, bald mehr, bald weniger unter allen Ständen. — Fluchen und Schwören, Lästern und Toben hörte man auf allen Gassen, selbst in den besseren Gesellschaften. Trunksucht, Unflätereien, Ausbrüche gemeiner thierischer Sinnlichkeit, eine Zügellosigkeit, die keine Gränzen kannte und achtete, gehörten zu den alltäglichen Erscheinungen und thaten sich mit einer Frechheit hervor, worüber Fremde edlerer Herkunft erstaunten und erschraken. Die bessern Familien zogen sich in ihre Häuser zurück, lasen im Stillen die Schriften der Engländer, welche damals in freien Uebersetzungen erschienen, vertieften sich in Klopstok's Messias und lebten in aller Gottseligkeit und Ehrbarkeit so vor sich hin, ohne sich um die sittlich-geistige Bildung ihrer Mitbürger weiter zu bekümmern. Von den Schulen war keine Hülfe zu erwarten, denn sie waren selbst hülflos und ohne

Einfluß; die Kirche, welche der Fürst als Lehr- und Heilanstalt betrachtete, hatte ihre Stellung verloren und vergessen, daß sie bestimmt sei, die Seele zu retten. Die sogenannte große Schule, eine Art Gymnasium, ganz nach altem Zuschnitt eingerichtet, leistete wenig und vermochte nur nothdürftig diejenigen jungen Leute, welche studiren wollten, zur Universität vorzubereiten. Bürgersöhne, welche sich einem Handwerke, oder etwa, wenn es hoch kam, einer Kunst zuwenden wollten, lernten kaum lesen, schreiben und rechnen, konnten nur mit Mühe ein wissenschaftlich geschriebenes Buch verstehen und waren nicht im Stande, ihre Gedanken schriftlich auszudrücken. Wer es im Schreiben und Rechnen zu einiger Fertigkeit bringen wollte, mußte Privatunterricht nehmen, der auch nicht ausreichte. Von Unterweisung und Erziehung des weiblichen Geschlechts war gar nicht die Rede. Die Mädchen, hieß es, brauchen nichts zu lernen, sie kriegen doch Männer. Ein gewisser Kindscher, ein alter Leinwebermeister, hielt eine sogenannte Mädchenschule, an der auch kleine Knaben Theil nahmen — eine Höhle von Schmutz, Brantweindunst und Ungeziefer! Um die Landschule stand es, wie man sich denken kann, eben so schlecht. Abgedankte Soldaten, ausgediente Bediente und Handwerker, die sich von ihrer Hände Arbeit nicht ernähren konnten, machten hier die Schulmeister. Und was man von diesen fordern und erwarten konnte, liegt auf der Hand.

Der Fürst hatte das Elend täglich vor Augen, bemerkte die unzähligen Mängel des öffentlichen Unterrichts und erkannte die Werthlosigkeit der vorhandenen Anstalten. Innig vertraut mit den Ideen Rousseau's, Lessing's, Jerusalem's und Spalding's, schloß Er Sich den großen Männern der

Aufklärung an, welche durch eine gründliche Revision und durchgreifende Verbesserung des Schul= und Erziehungswesens das Volk retten und zur wahren Bildung und Gesittung erheben wollten. Mit dem ehrwürdigen Domherrn von Rochow auf Rekahn, mit dem rastlos thätigen Minister von Fürstenberg zu Münster, mit dem edlen Markgrafen Karl Friedrich von Baden, dem Schlosser, Göthe's Schwager, zur Seite stand, verfolgte Er dasselbe Ziel und theilte mit ihnen den würdigen Eifer für Menschenwohl und Bürgerglück, die auf keinem andern Wege, als dem der Verstandesbildung und des Selbstdenkens befördert und erreicht werden können. Es war aber eine rühmliche Eigenthümlichkeit des Fürsten, wodurch Er Sich vor vielen der damaligen Aufklärer und Volksbildner auszeichnete, daß Er Alles, was auf allgemeine Menschenbildung und Schuleinrichtungen sich bezog und dahin führte, im Sinn und Geiste des wohlverstandenen Christenthums, in welchem Er eine göttliche Beihülfe zur Menschenbildung verehrte, gedacht, gefaßt und durchgeführt wissen wollte. An Seinem Schulplan, wie Er ihn Sich dachte, fehlte durchaus das christlich=religiöse Element nicht, das jede Schule durchdringen und beleben sollte. Noch aber war der Mann nicht gefunden, durch den der Fürst Seine menschenfreundlichen Absichten zu erreichen hoffen konnte. Er war indeß schon da, als der Fürst Sich nach ihm umsahe. Er fand sich im Norden von Deutschland, in Altona. Basedow war es, Bernhard von Nordalbingen. Voll freudiger Erwartung rief ihn der Fürst zu Sich. Basedow kam noch im Jahre 1771, legte dem Fürsten seinen Plan vor, besprach sich lange und viel mit Ihm darüber und wußte Ihn bald für seine neue Methode zu gewinnen. —

„Ich weiß nicht, sagte mir der Fürst bei einer gewissen Veranlassung, wo von dem Philanthropin die Rede war, ich weiß nicht, wie es zuging, aber mir wurde gleich bei meinem ersten Zusammentreffen mit Basedow etwas unheimlich zu Muthe; ich hatte gleich nach den ersten beiden Unterredungen eine geheime Ahnung des Mißlingens, und daß Basedow doch wohl der Mann nicht sei, der das, was er angefangen, auch zu Stande bringen könne. Er war mir zu stürmisch, zu rücksichtslos." — Dennoch ließ Sich der Fürst mit ihm ein. Basedow verlangte eine Summe von 27,000 Thalern auf vier Jahre zur ersten Einrichtung seiner Anstalt und machte 1774 mit Wolke, der sich ihm anschloß, einen Versuch mit seiner Tochter Emilie, um den Fürsten von der Ausführbarkeit seiner Methode zu überzeugen, ein Versuch, der sehr genügend ausfiel und den Fürsten, so wie alle Andre, die zugegen waren, in Erstaunen setzte. — Der Fürst suchte indeß Zeit zu gewinnen, mochte auch wohl jene bedeutende Summe nicht sogleich herbeischaffen können. Er veranlaßte daher Basedow zu einer Reise durch Deutschland, um noch andere Fürsten zur Theilnahme aufzufordern und sich wenigstens bestimmter Beiträge zu versichern. Basedow richtete aber nichts aus und fand nirgends günstige Aufnahme seines Plans. Daher nahm der Fürst, dessen Eifer für allgemeine Menschenbildung im Sinne Basedow's immer lebendiger wurde, auf Seine eigne Gefahr und Kosten die Sache Selbst in die Hand und ließ am 27. December 1774, dem Geburtstage des Erbprinzen, die Errichtung der Basedow'schen Erziehungsanstalt, unter dem Namen des Philanthropins, als unter Seinem Schutz stehend, öffentlich bekannt machen, des Philanthropins, das mehre Jahre so glänzend dastand, den allgemeinsten Ruf sich erwarb und auf die Verbesserung des Schul- und Erziehungswesens in ganz Deutschland den größten und nachhaltigsten Einfluß ausgeübt hat, und das nachher, als es sank und fiel, von Gelehrten und andern denkenden Männern hart getadelt, von alten Schulmonarchen verspottet, von den Philologen lächerlich gemacht und von den Theologen verdammt wurde.*) Den 13. Mai 1775 ward in Gegenwart des Fürsten und der Fürstin, aller Behörden und vieler angesehener Einwohner der Stadt, mehrer Abgeordneter auswärtiger Schulen und Höfe, so wie vieler Gelehrten und vornehmen Freunde des Schulwesens, mit 14 Zöglingen, unter denen sich auch der Erbprinz und der Graf von Waldersee befanden, die erste öffentliche Prüfung gehalten, welche wider Erwarten die auffallendsten Resultate lieferte, den allgemeinen Beifall ärntete und selbst die Zweifler gewann, welche bis dahin der Anstalt wenig vertraut hatten. Die Unbefangenheit und freie Bewegung der Zöglinge, der Umfang und die Sicherheit ihres Wissens, der Lerneifer, der sie beseelte, das gesunde, frische Aussehen derselben, die Leichtigkeit und der naturgemäße Gang der neuen Methode, nach der sie gebildet wurden, die freundliche und menschliche Behandlung, die ihnen widerfuhr, welches Alles gegen die Pedanterei und schlagfertige Schulmeisterei der bisherigen alten Schulanstalten so grell abstach, verbunden mit der Leutseligkeit des Fürsten, begeisterte alle Anwesende und riß sie zu enthusiastischer Bewunderung hin. Sie hielten den Tag, wo das Philanthropin in Deßau

---

*) S. in Karl von Raumers Geschichte der Pädagogik, Stuttgart 1845, den Artikel Philanthropin.

gegründet worden war, für den Anfang einer neuen Aera des Schul- und Erziehungs-Wesens, und verkündigten in allen Zeitschriften durch ganz Deutschland eine Anstalt, die einen so weisen, großmüthigen und freigebigen Fürsten zum Protektor gefunden habe. Jetzt gingen auswärtige Beiträge bis zu 3000 Thalern ein, welche durch bedeutende Zuschüsse, die die Kaiserin von Rußland, Catharine II., gewährte, ansehnlich vermehrt wurden. Basedow, über das Aufsehen, das sein Unternehmen machte, und über den außerordentlichen Beifall, den es fand, auf's höchste erfreut und exaltirt, gab zu dessen Erweiterung aus seinen eigenen Mitteln 4000 Thaler her, der Fürst legte noch 12,000 Thaler hinzu, räumte den Fürst-Dietrichschen Palast mit weitläuftigen Nebengebäuden und großen Hof- und Garten-Räumen der Anstalt ein und ließ Alles für die Zwecke und Bedürfnisse derselben darin fürstlich einrichten. Es wurden Bücher-, Kupferstich-, Modell- und Instrumentensammlungen angelegt, die der Fürst bei jeder Gelegenheit mit neuen Gegenständen vermehrte, eine eigene Buchhandlung, die Buchhandlung der Gelehrten, damit in Verbindung gebracht; außer Wolke, der gleich Anfangs mit Basedow zusammen wirkte, tüchtige Lehrer, wie Campe, Sander, Iselin, Reiche, Neuendorf, Crome, Salzmann und andere, angestellt, unter welchen Salzmann dem Fürsten der liebste war, Campe und Reiche aber wegen „großen Eigennutzes" am wenigsten von Ihm geschätzt wurden. Außerdem gab es noch eine gewisse Anzahl dienstthuender junger Leute, Famuli genannt, welche ebenfalls für pädagogische Zwecke angeleitet und gebildet wurden. Die Zahl der Zöglinge stieg schnell bis auf drei und funfzig, die meist aus Deutschland, aber auch aus Dänemark, Rußland, Frankreich, sogar Einer aus Portugal, herbeikamen.

Dennoch fing das Philanthropin nach einigen Jahren seines glänzenden Bestehens an zu sinken durch die Schuld desselben Mannes, der ihm den Namen gegeben hatte. — Basedow war in der That der Mann nicht, der es halten und den innern und äußern Gebrechen, an welchen es litt, abhelfen konnte. Sein herrisches Wesen, seine unselige Disputirsucht, seine unfeinen Sitten, seine oft groben Ausfälle auf seine Mitarbeiter, seine Streitigkeiten mit ihnen, die sogar einmal in eine Prügelei ausarteten, sein Eigensinn, nothwendigen Veränderungen und Verbesserungen gar nicht Raum zu geben, erschütterten die menschenfreundliche Anstalt aufs tiefste, wozu noch kam, daß die angestellten Lehrer unter sich selbst uneinig waren, viele ihre Geschäfte lässig trieben und sich über ihre Unwissenschaftlichkeit, über Vernachlässigung des Studiums der alten Klassiker und über Gleichgültigkeit gegen sittlich-religiöse Bildung, der das fromme Bestreben des ehrwürdigen Salzmann, des Liturgen der Anstalt, allein nicht aufhelfen konnte, wohlverdiente Vorwürfe zuzogen. Mit großer Geduld und Langmuth und seltener Mäßigung that der Fürst alles mögliche, um dem eingerissenen Verderben zu steuern und den Fall der Anstalt zu verhüten. Er suchte zu versöhnen, Frieden zu stiften, Hindernisse zu beseitigen, sprach mitunter auch ein ernstes Wort und redete den Leuten ins Gewissen. Alles umsonst! Sogar der nachher so verrufene D. Kaufmann, den Göthe, der seiner los sein wollte, nach Deßau schickte und den Lavater der Fürstin dringend empfohlen hatte, fand beim Fürsten die freundlichste Aufnahme, weil Er von ihm die Wiederaufrichtung des sinkenden Philanthropins erwartete, wozu Kaufmann sich prahlerisch anheischig machte. Dieses Universalgenie, wie ihn Lavater gestempelt, großsprecherisch, hinterlistig, gleißnerisch, den Weiblein gefährlich, dabei roh und unflätig, den Göthe selbst einen Lump nennt, machte sich bei Hofe wie in der Stadt bald höchst lächerlich und verächtlich. In grüner Friesjacke und eben solchen Hosen, die Brust bis auf den Nabel nackt, mit mähnenartig flatternden Haaren und einem gewaltigen Knotenstock in der Hand, kam er sogar in der Fürstin Zimmer und an des Fürsten Tafel. Ich erinnere mich noch recht wohl, ihn in diesem Aufzuge, an der Spitze der Philanthropinisten, auf der alten Deßauer Muldbrücke gesehen zu haben. Ich staunte ihn wie ein wildes Thier an und hielt ihn für einen Lappländer, den man habe kommen lassen, den jungen Leuten das Schlittschuhlaufen zu lehren. — K. A. Bötticher, der giftige Darsteller damaliger Weimarischer Zustände, behauptet zwar in den „literarischen Zuständen und Zeitgenossen" 1. Bändchen S. 53: Kaufmann wendete sich also nach Deßau, wo der ehrliche Leopold den zweiten Theil zum hiesigen (Weimarischen) Geniewesen, das Philanthropinwesen, betrieb. Dieser Behauptung muß ich aber widersprechen, weil sie ein ganz falsches Licht auf den Fürsten Franz wirft. Dieser war weit entfernt, Sich mit Seinem Philanthropin dem Waimarischen Geniewesen an die Seite stellen zu wollen. Er hatte Größeres und Höheres im Sinne. Nur unter den Männern, die Er zu Sich gerufen, Seine menschenfreundlichen Absichten zu fördern, gab es viele, zu welchen denn auch Kaufmann gehörte, die ihr Geschäft geniemäßig und so abgeschmackt betrieben, daß die Anstalt, an der sie wirkten, allen Kredit verlor. Fürst Franz, dem jenes Geniewesen sehr anstößig und verhaßt war, hatte keinen Theil daran. Zum Glück dauerte Kaufmann's tolle Wirthschaft nicht lange. Der Prinz Hans Jürge, des Fürsten Bruder, der Herr von Erdmannsdorf und der Hofrath Behrisch wurden seiner ganz überdrüssig und wollten nicht länger in seiner Nähe sein. Sie drängten den Fürsten so lange, bis dieser ihn verabschiedete und laufen ließ.

Des Fürsten Ahnung bei dem ersten Zusammentreffen mit Basedow ging in Erfüllung. Basedow trat ab, verließ die Anstalt und ging ins Ausland. Wolke leitete die Anstalt noch einige Jahre. Als aber die schlechte Verwaltung des Oekonomischen immer fühlbarer und drückender wurde, die Einnahmen nicht mehr die Ausgaben deckten, Campe, Salzmann und Sander auch abgingen, da wurde das Philanthropin 1793 aufgelöst und blieb dem hochherzigen Fürsten der Ruhm, die völlige Umgestaltung des Schul- und Erziehungswesens in Deutschland durch dasselbe veranlaßt zu haben; aber freilich auch die Last nicht unbedeutender Pensionen.

Während nun der Fürst Sich allein mit dem Philanthropin und den weltverbessernden Plänen Basedow's zu beschäftigen schien, verlor Er das Schul- und Erziehungswesen des eigenen Landes keinesweges aus den Augen. Im Allgemeinen hatten die Bewohner Deßau's vom Philanthropin nur pekuniäre Vortheile gehabt, doch auch einigen geistigen Gewinn dadurch, daß durch Verbreitung besserer Bücher in vielen die Leselust geweckt und befriedigt, in mehren Familien durch philanthropinischen Einfluß eine bessere Behandlung der Jugend eingeführt und eine Menge christlich gesinnter Bürger durch Salzmann's Gottesverehrungen, in dem Betsaal des Philanthropins zu Deßau gehalten, für die Religion der Liebe, des Friedens und des freudigen Rechtthuns gewonnen wurde. Uebrigens bereitete der Fürst die Umgestaltung Seiner Stadt= und Landschulen allmählig vor und benutzte dabei die Ihm vom Domherrn v. Rochow, von Niemeier, den Er in Rekahn kennen gelernt, und von Neuendorf gegebenen Winke, ohne den Gedanken, den Er in der Folge hatte, aus dem Philanthropin ein Gymnasium für die Bedürfnisse Seines eigenen Landes zu machen, weiter zu verfolgen. Um zur rechten Zeit die benöthigten Landschullehrer bei der Hand zu haben, wurde bereits 17$\frac{79}{80}$ zu Wörlitz ein Seminar, eins der ersten in Deutschland, für Dorfschulmeister, unter Leitung des verständigen und gemüthlichen Inspektors Tamm gestiftet und eine gewisse Anzahl fähiger junger Männer nach Rekahn geschickt, wo sie die neue Schuleinrichtung kennen und die bessere Unterrichtsmethode praktisch üben lernen sollten. Auch schenkte der Fürst den von Rochow'schen Kinderfreund in die untern Klassen der Stadtschule und veranlaßte einige Geistliche, Gellert's Fabeln und Erzählungen, Weiße's Kinderfreund, Reisebeschreibungen und gute Erbauungsbücher, z. B. von Sturm, Feddersen, in die Familien, mit welchen sie bekannt waren, einzuführen, dem sich auch der damalige Archidiakonus Hofmeier und der in seiner Gemeinde so beliebte Pastor Schubring mit vielem Eifer unterzogen. Nun schritt der Fürst zum Aufbau neuer, geschmackvoller Schulhäuser, so wie zum Ausbau und zweckmäßiger Ein=

richtung alter Schulgebäude rüstig vor, erhöhete die Besoldungen der Schulmeister, von welchen der geringste nicht unter 100 Thaler Einnahme hatte, und erhob die allermeisten Landschulen zu Freischulen, worin der Unterricht unentgeldlich ertheilt wurde. — Jetzt berief Er den Ihm so lieb gewordenen Neuendorf zum Direktor sämmtlicher Schulen des Landes, ließ von ihm einen neuen, die Bedürfnisse der Zeit befriedigenden Schulplan ausarbeiten und Sich vorlegen. Eine bessere Wahl hätte der scharfsinnige Fürst nicht treffen können. Bei seiner Erfahrung, bei seinem pädagogischen Takt, bei seiner großen Umsicht, bei seiner besonnenen Ruhe, mit der er unvermeidlichen Conflikten zu begegnen wußte, verstand es Neuendorf vollkommen, das Alte, was nicht länger bleiben konnte, glücklich und mit Schonung zu beseitigen, und Neues, was die Zeit forderte, festen Sinnes einzuführen und demselben Beifall und Geltung zu verschaffen.

Der Fürst genehmigte Neuendorf's Schulplan in allen Stücken und trug ihm die ungesäumte Ausführung desselben auf. Die alte Schule, die eben ihren Rektor Schickedanz durch den Tod verloren hatte, wurde nun zuerst in Angriff genommen und von Grund aus umgestaltet. Der Fürst gab dazu den Fürst-Moritzschen Palast her und ließ ihn zu Schulstuben, zu Wohnungen für die Lehrer, zur Aufnahme des Schullehrerseminars in Wörlitz, wobei noch Räume für die Bibliothek und zu öffentlichen Versammlungen übrig blieben und benutzt wurden, mit fürstlicher Freigebigkeit einrichten, so daß dies Gebäude unter den jetzigen Schulgebäuden Deutschlands noch immer eine der ersten Stellen einnimmt, wie es denn die damals vorhandenen ohne alle

Ausnahme übertraf. Neuendorf, der mit dem Fürsten stets persönlich und mündlich verhandelte und so Schwierigkeiten leicht begegnen konnte, auch wohl wußte, daß der Fürst es gern sahe, wenn eine Sache, für die Er Sich einmal bestimmt entschieden hatte, schnell vorwärts gebracht wurde, beeilte sich auf alle Weise, daß die neue Schule noch während des Schulbaues eröffnet werden konnte. Das Lehrerpersonal wurde ansehnlich vermehrt, der Gehalt der Lehrer bedeutend erhöhet, für neue zweckmäßigere Schulbücher gesorgt, eine Schulbibliothek angelegt, hülfsbedürftigen Schülern Unterstützung gewährt, und durchweg eine verständige, auch außer der Schule wirkende Disciplin eingeführt. So konnte die neue Schule, unter dem Namen der Hauptschule, zur Freude des Fürsten und aller Bewohner Deßau's den 3ten October 1785 eingeweiht und die aufgenommenen Schüler in ihre respektiven Klassen gewiesen werden. Auch die St. Johannis- und Georgenschulen erlitten wesentliche Veränderungen; die Winkelschulen aber wurden ganz unterdrückt, auch das Stundengeben und Stundennehmen in Gegenständen, welche der Schule anheimfielen, wurde möglichst beschränkt und von Neuendorf ungern und nur bedingungsweise gestattet.

Der Fürst wußte recht gut, daß schon Seine bloße Gegenwart hinreichte, ein angefangenes Werk in den Gang zu bringen und darin zu erhalten; Sein persönliches Auftreten, Seine unmittelbare Dazwischenkunft machten auf Alle, die Ihm nahe kamen und auf die Er wirken wollte, den stärksten und erfreulichsten Eindruck. Daher besuchte Er oft, unangemeldet und ohne daß Lehrer und Schüler auf Seine Ankunft vorbereitet waren, zuweilen allein, zuweilen von vornehmen und gelehrten Herren und Frauen begleitet — ich brauche hier nur die Frau Elise von der Recke zu nennen — die Klassen, hörte aufmerksam zu, beobachtete Alles und ließ bald darauf durch Neuendorf in den Conferenzen, in angemessener Weise, Sein Gefallen und Sein Mißfallen aussprechen. Insonderheit traf Sein Tadel das allzuängstliche Benehmen der Lehrer, die, wie Er meinte, gar nicht anders thun müßten, als wenn Er da wäre, so wie die Unaufmerksamkeit, die Unreinlichkeit und das unehrerbietige Betragen der Schüler, die Er immer scharf aufs Korn nahm. Den öffentlichen Prüfungen wohnte Er mehre Jahre hindurch regelmäßig bei, hielt vom Anfang bis zum Ende unverdrossen dabei aus und ermunterte die Aeltern, so wie die Freunde des städtischen Schulwesens zu gleicher Theilnahme. Es war eine wahre Wonne und ein erhebender Anblick, wenn man den großen, schönen und kräftigen Mann, Seinen Neuendorf zur Seite, umringt von den Behörden und Vätern und Müttern der Stadt, geachteten Lehrern und geputzten Schülern gegenüber, so da sitzen sahe, wie er auf Alles Acht gab, wie Er dem, der seine Sache gut gemacht, Beifall zunickte, den Schwachen, der allzu ängstlich war, ermuthigte, wie Er, ernst=freundlich und mild gegen Jedermann, den Dank für Seine rastlosen Bemühungen um das Schulwesen in den Augen aller Anwesenden zu lesen schien.

Auch die Dorfschulen waren vor Seinen plötzlichen Besuchen nie sicher. Oft kam Er zu Pferde, oft im Wagen. Er hielt streng darauf, daß die Schulmeister stets ganz angekleidet waren, daß ihre Höfe immer ordentlich gehalten wurden, Schulstuben und Schüler reinlich aussahen. Er rügte auf der Stelle und nach Befinden in recht derber

Weise, wenn Er es anders fand. Beim Weggehen ermahnte Er die Schullehrer recht eindringlich, vor allen Dingen ihre Schüler vor Baumbeschädigungen, vor Besudeln der öffentlichen und Privathäuser, vor dem Wegfangen der Singvögel und dem Zerstören ihrer Nester zu warnen.

Neuendorf, der das unbedingte Vertrauen des Fürsten besaß, dessen er auch ganz würdig war, fuhr unermüdet fort, das Schulwesen zu organisiren und sich um dasselbe die größten Verdienste zu erwerben. Schon im Jahre 1786 den 3. October, am Jahrestage der Hauptschule, wurde die Töchterschule eingeweihet und eröffnet. Unter spezieller Leitung der Wittwe des hochverdienten Seminar-Inspektors Tamm, die sich durch ihre feine Bildung und ächt religiöse Gesinnung das Zutrauen der Mütter, wie die unbegränzte Liebe der Töchter im hohen Grade erwarb, und der die Demoiselle Morch, welche den Unterricht in den weiblichen Arbeiten besorgte, zur Seite stand, erlangte die neue Anstalt, die einem allgemein gefühlten dringenden Bedürfnisse abhalf, bald die Anerkennung aller Wohlgesinnten und Verständigen. Auch aus dem mit der Hauptschule verbundenen Landschullehrerseminar, welchem nach Tamm's Tode der reichbegabte Funke vorstand, und das durch diesen eine neue angemessenere Einrichtung erhielt, gingen durchgebildete und ganz treffliche Landschullehrer hervor, mit welchen die erledigten Stellen sogleich vortheilhaft besetzt werden konnten.

Nach dem Tode des unvergeßlichen Neuendorf (1798), dem der scharfsinnige und allverehrte Vieth als Direktor folgte, ließ der Fürst von der Verbesserung des Schul- und Erziehungswesens in Seinem Lande keinesweges ab, eine so traurige Erfahrung Er auch am Untergange des Philanthropins machen mußte. Zu der im Jahre 1799 in Deßau von einigen jüdischen Familien gestifteten Freischule gab der Fürst, als ihr Gedeihen gesichert schien, jährliche Beiträge. Sie erhielt den Namen Franzschule. Im Jahre 1803 wurde ebenfalls in Deßau eine Erwerbsschule, 1805 eine zweite ähnliche Anstalt, die zum Andenken ihrer freigebigen Gründerin, der Fürstin Louise, den Namen Louiseninstitut bekam, angelegt, welche in der Folge, mit erweiterter zweckmäßiger Einrichtung, zu Einer Anstalt verbunden worden sind. Im Jahre 1803 wurde die Hauptschule, unter dem Namen Franzschule, in Zerbst errichtet und 1806 ebendaselbst die Töchterschule, welche unter dem Direktor Hausmann, einem würdigen Zögling des Schullehrerseminars in Deßau, so berühmt geworden ist, daß viele Ausländer ihre Töchter dahinschickten und mit der Bildung, welche diese mitbrachten, außerordentlich zufrieden waren. 1811 wurde die Töchterschule zu Wörlitz eingerichtet. (Siehe im zweiten Abschnitt.) Noch kurz vor Seinem Ableben, 1817, bestätigte der Fürst den Plan zu der Armenschule in Zerbst und schloß mit diesem Akt Sein Wirken für die Aufklärung und Beglückung Seines Volks.

Es ist schon oben erwähnt worden, daß der Fürst die Kirche als eine Anstalt betrachtete, in der im Sinn und Geiste des wohlverstandenen Christenthums die Menschen geistig-sittlich gebildet und zur rechten Erkenntniß wahrer Weisheit und Tugend erzogen werden sollten. „„Die Kirche habe diese Aufgabe nicht immer und nicht überall gelöst; sie habe dieselbe entweder gar nicht anerkannt, oder nicht beachtet und gehörig gewürdigt. Daher sei es gekommen, daß der Segen, den das Christenthum den Menschen habe bringen wollen, gänzlich verschwunden, daß die Menschheit, namentlich in Spanien und in Italien, geistig abgestorben und verkrüppelt sei und daß überall Unwissenheit und Aberglaube, Unsittlichkeit und Rohheit überhand genommen hätten. Durch die Reformation habe sich erst wieder einiger Eifer für die sittlich-religiöse Bildung des Volks in der Kirche geregt, doch sei er bald wieder durch die entstandenen bittern Religionsstreitigkeiten und Verfolgungen ermattet und kraftlos geworden.““ Der Fürst fand die Geistlichen Seines Landes, mit wenigen rühmlichen Ausnahmen, in einer Verfassung, in der Er sie zu Volkserziehern in obigem Sinne nimmermehr gebrauchen konnte. Sie waren fast eben so unwissend, abergläubig, roh und gemeinen Wesens und Strebens als die Bauern, deren Führer und Seelenhirten sie sein sollten. Sie verachteten gediegene Wissenschaft und die schönen Künste und begnügten sich mit dem wenigen Wissen, das sie von der Universität in ihren Heften mit in die Heimath gebracht hatten. Ja Viele haßten die Aufklärung, die Er begünstigte, und den Fortschritt, welchem Er die Bahn öffnete. Es schien Ihm unmöglich, mit ihnen etwas auszurichten und durch sie und ihre Vermittelung Sein Volk zu erheben und aus dem sittlichen Verderben zu retten. — Das Alles lag Ihm schwer auf dem Herzen, noch schwerer die Frage: wie hier am sichersten zu helfen sei? Er ließ mehre Jahre hingehen, ehe Er etwas that, und suchte durch das Philanthropin zu wirken, das allgemeine Menschenbildung verhieß. Auch rechnete Er auf den damaligen Zeitgeist, der auch die Geistlichen ergreifen, aufwecken, aufschrecken und in ihnen die

Sehnsucht nach Verbesserung ihres Zustandes rege machen würde. Er hatte Sich nicht geirrt. Ein neuer Geist bemächtigte sich der Meisten und überzeugte sie, daß sie allein da nicht stehen bleiben dürften, wo Alle um sie her vorwärts schritten und die Aufklärung des Verstandes, die Erleuchtung der Vernunft und die Veredlung des Herzens durch Wissenschaft und Kunst von einem Fürsten gefördert wurden, der auf der Höhe der Bildung Seiner Zeit stand. Der Fürst ward inne, daß Er nun einschreiten und die Hand zu ihrer Erhebung darreichen müsse. Er besprach Sich zu dem Ende mit dem Hofkaplan Häfeli*) zu Wörlitz, der, ein Ausländer, ohne Anhang und verwandtschaftliche Verbindungen, frei, rücksichtslos und nur im Interesse der guten Sache Rath ertheilen und Vorschläge machen konnte. Bei seiner anerkannten Gelehrsamkeit, bei seiner schweizerischen Freimüthigkeit, bei seiner treuherzigen Biederkeit, bei seinem regen Eifer für die Zwecke der Kirche, bei der Selbstständigkeit seiner Stellung und bei seiner mächtigen Beredsamkeit, konnte es ihm nicht fehlen, die Geistlichen, wenn auch von einigen verkannt und scheel angesehen, an sich zu ziehen und zu fesseln und ihnen den Weg zu bezeichnen, auf dem sie, einmal hingestellt, sicher das Ziel erreichen könnten, das ihnen der Fürst vorhielt, daß sie darnach streben sollten. Er schlug einen Verein aller Geistlichen und Kandidaten des Landes zu ihrer Fortbildung in den theologischen Wissenschaften vor, wobei sie sich dann von selbst einander nähern, mit einander wissenschaftlich verkehren, ihre Ansichten und Meinungen

---

*) S. in D. Joh. Jak. Stolz vermischten kleineren Schriften, Winterthur 1816, den Aufsatz XXIX. D. Johann Caspar Häfeli.

unter einander austauschen und besonders das Kapitel von der allgemeinen und besondern Seelsorge, woran dem Fürsten Alles lag, gegenseitig besprechen und sich ermuntern würden, die Lehren von der Erleuchtung und Besserung des Volks durch die Religion in treuer Anwendung zu bringen. Der Fürst genehmigte den Plan mit Freuden und drang auf dessen baldige Ausführung. Häfeli unternahm zu dem Ende einige Reisen durch das Land, um die Geistlichen näher kennen zu lernen und für den Plan zu gewinnen; denn sie sollten freiwillig beitreten, ohne allen äußern Zwang. Häfeli erreichte seinen Zweck vollkommen. Die allermeisten Geistlichen, namentlich die Jüngern, erklärten in froher Begeisterung ihren Beitritt und warteten mit Sehnsucht auf den Tag, an dem sie, vereinigt durch das Band wissenschaftlicher Thätigkeit und brüderlicher Liebe, zusammen kommen würden. Häfeli nahm mich auf einer dieser Reisen mit sich, und ermahnte mich, den 15jährigen Jüngling, der einmal Theologie studiren sollte, väterlich=ernst, auf Schule und Universität ja recht fleißig zu sein und mich zu dem geistlichen Amte tüchtig zu machen, auf dem ein großer Segen ruhe. — Bei dieser Gelegenheit konnte ich denn auch im Stillen die verschiedenen Eindrücke bemerken, welche die Geistlichen, die er besuchte, und ihre Umgebungen auf ihn hervorbrachten: wie ihm hier der dicke Staub mißfiel, welcher die kleine, unordentlich hingeworfene Bibliothek bedeckte, wie er dort nicht frühstücken wollte, und nur mit Eiern und Honig verlieb nahm, weil die Unreinlichkeit gar zu groß und widerlich war, wie er da einen jüngern Geistlichen freundlich belobte, dessen Wissensdurst und Amtseifer ihm Freude machten, wie er ein ander Mal von einem Veteranen sich gar nicht trennen konnte, der neben seiner Theologie auch die alten Klassiker mit noch jugendlichem Eifer trieb.

Endlich im Jahre 1787 wurde der Verein unter dem Namen Anhalt-Deßauische Pastoralgesellschaft förmlich constituirt und die Statuten festgestellt und von allen Theilnehmern anerkannt, wie ich das darauf Bezügliche in Arndt's Geschichte der Gesellschaft nachzulesen bitte. Der Fürst hielt außerordentliche Stücke auf die Pastoralgesellschaft, welche einem wahren und dringenden Bedürfniß der Zeit abhalf; Er versprach Sich viel von ihr, sowohl für die Fortbildung der Geistlichen selbst, als auch indirekt für die Fortbildung der Gemeinden, die von ihren Geistlichen, bei jedem Schritt, den diese auf der Bahn der christlichen Vollkommenheit vorwärts thaten, mit fortgezogen werden würden; denn die Geistlichen sind ja zu Erziehern der Gemeinden bestimmt und berufen, die ihnen Staat und Kirche anvertrauen.

Dabei sorgte Er aber auch für die äußere und innere Ausstattung der Kirchen und gottesdienstlichen Gebäude, ohne Sich um die confessionellen Unterschiede zu kümmern, die ohnehin bei den Prostetanten immer mehr in den Hintergrund traten. — Reformirten, Lutheranern, Katholiken und Israeliten baute Er theils ganz neue schöne Kirchen und gottesdienstliche Versammlungshäuser, theils stellte Er alte zweckmäßig wieder her, schmückte sie aus und gewährte das Nöthige zu ihrer ferneren Existenz. Er hat vom Jahre 1779 an, wo die Schloß- und Stadtkirche in Deßau ausgebauet wurde, bis zum Jahre 1817, wo er noch vor Seinem Dahinscheiden die Kirche zu Jonitz erneuerte, fünf Kirchen ganz neu und von Grund aus, worunter die zu Wörlitz mit ihrem schlanken, beinahe 200 Fuß hohen Thurme die vorzüglichste ist, wie auch den Judentempel daselbst ebenfalls ganz neu aufgeführt und vier Kirchen, unter welchen sich die zu Pötnitz auszeichnet, zweckmäßig restaurirt und geschmackvoll ausgebildet und verziert.

Er hatte in solchen Dingen manchmal eigene Ansichten, Grillen möchte ich's nennen. Einst machte ich Ihn auf die Kirche in Rehsen aufmerksam, die, wenn auch nur äußerlich, verschönert zu werden verdiene. — „Nein," sagte Er, „die Rehsen'schen haben das neue Gesangbuch verschmäht und plagen sich immer noch mit dem alten. Sie mögen auch ihre alte Kirche behalten." — Ein anderes Mal erwähnte ich der Kirche zu Horstdorf, die so unscheinbar sei und ihrem Zwecke gar nicht entspreche. „Nun," erwiderte Er, „es muß doch Etwas aus der alten Zeit übrig bleiben!"

Obgleich Fürst Franz Sich in den siebziger und achtziger Jahren mit dem Schul- und Kirchenwesen, das Er indeß Sein ganzes Leben hindurch nicht aus den Augen verloren hat, vorzugsweise beschäftigte, so hörte Er während dieser langen Zeit, und noch darüber, dennoch nicht auf, den schönen Künsten, von welchen ein neuester Schriftsteller sagt: „Ein Volk hat keine edlere Amme, als die geist- und sinnverschönernde Kunst," den Tribut zu bringen, den Er, ein treuer Schüler Winkelmann's, ihnen zu zollen gelobt hatte. Er lebte ja in der Kunst; sie war Sein Element, Sein Lebensstoff und Seine Freude. Er konnte nicht anders, Er mußte immer bauen und bessern, verjüngern und verschönern. Dabei aber sollte die Kunst mit der Wissenschaft stets Hand in Hand gehen. Denn Er sah in der Wissenschaft und ihren Schätzen die Seelenheilmittel, wie es die Inschrift an der Bibliothek zu Theben so treffend ausdrückte, welche der Menschheit immer wieder gereicht werden müssen, wenn die selbstsüchtigen und engherzigen Feinde der Aufklärung den Geist dämpfen, das Denken unterdrücken, das Gemüth verdüstern und den Menschen überhaupt verdummen wollen. Der Fürst wollte nicht bloß ein modernes Hellas, oder ein neues Gothenthum, oder nur einen großen englischen Park aus Seinem Lande machen, nein, Sein Land sollte ein Schauplatz des Lichts, der Ordnung, der Freude und des Genusses sein für alle Andere, die es bewohnten und besuchten, wo Jeder Befriedigung für Geist und Herz fände, wo Jedem die Mittel, sein wahres Glück selbst zu schaffen, gezeigt und dargereicht würden, wo Allen der Weg des Fortschritts und der Entwickelung geebnet wäre, den sie wandeln sollten. Dieser große und einzige Gedanke des Humanismus hielt Ihn auch ab, irgend eine Richtung einseitig zu verfolgen, oder Sich darauf zu beschränken, Einer oder Einigen Seiten des Lebens Vorschub zu thun. Die Bildung aller und jedes Seiner Unterthanen blieb Seine Sorge. Daher huldigte Er allen Künsten, räumte jeder Wissenschaft einen Platz ein und suchte selbst ganz gewöhnliche Handwerke von dem Vorwurf eines todten Mechanismus zu befreien. Daneben bauete, besserte und verschönerte der Fürst auch noch deswegen unaufhörlich, um Seinen Unterthanen immer Brod und Arbeit zu geben und sie vor Nahrungssorgen und vor dem gefährlichen Müßiggang zu bewahren. „Handwerker und Kunstgehülfen," sagte Er, „müssen stets in Thätigkeit erhalten werden, sonst kommen sie zurück. Wahre Künstler und

Gelehrte treibt schon der Geist, der sie nicht faul werden läßt."

Kaum war das Schloß in Wörlitz, der Fürstin geweihet, die es auch 1773 bezog, vollendet und der durch die Ueberschwemmung zerstörte Garten wieder hergestellt, so wurde schon 1774 und 1775 das wunderliebliche Lustschloß Louisium, nebst der Gärtnerwohnung und andern nöthigen Gebäuden erbauet, mit einer kleinen, aber reizenden Parkanlage, die an einem Thiergarten lehnt, wo das Wild wie in seiner Freiheit umherstreifte; 1775 die Marställe mit der 1790 und 91 vollendeten Reitbahn, welche mit 22 Hautreliefs in Stuck, die Geschichte der Reitkunst darstellend, inwendig verziert ist; 1793 das Orangeriehaus in Deßau; 1796 die neue Muldbrücke; alles Bauwerke, welche wahre Zierden des von 1775 bis 1790 immerfort erweiterten und mit den Promenaden jenseit der Mulde vereinigten und zu einem Ganzen verbundenen Lustgartens sind. 1782 wurde das Jagdhaus Heideburg am Ausgange aus der Mosigkauer Heide, auf dem Wege von Halle nach Deßau, nebst Förster- und Gärtnerwohnung im gothischen Stil; 1787 die Brücke über die Elbe bei Roßlau erbauet, welche 80,000 Thaler gekostet hat, von Friedrich Wilhelm II., König von Preußen, eingeweihet und unter Friedrich Wilhelm III. von den Preußen bei ihrem Rückzuge oder vielmehr Flucht nach der unglücklichen Schlacht bei Halle wieder abgebrannt worden ist; 1783 die herrliche — Waldeinsamkeit auf dem Sielitzer Berge, einer Uferhöhe an der Elbe, hinter dem Louisium, mit einem tempelähnlichen kleinen Gebäude, dessen Inschrift viel zu rathen und zu denken giebt (s. den zweiten Abschnitt); 1787 der neue Begräbnißplatz für alle christlichen Einwohner ohne Unterschied — angelegt, der Muster für viele andere in Deutschland geworden und auch von dem jetzigen König von Baiern, der als Kronprinz ihn in Augenschein nahm, nicht unbeachtet geblieben ist; 17$\frac{95}{96}$ entstanden die neuen Anlagen im Garten zu Oranienbaum, mit einem chinesischen Hause und Thurme; 1813 das große sehenswerthe Orangeriehaus daselbst; 1810 der Hügel am See in Pötnitz mit einem Tempel, den Tempel der Winde zu Athen vorstellend.

Im Jahre 1796 übernahm der Fürst auf von Erdmannsdorf's Antrieb, mit bedeutenden Kosten, die von dem Baron von Brabeck gestiftete Kupferstechergesellschaft, welche unter dem Namen chalkographische Gesellschaft Treffliches geliefert und viele sinnige und lebenslustige Künstler, wie Buchhorn, Haldenwang und andere, in Deßau versammelt hat. Sie ging zum Verdruß des Fürsten 1806 wieder ein; denn der Künstler will frei sein und seinem Genius, seinen Lauen leben, er arbeitet nicht gern unter der Controlle und nach dem Commando!

Vom Jahre 1798 an wandte Sich Fürst Franz endlich, nicht ohne Einfluß Seiner allverehrten Schwiegertochter, der Erbprinzessin Christiane Amalie, und des Freiherrn von Lichtenstein, dem Theater und der Musik mit demselben Eifer zu, den Er bei allen Seinen Unternehmungen bethätigte. Er wollte nicht bloß Seine Unterthanen für die reinen und höhern Genüsse der Schauspielkunst und der göttlichen Musik gewinnen, sondern auch in den winterlichen Monaten den vielen Fremden ein edles Vergnügen verschaffen und sie an die Stadt fesseln, welcher sie einigen Glanz verschafften und Nahrung brachten.

Der Fürst schien bis dahin Theater und Musik weniger beachtet zu haben, auch war musikalischer Geist in Deßau noch nicht sehr lebendig geworden. Es wurden zuweilen von herbeigerufenen oder gesandten Schauspielern auf dem kleinen von Erdmannsdorf 1777 erbaueten Schloßtheater Vorstellungen, z. B. Don Juan, Ariadne auf Naxos und andere Stücke gegeben; auch einmal ein Singspiel im Freien, wenn ich nicht irre auf dem Vogelheerd, nachher Louisium genannt, aufgeführt, worin der Fürst und die Fürstin Selbst Ihre Rollen hatten. Als ich mir bei Erwähnung dieses Singspiels zu bemerken erlaubte: aber, Durchlaucht, Sie können ja nicht singen — — — erwiderte Er lachend: „ich habe auch nicht gesungen; der Sänger war über mir in den Zweigen eines Baumes versteckt; ich machte nur die Bewegungen.“

Später kam die Schauspielergesellschaft von Weimar nach Deßau und spielte im alten Orangeriehause, wo Neumann, Malcolmi, von Einen großen Beifall ärnteten. In der Stadt hatte die Picknickgesellschaft, oder wie sie sich sonst genannt haben mag, ein Liebhabertheater in einem geräumigen Brauhause, worin die damals so beliebten und noch immer werthvollen Lustspiele von Bretzner und andern wenigen Auserwählten oft mit vieler Virtuosität zum Genuß dargeboten wurden.

Der Fürst unterhielt allerdings eine kleine Kapelle, die unter Rust's Direktion Sonntags auf dem Schlosse vor dem versammelten Hofe Concerte gab, wohin die Sängerinnen Rust und Niedhart gewöhnlich in einer alten Portchaise getragen wurden. Auch ließ der Fürst jeden Charfreitag Nachmittags Ramlers Tod Jesu, componirt von Graun, aufführen. „Ich bin allemal davon sehr ergriffen und erbauet worden," sagte Er, „ich kenne nichts Einfacheres und Ansprechenderes." — Er wußte auch ganze Stellen des Textes auswendig und recitirte sie oft. Oeffentliche Concerte gab es gar nicht; kein Virtuose kam nach Deßau, um sich hören zu lassen. Doch Neuendorf, auf Alles aufmerksam, was zur menschlichen Bildung gehört, richtete in der Hauptschule Schulconcerte ein, wo Lehrer und Schüler, unter Rust's Leitung und unter dem Beistande der fürstlichen Kapelle und einiger Dilettanten, anmuthige Musikstücke vortrugen, und die Schüler für eine Kunst gewannen und heranbildeten, welche den Geist erhebt, das Herz wunderbar bewegt und den ganzen Menschen in eine himmlische Stimmung versetzt.

So war es in Deßau bis zum Jahre 1800! Musikfreunde gab es wohl in den gebildeten Familien, auch einige kunstfertige Dilettanten. Unter den Bewohnern regte sich immer mehr die Sehnsucht nach einem geistreichen Wintervergnügen. Es fehlte aber ein äußerer Antrieb zur Vereinigung, so wie ein allgemeiner Versammlungsort für Alle ohne Unterschied, namentlich für Fremde, die nicht zum Hofe gehörten und an den, wie es der Herr von Rode im Leben des Herrn von Erdmannsdorf ausdrückt, nur zu oft langweiligen Zerstreuungen, wie Cour, Assemblée, Concert und Ball, daselbst nicht Theil nehmen konnten.

Da entschloß sich der Fürst ein Theater zu bauen, in dessen Vorderfronte, außer den für das Theaterbedürfniß erforderlichen Räumen, ein Saal zu öffentlichen Concerten eingerichtet werden sollte. Der Herr von Erdmannsdorf erhielt den Auftrag zum Bau, sein letztes, schönes Werk, dessen Vollendung er leider! nicht erlebte; denn der Unvergeßliche starb den 9. März 1800. Doch war das eigentliche Theater fertig, so daß Vorstellungen darin gegeben werden konnten. Zum Vorbau, den erst der jetzt regierende Herzog wahrscheinlich nach dem dazu vorgefundenen Entwurfe im Jahre 1826 durch den Baurath Pozzi würdig aufführen ließ, war noch nicht einmal der Grund gelegt. Der Fürst übernahm die unter dem Namen der Bossan'schen bekannte Schauspielergesellschaft nebst Kapelle des säkularisirten Kurfürsten von Mainz, als stehende Truppe, welche gute Künstler, wie die Mittel, Sehring und andere, mitbrachte, die sich nicht bloß durch ihr genügendes Bühnenspiel, sondern auch durch ihr anständiges Betragen im geselligen Leben das Vertrauen des Publikums und die Liebe der ersten Familien der Stadt in hohem Grade erwarben. Leider drängte damals schon die Oper mit ihren oft so widrigen Mißgeburten die recitirenden Stücke, welche allein den Werth und die Würde eines Theaters aüsmachen, in den Hintergrund, wiewohl mitunter Trauer- und Lustspiele unserer Meister nicht ohne Beifall gegeben wurden. Daher kam es auch, daß die Kapelle sich immer mehr vergrößerte und vervollkommnete, und durch ihre Leistungen zwar weniger unter dem Musikdirektor Reinike, aber mehr und ungemein tüchtig im Ganzen wie im Einzelnen später unter der kräftigen Direktion des genialen Kapellmeisters Dr. Schneider außerordentlich auszeichnete und den Ruf erlangte, zu den vorzüglichsten in Deutschland zu gehören. Es wurden wieder Kirchenmusiken eingeführt und Händel's Messias, so wie andere erhabene Tonstücke unserer größten Meister in der Schloßkirche gegeben, wiewohl der Fürst gegen Kirchen-Musiken, wenn sie Theile des protestantischen Kultus sein und denselben heben sollten, Manches, nicht ganz Ungegründetes, wie ich im zweiten Abschnitt dieser Schrift zeigen werde, einzuwenden hatte.

So wurde Deßau, wo noch vor 150 Jahren, wie man sich erzählt, Bären frei herumliefen und durch die Straßen brummten, eine ganz musikalische Stadt. Der Anstoß war gegeben, musikalischer Geist geweckt, und musikalisches Leben regte sich in allen Familien. Kunstfertige Klavierspieler, Sänger und Sängerinnen, die auch ohne Scheu öffentlich auftreten durften, gingen aus allen Ständen der Gesellschaft hervor, und so wie alle Fenster dort mit Blumen prangten, welche das Auge erfreueten, so drangen fast aus jedem Hause liebliche menschliche Stimmen und den verschiedensten Instrumenten abgelockte Töne, welche das Ohr ergötzten.

Doch ich würde gar nicht enden, wenn ich alles das Große, Schöne und Herrliche, womit Fürst Franz Sein Land, während der 56jährigen Dauer Seiner Regierung, beschenkt und geschmückt hat, nur namhaft machen wollte. Denn außer den bereits erwähnten Verschönerungen, Anlagen und Anstalten, kam jährlich im Garten zu Wörlitz, in der Umgegend von Deßau und anderswo, noch so viel Neues, Reizendes, auch Bedeutendes und Großartiges zum Vorschein, daß der Beschauer ganz überrascht wurde und die Fülle von Ideen, welche der Fürst in Seinem Geiste trug, bewundern mußte. Mit Recht nannten Förster und Humbold das Land ein Paradies. Als der Engländer Stewart auf dem Wege von Deßau nach Wörlitz an eine Stelle kam, wo er links den gerade mit segelnden Schiffen bedeckten

Elbstrom, um und neben sich grünende Wiesen, blühende Hecken und Fruchtbäume, Gruppen von Waldbäumen und Ziergebüschen, vor sich in der Ferne den schlanken, über den Wald hinausstrebenden Kirchthurm von Wörlitz erblickte, rief er verwundert aus: „God dam! Hier bin ich in England!" — Der durch sein exentrisches Wesen bekannte Fürst Putiatin hielt in Wörlitz, als er den Thurm zum ersten Male sah, eine feierliche Anrede an denselben: „Ja, du bist Wegweiser zum Himmel; ein Wunder der Zeit und der Kunst! Wir bleiben aber noch hier; denn hier ist gut sein, ein Garten Gottes!" — wobei er den Hut in der Hand die tiefsten Verbeugungen machte.

Man wird in der That erstaunen, nicht über die Ideen, welche der Fürst ausgeführt, sondern über die ungeheuren Summen, welche Er auf die Ausführung verwendet hat, wenn man noch erwägt, was Ihm Sein Hofstaat, der früher glänzender war als später, die Aufnahme und Bewirthung so vieler Fremden, unter welchen Könige und Fürsten glänzten, Seine Reisen, Seine Kunstschätze, Sein Marstall, die Parforcejagd, Seine häusliche Einrichtung in Wörlitz und unzählige andere Gegenstände und Angelegenheiten gekostet haben mögen. Dennoch hatte und machte Er keine Schulden. Er sammelte nicht Schätze, that Sein Geld nicht auf Wucher aus, sondern legte Alles, was Er hatte, zum Nutzen des Landes an, zum leiblichen und geistigen Gewinn für Seine Unterthanen.

Das war Sein Wirken vom ersten Tage Seiner Regierung an bis zum letzten, wo die Nacht kam, da Niemand mehr wirken kann.

Politisches.

Was die Politik des Herzogs Franz in Beziehung auf Deutschland anlangt, so war Er weder gleichgültig, noch immer müßig, so weit Seine Stellung im deutschen Reiche Ihm Gelegenheit gab, mitzusprechen und zu handeln. „Wir haben nur," sagte Er bei einer gewissen Veranlassung, „uns stets zu wehren, daß man uns nicht verschlinge." Er war Einer der Ersten, welcher dem von Friedrich II. im Jahre vor seinem Tode gestifteten Fürstenbunde beitrat, zugleich mit dem Markgrafen von Baden, den Er auf die Vergrößerungssucht Joseph's II. zeitig genug aufmerksam gemacht hatte. Bei dieser Gelegenheit äußert sich Johannes von Müller in der Darstellung des Fürstenbundes 1787 (S. sämmtliche Werke Th. 9, 5. Cap. 12, Seite 285) über beide Fürsten also: „Welch ein Vorurtheil für die deutsche Association, einen Fürsten von Deßau und einen Markgrafen von Baden für sich zu haben — Landesherren, welchen die Vervollkommnung ihres Volkes und Landes ein Studium ist, und welche, fern von den Systemen hinterlistiger Politik, in den Lauf der Geschäfte die Gerechtigkeit bringen möchten, die in ihren Seelen lebt! — Das größte Lob der Politik eines Fürsten ist nicht sowohl in außerordentlichen Dingen, als daß er seine Lage kennt und nach derselben thut."

Den Untergang der alten deutschen Reichsverfassung beklagte der Herzog eben nicht. „Es war ja doch darin und daran Alles faul und in der Verwesung." Vom nacherigen Rheinbund hielt Er wenig, erwartete aber auch das Heil Deutschlands vom deutschen Bunde nicht. Er wollte einen kräftigen Kaiser in Verbindung mit eben so kräftigen

Fürsten, die ihre Hausinteressen den allgemeinen Interessen des deutschen Landes und Volkes opfern könnten und müßten. Aus einem Gespräch des Herzogs mit dem General von der Golz und dem französischen Gesandten in Dresden, **Bourgoing**, habe ich folgende merkwürdige Aeußerungen des Herzogs angemerkt:

Bourgoing hatte — wohl mit Recht — behauptet, ein deutsches Reich könne wegen der verschiedenen Herrschaften und Religionsformen nie ein wohlgeordnetes und mächtiges Ganze werden; es sei eine Zerrissenheit, deren Theile sich allmählig ablösen und zuletzt verschwinden müßten. — Eben darum, sagte der Herzog, thut uns jetzt ein geist- und that-kräftiger Kaiser Noth, ein Kaiser aus unserer Mitte, ein deutscher Mann, der, mit eben so kräftigen und dabei willigen Fürsten deutscher Gesinnung im Bunde, eine Einzige, Einige und untheilbare Conföderation schaffe. Nicht ein Dorf, von Deutschen bewohnt, dürfte je an eine fremde Macht abgetreten werden. Im Innern könnten zur bessern Abrundung einzelner Bestandtheile Austauschungen und Abtretungen stattfinden — nur nicht Säkularisationen, welche Einer der Unserigen (von Ammon in Dresden?) ein Meer von Ungerechtigkeiten nennt. Die Fürsten müßten alle drei Jahre und sonst so oft, als es die Nothdurft erfordere, persönlich, mit vom Volke frei erwählten Vertretern, als gelehrten Publicisten, praktischen Rechtsgelehrten, intelligenten Kaufleuten, Grundbesitzern und Industriellen, zusammentreten, ohne Prunk und Militärspielen, um sich über das wahre Wohl und Wehe des deutschen Landes zu berathen und Entschlüsse zu fassen, welche der Kaiser auszuführen habe. Das Volk müsse zur bürgerlichen und politischen Freiheit und Selbstständigkeit heran gebildet und nicht bloß über seine Pflichten, sondern auch über seine Rechte aufgeklärt werden. Jeder einzelne Reichsbürger müsse sich überall auf deutschem Boden als Glied des Ganzen fühlen und bewegen lernen. Daher überall freier Handel, freier Verkehr, freie Religionsübung, Nichtbeachtung aller confessionellen Unterschiede. Wie man aber die deutschen Juden bei ihrem hartnäckigen Rabbinismus unterbringen wolle, wisse Er nicht, so wenig, wie man eine freie Presse schaffen wolle, der Er nie das Wort reden werde. Es gäbe unter den Schriftstellern viele hungrige und frivole Leute, die nur für schnöden Lohn arbeiteten und sich jeder Parthei verkauften, übermüthige und freche Gesellen, welche an Revolution und Anarchie ihre Freude hätten, weil sie davon nur für sich Nutzen ziehen wollten. Die meisten liebten, wie viele ihrer heißhungrigen Leser, nur den Skandal. Die Wahrheit an sich beleidige und verletze Niemanden; sie verblüffe nur diejenigen, welche Vorurtheilen huldigten, und mache ängstliche Gemüther bedenklich. Allein die Art, wie die Wahrheit gesagt und verbreitet werde, sei oft beleidigend und empörend. So werde die Presse nicht selten unverschämt, rücksichtslos und frech! — Das Volk sei immer reif für das Wahre und Gute, also auch für die Freiheit. Er sei überzeugt, daß das Volk, wenn es jeder Zeit seinen wahren Vortheil sähe, bereitwilliger sein würde, seine Sonderinteressen dem allgemeinen Besten zum Opfer zu bringen, als der Adel, die Geistlichkeit und die Fürsten selbst. Das Volk habe zwar von Natur einen Hang zur Gemeinschaft, lasse sich aber doch gern von dem regieren und leiten, der mit ihm gehe, stehe und falle, und Gut und

Blut für seine, des Volkes Sache daran setze. Es hasse alle Willkühr und allen Zwang, unterwerfe sich aber ohne Widerrede weisen Gesetzen und Einem gerechten Willen. — Was die Kirche betreffe, so sei sie eine Welterziehungsanstalt und müsse es bleiben, jedoch müsse der Staat ihre Diener sorgfältig überwachen. Das ächt Christliche sei das wahrhaft Humane. Wer die Menschheit verdumme, in Fesseln schlage und entehre, sei kein Christ und stehe nicht in der Kirche, die den Geist frei machen solle. Da der Glaube, wie eine mehr als tausendjährige Erfahrung beweise, Zerwürfnisse anrichte, so müsse man stets die Liebe walten lassen, die keinen bösen Unterschied mache.“ *)

*) Wenn wir eine Idee bezeichnen wollen, die durch die ganze Geschichte hindurch in immer mehr erweiterter Geltung sichtbar ist, wenn irgend eine die vielfach bestrittene, aber noch vielfach mißverstandene Vervollkommnung des ganzen Geschlechts beweist, so ist es die Idee der Menschlichkeit: das Bestreben, die Gränzen, welche Vorurtheile und einseitige Ansichten aller Art feindselig zwischen die Menschen gestellt, aufzuheben, und die gesammte Menscheit, ohne Rücksicht auf Religion, Nation und Farbe, als Einen großen, nahe verbrüderten Namen, als ein zur Erreichung Eines Zwecks, der freien Entwickelung innerlicher Kraft, bestehendes Ganze zu behandeln. Es ist dies das letzte, äußerste Ziel der Geselligkeit, und zugleich die durch seine Natur selbst in ihn gelegte Richtung des Menschen auf unbestimmte Erweiterung seines Daseins. Er sieht den Boden, so weit er sich ausdehnt, den Himmel, so weit, ihm entdeckbar, er von Gestirnen umflammet wird, als innerlich sein, als ihm zur Betrachtung und Wirksamkeit gegeben, an. Schon das Kind sehnt sich über die Hügel, über die See'n hinaus, welche seine enge Heimath umschließen; es sehnt sich dann wieder pflanzenartig zurück: denn es ist das Rührende und Schöne im Menschen, daß Sehnsucht nach Erwünschtem und nach Verlorenem ihn immer bewahrt, aus-

Die Aufhebung und Hinrichtung des Herzogs von Enghien nannte Er Menschenraub und einen brutalen Mord, die Einverleibung Oldenburgs und anderer kleineren Gebiete des deutschen Reichs in das französische Kaiserreich eine „infame" Räuberei, der bald mehre folgen würden.

In den Jahren 1811 und 1812 machten die Cöthenschen Angelegenheiten dem Herzog Franz viel Sorgen und Beschwerden und nahmen Seine ganze Aufmerksamkeit in Anspruch. Obgleich Napoleon den Herzog von Cöthen so unfreundlich behandelt hatte und fortwährend ganz übersah, so ließ sich dieser dennoch nicht abhalten, den Kaiser, der sich jedoch gar nicht um ihn bekümmerte, zu gewinnen und seine Ergebenheit gegen Frankreich bei jeder Gelegenheit an

---

schließlich an dem Augenblick zu haften. So festgewurzelt in der innersten Natur des Menschen, und zugleich geboten durch seine höchsten Bestrebungen, wird jene wohlwollend menschliche Verbindung des ganzen Geschlechts zu einer der großen leitenden Ideen in der Geschichte der Menschheit. Große und starke Gemüther, ganze Nationen handelten unter der Macht einer Idee, die ihnen in ihrer Reinheit gänzlich fremd war. In der Wahrheit ihrer tiefen Milde sprach sie zuerst, ob es ihr gleich nur langsam Eingang verschaffen konnte (wegen der Selbstsucht der Priester und der von ihnen geleiteten Herrscher!), das Christenthum aus. Früher kommen nur einzelne Anklänge vor. Die neuere Zeit hat den Begriff der Civilisation lebendiger aufgefaßt, und das Bedürfniß erregt, Verbindungen der Völker und Kultur weiter zu verbreiten. †)

S. Wilhelm von Humbold über die Kawi-Sprache Bd. III. S. 426 u. s. w.

†) Dazu könnten die Missionsgesellschaften wesentlich beitragen, wenn sie nicht exklusiv wären, die Gläubigen der Einen Partei nicht die Gläubigen der Andern befehdeten und jede den Heiden nicht ein besonderes Christenthum brächte, wenn sie nicht die naturgemäße Bildung des ganzen Menschen absichtlich versäumten. Anm. des Verf.

den Tag zu legen. Von seiner Reise nach Paris, zu der er wahrlich das Geld nicht übrig hatte, kaum zurückgekehrt, beeilte er sich, seinem Lande eine, nach dem Vorbilde der französischen entworfene Verfassung zu geben. Er theilte sein Ländchen in zwei Departements, jedes derselben in zwei Distrikte, setzte Cantonsmaires, Maires und Municipalitäten ein, führte den **Code Napoleon** vollständig und ohne nöthige Abänderungen und Vorbereitungen als allgemeines Landesgesetz ein, berief den Professor der Rechte zu Halle, Dabelow, zu seinem Justiz- und Premier-Minister und schaltete überall, nach dem Vorgange Napoleons, mit einer Willkühr und Gewaltthätigkeit, daß die Stände in das größte Schrecken, die Unterthanen in die größte Bestürzung versetzt wurden. Er belastete sich und das Land mit so ungeheueren Schulden, daß die Kammer, welche gar nicht einmal wußte, wie viel sie schuldig war, sich genöthigt sahe, um die laufenden Ausgaben bestreiten zu können, sogar gerichtlich niedergelegte Gelder anzugreifen. So brachte er die öffentlichen Zustände wie die Privatverhältnisse in eine gränzenlose Unordnung und Verwirrung. Er kannte überhaupt weder Maaß noch Ziel, sondern schaltete und waltete überall, wie es ihm gut dünkte. Indem er seinen Unterthanen goldne Berge verhieß und ihr Glück nach Kräften zu fördern versprach, vernichtete er die Rechte der Stände und erklärte ihnen in dem Edikt vom 19. Februar 1811 ganz unverholen, daß es ganz von ihm abhinge, ob er fortan noch ferner Stände haben wolle oder nicht.

So sehr nun auch die Herzöge von Deßau und Bernburg durch das Niederreißen und Wegwerfen des Bestehenden, das der Herzog von Cöthen rücksichtslos und in keiner Beziehung mehr achtete, verletzt und gefährdet werden mußten, so konnten und wollten sie doch direkt nicht einschreiten und ihm Vorstellungen machen, da sie überhaupt nicht gut mit ihm standen, ihm auch, der auf seine Souverainität pochte, keine weitere Veranlassung zu noch auffallenderen Thorheiten und gemeinschädlicheren Handlungen geben wollten. Der Herzog Franz sagte mir: es würde Ihm ein Leichtes sein, dem Unwesen ein schnelles Ende zu machen; er brauche nur Napoleon, der ohnehin die Procedur des Herzogs von Cöthen lächerlich finde, von der wahren Lage der Dinge zu unterrichten; allein das sei „undeutsch und würde zu Gewaltschritten führen, die Er alle Ursache habe zu vermeiden."

Es war Ihm daher sehr erwünscht, als der Herzog von Cöthen selbst, der sich nicht mehr zu rathen und zu helfen wußte, durch Dabelow sächsische Vermittelung in Dresden nachsuchte. Es kam auch durch einen geschickten sächsischen Vermittler ein Vergleich mit den Ständen zu Stande, den der Herzog fast in allen Punkten annahm und den 11. Januar 1812 publiciren ließ. Da indeß derselbe fortfuhr, ganz willkührlich zu handeln und Verordnungen zu erlassen, welche dem Vergleiche zuwider liefen, so konnten sich die Stände nicht damit beruhigen, sondern verlangten genaue Befolgung der Vorschläge der sächsischen Bevollmächtigten. Der Herzog kehrte sich nicht daran; der Zwiespalt, ja man kann sagen der Skandal, dauerte fort und schien kein Ende nehmen zu wollen. Zum Glück für Land und Leute starb der Herzog den 5. Mai 1812, und nun ging über Cöthen ein schöner Hoffnungsstern auf, der den Allermeisten wohlthätig leuchtete und vielleicht nur den Rathgebern und Gehülfen des Verstorbenen — den Nutznießern — eine unangenehme Erscheinung gewesen sein mag.

Der Herzog Franz übernahm, während der Minderjährigkeit des Erben, Ludwig August Carl Friedrich Emil, geb. den 20. September 1802, gest. den 16. December 1818, des im Jahre 1802 verstorbenen Prinzen nachgelassenen Sohnes, als ältestregierender Fürst in Anhalt die Regierung des Cöthenschen Landes.

Sogleich wurde nach dem Grundsatz, daß ein verschuldeter Landesherr gegen seine Hof- und Staats-Diener keine Verbindlichkeiten auf Lebenszeit eingehen könne, bekannt gemacht, daß alle eingegangenen Verpflichtungen vernichtet wären. Da die Unterthanen auf baldigste Abschaffung der neuen und Wiederherstellung der alten Verfassung drangen, so erließ Herzog Franz, nachdem Er die Zustimmung des Kaisers der Franzosen deshalb erhalten hatte, der Ihm nach Belieben zu verfügen anheim stellte, den 28. October 1812 ein Edikt, welches mit folgenden Worten begann:

„Nachdem Wir Uns aus den Uns erstatteten Berichten und Gutachten sowohl, als den Bitten der Landstände und Unterthanen überzeugt haben, daß die von dem verstorbenen Herzoge von Anhalt-Cöthen den 28. December 1811 ohne gehörige Vorbereitung und Berücksichtigung der Umstände eingeführte neue Staats- und Justizverfassung eben so wenig dem Geiste des großen Meisters, als dem Umfange des Landes angemessen ist und bei dem ohnehin schon gänzlich zerrütteten Zustande der Finanzen durchaus nicht länger beibehalten werden kann, ohne den völligen Ruin des Landes herbeizuführen: so haben Wir nach reiflicher Ueberlegung diese neue Staats- und Justizverfassung zu suspendiren und dafür provisorisch und bis eine allgemeinere Einführung dieser Verfassung dieselbe erleichtert, die vorige Staats- und Justizverfassung, in soweit solche mit den anjetzt allgemein anerkannten Grundsätzen einer guten Staats- und Justizverfassung und den zerrütteten Finanzen des Landes verträglich ist, wieder herzustellen beschlossen."

Hiernach wurde vom 1. November 1812 an die neue Verfassung suspendirt. Doch blieben die Patrimonialgerichte eingezogen, die Gerade und das Heergeräthe aufgehoben, die Bestimmungen über die Kuratelen der Weiber und die Verfassung der israelitischen Glaubensgenossen und deren Gleichstellung mit christlichen Unterthanen. Eine bestehende Reiterabtheilung wurde aufgelöst, das Wild todt geschossen und verkauft.

Es ist anzunehmen, daß der Herzog von Cöthen wirklich der Meinung war, seinem Lande durch die Einführung der französischen Constitution aufhelfen und seinen Unterthanen eine Wohlthat erweisen zu können. Es ist auch nicht zu leugnen, daß er manche löbliche Einrichtung getroffen und schon damals Manches beseitigt hat, was noch heute in einigen größern und kleinern Staaten Deutschlands besteht und als ungehörig und nicht mehr zeitgemäß weggewünscht wird. Im Allgemeinen aber wußte er nicht, was er wollte, fing Alles verkehrt an, hörte nie auf guten Rath und warf Alles über den Haufen, ohne wieder aufbauen zu können. Von seinem großen Vorbilde nahm er die Herrschsucht und den Uebermuth an, die wohl diesen, welcher wußte, was er wollte und that und mit wem er es zu thun hatte, kleideten, aber nicht ihn.

Zweiter Abschnitt.

Leopold Friedrich Franz,

Herzog und Fürst zu Anhalt-Deßau, ältest regierender Fürst in Anhalt.

Sein Wesen.

Motto:
Der Geist, aus dem wir handeln, ist das Höchste.
v. Göthe.

Das Wesen eines Menschen ist der Geist, der durch die That zur Erscheinung kommt, seine ganze Art und Weise zu sein und sich zu äußern. Die That ist des Geistes Frucht. An ihr merken wir, weß Geistes Kind Einer ist. Aus dem vorigen Abschnitt ist leicht zu ermessen, von welchem Geist der Fürst Franz beseelt war und regiert wurde. Es war der Geist der Humanität, der Menschenfreundlichkeit, der Liebe, welcher von Winkelmann in Ihm angefacht, von dem Herrn von Erdmannsdorf sorgfältig gepflegt, in England ganz ausgebildet und durch Rousseau's, Lessing's und anderer Menschenfreunde Schriften genährt wurde. In Ihm war ein liebevolles Wesen, das Er durch Sein ganzes reiches Leben kund gegeben hat. Der Mensch und die Menschheit gingen Ihm über Kunst, Wissenschaft und Natur. Diese waren Ihm nur Mittel, nicht Zweck. „Die Hauptpflicht eines Regenten," sagte Er einst, „ist und bleibt, für den ganzen Menschen, für Entwickelung der menschlichen Natur, Wirkung und Beschäftigung menschlicher Kräfte und Fähigkeiten, Befriedigung menschlicher Bedürfnisse, Zurecht- und Sicherstellung menschlicher Zustände und Verhältnisse, Sorge zu tragen." Daher kann ich mir es auch erklären, warum Er mit Göthe nie ganz in Uebereinstimmung gekommen ist. „Göthe," meinte Er, „setzt Kunst und Natur über die Menschheit, macht das Mittel zum Zweck, hebt nur die sinnliche Seite am Menschen hervor, und hat sich wenig oder gar nicht um die sittlich-religiöse Bildung des Volkes bekümmert. Auf der andern Seite hat Lavater das Ziel verfehlt. Dieser geistreiche und gutmüthige Mann wollte dem Himmel Bürger zuführen, die der liebe Gott in seinem Reiche noch nicht brauchen konnte. Er stellte den Christen über den Menschen, da doch der wahre Christ nichts weiter ist, als der, durch das Christenthum, die Religion veredelte, zur Wahrheit und sittlichen Vollkommenheit erzogene Mensch." Darum schloß Er Sich den Männern der Aufklärung an, darum rief Er Basedow zu Sich, darum war Er Feind aller confessionellen Unterschiede und fragte gar nicht, wenn Einem geholfen werden sollte, ob er Katholik oder Kalvinist, Lutheraner oder Jude sei. Dessen ungeachtet konnte Er Sich mit der Freimaurerei nicht befreunden. „Menschenfreundliche Wirksamkeit bedürfe keines Schleiers. Auch errege es Verdacht, wenn man seine Vergnügungen und Beschäftigungen wie Geheimnisse behandele. Der Illuminatororden sei Ihm deswegen gefährlich erschienen, weil derselbe am Ende seine Kreaturen an die Spitze der öffentlichen Angelegenheiten gebracht und andere rechtschaffene und praktische Männer verdrängt haben würde."

Keiner Seiner Zeitgenossen hat Ihn so wahr und so treffend geschildert, als der Herzog Karl August von Weimar, gleich in den ersten Jahren ihrer nähern und vertrautern Bekanntschaft. Da die Schrift, worin des Herzogs Urtheil über Fürst Franz vorkommt, nicht in Jedermanns Hände gelangen möchte, so lasse ich es hier ohne Weiteres abdrucken. Der Herzog schreibt den 7. Juni 1780 von Wörlitz an Carl Ludwig von Knebel. (Siehe dessen literarischen Nachlaß und Briefwechsel. Herausgegeben von Varnhagen von Ense und Theodor Mund. Leipzig, bei Gebr. Reichenbach 1838.)

„Unsere Zeit gehet sehr angenehm hin, der Fürst ist vertraulicher und freundschaftlicher gegen mich als jemals. Es ist doch eine der schönsten Seelen, die ich kenne. Ich habe nie Jemanden gesehen, der durch seine bloße Existenz allen denen, so um ihn sind, mehr wohlwollende Treuherzigkeit und Menschenliebe mittheilt, als dieser Fürst. Man ist ordentlich besser bei ihm. Er ist trotz der Sinnlichkeit seines Wesens (denn daß er nicht im mindesten der Abstraktion fähig ist, sehe ich alle Tage mehr) so rein und lauter, so gemäßigt und liebevoll in seinem Leben, als vielleicht manche der Alten durch die tiefste Weisheit und größte Bearbeitung ihrer Selbst nicht erlangt haben. Der Vogelheerd (Louisium), welchen ich vor zwei Jahren in Arbeit sah, ist mit außerordentlicher Liebe und Sorgfalt angelegt.“

Ja, Franzens Bild! Er war gut und man ward bei Ihm besser! Die Feinde der Aufklärung wollten Ihn zwar in die Hölle verstoßen wegen einiger Flecken, die Ihm anklebten, ohne zu wissen, welche Kämpfe es Ihm gekostet, diese Flecken nicht an Sich kommen zu lassen, und welche Reue, als sie immer größer wurden und Er sie nicht mehr vertilgen konnte. So sind die Menschen, die nur im Glauben stehen, aber nicht in der Liebe bleiben. Wenn sie doch beherzigen wollten, was Göthe sagt:

„Ich habe nie einen Menschen ohne Schwäche gesehen; nur sind sie auffallender bei vorzüglichen Menschen. Wir wünschen und wollen nun ein für alle Mal, daß die, die so sehr privilegirt sind, auch gar keinen Tribut, keine Abgaben zahlen sollen" —

oder so billig sein wollten, wie der alte Heide Horaz, der, nach Wieland's Uebersetzung, spricht:

„Doch, wenn in einem Werk das Meiste glänzt, so sollen wenig Flecken mich nicht ärgern, die des Dichters Fleiß entwischt sind, oder, weil er doch nur Mensch, nicht von ihm verhütet werden konnten."

Ich trete jetzt Seinem Bilde näher; ich vergegenwärtige Ihn meinem Geiste, wie Er Sich mir in mancher schönen Stunde, in mancher vertraulichen Unterhaltung, bei mancher gesuchten und ungesuchten Veranlassung erschlossen hat. Dort im ersten Abschnitt spricht Sein Wirken für Ihn; hier sollen Seine eigenen Worte, Seine eigenen Aeußerungen, Seine freien Geständnisse, für Ihn sprechen, die oft Herzenserleichterungen für Ihn waren. Dadurch hoffe ich den Leser in den Stand zu setzen, sich eine recht treue Vorstellung von Ihm zu machen und Ihn in der Glorie zu erblicken, worin Ihn Seine gerechten Zeitgenossen gestellt haben.

Meine Kindheit fiel in die glänzendste Periode der wohlthätigen Wirksamkeit des Fürsten. Er verschaffte Seinem Lande einen europäischen Ruf. Er gründete das Philanthropin, dem Deutschland die Verbesserung seines Schul- und Erziehungswesens verdankt. Sie können nicht glauben, sagte Er mir einmal, welche Hindernisse und Schwierigkeiten sich der Ausführung meiner Pläne und Entwürfe zur Kultivirung des Landes entgegensetzten. Ich hatte mit Unwissenheit und Rohheit, mit Aberglauben und mit Vorurtheilen aller Art, und mit einer Unbeholfenheit und Trägheit zu kämpfen, die mich nicht selten höchst verdrießlich machten und empörten. Ich merkte bald, woran das lag. Das Schul- und Erziehungswesen lag im Argen. Ich wollte nicht gern durch Fremde ausführen, was ich durch die Meinigen zu Stande zu bringen vorhatte. An Aufklärung des Verstandes, an Zerstörung des Aberglaubens und der thörichten Vorurtheile, an Erweckung des Sinnes für Naturschönheiten und Bildung des Geschmacks an Wissenschaft und Kunst, an äußerer Sitte, Zucht, Ordnung und Reinlichkeit war mir zuerst Alles gelegen. Ich glaubte, den äußern Menschen und seine Verhältnisse und Zustände müsse man erst verändern und bessern, dann werde der innere Mensch wohl von selbst sich regen und veredeln. Ich bin nämlich der Meinung, daß bei diesem kein Zwang angewendet werden kann, auch nicht angewendet werden sollte, wenn man ihn nicht um seine Freiheit bringen und seine wahre Würde verletzen will. Er muß sich selbst zu dem machen, was er sein und werden soll, und dazu muß man ihm behülflich sein. — Bei meinen Schulen durfte ich noch gar nicht anfragen. Das war Augias Stall, und mir fehlte ein Herkules. Da kam mir Basedow zur Hülfe.

Ich rief ihn nach Deßau. Ich begriff seinen Plan. Er wollte erst die Geister wecken und prüfen; Gleichgesinnte herbeiziehen und von hier aus Gleichgebildete und für Menschenbildung Begeisterte in alle Welt schicken. Die Idee war groß und schön; Basedow aber zu klein und nicht durchbildet genug, um sie zu realisiren. Er kam mir oft so vor, als wenn er und einige seiner enthusiastischen Gehülfen erst Rousseau'sche Vierbeinige herstellen wollten, um daraus aufrecht gehende Menschen zu machen. Indessen erreichte ich doch meinen Zweck. Es regte sich, wie überall in Deutschland, so auch im Lande ein andrer Geist, man fühlte das Bedürfniß nach bessern Schuleinrichtungen, man gab etwas auf häuslichen Unterricht und auf Privaterziehung; auch die Duldung Andersdenkender und Andersgläubiger gewann dabei, so daß ich nachher, als das Philanthropin schon seinem Untergange nahe war, durch Neuendorf meine Pläne zur Verbesserung und gänzlichen Umgestaltung der Landesschulen leichter ausführen konnte. Auch der Domherr von Rochow kam mir dabei zu Hülfe. — So der Fürst.

Als ich aus dem Schlummer meiner Kindheit erwachte, um mich her blickte und beobachten lernte, befand ich mich auf dem Schauplatze eines Aufschwunges der Dinge, welcher die Welt in Erstaunen setzte. Basedow und seine Gehülfen waren in voller Thätigkeit. Ihre Schüler, Kinder und junge Leute aus allen Ländern Europa's, wanderten uniformirt in den Straßen umher und griffen nicht selten, freien Sinnes, wie in unseren Tagen von Jahn's Zöglingen behauptet wurde, in die Bäckerladen und in die Fruchtkörbe, die nur für sie da zu sein schienen. Die Buchhandlung der Gelehrten entstand, eine Leihbibliothek bot den Lernbegierigen und Wißbegierigen Geistesnahrung und Befriedigung, das Schullehrerseminar in Wörlitz wurde gestiftet, nach allen Richtungen hin fahrbare Wege, mit Fruchtbäumen jeder Art bepflanzt, angelegt, überall in Baumschulen für Nachwuchs und Vorrath gesorgt. Ich hörte von Wörlitz, seinem Schlosse, seinem paradiesischen Garten, seinem spiegelhellen See mit stolzen Schwänen, leichten Gondeln und Fähren, vom Louisium, vom Sielitzer Berg und vielen andern Anstalten, Bauwerken und Verschönerungen. Noch hatte ich von allen diesen Herrlichkeiten wenig gesehen, denn wir Kinder wurden nicht mitgenommen, wenn die Aeltern Ausflüge in die Gefilde, Wälder und Kunstgärten des im Auslande berühmt gewordenen und gefeierten Vaterlandes machten. Den Georgengarten, eine Schöpfung des Bruders des Fürsten, Hans Jürge, sah ich entstehen und vollenden.

Aus allen Ländern strömten Fremde herbei, Fürsten, Grafen und Herren, vornehmlich Russen, Engländer und Franzosen; Gelehrte und Künstler aller Art. Die Handwerker hoben sich. Es war ein Leben, ein Treiben und Drängen um mich her, das den Knaben in Verwirrung brachte und betäubte.

Und von dieser Alles aufregenden, nach allen Seiten sich ausdehnenden Bewegung war der Fürst Franz, das merkte ich wohl, die Seele, die Triebkraft, der alleinige Lenker. Ich hörte nur von Ihm reden und rühmen. Man bezog Alles auf Ihn und leitete Alles von Ihm her. Der Gedanke an Ihn wurde bei jeder neuen Erscheinung rege, und Sein Bild, Er Selbst stand überall da, wo man sich befand. Aller Augen waren auf Ihn gerichtet, Aller Herzen schlugen Ihm entgegen, alle Häupter wurden entblößt und

Jedermann blieb stehen, wenn Er durch die Straßen ging, oder auf einem kräftigen Meklenburger dahingaloppirte, wenn Er bei einer Feuersbrunst die Löschanstalten leitete, oder Befehle austheilte in Wassersnoth, wenn Er in der Kirche, meist von einigen Fremden umringt, in Seiner ruhigen, würdevollen Haltung dem Gottesdienste beiwohnte, oder in der Hauptschule mit ernster und doch freundlich=ermunternder Aufmerksamkeit die öffentlichen Prüfungen durch Seine Gegenwart weihete und hob.

Da konnte es denn wohl nicht fehlen, auch das Herz eines sonst flüchtigen und leichtsinnigen Knaben mußte in Seiner Nähe, bei Nennung Seines bloßen Namens, tief bewegt und mit einer Art von Schwärmerei erfüllt werden. Seine ganze Persönlichkeit, Sein hoher Wuchs, Sein starker, mannhafter Körperbau, Sein äußeres Auftreten und Erscheinen überall, wo man Ihm begegnete, Sein mild=freundlicher Ernst, kurz Sein ganzes menschlich=fürstliches Wesen machte auf mich den tiefsten Eindruck. Ich zitterte und bebte, wenn ich Ihn sah und hörte, wenn von Ihm gesprochen wurde, wenn von dem, was Er bereits gethan, und von dem, was Er noch vorhatte, die Rede war. Und doch hatte ich gar keine Furcht vor Ihm; es fiel mir nicht ein, vor Ihm, wie sonst Kinder thun, zu laufen und mich vor Ihm zu verbergen. Ehrfurcht und Bewunderung erfüllten meine ganze Seele, und darf ich's sagen, eine gewisse religiöse Scheu und doch Hingebung, die ich mir freilich nicht zu erklären wußte, von welcher ich mir keine Rechenschaft zu geben im Stande war.

Doch ich sollte Ihn auch lieben und verehren lernen. Ich sollte nicht bloß Zeuge Seiner außerordentlichen wohl=

thätigen Wirksamkeit bleiben. Ich selbst sollte auch Empfänger von Gaben werden, die ich nicht bloß aus Seinen Händen, sondern auch aus dem reichen Schatze Seines Geistes und aus Seinem Herzen empfing, und die mich erst recht in meinem Alter erfreuen und erquicken.

Als Kind und als Jüngling kam ich oft in Seine Nähe, die stets einen wunderbaren tiefen Eindruck auf mich machte. Man hatte mich gelehrt — ich hörte ja täglich von Ihm rühmen und sprechen — Ihn als ein Wesen höherer Art zu betrachten, das den Leuten nur Gutes thue und ihnen wohlwolle.

Meine Aeltern waren Ihm durch den Herrn von Erdmannsdorf und die Frau von Neutschütz empfohlen. Er war ihnen besonders zugethan. Er schätzte die Familien, welche sich nährten und vorwärts wollten, welche ein stilles, häusliches Leben führten und viele Kinder hatten. Er war ein Kinderfreund. So oft Er, namentlich des Sonntags nach dem Gottesdienste in den Mittagsstunden, wo wir um den Tisch herum saßen und aßen, an unserem Hause vorüberging, blieb er gewöhnlich einen Augenblick am Fenster stehen, pochte an und nickte uns freundlich zu. Dann geriethen wir Alle in eine freudige Bewegung und das Essen schmeckte uns noch einmal so gut. Seine Freundlichkeit hatte ja die Speisen gewürzt. Er wurde das Tischgespräch und die Veranlassung, daß uns Größere der Vater mit nach Louisium oder Georgium nahm, wo immer nur von Ihm und Seinen Schöpfungen die Rede war.

Als ich zur Universität abgehen sollte, wurde mir durch die allgemein verehrte Frau von Neutschütz der mütterlich

Rath ertheilt, mich dem Fürsten persönlich vorzustellen und Seiner gnädigen Fürsorge zu empfehlen. Der Herr von Erdmannsdorf und der Direktor Neuendorf waren meine Fürsprecher. Es wurde mir Tag und Stunde bestimmt, wo ich mich auf dem Schlosse einzufinden habe. Der Kammerdiener Schröter, einer meiner Gönner und meinen Aeltern befreundet, meldete mich an. Bei meinem Eintritt in das hohe helle Zimmer bückte ich mich tief und blieb ehrfurchtsvoll und schweigend, mit klopfendem Herzen an der Thür stehen. In Seiner Gegenwart fühlte man sich zwar wohl und freudig bewegt, aber doch in einer eigenthümlichen Beklemmung, von welcher in unseren Tagen gewisse Leute, die der übermüthige Zeitgeist treibt, nichts wissen wollen. Er saß an dem großen Fenster, das die herrliche Aussicht über den Lustgarten hin nach der schönen Waldung an der Untermulde und nach dem Marktplatze der Stadt hat; vor Ihm stand ein Tisch bedeckt mit geordneten Papieren und einigen Zeichnungen. Treten Sie näher, sprach Er, mir die Hand hinreichend, die ich, Muth fassend, küßte. Sie wollen nach Halle gehen? — Ja, gnädigster Fürst! — Sie wollen Theologie studiren? — Ja! — Sie werden doch kein liederlicher Kerl werden? — Ich werde mich beeifern, meinem Landesvater Ehre zu machen — und Ihrem Vater, fuhr Er fort. Es wird ihm sauer werden. Seien Sie nur fleißig. Lernen Sie was Rechtschaffenes. Hüten Sie Sich vor schlechter Gesellschaft. Nun, gehen Sie mit Gott! Da, indem er eine Rolle vom Tische nahm und sie mir reichte, da haben Sie was zum Anfang. Nach einem Jahre melden Sie Sich bei H a r l i n g e n. Er schwieg und sahe mich scharf und doch mit väterlicher Milde an. Ich nahm zitternd die dargereichte Gabe, küßte und drückte Seine weiche Hand, verbeugte mich einige Male tief und ging.

Ich eilte, wie Einer, der gehetzt wird, nach Hause. Die Rolle brannte mir in der Tasche. Ich gab, Thränen im Auge, die Rolle meiner weinenden Mutter. Sie öffnete sie und zählte 12 Stück glänzende Louisd'ors. Wer war froher als ich! Wer war dankerfüllter als meine Mutter!

Mit Empfehlungsschreiben von Neuendorf und Häfeli an Rößelt, Niemeyer und Förster versehen, eilte ich nach Halle. Von dem Herrn von Erdmannsdorf erhielt ich ein offenes Billet an den Weltumsegler Forster, worauf bloß die wenigen Worte standen: „Von Erdmannsdorf empfohlen," welche mir aber doch die Zuneigung dieses sonst barschen Mannes verschafften und seine Bibliothek öffneten. Rößelt und Niemeyer gaben mir ihre Kollegia frei und bei dem Professor Kriegsrath Förster war ich oft zu Tische.

Als ich nach einem Jahre meine Ferien in Deßau zubrachte, übergab der Herr von Harling, damals Jagdjunker, meinen Aeltern im Namen des Fürsten abermals 12 Stück Louisd'ors, worüber ich ein Empfangsbekenntniß ausstellen mußte. Einer mündlichen oder schriftlichen Danksagung bedürfe es nicht, sagte mir der wohlwollende Herr von Harling. Der Fürst war damals in Berlin. Nach meinem Abgange von der Universität bat ich, von einigen hohen Gönnern ermuthigt, nochmals um gnädige Unterstützung, die ich auch nach einigen Tagen durch den Herrn von Harling mit den Worten erhielt: aller guten Dinge sind drei!

So half der Fürst, so halfen die, welche Er zu Gehülfen Seiner Menschenfreundlichkeit machte. Sie handelten alle in Seinem Geiste. Zu diesen Edlen gehörte mein ältester und treuester Freund, der Dr. med., nachherige Medizinal- und Hofrath, auch Kammerrath Olberg, der damals die Gunst des Hofes im hohen Grade besaß und an des verewigten Hofrath Kretzschmar's Stelle zu treten ganz befähigt und berufen war. Er hatte mich bereits dem Grafen von der Schulenburg-Beetzendorf zum Erzieher seiner beiden Söhne erster Ehe empfohlen, von dem ich auch nach einigen Tagen als solcher angenommen und in seiner Wohnung aufgenommen wurde. Der Graf von der Schulenburg war damals Hausmarschall bei dem Erbprinzen Friedrich, und nach dem Tode seiner Gemahlin, welche dem fürstlichen Hause verwandt war, mit einem Fräulein von Oppen aus Zerbst, einer der geistreichsten und gemüthvollsten Frauen, wie sie mir je begegnet sind, eben erst wieder verheirathet. Er war mit dem Hofe zerfallen, hatte seine Entlassung gegeben und stand im Begriff, Deßau zu verlassen und in Dresden seinen Aufenthalt zu nehmen. Ich war überglücklich! Meine neue Stellung war nicht bloß eine sehr angenehme und einträgliche, sie stellte mir auch Vortheile in Aussicht, auf die mich der Fürst zuerst aufmerksam machte und nie aus der Acht zu lassen empfahl.

Als ich mich nämlich eines Tages mit meinen Zöglingen in der Nähe des Louisiums befand, kam er zu Pferde auf uns zu und grüßte freundlich. Ich blieb ehrfurchtsvoll stehen und stellte Ihm meine Zöglinge vor, dankte zugleich für die mir bisher erwiesene Huld und Gnade. Nun, es freut mich, sagte Er, daß ich Ihnen und Ihren Aeltern habe helfen können. Es ist mir zwar nicht recht, daß der Graf weggehet, aber es ist mir lieb, daß Sie mitgehen. Er geht nach Dresden. Da können Sie auch was lernen, mehr und Andres, als die Universitäten geben. Geben Sie auf Alles Acht. Merken Sie Sich Alles an. Besuchen Sie Künstler und Handwerker und gehen Sie besonders mit den Ersteren fleißig um. Die Gallerie hat gute Bilder. Auch werden die Freimaurerschule gelobt und das Schullehrerseminar. Wie ich höre, wird der Graf auch Reisen machen. Auf Reisen lernt man Menschen kennen, sich schicken; man wird abgeschliffen. Bleiben Sie so lange als Sie können. Ich unterhalte in Dresden einen jungen Menschen, Warneier; er soll sich auf eine schlechte Seite legen. Nehmen Sie Sich doch, wenn Sie können, Seiner an. Hier soll Ihnen Nichts entgehen. Guten Morgen! Da sprengte Er hin, der Herrliche! Ich sollte Ihn in mehren Jahren nicht wiedersehen! Aber ich lernte überall nur für Ihn; ich sammelte nur Schätze, die ich einmal auf dem Altar meiner dankbaren Liebe zu Ihm als Opfer niederlegen wollte. Immer und überall stand Er vor meiner Seele. Ueberall, in Dresden, Braunschweig, Wolfenbüttel, fand ich noch Männer Seiner Zeit, wie von Raknitz, Campe, Trapp und andere, mit welchen ich von Ihm sprechen konnte, die mir von Ihm zu erzählen wußten. Daß ich aus Deßau sei und Ihm einigermaßen nahe gestanden, war für mich allenthalben der beste Empfehlungsbrief, den ich nur aufweisen konnte. Ueberall fand ich Aufnahme und Zutritt als Deßauer; in der Bildergallerie, in den Atteliers der Künstler, in ihren Versammlungen, in den Privatzirkeln, in der Bibliothek in dem Museum. Reinhard, der, wie er sich äußerte, noch in Wittenberg bemerkt hatte, wie der Fürst von Deßau es verstände, die

Erde in einen Schauplatz für vernünftige Menschen zu verwandeln, ward mir bald gewogen; der deutschreformirte Prediger Paldamus mein rathgebender Freund; Pölitz, damals an der Ritterakademie, mein Führer; Heusinger, bei dem ich in dem ersten Winter meines Aufenthalts in Dresden ein Kollegium über die Kantische Philosophie hörte, unterstützte mich freigebig mit Büchern, die ich mir nicht verschaffen und aus keiner Bibliothek erhalten konnte. Ich wurde zuhörendes Mitglied eines Musikvereins von Dilettanten, und bekam bald von diesem, bald von jenem hohen Gönner und Kunstfreunde Freibillet zum Theater und den öffentlichen Concerten. In Braunschweig fand ich Campe wieder, bei dem ich sonntäglich die Nachmittage und Abende zubrachte, der mir genau die wahren Ursachen des Verfalls des Philanthropins angab, und dabei nicht verhehlte, wie man, um pädagogische Experimente zu machen und den Leuten Sand in die Augen zu streuen, den langmüthigen Fürsten von Deßau zu unerhörten Geldausgaben verleitet habe.

In Wolfenbüttel lernte ich durch Campens Vermittelung Trapp kennen, einen harmlosen, kindlichen Mann, der viel von Lessing sprach und erzählte: ein damaliger Braunschweiger Minister habe geäußert, Lessing bringe die Bibliothek in eine solche Ordnung, daß man sich gar nicht darin zurechtfinden könne. Auch versicherte Trapp, das Philanthropin habe zu Grunde gehen müssen, weil ihm das sichere Fundament gefehlt. Man hätte schlechterdings nicht verstanden, die Idee einer allgemeinen Menschenbildung zu verwirklichen; man hätte von unten anfangen sollen. Das hätten der Fürst von Deßau, als er das Schullehrerseminar in

Wörlitz anlegte, und der Domherr von Rochow besser eingesehen.

So lebte ich auch in der Fremde, immer im Hinblick auf meinen ruhmgekrönten Landesvater und in der Erinnerung an ein fürstliches Walten und Wirken, das in der eigenthümlichen Art, wie es sich in allen Seinen Anordnungen und Einrichtungen herausstellte, nirgends, wo ich hinkam, selbst in Dresden, nicht gehörig gekannt und anerkannt wurde. Man hatte allerdings nachgeahmt, man war sogar in manchen Einzelheiten weiter gegangen, allein es fehlte sichtbarlich das Princip der Humanität, auf das der Fürst Alles bezog und aus dem Alles bei Ihm entsprang. Nicht für Sich allein — „ich muß ja doch das Alles zurücklassen," äußerte Er oft — nicht zum Prunk, nicht bloß für Fremde und für müßige Beschauer hatte Er alle diese herrlichen Dinge geschaffen, nein, für die Seinigen, für Seine Kinder, wie Er in späteren Jahren am liebsten Seine Unterthanen nannte, wollte Er da gewesen sein und gewirkt haben. Sie sollten die Früchte Seines Geistes und Herzens ärnten und zum Erbtheil erhalten, ihnen und ihren Kindern und Kindeskindern sollte zu Gute kommen, was Er in das Dasein gerufen und ihnen vor die Augen gestellt hatte. Darf man sich da wundern, wenn Winkelmann, der diese Schöpfungen nie gesehen, sondern nur geahnt hatte, von Seiner Humanität erquickt und von Seinem strebenden, zum Schaffen kräftigen Geiste ergriffen, Ihn einen göttlichen Menschen nannte? Man mußte damals und früher noch im Auslande leben, mit Gelehrten und Künstlern verkehren, sich unter Leuten aus allen Klassen der Gesellschaft umhertreiben, um sich zu überzeugen, daß der Fürst von Deßau der Abgott Deutschlands geworden war, daß die Engländer stolz auf ihren deutschen Zögling hinblickten, daß Italien sich freute und rühmte, Seinen Geist mit den Ideen des Alterthums, auf dessen Ruinen sie standen und darbten, befruchtet zu haben.

Wer, wie die Verdüsterer unserer Tage, die sogenannte Verstandesperiode in ihrer nothwendigen Entwickelung, woran der Fürst von Deßau den regsten Antheil genommen hat, nicht zu würdigen versteht, wer den Aufschwung der Dinge, die im Argen lagen, den der Fürst von Deßau hervorrief und förderte, nicht begreift, wer die allmähligen, nach und nach immer schneller eintretenden Veränderungen, Verbesserungen und Verschönerungen der öffentlichen Zustände unseres Gesammtvaterlandes, auf welche der Vortritt des Fürsten von Deßau den stärksten Einfluß hatte, sich nicht zu erklären vermag, der kann in seiner Beschränktheit, Unwissenheit und Theilnahmlosigkeit auch den Fürsten von Deßau nicht würdigen, der lernt Ihn nimmermehr verstehen und begreifen, der wird nie im Stande sein, sich und Andern von der allseitigen Wirksamkeit Desselben und deren feurigen Bewunderern und Nachahmern eine begeisterte und begeisternde Vorstellung zu machen, der wird bei seiner Einseitigkeit, mit welcher er die Leute für den Himmel gewinnen will, es für eine Thorheit halten und für eine sündhafte Anmaßung, wenn ein Fürst die Erde als einen Vorhof des Himmels betrachtet, und die, welche auf derselben wohnen und sie bebauen sollen, für die höheren Absichten Gottes heranzuziehen und zu bilden unternimmt.

So stand der Fürst von Deßau als Muster und Antrieb zu allem Guten, was durch hochgestellte Menschen auf

Erden wirklich werden soll, einzig da. Er hat Nachahmer gefunden, aber keiner hat Ihn übertroffen. Sie haben immer eingerissen und gebauet, doch nicht in Seinem Geiste. Manche ihrer Werke fallen strahlender in die Augen und machen einen lebhaftern Eindruck, so daß von unberufenen Krittlern die Seinigen nicht selten in den Hintergrund gestellt worden sind. Allein man vermißt bald an jenen die Harmonie, die Natur, gleichsam das innere Leben, wodurch diese sich auszeichnen und den rechten Beschauer gewinnen. Anders konnte es auch nicht sein. In Ihm arbeitete ja der Geist reiner Menschlichkeit und mit Ihm wirkte ein edler Menschenfreund und seltener Kunstkenner, der Herr von Erdmannsdorf, mit dem der Fürst Ein Herz und Eine Seele war.

Nach mehren Jahren kehrte ich in meine geliebte Vaterstadt zurück. Welche Veränderungen, welche Verbesserungen und Verschönerungen! Sie hatte sich innerlich und äußerlich geschmückt wie eine junge Frau, welche ihrem lieben Mann nicht allein zu gefallen trachtet. Das Theater blühete, die zeichnenden Künste hatten ihre Pfleger und Verehrer, die Musik entzückte alle Herzen, die Blumenzucht war Lieblingsbeschäftigung geworden, Gartenkultur hatte sich wesentlich gehoben. Das gesellige Leben hatte eine Umgestaltung erfahren, die Jedem auffallen mußte, der es vorher in seiner Beschränktheit, Abgeschlossenheit und spießbürgerlichen Steifheit gekannt hatte. Freier im Umgange, anständiger im Betragen gegen Jedermann, feiner in Sitte und Sprache, geschmackvoller in Zimmerverzierung und Kleidung, schienen die Deßauer mit den glänzendsten Städten Deutschlands wetteifern zu wollen. Man hatte das Journal des Luxus und der Moden nicht bloß gelesen, man hatte es auch in

Anwendung zu bringen gewußt. Der Fürst hatte zwar die Genugthuung und die Freude, Seine Deßauer auf dem Wege des Fortschrittes und der Kultur zu sehen, mochte Sich aber doch auch nicht bergen können, daß Stillstand in mancher Beziehung zu wünschen sei, und hier und da eine Hemmung eintreten müsse, die freilich in solchen Fällen leichter zu empfehlen als anzubringen ist. Er allein und Sein Hof blieben stets in den Gränzen der Mäßigung und des einmal Eingeführten und Herkömmlichen, einfach, prunklos. In Seinen Schlössern, an Seinen Wagen und Pferden, an Seiner Kleidung, an der Livree Seiner Dienerschaft, bei Hoffesten und sonstigen öffentlichen Feierlichkeiten sah man keine Spur eines übertreibenden Luxus und einer sich täglich anders gebärdenden, der Ueppigkeit anheim gefallenen Mode.

Einige Tage nach meiner Ankunft in Deßau meldete ich dem Fürsten schriftlich meine Rückkehr aus der Fremde und bat um irgend eine Anstellung. In Seinem Namen eröffnete mir der Regierungs-Präsident von Krosigk, daß Hoffnung zu einer baldigen Anstellung da sei, daß ich aber ruhig, und ohne mich weiter wieder zu melden, warten solle. Der Erbprinz, welcher mir von jeher gewogen war, setzte mir in Seiner vertraulichen und beredten Weise auseinander, wie eine anderweitige Anstellung als in Kirche und Schule nicht thunlich sei, wie fremde Eindringlinge, die empfohlen worden, nicht abgewiesen werden könnten, wie am allermeisten Kunstfertigkeiten, namentlich in der Musik, berücksichtigt würden, und wie selbst bei meiner Anstellung im Kirchendienste, wozu Aussicht da wäre, sich gewisse Schwierigkeiten zeigten, die erst beseitigt werden müßten, meine baldige Anstellung also immer noch problematisch bliebe.

Vor Allem war es meine Pflicht, ja es war mir Forderung der Pietät, dem eigentlichen Chef der geistlich-kirchlichen Angelegenheiten, dem hochbetagten und einflußreichen Superintendenten Sim. Ludwig Eberhard de Marées, meine Aufwartung zu machen und mich seiner Fürsorge zu empfehlen. Ich hatte als Knabe und als Jüngling in seinem Hause lehrreiche und angenehme Stunden verlebt, mich anständig und sittsam betragen gelernt, war, wie man es so nennt, abgeschliffen worden und hatte in dem jüngsten Sohn, dem nachherigen Seminar-Direktor Heinrich de Marées, einen Schul-, Universitäts- und Herzens-Freund gewonnen, der sich in jeder Lage meines Lebens bewährt hat und mir treu geblieben ist. Leider fand ich den alten ehrwürdigen Herrn entkräftet, geistumwölkt, zum Abschiede fertig und bereit. Die Seinigen waren ohne Hoffnung. Seine jüngste, liebenswürdige Tochter führte mich bei ihm ein und ließ mich mit ihm allein. Er saß in seinem Lehnstuhl am Fenster, seine Auflösung ruhig erwartend, zuweilen einschlummernd, dann wieder aufschauend, immer noch, nur weniger fixirend, mit dem stechenden Blicke, womit er sonst Jemand anzusehen pflegte. Von mir, sprach er abgebrochen, haben Sie nichts mehr zu erwarten. Meine Uhr wird bald still stehen. Mein Tagewerk ist vollbracht. Gott wird Ihnen helfen. — Ich zog mich bald zurück. Er starb nach einigen Tagen, den 17. October 1802, und ich konnte nicht ahnen, daß er mir in seiner Wohnung Platz machen und daß ich, wenn auch nicht in seiner hohen Würde und Stellung, doch auf derselben Kanzel stehen und Prediger des göttlichen Worts werden sollte, von der herab er so lange, so unerschrocken und so eindringlich gegen die Modephilosophen, die Revolutionsmänner und die Königsmörder gesprochen und geeifert hatte. Er war ein gelehrter Mann, tüchtiger Theologe, in der Polemik scharf und gewandt, witzig, nicht selten satyrisch und beißend, gegen die Neologen seiner Tage, wie überhaupt gegen die Anmaßungen, den Uebermuth und die „gottlose" Richtung des Zeitgeistes unerbittlich streng und in nie ruhendem Eifer.

So lagen die Würfel, aber wer sollte sie aufnehmen? Ich hatte alle Hoffnung, angestellt zu werden, wenn die vakant gewordene Stelle durch einen einheimischen Geistlichen besetzt, konnte aber auf nichts rechnen, wenn ein auswärtiger herbeigerufen wurde. Das Letzte war sehr wahrscheinlich. Denn die in weiter Ferne lebende Fürstin konnte wohl darauf bestehen und es leicht bewirken, daß ihr Gewissensrath und Herzensfreund, der ehemalige Hofkaplan in Wörlitz, damals Prediger und Professor der Theologie in Bremen und Doktor der Theologie, Häfeli, eine Stelle einnehme, der er schon als Hofprediger und Konsistorialrath so nahe gestanden. Ihre Wünsche und Absichten, wenn sie ernstlich damit hervortrat, mußten schlechterdings berücksichtigt und erfüllt werden. Auch wurde die Wahl dieses Mannes von Vielen gewünscht und von Allen erwartet.

Ein tüchtiger Theologe, ein durchgebildeter Geschäftsmann, ein berühmter Kanzelredner, kurz ein reichbegabter, würdevoller, für die Sache des Meisters hochbegeisterter Geistlicher, würde Häfeli für die kirchlichen Angelegenheiten des Landes ein großer Segen geworden sein und das Vertrauen, womit ihn die allermeisten seiner Amtsbrüder schon beehrt hatten und jetzt wieder nach ihm hinblickten, in allen Stücken gerechtfertigt haben. — Seine schweizerische Derbheit dagegen, seine sittliche Strenge, seine Festigkeit in den Grundsätzen und deren Anwendung mochten manchen Andern seine Berufung nicht wünschenswerth machen, und namentlich der Erbprinz, den in den frühern Jahren die schonungslose Freimüthigkeit Häfeli's vielfach verletzt haben mochte, widersetzte sich derselben beharrlich. Der Fürst Selbst hat in der Folge über diese ganze Angelegenheit nur wenig mit mir gesprochen; ich konnte aber aus Seinen gelegentlichen Aeußerungen über Häfeli, den Er sehr schätzte, abnehmen, daß Er für Seine Person gegen dessen Herbeiziehung wenig oder gar nichts einzuwenden gehabt und sie in anderen Beziehungen gewiß gern gesehen hätte. Die Fürstin scheint nachgegeben zu haben, und Häfeli, dem man hohe Forderungen nicht bewilligen wollte, zurückgetreten zu sein. Nun, hätte man glauben sollen, wäre die Wiederbesetzung der fraglichen Stelle eine leichte Sache gewesen. Nur ein einheimischer Geistlicher sollte berufen werden. Der Pfarrer an der Hospitalkirche, Friedrich de Marées, ein guter Theologe, ein beliebter Prediger, von Hohen und Niedrigen hochverehrt, von seinen Standesgenossen geschätzt, hatte alle Hoffnung und war würdig der Nachfolger seines Vaters zu werden. Den kirchlichen Angelegenheiten würde er gewiß wohl vorgestanden haben; denn er hatte den besten Willen und den regsten Eifer, die Sache Jesu zu fördern und die Angelegenheiten der Kirche gegen die Eingriffe der Zeit zu vertheidigen.

Es trat indessen ein unerwartetes Hinderniß ein, das auch die Beseitigung dieses würdigen Kanzelredners zur Folge hatte und die langwierigen Verhandlungen endlich zum Schluß brachte. Der Prinzenerzieher Böttcher machte, ich weiß nicht aus welchem Grunde und mit welchem Rechte, An=

sprüche auf die Stelle geltend, die, wenn auch nicht für den Augenblick, weil er die Erziehung der Prinzen noch in den Händen behalten wolle, doch in der Zukunft mit seiner Person besetzt werden solle. Da traf man denn nun einen Ausweg, bei dem ich selbst mit berücksichtigt zu werden das Glück hatte (1803). Der Archidiakonus Ludwig de Marées wurde Vormittagsprediger an der Schloß- und ersten Stadtkirche, Konsistorialrath und Superintendentur-Vikarius; der Prinzenerzieher Böttcher trat mit dem Range eines Hofpredigers ein, und hatte nur Einmal im Monat zu predigen; ich wurde als Diakonus und Nachmittags-prediger an derselben Kirche angestellt und mußte alle Amts-verrichtungen, welche sonst den Kirchenkandidaten zukommen, zur Erleichterung des Konsistorialraths übernehmen.

Sind Sie nun zufrieden? fragte mich der gütige Fürst, als ich mich bei Ihm bedankte. Mehr haben wir vorläufig nicht thun können. Die Sache hat viel Noth gemacht. Es bleibt aber doch ein unbequemer Zustand, der einmal ein Ende nehmen muß.

Durch die treue Fürsorge eines Oheims meiner Frau hatte ich das hübsche Landhaus in der Wasserstadt geschenkt bekommen, das jetzt dem Herrn von Wolframsdorff gehört. Ich bewohnte es mehre Sommer hindurch. So oft der Fürst von Wörlitz zur Stadt kam, oder von Deßau aus nach dem Louisium eilte, hielt er da an, pochte oder rief und fragte allerlei, oder erzählte, was etwa vorgefallen. „Studiren Sie auch fleißig?" Nach Kräften, Durchlaucht. „Nur nicht über die Kräfte! Sie sehen krank aus. Arbeiten Sie im Garten. Guten Morgen!" Immer erquickliche Worte! Väterliche Zusprache!

Meine Einnahme war nur dürftig, und ohne die bedeutende Unterstützung meiner Schwiegermutter hätte ich nicht auskommen können. Da wagte ich es, es war im Herbst 1805, an meinen fürstlichen Gönner zu schreiben und um Zulage zu bitten. Ich blieb lange ohne Antwort. An einem schönen Morgen befand ich mich auf der Wallpromenade, wo er allein und zu Pferde mir entgegenkam. Er grüßte mich freundlich und hieß mich auf eine der dortigen steinernen Bänke steigen, ritt heran und sagte: Mir wird's Bücken sauer; so sind Sie mir etwas näher. Ich habe nicht geantwortet, ich ertheile nicht gern schriftlich abschlägige Antworten; kann Sie auch mündlich nicht besser bescheiden. Glauben Sie mir, ich habe jetzt schwere Ausgaben; es fehlt immer an Geld. Wir gehen trüben Tagen entgegen und wir müssen für die Zukunft sparen. Ich kann jetzt nichts thun. Aber ich werde Sie nicht vergessen. Verlassen Sie Sich darauf. Guten Morgen!

Seine Ahnung sollte bald in Erfüllung gehen. Das Jahr 1806, das schreckenvolle, zog die überrheinischen Heuschrecken herbei. Preußen wurde zertrümmert, und unser Ländchen kam in Gefahr, ganz ausgeplündert, verwüstet, und zuletzt die Beute irgend eines gierigen Marschalls zu werden. Wer hat es gerettet und beschützt, Sich und Seinen Nachkommen bewahrt? Der Fürst, dem Napoleon seine Achtung nicht versagen konnte, den er zu sich nach Paris einlud und wie keinen andern auszeichnete — Leopold Friedrich Franz, der Vater des Vaterlandes!

Die Franzosen erstaunten über das blühende Land, die wohlkultivirten Waldungen, die lieblichen Schlösser und Gärten, die freundlichen Städte und Dörfer, die schönen

Landstraßen, die geschmackvollen Brücken und die einfachen und doch Eindruck machenden öffentlichen Gebäude. So weit nach Norden, wie sie sagten, hätten sie ein solches Land gar nicht erwartet. Dem General **Lemarois** mußte ich umständlich über die Veränderungen, die hier vorgegangen, über die Verbesserungen und Verschönerungen, die der Fürst unermüdet seit mehr als 30 Jahren vorgenommen, so wie über die innere Verwaltung des Landes und die bestehenden Einrichtungen, Bericht abstatten. Einem deutschen Fürsten hatten die Franzosen solchen Kunstsinn, solchen Geschmack, solchen Eifer für den Forschritt und die Civilisation gar nicht zugetrauet.

Der berühmte Reisende **Bourgoing**, der als französischer Gesandter in Dresden den Fürsten in Wörlitz einigemal besuchte, versicherte mir etliche Jahre später ganz naiv, der Herzog von Deßau sei würdig, der Regierer eines großen, freien Volks zu sein. — In einem freien Lande, in England, erwiderte ich, hat Er aber auch früher, als Sie in Frankreich Ihre Theorien aufstellten und das Heil der Welt proklamirten, gelernt, Sein Volk empor zu heben, glücklich und zufrieden zu machen.

Der Fürst nahm vom Jahre 1807 an, wo Er dem Rheinbunde beitrat, den Titel: Herzog und Fürst von Anhalt an. Beim Einbruch der Franzosen in die Stadt, 1806, nannten sie Ihn in ihrem Uebermuth noch **Princillon**; sie wurden aber bald anderen Sinnes, als ihnen das Plündern verboten ward und ihnen befohlen wurde, alle Behörden und Einrichtungen des Landes zu respektiren.

Bei dieser Gelegenheit muß ich noch eine Anekdote erzählen, die vielleicht nicht allgemein bekannt ist und an einen Mann erinnert, der wegen seiner derben Originalität einen Ruf erlangt hat.

Der Förster Wöpke in Rehsen hatte denn auch vernommen, daß sein Fürst Herzog geworden sei. Beim nächsten Zusammentreffen mit Ihm, verwickelte er sich nun beständig in der Betitelung; bald brachte er Herzogliche, bald Fürstliche Durchlaucht und verbesserte sich dann immer mürrisch und brummend, wenn er Fürstlich gesagt hatte, wo er hatte Herzoglich sagen wollen. — „I," redete ihn der Herzog lachend an, „sprich doch, Wöpke, wie Dir der Schnabel gewachsen ist. Ich bin und bleibe Dein Fürst." „Gott straf mich," stieß der alte Nimrod heraus, „S' han recht, Durchlaucht! S' han so lange Ihr Brod beim Fürsten gehabt, der Herzog wird S' auch nicht besser ernähren können."

Hier scheint der Ort zu sein, etwas Näheres über das Verhältniß des Herzogs zu Napoleon, über die Ansicht Desselben von ihm und seinen Absichten, die Er lange festhielt und worüber ich oft mit Ihm, wie Er es scherzhaft nannte, „disputirte", mitzutheilen.

Man hat Ihm eine zu große Anhänglichkeit an Napoleon und dessen Interessen zur Last gelegt. Diese Anhänglichkeit war aber nicht so groß als man sich eingebildet und nur vorübergehend. Sie dauerte nur einige Jahre. Noch im Jahre 1805 war Er außerordentlich über die Hinrichtung des Herzogs von Enghien entrüstet. „Er hat ihn heimlich wegfangen lassen," sagte Er, „und wenn er den Tod des Herzogs auch nicht befohlen hat, so hat er ihn doch gewünscht und zur „infamen“ Hinrichtung still geschwiegen.“ Vom Jahre 1806 bis etwa 1811 neigte Er Sich allerdings zu ihm hin; allein von da ab scheint die Neigung ganz abgenommen zu haben; denn Er sprach nicht mehr von ihm und es war Ihm unangenehm, wenn Er an ihn erinnert und wenn von ihm gesprochen wurde.

Napoleon verstand die Kunst, gute und edle Menschen an sich zu ziehen und zu gewinnen, meisterhaft. Daß er Franzosen an sich riß und fesselte, die er mit Kriegsruhm und Beute gesättigt, kann nicht Wunder nehmen. Sie hielten ihn für den Gott der Erde.

Noch im Jahre 1806 sagte einer seiner Adjutanten, der bei mir im Quartier lag: Er ist ein Gott! So hatte er denn auch den Herzog von Deßau an sich gezogen und für seine Völker=beglückenden Pläne eingenommen. Schon daß er, noch als Obergeneral, Ihm die neun Musen, welche im Panthon zu Wörlitz stehen, frei gegeben, rechnete ihm der Herzog hoch an, und daher stellte Er auch aus Erkenntlichkeit die Büste desselben von Canova im Pantheon zu Wörlitz auf.

„Sie können glauben, Napoleon will das Gute und Rechte, die wahre Wohlfahrt der Völker. Er will ein System von Staaten bilden, in dem jeder einzelne Staat sich als ein Theil des großen Ganzen glücklich fühlen und als ein Glied der großen europäischen Familie betrachten soll. Ein allgemeiner, ungehinderter Verkehr soll unter den verschiedenen Nationen stattfinden, ein freier Handel zu Wasser und zu Lande, ein ungestörter Austausch aller Erzeugnisse des Bodens und der Industrie, aller Produktionen der Wissenschaft und der Kunst. So sollte Alles, was die Erde hergiebt und was der menschliche Geist schafft, Eigenthum aller Menschen werden.“ So spricht der gute menschenfreundliche Fürst im Jahre 1808 noch!

Das ist recht großartig, erwiderte ich dann, das ist recht schön gedacht von Napoleon. Aber weder er, noch seine Franzosen werden es ausführen. Sie sind gar nicht die Menschen dazu. Sie sehen und kennen nur sich; sie haben nur Frankreich im Auge und das Alles verschlingende Paris. Sie werden dann bald aus Frankreich ein großes Waarenlager machen, aus dem wir unsere Bedürfnisse zu nehmen gezwungen werden und unsere eigenen Produkte kaufen müssen. Paris wird ein großes Zucht- und Erziehungshaus für die deutschen Bären werden, um sie zu Menschen zu machen und ihnen die Segnungen der Civilisation zu schenken. Sie werden unsere Sprache verdrängen, unsere Literatur vernichten, unsere Nationalität verderben und gar ausrotten, kurz, uns zu ihren Sklaven machen und frech und übermüthig unser Geld verprassen. Ich glaube nicht an Napoleon, weil ich an Gott glaube. Ja, als er noch Buonaparte hieß, als Obergeneral Italien eroberte, dort dem Pfaffenregiment ein Ende zu machen im Begriff stand, als er seine glänzenden Proklamationen erließ, das elende Direktorium stürzte, die Revolution bändigte, und der Schöpfer einer neuen, die Welt beglückende, Ordnung der Dinge werden wollte — da war ich ein enthusiastischer Verehrer von ihm, da war ich thöricht genug, an seine göttliche Sendung zu glauben. Allein mit seinem allmähligen Steigen bis zum Kaiser sank meine Verehrung vor ihm. Ich sahe in ihm einen großen Kriegshelden, aber keinen großen Mann. Er hat seine Nation, uns alle betrogen und wird noch lange die ganze Welt betrügen. Sieht man es denn nicht an der Behandlung der Königin von Preußen, daß er ein Mensch von gemeiner Denkart ist? Gehet denn nicht aus dem Dekret von Berlin deutlich hervor, daß er unsern Handel vernichten und uns zwingen will, unsere Waaren aus Frankreich zu nehmen, wo er den Schmuggelhandel begünstigt, um die große Nation und seine Helfershelfer zu bereichern, wodurch er uns ganz methodisch ausplündert und an den Bettelstab bringt? Nein, gnädigster Herr, die Menschen-beglückenden Pläne Napoleon's sind eine Spiegelfechterei der Hölle, sind Seifenblasen, die im Sonnenschein glänzen und ergötzen, inwendig aber leer und luftig sind und bei jedem Windstoß zerplatzen müssen.

Wenn ich mich denn so in meinen Deklamationen gegen den Kaiser erschöpft hatte, dann pflegte der Herzog mit einem gewissen beschwichtigenden Lächeln zu sagen:

Nun, Propst, wir wollen es abwarten. Louise hält auch viel von ihm. Ich habe alle Ursache, mit ihm zufrieden zu sein. In Paris hat er mich sehr ausgezeichnet. Er kann außerordentlich liebenswürdig sein. Ich habe oft mit ihm gejagt und seine Jagd dirigirt. Die Franzosen verstehen die Parforcejagd nicht. Sie reiten blind drauf los. Ihre Hunde wurden schlecht geführt und waren bald auseinander. Der Hirsch wurde alle Augenblicke verloren. Nur der Kaiser kann reiten. Die Andern können es nicht. Beim Hasentreiben ist kein Mensch seines Lebens sicher. Er, wie seine Marschälle und Generale schießen blind drauf los, und ich habe die Schrote an die Kleider der mit eingeladenen Damen anschlagen hören. — In St. Cloud hatte ich zu jeder Stunde Zutritt zu ihm, sogar in Stiefeln. Einmal kam ich in sein Zimmer. Er saß in einem Lehnstuhl, der Fürstbischof von Dalberg stand zur Seite. Napoleon stellte mich ihm mit den Worten vor: „Nun, Sie kennen Sich schon!“ — Dann sprach er weiter. Dalberg entfernte sich bald. Napoleon sahe ihm gleichgültig nach und sagte, jener war noch in der Thür, mit der Hand auf ihn deutend, den Kopf ein wenig nach mir drehend, mit spöttischer Miene: „Der will auch ein Gelehrter sein!“

Niemeyer hat mich doch damals recht in Verlegenheit gebracht. Ich habe ihn gern um mich, aber nur in Deutschschland; in Frankreich paßten wir nicht zusammen. Er drängte sich überall zu mir, so daß ich ihm auswich, wo ich nur konnte. Der sonst so kluge Mann vergaß ganz, wo er war und daß er und seine Gefährten beobachtet wurden. Diese waren noch unvorsichtiger als er. Sie kamen irgendwo zusammen und raisonnirten so frei und leichtsinnig, daß ich kaum begreife, wie sie so durchgekommen sind. — Jedermann war der Meinung, daß das große Gebäude, welches der Herzog in Pötnitz auf einem Hügel aufführen ließ, dem Andenken Napoleons gewidmet und innen eine Statue oder ein Gemälde, den Kaiser verherrlichend, aufgestellt werden sollte. Indessen hat Sich der Herzog niemals über die Bestimmung dieses Gebäudes gegen mich ausgesprochen. Er erwähnte es kaum und schien Seine Zeit abwarten zu wollen. Ich nannte es einmal zufällig Napoleonshöhe. Das nahm Er sehr übel. „Wer hat Ihnen denn gesagt, daß ich es so genannt wissen will. Man warte doch, bis ich es getauft habe.“

Der verhängnißvolle 18. October 1806 brachte die Schrecken und die Lasten des Krieges über Stadt und Land.

Auch da war und blieb der Fürst der Schutzgott der Seinen. Alle sahen auf Ihn und erwarteten von Ihm Rath und Hülfe. Er konnte freilich nicht jedem Einzelnen die Hand reichen. Das Unglück kam zu schnell, es überraschte und betäubte die Leute und machte sie in den ersten Augenblicken so verzagt, daß selbst mancher Beamte den Kopf verlor und Alles für verloren hielt. Der Druck war zu schwer, der Uebermuth der Sieger zu groß und die Raubsucht derselben kaum zu sättigen. Der Fürst Selbst war Anfangs sehr erschüttert. Er vergoß Thränen; denn Er fürchtete die Verwüstung Seines Landes, den Untergang Seiner Schöpfungen. Doch bald kehrte Seine Besonnenheit zurück, muthig und gefaßt erwartete Er den stolzen Sieger, gewann Sein Vertrauen zu Sich Selbst wieder, und flößte Seinen Beamten einen Muth und eine Zuversicht ein, welche den siegestrunkenen Feind mit einer gewissen Scheu und mit Achtung erfüllten. Die Franzosen erstaunten, an der Elbe ein so kultivirtes, wohleingerichtetes und blühendes Land zu finden und mußten die Ordnung, die Schnelligkeit und Umsicht bewundern, womit man ihre Anforderungen zu befriedigen suchte. Der Fürst wußte bald Mittel und Wege zu finden, Seinen Unterthanen die unerträgliche Last zu erleichtern, noch drohende Uebel abzuwenden, die in Betäubung und Trostlosigkeit versunkenen schwachen Gemüther aufzurichten und Sich das Ganze zu erhalten, das, wie mancher Verzagte fürchtete, die Beute irgend eines Marschalls werden konnte.

Als nach dem Gefecht bei Halle Napoleon durch die zuerst einrückenden französischen Officiere in Deßau angemeldet wurde, schickte der Fürst den Erbprinzen Friedrich, welcher der französischen Sprache vollkommen mächtig war, dem Sieger entgegen. Der Prinz traf den Kaiser in der Pappelallee, welche die Straße von Leipzig und Halle nach Deßau beschließt, an der auf beiden Seiten breite Gräben hinlaufen, und bat im Namen Seines Vaters den Kaiser, auf dem Schlosse abzutreten. Der Kaiser nimmt es an und der Prinz will zurücksprengen, um den Gast anzukündigen, wird aber von einem Officier aus dem Gefolge des Kaisers benachrichtigt, daß er das Vorbeisprengen nicht gern sehe; dem Prinzen bleibt also nichts andres übrig, als zum Erstaunen der Franzosen, meist schlechte Reiter, über den Chausseegraben zu setzen, um auf einem Umwege in die Stadt zu gelangen.

Der Kaiser kam in den Nachmittagsstunden nach Deßau, wo er den an der Seite des Marktplatzes an den drei Kronen aufgestellten gefangenen preußischen Officieren keines Blickes würdigte, und wurde an der Thür des Schlosses von dem Fürsten, der in Seiner Hof-Uniform mit dem schwarzen Adlerorden geziert war, empfangen. In der Nähe befand sich der damalige Fürst von Cöthen August Christian Friedrich, und ließ den Kaiser um Audienz bitten. Der Kaiser ließ ihm durch seinen Adjutanten Gifenga, aus dessen Munde ich dieß habe, sagen: er habe Geschäfte, der Fürst soll nur nach Hause gehen und seine Staaten regieren. Diese schnöde Behandlung hielt den Fürsten von Cöthen nicht ab, sich nachher dennoch dem Kaiser unterwürfig zu beweisen, die französischen Staatsformen seinem Ländchen aufzudringen und diese Neuerungen seinen Unterthanen in dem Edikt vom 28. December 1810 mit den Worten zu empfehlen:

„Wir glauben denselben keine heilbringendere Konstitution geben zu können, als diejenige, welche der größte Gesetzgeber der Welt, Napoleon der Große, seinen Völkern, welche er als Vater liebt, gegeben hat.“

Der Fürst Franz kam gnädiger weg. Seine würdevolle Haltung, Sein ruhiges und sicheres Auftreten, Sein ganz deutsch-biederes Benehmen während der ersten Unterhaltung imponirten den Kaiser und besiegten seinen Uebermuth. „Haben Sie ein Kontingent zur preußischen Armee gestellt?“ fragte der Kaiser noch barsch. „Nein!“ ist die Antwort des Fürsten. — „Und warum nicht?“ „Weil man es nicht verlangt hat.“ — „Wenn man es aber verlangt hätte?“ „So würde ich es gestellt haben,“ erwidert ruhig der Fürst, setzt aber eben so besonnen als kühn hinzu: „Ew. Majestät kennen ja das Recht des Stärkern.“ — Napoleon, Anfangs so barsch, wurde nach dieser ersten kurzen Unterredung milder, heiterer und von der einnehmendsten Freundlichkeit, er scherzte mit dem Fürsten über gewisse Verhältnisse, als wenn er schon längst mit Ihm bekannt gewesen wäre, und lud Ihn zuletzt ein, zu ihm nach Paris zu kommen, wo der Fürst ganz ungenirt leben, mit ihm auf dem Lande wohnen sollte, wo sie fleißig mit einander jagen wollten. Beim Abschiede sagte der Kaiser noch: „Kann ich mit irgend etwas dem Fürsten von Deßau nützlich sein, so wünsche ich es auf der Stelle zu erfahren, denn ich habe Geschäfte.“ — Der Fürst erwiderte: ich für meine Person bedarf nichts; aber um Schonung meiner armen Unterthanen bitt' ich; denn sie sind alle meine Kinder. — Der Kaiser gab Berthier einen Wink und alle Forderungen wurden sogleich zurückgenommen, jede Art von Gewaltthätigkeit streng untersagt und das Land für neutral erklärt. Wörlitz und andere Anlagen und Gebäude, so wie einige Domainen erhielten Schutzwachen.

Der Kaiser hatte den Fürsten wirklich lieb gewonnen, und der Fürst war ganz für den Kaiser eingenommen, sprach von dem Tage an gern von dessen freundschaftlicher Zuneigung zu Ihm und setzte ein festes Vertrauen auf ihn und seine weltverbessernden Pläne. Jerome, Berthier, Mürat, Bernadotte, blieben in ihrer Achtung vor dem Fürsten hinter ihrem Führer nicht zurück, so lüstern auch einer oder der andere nach Seinem schönen Lande gewesen sein mochte; auch die anderen Generale und die Franzosen, welche nachher in das Land, oder mit dem Fürsten in nähere Berührung kamen, huldigten Ihm als Herzog und als Freund ihres vergötterten Kaisers. Napoleon und seine Genossen sahen hier einen ächt deutschen Fürsten vor sich, der der Ruhm und die Freude Deutschlands war, der fast ein halbes Jahrhundert mit Menschen aus allen Ständen und Klassen der Gesellschaft und aus allen gebildeten Nationen verkehrt hatte, der Jeden nach seinem Herkommen, nach seiner Stellung, nach seinen Ansprüchen und Verhältnissen zu nehmen und zu behandeln wußte. Das feine und kluge, aber auch biedere und offene Benehmen des Fürsten, Seine ehrliche und treuherzige Art zu sprechen und Sich mitzutheilen, hatte einen angenehmen Eindruck auf sie gemacht und die Herzen gewonnen.

Das Alles war für die Stadt und das ganze Land von den wohlthätigsten Folgen. Es wurde dadurch viel Unglück abgewendet, manche drückende Last abgenommen, und den sonst unvermeidlichen Uebeln und Drangsalen des

Krieges überall Gränzen gesetzt. Der Herzog beeilte und beeiferte Sich, mit weiser und väterlicher Fürsorge, Seinem Lande wieder aufzuhelfen, das doch theilweise beträchtliche Verluste erlitten hatte, die Wunden, an welchen Mancher zu verbluten fürchtete, zu heilen, allenthalben, wohin die Franzosen gekommen waren und Spuren ihrer Verwüstungen hinterlassen hatten, die alte Ordnung, Reinlichkeit und Lieblichkeit wieder herzustellen, und wo möglich Jedermann vergessen zu lassen, daß ihn der Krieg heimgesucht habe, daß Feinde im Lande gewesen.

Nachdem die Franzosen abgezogen waren, sahen die Straßen, freien Plätze und Hofräume der Stadt wie ein wüster Viehhof aus; sie glichen einer russischen Stadt, wo eben eine große Messe abgehalten worden. Ueberall Unflath! Da machte ich mich mit meiner Frau auf, um zu sehen, ob unser Landhaus in der Wasserstadt noch stehe, ob es wenigstens bewohnbar geblieben sei; denn die vorbeiziehenden Franzosen sollten Vieles daran zerstört haben. Als wir uns in der Nähe des Schlosses befanden, trat der Herzog uns entgegen. Er sahe zwar etwas angegriffen und abgespannt aus, doch konnte oder mochte Er eine gewisse Selbstzufriedenheit, oder Selbstgenugthuung, daß Er doch Seine Sache gut gemacht, Sich nichts vergeben, nichts verloren, sogar Hoffnung für Sich und uns Alle zu haben, nicht ganz verbergen. „Nun," rief Er aus, die wir ehrerbietig stillstanden, „haben Sie viel ausstehen müssen?"

„Wir können noch von Glück sagen, Durchlaucht, wir sind noch ohne blauen Rücken davon gekommen."

„Das ist mir lieb," fuhr Er fort, „Vielen mag er jucken und schmerzen. Es war ein harter Schlag. Ich bin aber mit dem Kaiser zufrieden, recht sehr zufrieden. Wir haben nun nichts mehr zu befürchten. Ich bin nun heruntergekommen, um selbst nachzusehen und anzuordnen, ob meine Befehle, die Straßen schnell zu reinigen, genau befolgt werden. Dafür sorgt nun auch. Es muß Alles gelüftet und aller Unflath fortgeschafft werden. Hinter dem Krieg geht die Pest her! Es entstehen leicht böse Dünste. In der Kirche — wo die Franzosen die bei Halle gefangenen Preußen eingesperrt hatten — mag auch Vieles ruinirt sein."

„Es geht noch an, Durchlaucht! Der gemachte Schaden läßt sich leicht und bald wieder ausbessern."

„Wohin wollen Sie?"

„In die Wasserstadt; wir wollen sehen, ob unser Haus noch steht?"

„Nun, das Sengen und Brennen haben sie ja unterlassen."

„Aber die Preußen! Die schöne Elbbrücke abzubrennen."

„Ja wohl, ein großer Schade! Es wird aber auch von Nutzen sein. Nun können nicht mehr so viele und starke Durchmärsche kommen. Wenn Wittenberg über ist, verlieren wir die Etappenstraße. So was ist immer lästig. Guten Morgen!"

Das Jubiläum.

Hatte der 20. October 1806, wo Napoleon in Deßau einzog und seine Kriegesschaaren das Land durchströmten, die Gemüther erschüttert, die Herzen mit tiefer Trauer erfüllt und Aller Lippen zu Verwünschungen und Flüchen geöffnet, so war es der 20. October 1808, an welchem das

Jubelfest der funfzigjährigen Regierung des Herzogs gefeiert wurde, der alle Bewohner des Landes in Einen Sinn und Geist vereinigte, ihrem Vater Franz die unzweideutigsten Opfer ihres innigsten Dankes, ihrer tiefsten Verehrung, ihrer reinsten Liebe, ihrer treuesten Anhänglichkeit darzubringen. Man sah es Allen an, man fühlte es bei jedem Händedruck, bei jeder Begrüßung, in jeder Umarmung; es trat überall ergreifend und lebendig hervor, was der Herrliche Jedem war, wie viel Er ihm galt, wie hoch Er ihm stand, wie Er in Jedem lebte, was Jeder noch immer von Ihm hoffte und erwartete. Dankgebete, Lobgesänge, Jubellieder, Wonnethränen, Segenswünsche waren allenthalten die Ausbrüche der allgemeinsten Freude.

Als der Hochgefeierte und Innigstgerührte an diesem Jubelmorgen, nachdem der Frühgesang verhallt war und tausend Stimmen das Vivat: Es lebe Deßau's Beherrscher Leopold Friedrich Franz! begeistert nachgerufen hatten, aus dem Schloßfenster herab über die versammelte Menge segnend die väterliche Rechte ausstreckte und aus der beklommenen Brust mit Seiner starken, tiefen Stimme die Worte sprach: Gott segne Euch, liebe Kinder! und nachher, als wenn Er Sich gesammelt und gefaßt hätte, noch hinzusetzte: Vielen Dank! da ergriff Alle ein unbeschreibliches Gefühl der Rührung. Es trat eine heilige Stille ein; nur die Herzen klopften, die Augen füllten sich mit Thränen, nur fromme Seufzer entstiegen der gepreßten Brust. Das Wort erstarb auf jeder Lippe. Man drückte sich nur bewegt die Hände; man umarmte sich überwältigt, man weinte und schluchzte.

Wodurch aber dieses seltene Fest sich besonders auszeichnete, was es zu einem wahren Familienfeste machte, war die Einmüthigkeit aller Bewohner des Landes und der Stadt, die sich an diesem Tage so außerordentlich bethätigte. „Ich war davon ganz ergriffen, sagte mir der edle Fürst nachher, ich fühlte recht lebhaft, daß ich denn doch nicht ganz umsonst gelebt, daß ich sie Alle nach mir gezogen und zu Menschen gebildet habe, welche mit einander zu leben wissen." Und in der That, es muß Jedem, der auf die Quelle dieser Einmüthigkeit zurück geht und Zeuge ihres damaligen Hervortretens gewesen ist, einleuchten, daß der Fürst darüber eine innigere und aufrichtigere Freude haben mußte, als über alle Festreden, Festgesänge und alle Gaben der Liebe, als über das kostbare Feuerwerk und die glänzende Illumination mit ihren sinnigen Sprüchen und Emblemen, womit man Ihm seine Theilnahme beweisen und den Tag verherrlichen wollte. Es war ein Zusammensein, ein Zusammengenießen und Zusammenjubeln in Einem Sinn und Geist, wie wohl selten bei solchen Gelegenheiten vorkommt. Kein Zwang, kein Polizeibefehl! Ein Ton, Eine Melodie! Alles freiwilliger Erguß dankerfüllter Herzen! Christen und Juden, Hohe und Niedere, Reiche und Arme, Herren und Diener, Beamte und ihre Untergebenen, Alle schaarten sich, wie Kinder Eines Hauses um den alten Vater, der ihnen Wohlthaten erwiesen hatte und dem sie ihre Huldigungen dafür darbrachten. In der Stadt waren Säle und andere große Räume zu Festmahlen und Festtänzen eingerichtet und geschmückt, wozu Alle ohne Unterschied eingeladen waren. Da bemerkte man keinen Unterschied des Standes, des Ranges, des Alters und der äußeren Verhältnisse; da war keine Zwietracht, keine Hoffahrt, keine Kriecherei, kein vornehmes Suchen des Gleichen und scheues Vermeiden des Ungleichen. Jeder erschien und betrug sich als Verwandter des Einen Stammes, der in der Liebe des hochherzigen Fürsten wurzelte und aus ihm seine Nahrung zog. Der älteste Greis der Stadt eröffnete den Ball mit der ältesten Matrone und alle tanzlustigen Paare folgten, wie sie sich eben zusammen gefunden hatten. An langen, mit Speise und Trank wohlbesetzten Tafeln saßen ehrsame Bürger und Handwerksleute mit ihren Frauen, behaglich sich erquickend, sich unterhaltend von den vergangenen Zeiten, in welchen der Fürst Sein Tagewerk begonnen und vollbracht hatte, mit Vergnügen den Tänzen zusehend, an welchen sie nicht mehr Theil nehmen wollten oder konnten. Auch der Armen und Kranken wurde gedacht; sie konnten bei Speise und Trank, die ihnen verabreicht wurden, in ihren Hütten und auf ihren Siechbetten des guten, alten Herrn sich erinnern und Ihn segnen, der stets und in den schwierigsten Zeitläuften Vater und Versorger der Dürftigen und Leidenden gewesen war.

Bei der Feier des Jubiläums sah man erst recht in die Augen fallend die reife Frucht der Erziehung, welche der Fürst den Seinigen gegeben, den Sinn, den Er in ihnen geweckt, den Geist der Liebe und Anhänglichkeit, den Er ihnen eingehaucht hatte. So feierte an jenem Tage zu Deßau die Humanität ihren Sieg, den ihr Fürst Franz nach einem funfzigjährigen Kampfe mit den Feinden der Aufklärung und der ächten Menschenbildung erringen half.

„Ich habe,“ erzählte Er einmal gelegentlich, „in England eine Gesellschaft kennen gelernt, deren Zweck war, die Menschheit zu erheben, die rohen Massen zu bilden und den

Menschen zu dem zu machen, was er seiner Natur nach werden soll und werden kann. Durch das Christenthum, das sie rein auffaßte und als Religion der Liebe und Wahrheit betrachtete, wollte sie die Menschen erziehen. Es waren viele Geistliche dabei, die gegen den Hochmuth und den Starrsinn der hohen Kirche in Demuth einhergingen und mit der freisinnigsten und feurigsten Beredtsamkeit gegen Glaubensmeinungen eiferten, welche Spaltungen anrichteten. Sie nannten sich die Freunde, und haben in Nordamerika, wo Franklin in ihren Reihen stand, im Stillen viel Gutes gewirkt und den Grund zu der allgemeinen Duldung gelegt, welche dort, so lange sie aufrecht erhalten wird, alle Religionskriege verhindern muß.“

Ich habe hier im Zusammenhange mitgetheilt, was der Herzog in Seiner Art und Weise hie und da gelegentlich und bei besonderen Veranlassungen äußerte. Man würde sich aber sehr irren, wenn man glauben wollte, daß Seine Humanität Schwäche, unzeitiges Nachgeben, bloße Herzensgüte und Milde gewesen. Er kannte und übte recht wohl den Ernst und die Strenge der Liebe. Er wußte in allen Fällen und gegen Jedermann Seine Würde und Seine Stellung zu behaupten und geltend zu machen. Gegen Anmaßungen, Dummdreistigkeit und zudringliches Hervordrängen trat Er jeder Zeit stark auf und wies nicht selten mit einer gewissen, vielleicht scheinbaren Härte Jeden von Sich und in die gebührenden Schranken, der sich in Seiner Gegenwart vergaß, etwas herausnahm, Unthunliches verlangte, und über Personen und Verhältnisse Urtheile fällte, die Seinem geraden, schlichten Sinn zuwider waren, wohl gar Sein reines Gefühl verletzten und wider Sein besseres Wissen und Gewissen stritten. Er konnte wohl vergeben, aber nicht leicht vergessen. Er konnte leicht gerührt und zur Versöhnung gestimmt werden, aber auch eben so leicht in Zorn gerathen; dann wurde Er glühend roth, die Adern schwollen Ihm auf, Seine ohnehin von Natur starke Stimme donnerte. Er faßte Sich jedoch bald, bezwang Sich, und wer Ihn nicht kannte, mußte glauben, Er habe nur den Schein der Entrüstung und des Zornmuths angenommen. Ich habe Ihn selten hart und zurückstoßend, nie unbarmherzig, lieblos und unversöhnlich gefunden. Mancher war Ihm gleichgültig, Er sah ihn nicht gern und vermied ihn, wo Er nur konnte. Gegen Andere hatte Er einen natürlichen Widerwillen, den Er Sich Selbst nicht erklären konnte. Gegen diese war Er immer mißtrauisch und desto mehr zurückhaltend, je mehr sie sich Ihm zu nähern und in Seine Gunst zu kommen suchten. „Ich weiß nicht,“ sagte Er einst, „ich fühle mich allemal unheimlich, wenn ich dem ... auf der Straße begegne; ich sehe lieber weg, als daß ich mich von ihm grüßen lasse.“

Er wurde verdrießlich, wenn man Ihm etwas abbettelte; aber nie ließ Er Sich etwas abtrotzen. Dann wurde Er fest und unerbittlich. Am ersten konnten die noch ihre Absicht erreichen, die Ihn zu rühren, Sein großes menschenfreundliches Herz zu bewegen verstanden. Da gab Er nicht selten wider Seinen Willen nach. Er nannte das fromme Weinerlichkeit. „Ich habe wirklich zugegeben,“ sagte Er bei einer wichtigen Veranlassung, mit Beziehung auf einen Seiner hochgestellten Beamten, „ich habe mich fügen müssen, er hat's mir gerade zu abgeweint, abgeheult!“

Einmal war Er auf den Professor .... außerordentlich aufgebracht. Der Mann hatte bereits bedeutende Summen von Ihm für seine Söhne erhalten, hörte aber nicht auf, mit steigender Zudringlichkeit immer mehr zu verlangen. Eines Tages war wieder ein Bittschreiben von ihm bei dem Herzog eingelaufen und der Bittsteller selbst kam zu mir nach Wörlitz, um sich den Bescheid zu holen. Der Herzog, der ihn in meiner Wohnung gesehen hatte, ließ mich rufen. „Ist der .... bei Ihnen?" Ja, Durchlaucht. „Was will er?" Die bekannte Angelegenheit, gnädigster Herr! — Sein Gesicht röthete sich, Sein Zorn stieg; „ich gebe nichts mehr; ich will nichts mehr geben," fuhr Er mit starker Stimme fort, „sie wollen mich ausbeuteln; ich habe schon genug gethan. Sagen Sie ihm, er solle mich von nun an und für immer ungeschoren lassen, mich nicht weiter mit seinen Bettelbriefen beschweren. Hören Sie, sagen Sie ihm, er sei ein unverschämter Bettler! Ja, das sagen Sie ihm, ein unverschämter Bettler! Ich will ihn nicht sprechen, ich fahre gleich nach der Stadt. Guten Morgen!"

Bei meiner Rückkehr fand ich den Mann in meinem Garten; er stürzte auf mich zu. — Nun, Freund, wo ist Er? Bekomme ich Resolution? Schriftliche nicht, erwiderte ich, auch keine gnädige; der Herzog will Sie nicht sehen, er fährt sogleich nach Deßau. Er läßt Ihnen sagen, Ihn von jetzt an nicht weiter mit Ihrem Anliegen zu behelligen. Er will nichts mehr geben und sprach in höchster Aufregung so von Bettelei. Ich rathe Ihnen, Ihn in Ruhe zu lassen. Sie erreichen Ihre Absicht, so wie Sie es betreiben, durchaus nicht. — Er ging betroffen fort. — Am andern Tage fragte mich der Herzog: „Nun, haben Sie den Herrn Professor .... beschieden?“ Ja, ich habe ihm Alles gesagt, bis auf den unverschämten Bettler, den habe ich für mich behalten. Er wird Sie in Ruhe lassen. „Nun, es ist so gut! Ich war sehr böse; ich wollte ihm gerade nicht wehe thun. Das Unverschämte fuhr mir so heraus.“

Ich befand mich eines Tages mit meinem ältesten Sohn in der Nähe des Floratempels, da wo die große, weiße Bank steht. Schon beim gothischen Hause hatte ich den Herzog fürchterlich fluchen und schelten gehört, was gar kein Ende nehmen wollte. Er war zu Pferde, jenseit der Hecke; ein Gartenknecht stand zitternd vor Ihm. Als uns der Herzog bemerkte, kam Er näher und rief: „Nun Propst, haben Sie mich fluchen gehört? Bernhard ist wohl recht erschrocken?“ Ja, Durchlaucht, das war stark, Bernhard zittert und bebt. „Sie können glauben,“ fuhr Er lächelnd fort, „das geht nicht anders. Die Kerls versauen den ganzen Garten; allen Unflath häufen sie in den Winkeln auf. Ich werde ein Exempel statuiren müssen. Guten Morgen! Ich bin heute nicht hier; ich reite nach der Stadt.“

Ich wollte hierdurch nur nachweisen, daß der sonst so menschenfreundliche und leutselige Herr doch auch zuweilen recht aufgebracht werden und in eine Stimmung gerathen konnte, wo Er Keinen schonte, der etwas verschuldet hatte und deshalb derbe Zurechtweisung und harte Züchtigung verdiente. Dennoch war mir Sein Zorn und lauter Unwille weit lieber und erträglicher, als jene kalte Gleichgültigkeit, jene stumme Verachtung, jene, oft lange dauernde, Zurücksetzung, womit Er diejenigen zu strafen und Seinen Unwillen fühlen zu lassen pflegte, gegen die Er etwas hatte, denen

Er nicht recht beikommen konnte und die Er aus irgend einer Ursache mit den Ausbrüchen Seines Zornes schonen wollte, wovon ich weiter unten aus meinen eigenen Verhältnissen zu Ihm ein Beispiel anführen werde. In solcher Zeit war es denn auch schwer, mit Ihm auszukommen, und unmöglich, Ihn auf andere Gedanken zu bringen. Denn Er blieb verschlossen und sprach Sich nicht aus. Man konnte höchstens errathen, was Ihn bewegte und Ihm widerlich war. Ja, man durfte es nicht einmal und nicht immer wagen, Ihn nach dem Grunde Seiner Ungnade zu befragen. Daher ist es gekommen, daß Mancher, der Ihm nahe stand und an Seiner Brust zu liegen wähnte, plötzlich von Ihm versäumt und wie ein Fremdling behandelt wurde, daß Er Verhältnisse, die eine beständige Dauer verhießen, allmählig, oft auch schnell, auflöste und nie wieder herstellte. Man hat Ihm deshalb Unbeständigkeit in Seinen Freundschaften vorgeworfen. Gewiß mit Unrecht! Er hatte zuverlässig Seine Ursachen, wohlbegründete Ursachen, diese und jene von Sich zu entfernen, Sich von ihnen zurückzuziehen und sie nie wiederzusehen und mit ihnen zu verkehren. Allein man konnte nicht immer dahinter kommen. Sie blieben Jedermann verborgen, weil er schwieg. Der General, fragte ich Ihn einstmals, hat Sie lange nicht besucht, gnädigster Herr, ist er etwa gestorben? „Nein," antwortete Er, die Stirn in Falten legend, „wir haben uns beide erkältet!" und brach ab.

Den 28. November 1808 starb der würdige Propst Cöler zu Wörlitz. Mir konnte es nicht im Traume einfallen, um diese Stelle anzuhalten. Es gab ältere und verdienstvollere Männer im Lande, die sie beanspruchen konnten. Indessen stand der Wiederbesetzung ein eigenthümliches Hinderniß im Wege. Der Herzog und der Erbprinz befürchteten nämlich abermals, daß die Frau Herzogin, welche damals mit dem Legationsrath von Matthisson in der Schweiz lebte, auf die Berufung Häfeli's, damaligen Superintendenten in Bernburg, der ihr, wie sich der Erbprinz bei einer anderen Gelegenheit gegen mich ausdrückte, „an das Herz gewachsen war," bestehen würde. Häfeli aber war dem Herzoge wegen der in Wörlitz bestehenden Verhältnisse eben nicht angenehm, am allerwenigsten dem Erbprinzen, der dem ehrlichen Schweizer frühere, vielleicht zu derbe Zurechtweisungen nicht vergeben konnte. Beide besorgten ohnedies noch, daß Häfeli's gewohntes selbstständiges Auftreten Ihnen manche Verdrießlichkeit zuziehen würde, der Herzog Selbst aber in Hinsicht auf Seine Wörlitzer Verhältnisse mit Sicherheit voraussah, daß ein geselliger Verkehr mit ihm, wegen seiner innigen Verbindung mit der Herzogin, nicht so, wie es der Herzog wünschte, hergestellt und lange erhalten werden konnte. Zudem konnte man sich nicht entschließen, das Propsteigebäude, wenn man Häfeli die Stelle geben mußte, in einen besseren Stand zu setzen und ihn selbst für den Verlust an Einnahme zu entschädigen. Doch Häfeli scheint aus guten und gewichtigen Gründen, da er die bestehenden Verhältnisse in Wörlitz besser als irgend Einer kannte, den Ruf abgelehnt zu haben, obschon er erwarten und gewiß sein konnte, daß ihm die Herzogin die allerdings nicht unbedeutende Einbuße an seinen Einnahmen aus ihren eigenen Mitteln hinlänglich auf seine Lebenszeit vergütet haben würde.

Der Herzog wünschte nun den damaligen Konsistorialrath und Superintendentur-Verweser Ludwig de Marées als Propst nach Wörlitz zu bringen. Der Herzog war ihm sehr zugethan, hörte ihn gern predigen und hielt ihn wegen seiner Umsicht und geselligen Tugenden für durchaus ganz passend für die Wörlitzer Zustände. Indessen stand auch hier die nothwendige Gehaltsverbesserung und wohl noch manches Andere, was mir unbekannt geblieben ist, im Wege, und die Sache zerschlug sich.

Am Neujahrstage 1809 kam der Herzog nach dem Frühgottesdienste zu mir in meine Wohnung. Nachdem ich, überrascht, meinen herzlichen Neujahrswunsch ausgesprochen, reichte mir der gute Herr die Hand und sagte in Seiner gewöhnlichen ansprechenden Weise: „Ich bringe Ihnen heute auch eine Neujahrsgabe. Wollen Sie Propst werden?" — Ich erschrak freudig und antwortete mit gedämpfter Stimme, Thränen in den Augen: Gnädigster Herr, ja! Ich danke für Ihre Gnade! In Wörlitz, in Ihrer näheren Gegenwart werde ich höchst glücklich sein. Ich verdiene Ihre Huld nicht. — „Nun," fuhr Er fort, „es bleibt dabei. Ich wollte Ihnen heute eine Freude machen. Ich hoffe, wir werden uns in Wörlitz gut vertragen. Wird aber auch Ihre Frau gern mitgehen? es ist wie von der Stadt aufs Land." — Meine Frau, gnädigster Herr, folgt mir gewiß gern, und wenn es nach Amerika wäre, erwiderte ich. Sie liebt die Stille des Landlebens. — „Doch," nahm Er das Wort, „die Sache bleibt noch unter uns, noch ein Geheimniß. Sie dürfen keinem Menschen davon sagen. Ich gehe jetzt zu

Friedrich, der muß es wissen. Schreiben Sie nun an die Herzogin, notificiren Sie Ihr Ihre Berufung und empfehlen Sie Sich Ihrer Gnade. Machen Sie es ja gut und sauber. In einigen Tagen bringen Sie mir das Schreiben; ich will es dem Meinigen beifügen. Ehe nicht Ihre Antwort erfolgt, dürfen Sie nichts ausplaudern. Legen Sie auch Ihrer Frau Stillschweigen auf. Guten Morgen!" — Er reichte mir nochmals die Hand, die ich dankbar und innigst gerührt ergriff und küßte.

Wer war glücklicher als ich und meine Frau, die sich mit mir schon längst nach einer andern Stelle gesehnt hatte. Und daß ich ein Geheimniß bewahren mußte, war mir keinesweges drückend; es beseligte mich, denn Er hatte es mir anvertraut, der mein ganzes Herz hatte. Ich war fröhlich in Hoffnung!

Ich war an selbigem Tage Nachmittags kaum von der Kanzel, als der Erbprinz mich zu sich rufen ließ. Bei meinem Eintritt in sein Zimmer kam er freundlich auf mich zu, faßte mich an den Rockkragen und sprach: „Mein Vater hat Sie zum Propst bestimmt?" Ja, Durchlaucht. — „Sie haben nicht um die Stelle angehalten?" Nein, Durchlaucht; ich glaube durch den Konsistorialrath empfohlen zu sein, der sie ausgeschlagen hat. — „Das Letzte ist mir lieb; wir können den Konsistorialrath hier besser brauchen. Kennen Sie die Personen, mit denen der Herzog in Wörlitz Hof hält?" Nein, Durchlaucht! Ich bin erst Einmal mit denselben bei dem Konsistorialrath zusammen getroffen. — „Sind Ihnen denn die Wörlitzer Zustände bekannt, die Verhältnisse, in welchen mein Vater dort lebt?" Ja, im All=

gemeinen, ich habe mich aber nie um diese Angelegenheiten bekümmert. — „Nun, das ist gut; das ist mir lieb. Sie kommen da in eine schöne Küche. Ich muß Sie aber au fait setzen. Sie müssen das Terrain kennen lernen, damit Sie keine Thorheiten begehen und nicht gemißbraucht werden.“ — Und nun schilderte er mir in einem Zuge, mit den lebhaftesten Farben, oft mit einer gewissen Erbitterung und in den pikantesten Ausdrücken die Personen, welche ich in der nächsten Umgebung des Herzogs antreffen würde, und die Verhältnisse, in welche ich daselbst kommen könnte, so treffend und genau, wobei er besonders die Finanzangelegenheiten hervorhob, daß ich hinlänglich von Allem unterrichtet wurde und die Absicht wohl begriff, in der er mich hatte zu sich rufen lassen. Dabei sprach er aber mit aller Ehrfurcht von dem Herzog und wahrhaft kindlicher Ergebenheit und Pietät. „Nun wissen Sie,“ fuhr er fort, „was Sie dort zu suchen haben und wie Sie's finden werden. Richten Sie Sich in allen Fällen danach. Ich meine es gut mit Ihnen. Machen Sie Sich nicht abhängig. Nehmen Sie nicht an Intriguen Theil. Lassen Sie Sich nichts bieten. Sie sind selbstständig. Aber immer schonen Sie meinen Vater. Er will dort in Ruhe leben. Machen Sie Ihm nie Aerger ohne Noth. Ohne Skandal wird es nicht immer abgehen. Mich brauchen Sie mit dergleichen Dingen nicht weiter zu behelligen; ich will nicht eher etwas wissen, als bis Sie glauben, daß ich es wissen muß, um einschreiten zu können. Seien Sie nur gescheut, übrigens ohne Furcht. Ich wünsche Ihnen alles Glück und hoffe, Sie werden mich verstanden haben.“ Hiermit umarmte er mich und entließ mich, ohne weitere Erwiderungen von mir abzuwarten.

Ich wußte nun, woran ich war und konnte mich bei Zeiten auf Alles vorbereiten, was mir begegnen sollte. Ich muß aber gestehen, daß der gute Herr in seiner Erbitterung die Sachen ein wenig übertrieb, daß ich wenigstens von Intriguen, wie sie sonst vorgekommen sein mögen, nichts gespürt habe und daß ich während der zehn Jahre meines glücklichen Aufenthalts in Wörlitz nie veranlaßt noch gedrängt worden bin, ihm irgend eine Mittheilung zu machen, ihn zu behelligen und von ihm Rathschläge und Verhaltungs-regeln zu erbitten.

Es sind allerdings einige Fälle vorgekommen, wo ich in unangenehme Konflikte gerieth und eine bittere Erfahrung machte; ich hatte aber nicht nöthig, ihn davon in Kenntniß zu setzen, noch seine Hülfe in Anspruch zu nehmen. Ich konnte allein Alles beschwichtigen und wieder in Ordnung bringen. Zur Charakterisirung des Herzogs, worauf es hier doch ankommt, werde ich von diesen Vorfällen, unter welchen der Eine mir höchst schmerzhaft sein mußte, weiter unten sprechen.

Es vergingen wohl einige Monate, bevor die Antwort der Frau Herzogin einlief. Endlich traf sie ein. Der Herzog Selbst überbrachte sie mir am Grünen Donnerstage, nach dem Frühgottesdienst. „Hier ist die Antwort der Herzogin,“ sagte Er; „sie ist mit Ihnen wohl zufrieden; es ist mir sehr lieb, daß sie mir keine Hindernisse weiter in den Weg gelegt hat. Nun können Sie es Jedermann sagen; ich habe Befehl gegeben, Ihnen die Vokation zuzufertigen. Sie werden Anfangs wenig zu predigen haben, da die Kirche noch nicht fertig ist; in diesem Jahre wird sie aber ganz vollendet, und soll dann, ich weiß noch nicht an welchem

Tage, eingeweihet werden. Ich hoffe, wir werden in Wörlitz recht gut mit einander leben. Ich will da in Ruhe sein, für mich, in meiner Häuslichkeit leben. Sorgen Sie dafür, daß mich nichts stört, daß ich keine Verdrießlichkeiten habe."

Ich kann hier nicht unterlassen, ein leichtsinniges Geschwätz zu berühren, wozu die unkluge Vermuthung eines Geistlichen die Veranlassung gegeben haben soll, als sei mir die Pfarrstelle in Wörlitz nur unter einer gewissen Bedingung verliehen worden. Nichts ist lächerlicher! Der Herzog als Landesherr und als oberster Bischof konnte die Einsegnung einer Ehe von jedem Geistlichen des Landes, ohne nur den mindesten Widerspruch zu erwarten, verlangen, ja befehlen. Seine Gemahlin lebte aber noch, eine Scheidung von ihr kam Ihm nicht in den Sinn; auch würde sich der Erbprinz, bei aller Ehrfurcht und Pietät vor dem Herzog und Vater, derselben gewiß mit Hand und Fuß entgegengesetzt und derartige Intriguen, wenn sie je gespielt worden sind, ein Ende gemacht haben. Der Erbprinz hat nie über diese Angelegenheit ein Wort gegen mich verloren; der Herzog Selbst nur bei einer gewissen Veranlassung, gleichsam im Vorbeigehen, darauf hingedeutet, indem Er frug: ob nicht dadurch Manches wieder gut gemacht werden könne? Ich antwortete: Gnädigster Herr, Sie wollen ja Ruhe, und das würde in Ihrem Hause nur Skandal machen.

Ich befand mich den 1. Mai noch vor meiner Einführung in Geschäften bei der verwittweten Pröpstin Cöler in Wörlitz. Der Herzog ließ mich schleunigst zur Frau von Bäringer rufen. Er war sehr aufgeregt und sah sehr bekümmert aus. „Wissen Sie denn, daß der Major Schill an der Elbe steht und morgen hier sein kann? Tolles Unternehmen, was Land und Leute unglücklich machen wird. Sie müssen die Nacht hier bleiben. Sie können Unglück abwehren, Schaden verhüten. Wer steht uns vor Plünderung! Sie können im Schlosse schlafen und müssen bei der Hand sein, wenn in der Stadt was vorfällt." Gnädigster Herr, erwiderte ich, ich gehorche gern Ihrem Befehl, aber im Schlosse kann ich die Nacht nicht zubringen. Ich bin mit den Räumen desselben ganz unbekannt und könnte mich sicherlich des Nachts nicht wieder hinausfinden. „Nun dann bleiben Sie hier im Hause; die Bäringer wird Ihnen Quartier geben. Ich will aber dem Major Schill entgegen fahren, oder sonst wo abfangen. Ich will ihn ermahnen, wieder umzukehren und von seinem thörichten und gefährlichen Unternehmen abzustehen."

Wir widerriethen Ihm das. Wir baten und flehten, Er möge da bleiben, oder lieber Einen Seiner Diener schicken. Er könne ja in große Gefahr kommen, wohl gar Sein theures Leben verlieren. Wer wisse denn, von welchem Gesindel Schill umgeben sei u. s. w.

Doch Er ließ Sich nicht erbitten, von Seinem Vorhaben nicht abbringen. „Ich will hin, sprach Er, vielleicht kann ich den unglücklichen Mann bewegen, umzukehren und an seine Rettung zu denken. Ich bin es meiner Lage und meinen Verhältnissen schuldig, ihm vom weiteren Vorrücken abzuhalten. Ich kann auch Unglück vom Lande abwehren." — Er fuhr wirklich, ohne Begleitung, nach der Oranienbaumer Haide, wo Er den Major Schill zu treffen hoffte und auch antraf. Schill und seine Officiere hatten Ihn ehrfurchtsvoll umringt. Er hatte nichts ausrichten können und kam, den Mann und seine Gefährten zwar bedauernd, aber über ihr tollkühnes Unternehmen entrüstet, zurück. „Ich habe ihnen Alles gesagt," theilte Er uns mit, „was sie wissen mußten. Ich habe ermahnt, gebeten, dringend zugeredet — Alles umsonst! Schill erwiderte: ich kann nicht zurück. Ich habe mir und Anderen das Wort gegeben, etwas zu unternehmen und auszuführen. Ich muß vorwärts; ich werde getrieben und gestoßen. Ich weiß es wohl, ich bin das Opfer; der Versuch kostet mir Kopf und Kragen." — Schill kam übrigens nicht nach Wörlitz, sondern marschirte über Horstdorf und Deßau auf Cöthen und hielt im Deßauischen die beste Mannszucht.

Der Herzog scheint bei diesem Ereigniß in großer Verlegenheit und, zwischen dem Könige von Preußen, an dem Sein ganzes Herz hing, und dem Kaiser der Franzosen und dem Protektor des Rheinbundes, dem die Politik Ihn in die Arme warf, in der Mitte stehend, mit Sich Selbst in Widerspruch gewesen zu sein; denn nur so kann ich mir den Widerspruch erklären, der zwischen Seinen Aeußerungen und Seinem Thun in Wörlitz und zwischen Seinen Aeußerungen und Seinem Thun in Deßau wirklich stattfand. Dort leitete Ihn die Klugheit, hier sein deutsch-preußisches Herz. Da ich selbst in Deßau nicht anwesend gewesen bin, so theile ich hier wörtlich mit, was mir ein kundiger Freund darüber vertrauet hat.

„Ich, damals ein Mitglied der Kammer, deren Chef der Erbprinz Friedrich war, fand bei meinem, durch das Gerücht von der Ankunft des Schill veranlaßten Ausgange die halbe Stadt auf dem Marktplatze, denn Schill, der tapfere Preuße, war mit dem Deßauer Marsch eingerückt, den man so lange nicht gehört hatte. Man brachte ihm und den Seinigen Erfrischungen aller Art im Ueberflusse, und das Vivat, das er zur Dankbarkeit der Stadt Deßau brachte, wo ihm zuerst ein solcher Empfang zu Theil ward, wurde mit unendlichem Jubel erwidert. Ich konnte nicht umhin, daran Theil zu nehmen, aber mit Thränen in den Augen, denn wie konnte das Schicksal dieses eben so schönen als braven Corps wohl anders als traurig sein, da man die Niederlagen der Oestreicher bei Abensberg und Regensburg und das Mißlingen des Dörnbergischen Unternehmens in Cassel schon kannte?

Meine Dienstpflicht trieb mich zu meinem Durchlauchtigsten Chef. Er war nicht zu Hause und Schill mit seinem Generalstabe schon bei ihm gewesen, ohne ihn getroffen zu haben. Ich wartete; bald nach mir erschien der Herzogliche Stallmeister S......, vom Herzoge abgeschickt, um dem Erbprinzen zu sagen: e r s o l l e d e n S c h i l l m i t s e i n e m G e n e r a l s t a b e z u r T a f e l l a d e n. So sehr hatte also der deutsch-preußische Patriot die Franzosen und seine Lage vergessen!

Ich erschrak über diesen Auftrag und wollte Anfangs den Abgesandten überreden, ihn nicht auszurichten; überzeugte mich aber bald, daß dies geschehen müsse. Der bald darauf angekommene Erbprinz ward in seinem Zimmer davon unterrichtet. Er entließ den S......, rief mich in sein Zimmer und sagte zu mir: „Stellen Sie Sich vor, das hat mir mein Vater sagen lassen! — Ich werde diesmal seinem Willen natürlicherweise nicht nachkommen, den er nur in ungewöhnlicher Aufregung ausgesprochen haben kann, will aber selbst zu Schill gehen.“ — Ich unterstand mich, ihm zu sagen, daß mir auch das zu viel schiene. — „Wie,“ erwiderte er, „das sagen Sie, der Sie so ein Feind der Franzosen sind?“ Ja, antwortete ich, das bin ich, sobald nur von meiner Person die Rede ist; aber ich respektire die jetzigen Verhältnisse, sobald es das Vaterland und seinen Herrscher betrifft. — „Sie haben Recht,“ versetzte der Prinz, „aber gehen Sie zu Schill und bitten Sie ihn, allein zu mir zu kommen.“ — Dies geschah sogleich; ich traf ihn im Gasthofe zum goldenen Ring unter Umständen, die schon in mancherlei Rücksichten und an und für sich nicht viel Erfolg versprachen. Er begleitete mich zum Erbprinzen, der ihn sogleich in sein Zimmer kommen ließ, während ich im Vorzimmer blieb. — Ungefähr nach einer guten halben Stunde kam Schill aus dem Zimmer des Prinzen, schlug sich, fast noch im Heraustreten, mit der Hand an den Kopf und rief: Mein Gott, was ist der Prinz für ein Mann! — Ich äußerte dagegen, das wisse wohl Niemand besser als ich, was für ein höchst geistreicher Mann der Prinz sei, ich könne aber kaum begreifen, wie er sich in so kurzer Zeit auf eine so lebhafte Weise davon habe überzeugen können. Ach, sagte er schmerzlich, eine seiner ersten Fragen war die: ob ich mich und meine Officiere mit englischen Officier-Patenten versehen hätten? — Daran habe ich nicht gedacht! — Wenn ihm dies, wie es hiernach scheint, möglich war, so wären die braven Begleiter Schill's nicht als Opfer eines Tyrannen gefallen, der den Edelmuth nicht kannte; denn die Engländer hatten 50 gefangene französische Officiere gegen einen englischen in französischen Händen.

Im Laufe der weiter mir aufgetragenen Verhandlungen mit dem Schillschen Generalstabe zeichnete sich besonders der Major von Lützow durch eine höchst einnehmende Handlungsweise aus. „Ach," sagte er im Vertrauen zu mir, „wie hat sich Ihr alter, ehrwürdiger, weiser Herzog vergessen, als er uns bis hieher begleitete! Wir können ihn doch nicht schützen!"

Aber der alte weise Fürst fand sich bald wieder in die damaligen Verhältnisse. Ein gehörig abgefaßter Brief an den damaligen französischen Gesandten, Bourgoing, in Leipzig, den der Herzog von alten Zeiten her sehr genau kannte, brachte Alles in Ordnung, und es wurde dieses Vorfalls nicht weiter gedacht."

Kirchweihe in Wörlitz.

Am 24. September 1809, dem Geburtstage der regierenden Herzogin, wurde die Kirche zu Wörlitz eingeweihet. Der Konsistorialrath de Marées hielt die Einweihungspredigt, ich sprach das Altargebet.

Schon früh Morgens um 7 Uhr, es war noch Dämmerung, pochte der Herzog an das Giebelfenster der Propstei und rief mir zu: „Ich will erst noch einmal allein die Kirche inwendig besehen, kommen Sie mit." An der Thür, welche zu Seinem Chor führte, gab Er mir den Schlüssel; die zu den übrigen Thüren hatte mir bereits den Tag vorher der Schlosser bringen müssen. Nachdem ich aufgeschlossen und Ihm die Thür geöffnet hatte, sagte ich: so bereitwillig müsse Ihnen einst Petrus die Himmelspforte öffnen! Er seufzte, denn Er war sehr gerührt, und trat ein. „Schließen Sie wieder zu, ich will mit Ihnen allein sein.“ Er durchschritt hierauf schweigend alle inneren Räume, blieb hier und da stehen und betrachtete endlich vom Altar aus das Ganze mit innigem Wohlgefallen. Eine heilige, fromme, dankerfüllte Freude sprach aus Seinen Blicken und aus Seinen Mienen. Er trat näher zum Altar, legte die gefalteten Hände darauf, senkte Sein Haupt und betete mehrere Sekunden mit stiller Andacht. Dann richtete Er Sich auf, sah mich tief bewegt an, reichte mir die Hand und umarmte und küßte mich.

„Ich übergebe Sie Ihnen hiermit rein und schön. Ich freue mich herzlich, denn ich habe sie unter Schmerzen und großen Sorgen zur Vollendung gebracht. Gott hat geholfen. Erhalten Sie sie mir, so weit es von Ihnen abhängt, reinlich und ordentlich, erhalten Sie aber vor Allem Ihre Gemeinde in der Reinigkeit des Herzens und in frommer Gesinnung. Sie müsse hier stets Gottes Wort suchen und finden und Gottes Trost. Es soll mein letztes Werk sein, das ich Gott weihe und Allen, die ihn hier suchen. Gott gebe Ihnen seinen Geist, daß er Sie in alle Wahrheit leite. Er stärke Sie und die Gemeinde, daß sie auch draußen Gott überall vor Augen und im Herzen habe. Amen!“

Er umarmte mich nochmals, Seine Thränen mischten sich mit den Meinigen. Gott segne Sie, mein Fürst, mein theurer Herr und sei .... hier nahm Er mir das Wort ab .... „und sei mir gnädig! Ich bin ein großer Sünder! Er wird sich meiner erbarmen. Ich verdiene seine Gnade nicht. Beten Sie immer für mich, daß er mir in Zeit und Ewigkeit gnädig sei. Nun lassen Sie uns gehen; ich will im Freien das erste Geläute hören.“

Welch köstliche, selige Augenblicke! So weihete Er Selbst Sein Werk ein. Bedurfte es da wohl noch der förmlichen Einweihung?

Die Thurmweihe zu Wörlitz.

Als die inneren Räume des Thurms ausgebauet waren, trug mir der Herzog eines Tages auf, dem Stadtmusikanten zu befehlen, sofort den Thurm zu beziehen. Der Mann fürchtete sich aber und erklärte, er könne sich nicht dazu entschließen; der Thurm sei so hoch in die Luft hineingebauet und so schwach, daß er bei Stürmen und sonstigen Erschütterungen leicht einstürzen und ihn und seine Familie und Leute unter seinen Trümmern begraben könne. Der alte Thurm sei lange nicht so hoch gewesen, und doch habe er bei Windstößen, oder wenn unten ein Wagen vorbei gefahren wäre, geschwankt und gebebt, so daß die Geigen an der Wand sich hin und her bewegt und die Biergläser auf dem Tische gezittert hätten. Er bäte also Se. Durchlaucht flehendlich, ihm eine Dienstwohnung unten in der Stadt anweisen zu lassen.

Ich erstattete dem Herzog mündlichen Bericht. „Der Mann ist ein Thor,“ sagte Er, „ein Hase. Wir wollen ihm Courage machen. Haben Sie Lust mit mir hinaufzuziehen und einige Tage oben zu bleiben?" Warum nicht, Durchlaucht, erwiderte ich, das giebt eine Thurmweihe, die wohl noch nie vorgekommen ist. Gesagt, gethan. Noch an demselben Tage, den 4. October 1809, wurden die nöthigen Mobilien, Schreibmaterialien, Bücher und Fernröhre auf den Thurm geschafft. Der Herzog bezog die Mitteletage, die Wohnung des Thürmers, die Dienerschaft mußte sich in der unteren Etage einrichten und mir wurde über der Wohnung des Herzogs, in der Pyramide, ein Bett aufgeschlagen, ein Tisch und ein Stuhl hingestellt. Speisen und Getränke wurden zur bestimmten Zeit auf die gewöhnliche Weise hinaufgewunden. Kurz, wir nahmen förmlich Besitz vom Thurm und richteten, wie Sich der Herzog scherzweise ausdrückte, unsere kleine Menage ein, wie Auszügler, die sich mit ihren Kindern aus einander gesetzt. Es war den 4. October 1809. Wind und Wetter waren uns außerordentlich günstig. Der schöne klare Himmel über uns, der uns die weiteste Aussicht erlaubte, die abblühende Erde unter uns mit der kleinen ruhigen Stadt, mit dem herrlichen Park, dem spiegelhellen See, der prachtvollen Eichenwaldung, den grünen Wiesen, der Einsamkeit und Beschränktheit unseres erhabenen Auszüglerhauses, die Entfernung von den gewöhnlichen Geschäften und Sorgen des Tages, die erquickende Morgenkühle, überhaupt die ganz eigenthümliche, fremdartige, ungezwungene Lage, in der wir uns befanden — — das Alles versetzte uns in eine sonderbare, höhere Gemüthsstimmung und ein eigenes Verhältniß zu einander, worin einer von dem andern abhängig zu sein, keiner ohne den andern leben und genießen zu können schien. Der

Herzog gab Sich den Eindrücken der äußeren Erscheinungen ganz hin; Vergangenheit, Gegenwart und Zukunft beschäftigten Ihn abwechselnd, Er blätterte gleichsam in dem Buche Seines thatenreichen, ruhmvollen Lebens, überschlug aber auch die Schattenseiten desselben nicht, deren Er Sich, wie Er sagte, vor Gott und Seinem Gewissen schämen müsse. Er war bald heiter, bald ernst, ungewöhnlich weich und gerührt, ganz offen und unverschlossen; bald scherzte und erzählte Er die lustigsten und pikantesten Anekdoten aus Seinem und dem Leben Anderer, bald seufzte Er tief und klagte Sich an, als wenn Er in einem Beichtstuhl gesessen hätte. Er befand Sich ja in der Mitte eines glänzenden Panorama's, wo Er den größten Theil Seiner Schöpfungen mit einem Blick übersehen konnte; Er glaubte Sich aber auch dem Himmel näher und dem ewigen Zeugen und Richter Seiner Thaten, „vor dem ich," seufzte Er, „einst Rechenschaft geben soll von meinem Haushalten." Doch machte es Ihm auch wieder Vergnügen, von Personen und Erlebnissen erzählen zu können, die Ihn an genußreiche Stunden und gar arge Frivolitäten erinnerten. Er ließ Sich gehen und expektorirte Sich so mit Seufzen und Freuden zugleich.

Hier hatte ich nun die beste Gelegenheit und Ruhe genug, tiefe Blicke in Sein Inneres zu thun und Sein verborgenes Wesen zu erforschen. Ich konnte ein Bild von Ihm festhalten, das jetzt lebendig vor meiner Seele schwebt. Sein Wollen und Streben, Seine Geistesrichtung und Gemüthsverfassung, Seine Tugenden und Seine Fehler, die unglücklichen Augenblicke, wo Er durch Lüste und leichtfertige Rathgeber in Irrthum verführt und verleitet wurde, Seinen edlen Grundsätzen entgegen zu handeln und Seinen besten Vorsätzen untreu zu werden, lagen klar und aufgedeckt vor meinen Augen. Er schien Sich einmal über Sich aussprechen und mir gleichsam Beichte sitzen zu wollen. Jeder Mensch, auch der hochgestellteste und freieste, hat in seinem Leben Augenblicke, wo er den Drang fühlt und ihm nicht länger widerstehen kann, sein Inneres aufzuschließen, in das Herz eines Anderen zu legen, wovon das Seinige voll ist und gedrückt wird, sich selbst anzuklagen, um sein Gewissen zu erleichtern und Trost und Absolution zu empfangen. Ich bin aber weder im Stande, noch darf ich es mir erlauben, Alles mitzutheilen, was mir, wie eine Beichte, offenbart worden ist. Die Geständnisse und Eröffnungen geschahen so abgebrochen, so zufällig, so vermischt, oft nur so hingeworfen und stückweise, daß es mir keine geringe Mühe gekostet hat, sie mir zu merken und einzuprägen, und Alles, was mittheilbar ist, in einen gewissen Zusammenhang und unter bestimmte Uebersichten zu bringen. Ich werde daher das, was den herrlichen Mann charakterisirt, hier niederlegen, und nur so viel als nöthig ist, um den Leser in den Stand zu setzen, sich von Ihm ein richtiges Bild zu entwerfen.

Recht geflissentlich, ganz unverholen und meist in den derbsten Ausdrücken sprach Er Sich über das aus, was Er die böse Lust nannte. Wenn damals schon der Ausdruck Emancipation des Fleisches gäng und gäbe gewesen wäre, so würde Er ihr, ich will nicht sagen das Wort geredet, doch Berechtigung zugestanden haben. So mäßig und enthaltsam Er auch in allen übrigen Stücken war, so wenig konnte und mochte Er Sich bezähmen, wenn es die Befriedigung sinnlicher Gelüstung galt. „Das Thier in uns,“

sagte Er einmal, „will auch sein Recht haben." Als ich Ihm erwiderte, daß es doch Pflicht sei, ihm Zaum und Gebiß anzulegen, antwortete Er: „Ja, das kann und will nur nicht Jeder." Wer es aber will und thut, setzte ich hinzu, ist ein starker und tüchtiger Mann. „Wir leider," fuhr Er fort, „können es am allerwenigsten, die wir volle Freiheit zu haben glauben, und denen sich Gelegenheiten in Menge darbieten, ihm den Zügel zu lassen." Selbst dann, wenn Er Sich deshalb Selbst anklagte und die böse Lust verdammte, sprach Er doch mit Wohlbehagen und Lüsternheit von dergleichen Dingen. Aus Allem konnte ich abnehmen, daß Seine Phantasie verderbt war, daß man Ihn früh mit den rohen Vergnügungen der Einbildungskraft bekannt gemacht hatte und daß Er Sich keinen Zwang auflegen konnte. „„Vor keinem Menschen in der Welt sollte man einen jungen Fürsten mehr bewahren und zu geeigneter Zeit kräftiger warnen als vor Wollüstlingen, diese verderben ihm absichtlich Leib und Seele, um ihn in ihre Gewalt zu bekommen und durch ihn Land und Leute zu beherrschen. Man sollte sie härter bestrafen als Vater- und Brudermörder.""

Wenn es aber zu Geständnissen und Selbstverurtheilungen kam, so hätte man glauben sollen, Er stände vor dem Richterstuhl Gottes. Da war es Ihm mit Seiner Selbstverwerfung wahrer bitterer Ernst.

„Ich bin ein großer Sünder. Ich habe meinen Unterthanen ein böses Beispiel gegeben und Unheil angerichtet, das ich nicht wieder gut machen kann. Meine erste Liebe war die reinste und innigste. Es war mein voller Ernst mit ihr in der Ehe zu leben. Hätte man mir den Willen gelassen, so würde ich nach England gegangen sein und dort als Privatmann gelebt haben. Ich war schon so gut wie unterwegs. Da legte sich Friedrich der Große dazwischen, mit dem nicht zu spaßen war, und holte mich wieder zurück. Er präsentirte mir meine Gemahlin und ich mußte mich fügen. Die Prinzessin war wohl unterrichtet, geistreich und von einem königlichen Anstande. Wir schienen für einander geboren. Ich faßte bald eine herzliche Neigung zu ihr und hegte vor ihr eine Hochachtung, die nie aufgehört hat. In London blieben die Leute stehen, wenn sie uns gehen sahen. Man hielt uns für das schönste Paar in Europa. Doch die Freude dauerte nicht lange, so sehr ich mich auch bemühete, das Muster eines guten Ehemannes zu sein. Sie können glauben, schon nach den ersten vierzehn Tagen unserer Ehe haben wir uns überworfen. Ihr sentimentaler Platonismus war mir widerlich; ihr Eigensinn, der zuweilen in Starrköpfigkeit ausartete, unerträglich. Sie gewährte mir nicht immer, was ich mit Recht verlangen konnte. Wollte ich schlafen gehen, so hörte sie nicht auf, Klavier zu spielen. Wollte ich ihr etwas vorlesen, so hörte sie kaum hin. Bat ich sie, mir vorzulesen, so wählte sie ein Buch, das mir nicht zusagte. Auch ihr Umgang mit gewissen Gelehrten und Künstlern, und die Art, wie sie mit denselben verkehrte, gefiel mir nicht. Ich sah darin eine gewisse Zurücksetzung meiner eigenen Person. So schlich das Uebel im Stillen fort, wurde aber immer ärger. Endlich that sie mir selbst den Vorschlag zu einer Trennung, die keine Scheidung sein sollte. Sie wollte regierende Herzogin bleiben, deutete indeß die Person an, die in anderer Beziehung an ihre Stelle treten sollte. Ich wollte Anfangs nichts davon wissen und widerstrebte lange. Es wurden Gutachten abgegeben. Zimmermann stimmte für die Aenderung aus diätetischen Gründen. Die Aerzte sind bald fertig, besonders wenn sie sehen, daß es am Ende doch so kommen muß. Lavater sprach von Haus- und Staatsrücksichten, von Ausnahmen, die sich ein Fürst erlauben könne, von vorliegenden Fällen, die gebilligt worden.*) So umging er meine religiösen Skrupel, so beseitigte er die Bedenklichkeiten, die ich als Landesherr, der Allen ein Vorbild sein soll, hatte und aufstellte. Nur Erdmannsdorf suchte die Sache zu hintertreiben, er tadelte streng und machte mir harte Vorwürfe.**) Dennoch kam der verdrießliche Handel zu Stande. Er machte bei Einheimischen und Fremden großes Aufsehen. Meine besten Freunde wurden irre an mir. Einige entschuldigten, andere verdammten, wie Erdmannsdorf, der sich auf längere Zeit von mir zurückzog und mit dem ich nie wieder in das alte, gute Vernehmen kommen konnte. Es war etwas zwischen uns getreten, das sich nicht wegschaffen ließ und das mir Schmerz machte. Ich trage die Schuld nicht allein. Ich hätte aber doch standhafter sein sollen. Mich trieb die böse Lust, die täglich stärker wurde.

---

*) Man sollte hiernach glauben, daß Lavater dennoch, wiewohl es von Manchem geleugnet wird, den Jesuiten angehört habe.

**) Der Herzog deutet hier auf ein Antwortschreiben des edlen von Erdmannsdorf an Ihn hin, das sich im Original in den Händen der Gräflich von Walderseeschen Familie und in Abschrift in den Händen eines Deßauischen Geistlichen befinden soll, worin der freisinnige und unerschrockene Mann seinem fürstlichen Freunde gradezu erklärt, daß Er Sich erniedrigen würde, wenn Er ein Verhältniß eingehen wolle, dessen Er Sich zu schämen habe.

Der erste Schritt war gethan; die folgenden konnten nicht ausbleiben. Je älter, desto nachgiebiger. Wir werden zuletzt ganz gleichgültig gegen den Tadel der Welt, die uns nur im Stillen richtet, und weil man uns einredet, über der Sitte zu stehen und Ausnahmen von der Regel uns erlauben zu dürfen. Es gab jedoch Stunden und Veranlassungen, besonders in der Kirche, wo ich mir recht verwerflich wurde und sagen mußte: Du bist auch Einer von Denen!"

An einem der herrlichen Morgen, die uns den stillen Aufenthalt auf dem Thurme verklärten, lenkte er das Gespräch auf Religion, auf Christliches und Kirchliches. Es war eine Morgenandacht, fromme Betrachtung über Gott und die Art seiner Verehrung. Er war ein religiöses Gemüth; die Religion war Ihm Herzenssache, die wichtigste Angelegenheit eines vernünftigen Menschen. Er glaubte, allein Er war nicht abergläubig. Er grübelte nicht. „Von meinem Unglauben," sagte Er, „hat mich der alte Superintendent gründlich geheilt. Ihm verdanke ich meine Ruhe! Er hat mich die Bibel genau kennen und achten gelehrt. Es ist Gottes Wort und Rath zu unserer Seligkeit. Wir Alle sind Sünder. Im Evangelio findet der Sünder Trost Beruhigung und Ermunterung!"

„Euer Durchlaucht befanden Sich in Ihrer frühesten Jugend unter lauter Religionsspöttern?"

„Ja, Propst, ich war in einer argen Schule — unter Zöglingen oder Nachahmern Friedrichs des Großen, die schlimmer waren, als er selbst, Feinde der Kirche und ihrer Diener, Gottesleugner und Verächter des öffentlichen Gottesdienstes. Die Vornehmen hatten eben so wenig einen Gott und eine

Religion als der Pöbel. Nur das Volk blieb bei dem Glauben seiner Väter, der mitunter auch Aberglaube genannt werden konnte, es hielt fest an Gott und Ewigkeit und versäumte nie die Kirche. In den Häusern wurde gebetet, gesungen, in Predigtbüchern gelesen und auf die Feier der Sonn- und Festtage streng gehalten. Dabei blieben die Leute aber unwissend und roh, unduldsam und feindselig gegen Andersgläubige. Fluchen und Schwören, Saufen und Balgen, Ausschweifungen und allerlei Laster gehörten zur Tagesordnung. Es gab einzelne fromme Männer und fromme Familien, die machten aber keinen Eindruck, sie lebten zurückgezogen und seufzten über die arge Welt.

Ich blieb lange gegen Gott und sein Wort gleichgültig, machte nichts aus dem öffentlichen Gottesdienst. Ich war in der streng reformirten Lehre unterrichtet worden; allein ich dachte nicht darüber nach, fühlte auch nichts dabei. Mein Geist erhob sich nicht; mein Herz war leer. Von dem wahren und rechten Christenthume hatte ich gar keine Vorstellung."

„Allein auf Ihren Reisen, gnädigster Herr, und im Umgange mit den vielen würdigen Männern, welche auf Religion etwas hielten und vom Geist des Christenthums durchdrungen waren, mußten Sie denn doch wohl anderen Sinnes werden."

„Auf meinen Reisen war von Religion und Christenthum kaum und nur so gelegentlich die Rede. Die Kunst und ihre Genüsse nahmen mich ganz und allein in Anspruch. Die Männer, mit welchen ich umging, lebten nur für Kunst und Wissenschaft und kümmerten sich wenig um religiöse Dinge. Spöttereien über dieselben oder Gleichgültigkeit gegen sie hörten selten auf. In Italien und Frankreich lernte ich das Christenthum im Papstthum und der katholischen Kirche eben nicht von der besten Seite kennen. Der öffentliche Gottesdienst rührte mich wenig. Winkelmann selbst spottete darüber. Wir sahen in den Dienern der Kirche nur Priester und Pfaffen, welche das Volk in Blindheit erhielten, den Protestantismus schmäheten und besonders den Kalvinismus feindselig verfolgten, dabei aber doch eben so liederlich waren wie Heiden. — In England wurde ich mit wahrhaft frommen und christlich gesinnten Familien bekannt, die sich im Schoße der hohen Kirche beruhigt und selig fühlten, deren langweiliger Gottesdienst mir aber wenig zusagte. Da fand ich jedoch auch eine Gesellschaft von Männern, die sich im Stillen von der hohen Kirche losgemacht hatten, ohne grade gegen sie öffentlich aufzutreten. Sie sprachen von einer Naturreligion, hielten sich an die christliche Moral, gaben den Glauben unbedingt frei und leugneten, daß das Christenthum göttliche Offenbarung sei."

„Da waren Euer Durchlaucht unter den englischen Deisten und besser daran als in der Voltaireschen Schule."

„Allerdings," erwiderte Er. „Sie hatten doch Gott und huldigten dem Christenthum. Dennoch befand ich mich nicht ganz wohl dabei. Ich fing an nachzudenken und wurde unruhig. Ich sehnte mich nach einem Gott, der immer um mich sei und für mein zeitliches und ewiges Heil sorge. Wenn ich allein war, besonders im Frühling, wo Alles um mich her lebendig wurde, seufzte ich unwillkührlich, mich ängstigte Etwas, ich blickte immer nach oben und konnte keine rechte Ruhe finden. Ich sahe ein, daß ich bei Ausführung meiner Pläne, meine Unterthanen aufzuklären und zu beglücken, ohne Gott nichts thun könne und auf seinen

Beistand rechnen müsse. Ich wurde ernstlich krank an Leib und Seele.

In Deutschland, auf heimathlichem Boden fand ich Gott wieder, die Ruhe, die mir fehlte, und das Vertrauen zu mir selbst. Der alte Superintendent befestigte mich wieder in dem reformirten Glauben, flößte mir Ehrfurcht gegen die Bibel ein, die ich lange Zeit nicht aus den Händen legte, und machte mir begreiflich, daß ein Fürst, der keine Religion habe, noch Achtung vor dem öffentlichen Gottesdienst, zuletzt die Liebe seiner Unterthanen verlieren und in ihren Augen verwerflich werden müsse. Er überzeugte mich von der Wahrheit und Göttlichkeit des Christenthums, und wenn ich auch in der Folge über manche Lehren der Schrift und der Kirche eine andere Ansicht und Meinung bekommen habe, so bin ich doch fest darin geblieben bis heute, daß das Evangelium eine Kraft Gottes ist Allen, die daran glauben; ich spüre diese Kraft noch täglich in mir, wenn ich mich über meine Fehler und Sünden nicht beruhigen kann und Trost suche.

Ich beschäftigte mich von da an mehr und lieber, als sonst, mit dem Lesen von Schriften religiösen Inhalts und auch solcher, die den verdüsterten und starrsinnigen Vertheidigern der Religion und des Christenthums die Köpfe zurechtsetzten. Aus den Schriften Lessing's, Mendelssohn's, Jerusalem's, Spalding's, Gellert's, Klopstock's, Lavater's und anderer habe ich gelernt und behalten, daß das Christenthum darum die heiligste Religion ist, weil sie die menschenfreundlichste ist, weil sie die Aufklärung und Bildung der Menschen will, weil sie das sicherste und beste Mittel ist, die Menschheit zu erziehen, Gott ähnlich zu machen und zu ihrer Bestimmung zu führen. Das ist und bleibt mir immer das Wichtigste an ihr, daß sie Keinen ohne Trost läßt, daß sie Jeden beruhigt, daß sie uns im Leiden und im Tode aufrichtet und stärkt, und dem Sünder, der Buße thut, einen gnädigen Gott verheißt, der väterlich verzeihet

Ich muß Jeden, der so ohne Gott und Bibel, ohne den Glauben an Ewigkeit und Vergeltung, so in den Tag hineinlebt, herzlich beklagen — und ob ich gleich allen Glaubenszwang, jede Gewissenstyrannei und heuchlerische und weinerliche Frömmelei hasse, so sind mir doch Leute, wie Edelmann, Bahrd und Konsorten, allezeit widerlich gewesen."

„Gott bewahre Euer Durchlaucht das Vertrauen zum Christenthum und lasse Sie da den Trost und die Ruhe finden, nach welcher Sie Sich sehnen. Die Kirche hat einen schönen Sieg gefeiert, daß sie Solchen Sohn wieder gewonnen hat."

„Die Kirche," erwiderte Er, „ist aber auch Schuld daran, wenn sie ihre Söhne verliert, wenn die Menschen dem Christenthum entfremdet werden. Ich muß Ihnen gestehen, daß es mir gar keine Ueberwindung gekostet und nicht den geringsten Schmerz gemacht hat, meinen Glauben aufzugeben, das Christenthum zu verleugnen, die Bibel und den öffentlichen Gottesdienst bei Seite zu setzen. Ich hörte nach und nach auf, an Gott zu denken und zu Gott zu beten. Mein Glaube war nicht fest und sicher genug. Ich konnte ihn nicht vertheidigen und den Spöttern der Religion nichts entgegensetzen. Der Unglaube könnte doch gar nicht aufkommen, wenn der Glaube rechter Art wäre, wenn er festen Grund und Boden hätte, wenn das religiöse Gefühl frühzeitig geweckt und befriedigt würde, wenn das Herz schon der Kinder immer voll von Gott wäre und die Jugend so geleitet würde, daß sie in der Ueberzeugung lebte, sie befinde sich überall in seiner heiligen Nähe. Ich habe in Italien die meisten Ungläubigen, in Frankreich die meisten Spötter, in England die meisten Gleichgültigen gefunden. Der bloße Unterricht in den Wahrheiten des Christenthums wird zu einer Zeit gegeben, wo man eben nicht darauf merkt, wo man nur das Gedächtniß damit beschäftigt und beschwert, wo man nicht einmal weiß, was man damit anfangen soll. Er dringt nicht in das Herz, er regt es nicht auf, man erfährt nicht, was der Glaube bedeutet und und was es mit dem Christenthume auf sich habe. Man muß Vieles in sich aufnehmen und für wahr halten, was man gar nicht versteht, was ganz und gar nicht haften will und wozu in unserm Innern kein Anklang vorhanden ist. Und dann hört der Unterricht auch bald auf, zu einer Zeit auf, wo man der Religion am meisten bedarf. Der öffentliche Gottesdienst kann den Mangel der Religion nicht immer ersetzen. Er setzt ja Religion voraus. Wie kann er aber befestigen und vervollkommnen, was entweder noch gar nicht da, oder schon brüchig geworden und in dem Herzen erkaltet ist?"

„Dennoch, gnädigster Herr, ist viel Religion, ein klarer, religiöser Sinn im Volke, namentlich im weiblichen Geschlecht. Ich könnte Ihnen hier recht religiöse Gemüther und Familien nennen, welche dem öffentlichen Gottesdienste fleißig beiwohnen, auf Gottes Wort merken und in der Kirche eben so andächtig als draußen werkthätig sind. In den meisten Ihrer Landschulen, die ich kenne, wird der Religionsunterricht zweckmäßig und ganz erbaulich gegeben und in dieser Beziehung besonders von der Bibel der beste Gebrauch gemacht. Sie haben an Gommel in Oranienbaum, an Huhn in Vockerode, an Müller in Griesen treffliche Schulmeister, welche den religiösen Sinn der Jugend zu wecken und zu beleben verstehen. — Auf der Hauptschule war es freilich zu meiner Zeit anders. Man lehrte die Religion als eine Wissenschaft, was da nichts taugt. Doch ertheilte Anfangs der damalige Kirchenkanditat, nachheriger Pfarrer an der Hospitalkirche, Friedrich de Marées, musterhaften Religionsunterricht. Seine Gebete, aus dem Herzen und mit erhebender Rührung gesprochen, die erbauliche Anwendung, welche er von den Glaubenslehren und den Bibelstellen machte, seine ganze, ich möchte sagen, fromme Erscheinung, brachte den tiefsten Eindruck hervor, und ich gestehe es dankbar, daß ich, nächst meiner Mutter, ihm vorzüglich mein religiöses Bewußtsein, Religion, verdanke. Es kommt hierbei am meisten auf die Persönlichkeit des Lehrers an. Er muß selbst durch und durch religiös sein, im Glauben gleichsam stehen und von dem Geiste des Christenthums erfüllt und durchdrungen sein. Da wirkt er wunderbar. Staat und Kirche sollten sich bei Erziehung des Volkes durch Religion, wie Euer Durchlaucht verlangen, stets die Hände reichen, gemeinschaftlich wirken und den Fortschritt wollen und fördern. Das geschieht aber selten und nicht überall. Bald tritt die Kirche dem Staat entgegen und ihre Diener thun das Werk des Herrn lässig, bald legt der Staat der Kirche den Hemmschuh an, und die Beamten, welche die Hierarchie fürchten, beschränken die Kirche in ihrer Wirksamkeit so viel sie nur immer können. In guten Schulen werden die Kinder und jungen Leute zum Nachdenken angeleitet und mit den Resultaten der Naturwissenschaft bekannt gemacht, sie sollen aber als Erwachsene über die Bibel und den christlichen Glauben nicht weiter nachdenken, noch durch Gebrauch ihrer Vernunft in christlicher Erkenntniß weiter zu kommen suchen. Auch diejenigen, welche in schlechten Schulen unterrichtet und versäumt worden sind, werden, wenn sie in die Welt treten und mit allerlei Menschen verkehren, allmählig aufmerksam und von dem Geist getrieben, den man in ihnen gedämpft hatte. Beide sollen hübsch bei dem bleiben, worin sie gelehret sind und — setzt man mit frömmelnder Pietät hinzu — den Glauben ihrer Väter nicht verlassen. Sie gelangen aber endlich von selbst dahin, wo man sie nicht haben will, und das ist für die Sache des Staats und der Kirche unter gewissen Umständen sehr gefährlich. Lessing sagt in dieser Beziehung sehr wahre und beherzigenswerthe Worte. „Auch das gemeinste Volk, wenn es nur von seiner Obrigkeit gut gelenkt wird, wird von Zeit zu Zeit erleuchteter, gesitteter, besser: anstatt, daß es bei gewissen Predigern ein Grundsatz ist, auf dem nämlichen Punkte der Moral und Religion immer und ewig stehen zu bleiben, auf welchem ihre Vorfahren vor vielen hundert Jahren standen. Sie reißen sich nicht vom Volke, — aber das Volk reißt sich endlich von ihnen los.“

Anmerk. Lessing (S. Kleine Schriften N. V. Anti-Goeze Seite 227.) gebraucht das Wort Pöbel, wofür ich absichtlich Volk gesetzt habe. Pöbel giebt es überall, auch unter den Vornehmen. Er läßt sich aber lieber fortreißen und verderben, als leiten, erziehen und zum Nachdenken bringen. Das edlere Volk aber, auch auf der untersten Stufe der Gesellschaft, läßt sich von einer weisen Obrigkeit leicht ziehen und zum Fortschritt in allem Guten bewegen.

„Ich habe aber doch den Schulgottesdienst angeordnet, um das religiöse Leben zu fördern."

„Erlauben mir Euer Durchlaucht, das war wohl ein Versehen. Der Inspektor Heinrich de Marées wollte denselben nicht in der Kirche, sondern in der Schule selbst eingerichtet wissen, nach Art der Gottesverehrungen unter dem trefflichen Salzmann im ehemaligen Philanthropin. Es sollte ein besonderer Geistlicher angestellt und der Gottesdienst selbst eine eigenthümliche, auf die Gemüther der Jugend und ihre sittlich-religiösen Bedürfnisse berechnete Form erhalten. Auch ein Schulgesangbuch sollte eingeführt werden. War man in der Wahl des Liturgen glücklich, fand man etwa einen zweiten Salzmann, dann würde der Schulgottesdienst, wie ihn de Marées bezweckte, einen segensreichen Einfluß auf die Schuljugend ausgeübt haben.

Die Schulpredigten, wie sie jetzt bestehen, haben viel Schwieriges und Unbequemes. Nicht jeder Geistliche kann Kindern und jungen Leuten predigen. Auf dem Lande mag das gehen, da kennt der Geistliche das Wesen und Treiben der Schuljugend genau, in der Stadt aber kommt er doch in Verlegenheit, weil ihm die Schuljugend nicht nahe genug stehet und er mit ihren sittlichen Mängeln und Gebrechen weniger bekannt wird. Er wird nur über allgemeine Dinge reden können, was selten Frucht bringt. Ich habe auch Schulpredigten gehört, wo den Eltern und Lehrern in

Gegenwart der Kinder, wie man sagt, der Text gelesen wurde, was sich doch gewiß nicht schickt. Wird dagegen den Schülern etwa eine Strafpredigt gehalten, so kann es doch kommen, daß sie in dem Augenblick wohl wissen und fühlen, wo der eigentliche Grund ihrer Versäumung und Verwahrlosung zu suchen ist, und wie sie mit Fingern auf den Vater, die Mutter, den Lehrer weisen könnten, die einen großen Theil der Schuld ihrer Unarten und Thorheiten tragen."

„Da muß ich Ihnen freilich Recht geben. Man hat mir aber die Sache nicht recht vorgestellt. Ich glaubte mit den Schulpredigten in der Kirche ein recht gutes Werk zu stiften."

„Der Inspektor de Marées hat sich deutlich und beredt darüber ausgesprochen. Ich weiß selbst nicht, wie es zugegangen ist, daß er mit seinem Vorschlag nicht durchdringen konnte und Euer Durchlaucht auf Ihre Ansicht beharrten."

„Ich weiß es wohl," fuhr Er verdrießlich fort, „die Sache ist aber nun nicht mehr zu ändern."

Er brach das Gespräch ganz ab. Wir stellten uns an das Fenster und betrachteten still das wunderherrliche Panorama, in dessen Mittelpunkt wir uns befanden. Er zog auf einmal den Hammer, welcher auf der großen Glocke die Stunden schlägt, eilte aber damit so sehr, daß die Leute unten in der Stadt theils die Köpfe aus den Fenstern hinaussteckten, theils aus den Häusern liefen. „Euer Durchlaucht lassen den Hammer zu schnell hintereinander fallen; die Leute gerathen in Unruhe, sie denken, es bedeutet Feuer." — „Nun," erwiderte Er lachend, „ich muß doch auch den

Thürmer spielen. Pfaffe, so hieß der künftige Thürmer, mag es nur besser machen, sonst kommt er in Strafe." — Ich winkte den Leuten von oben zu und sie beruhigten sich.

Die Dienerschaft trat ein und ich zog mich zurück, um niederzuschreiben, was ich gehört und behalten hatte.

Am Abend desselben Tages fand ich den Herzog am Fenster sitzend und mit Durchlesung von Papieren beschäftigt, die Er bei meinem Eintritte weglegte. „Setzen Sie Sich," sprach Er, „wir bekommen einen schönen Sonnenuntergang. Die fatalen Mücken werden uns aber nicht wenig plagen. Ich habe schon räuchern lassen. Werden Sie auf den Sonntag predigen?" fuhr er fort. „Ja, gnädigster Herr!" — „Ich kann nicht hier bleiben. Ich muß nach der Stadt. Ich erwarte Besuch." „Das thut mir leid, Durchlaucht! Ich sehe Sie immer gern in der Kirche. Ich werde dann mehr gehoben und begeistert. Auch auf die Gemeinde macht Ihre Gegenwart einen besonderen Eindruck. Ihre Andacht wird dadurch gleichsam noch mehr geheiligt. Sie ist noch stiller und ruhiger als sonst, wenn Sie nicht anwesend sind. Sie fühlt sich durch Ihre Gegenwart geehrt. Sie scheint darin eine Bürgschaft ihrer höheren Gemeinschaft mit Ihnen zu sehen, daß ihr Fürst und Landesherr mit ihr dieselben geistigen Bedürfnisse hat, daß er mit ihr nach denselben himmlischen Gütern trachtet, welche die Religion giebt, daß er mit ihr vor demselben Gott steht und sich vor ihm beugt, der der allwissende Zeuge und Richter aller unserer Gesinnungen und Handlungen ist. Hochgestellte Personen, namentlich

Beamte, sollten doch ja recht beherzigen, welchen Eindruck ihre Geringschätzung des öffentlichen Gottesdienstes auf das Volk ausübt. Meine Erfahrung trügt mich nicht. Die Bessergesinnten und Nachdenkenden aus dem Volke verlieren alles Vertrauen und die Achtung vor ihnen gänzlich; die Schlechtergesinnten und Leichtsinnigen freuen sich, daß die Vornehmen, besonders die Beamten, nicht besser sind als sie selbst, daß sie mit ihnen auf derselben Stufe der Unkirchlichkeit und Irreligiosität stehen. Denn im Volke ist Unkirchlichkeit, vornehmlich die Gleichgültigkeit gegen die Feier des heiligen Abendmahls, gleich bedeutend mit Gottesvergessenheit und Unglauben. Die Vornehmen sollten doch ja nicht aufhören, hier ein gutes Beispiel zu geben. Dadurch würde ihr Einfluß auf das Volk, namentlich ihr Ansehen bei demselben gesteigert werden. Sagte mir doch unlängst ein ehrlicher Landmann, als von der Unkirchlichkeit eines gewissen Beamten die Rede war, der seinen Knechten und Mägden die Erlaubniß, zum heiligen Abendmahl gehen zu können, immer mit den Worten verweigere: Wer wird dem lieben Gott denn auch so oft zu Halse laufen — und der selbst höchst selten zum Abendmahl und in die Kirche ging; „wer unsern Gott und seine Kirche verachtet, den verachten wir auch!“ So urtheilen und richten die Leute — und haben sie darin Unrecht?

„Gewiß nicht,“ sagte der Herzog; „ich kann es bezeugen, daß meine Unterthanen, als ich mich wieder mit der Kirche ausgesöhnt hatte, den Gottesdienst regelmäßig besuchte und mir öffentlich das heilige Abendmahl reichen ließ, durch mich erbauet und selbst kirchlicher geworden sind. Man kann aber nur das Kirchengehen nicht immer und bei Allen erzwingen. Man muß da freilich Jedem seine Freiheit lassen, es Jedes Gewissen anheim stellen. Ich hasse die Maulchristen, die nur fromm thun und es nicht aus Herzensgrunde sind. Ihr Beispiel fruchtet auch wenig; die Leute sehen es ihnen bald an, daß es ihnen kein Ernst ist."

„Man will in unseren Tagen einen anderen Gottesdienst," fuhr Er fort. „Nicht das Volk will ihn, sondern die Vornehmen, welche so gern sentimentalisiren und durch äußere Eindrücke aufgeregt sein und ihre Sinne berauschen lassen wollen; auch einige Geistliche wollen dergleichen Veränderungen, indem sie glauben, die Leute dadurch mehr für den öffentlichen Gottesdienst zu gewinnen und die Erbauung zu befördern. Man hat mich schon angegangen, die ganze Liturgie zu ändern. Man will das Wort Gottes in Musik gesetzt wissen! Man will mehr Gebet, mehr Gesang, Licht bei der Feier des heiligen Abendmahls, sogar Abendgottesdienste mit Erleuchtung und musikalischen Aufführungen. Das sind „h i s t e r i s c h e" Ideen, das paßt nicht in unsere Kirche. Dadurch würde die Predigt, die doch die Hauptsache sein soll, bald beschnitten und verdrängt werden. Wir können uns doch wohl an unseren Gesängen und Gebeten und an der Predigt genügen lassen. Wir brauchen keine Ceremonien weiter. Und was soll denn auf dem Lande werden, wo dergleichen Dinge nicht ausführbar sind, wo sie nicht verstanden werden, also auch nicht wirken können. Je weniger Gebräuche, die nur zerstreuen, desto mehr Aufmerksamkeit auf das Wort, das die Seele fesselt. Wenn wir alle Charfreitage eine Passionsmusik haben und etwa Ostern und Weihnachten eine Festkantate, so können wir zufrieden sein. Oeftere Unterbrechungen, oft wiederkehrende äußere

Gebräuche, musikalische Einschaltungen, sind mir eben so zuwider und scheinen mir eben so unfruchtbar zu sein, als das Schmähen auf die Ungläubigen, das Schelten auf die Unkirchlichen, die nicht einmal da sind und auch dadurch nicht herbei gelockt werden dürften; auch die gelehrten Erörterungen der christlichen Glaubenswahrheiten ohne Beziehung und Anwendung auf Geist, Herz und Leben, kann ich nicht leiden. Ich habe noch vor Kurzem eine Predigt über die hochheilige Dreieinigkeit gehört, die mich ganz kalt ließ und auch auf die übrigen Zuhörer keinen Eindruck zu machen schien. Man wurde dadurch weder belehrt, noch erbauet und gehoben."

„Und doch, gnädigster Herr, wäre dem öffentlichen Gottesdienste unserer Kirche, der mir selbst wegen seiner Einfachheit ganz zusagt, noch Manches zu wünschen, wodurch er die Gemüther mehr fesseln und die Erbauung fördern könnte, und wodurch die Ankläger desselben einigermaßen befriedigt werden möchten. Euer Durchlaucht haben mir die Erlaubniß gegeben, hier in Wörlitz Veränderungen mit der Form des öffentlichen Gottesdienstes vornehmen zu dürfen. Hat doch schon Häfeli das gewöhnliche Abendmahlsformular mit dem Zollikoferschen vertauscht. Auch werden bei andern feierlichen Gelegenheiten dergleichen Abweichungen gestattet. Ich beziehe Alles auf die jedesmalige Predigt und vermeide sorgfältig die allgemeine Ansprache. Ich pflege das Morgengebet aus dem Herzen, oder nach Liedern von Klopstock und anderer begeisterter Männer, ohne alle Reimerei zu sprechen. Statt der hergebrachten Episteln und Evangelien wähle ich andere Abschnitte aus dem alten und neuen Testamente, wie sie zur Predigt passen. In gleicher

Beziehung suche ich auch die Lieder und Psalmen aus, welche gesungen werden sollen. Auch lasse ich zuweilen an schicklichen Stellen unter der Predigt einen oder zwei Verse von der Gemeinde singen und schließe die Predigt nicht selten mit einem Gebet, wo denn das allgemeine Kirchengebet ganz wegbleibt. Bei der Vorbereitung zum heiligen Abendmahl und bei der Feier desselben bediene ich mich anderer, zweckmäßigerer Formulare und ganzer Abschnitte aus Klopstock's Messias, die einen so reinchristlichen und erhebenden Geist athmen und in der so tief ergreifenden, Geist und Herz bewegenden Sprache des Johannes-Evangelii abgefaßt sind. Ich habe zu meiner Genugthuung und eigenen Erhebung bemerkt, daß die Gemeinde dadurch gar nicht in ihrer Andacht gestört worden ist, daß sie vielmehr immer mehr geistig gesammelt und beschäftigt, allmählig angeregt und gehoben, durch Bekanntes und Hergebrachtes nicht gleichgültig oder träge wird, und daß sie ihre ganze und ungetheilte Aufmerksamkeit auf die Predigt richten lernt."

„Ich gab Ihnen die Erlaubniß," fuhr der Herzog fort, „nachdem ich erst den Präsidenten (v. Wolframsdorff) gefragt hatte, ob ich Ihre Bitte wohl erfüllen könne. Er meinte, wenn die Gemeinde wirklich dadurch erbauet würde, so könne man nichts dawider haben. Es ist mir lieb, daß es Ihnen gelungen ist. Allein man darf doch nicht Jedem solche Abweichungen gestatten! Mancher versteht die Sache nicht und möchte Ungehöriges zu Markte bringen und übertreiben. Mancher hat auch wohl nicht Zeit, oder will sie sich nicht nehmen, an liturgische Veränderungen zu denken und sie einzuführen; ihn machen vielleicht seine Predigt und sonstige Amtsarbeiten viel zu schaffen. Mancher klebt auch am Alten, verachtet das Neue und ist mit den bestehenden Einrichtungen und darauf bezüglichen Vorschriften ganz zufrieden. Auch möchten nicht alle Gemeinden so verständig, nachgiebig und lenksam sein, wie die Wörlitzer. Die meisten lieben einen mechanischen Gottesdienst."

„Auch ließe sich," nahm ich das Wort, noch ein anderes erbauliches Element in den öffentlichen Gottesdienst unserer Kirche bringen. Man könnte statt des Nachmittagsgottesdienstes, der ohnehin wenig besucht wird, einen Gesanggottesdienst einführen. Nach einer kurzen, kräftigen Ansprache des Geistlichen, als Liturgen, und unter sanfter Begleitung und Zwischenspiel der Orgel, könnten von der Gemeinde, abwechselnd mit dem Chor, mehrere Psalmen und Lieder gesungen und zum Schluß wieder ein darauf bezügliches, ganz kurzes Gebet oder Segenswunsch vom Liturgen gesprochen werden. So würde sich die Gemeinde gleichsam selbst erbauen, und könnte wohl die Predigt entbehren."*)

„Das wäre in Erwägung zu ziehen," erwiderte Er; wir wollen die Sache beschlafen. Gute Nacht! Bis dahin bleibt's beim Alten!"**)

---

*) S. G. Nauenburg, Ideen zu einer Reform der christlichen Kirchenmusik ꝛc. Halle, Schwetschke u. Sohn 1845.

**) In der reformirten Kirche zu Straßburg war sonst folgende Einrichtung: Das Morgenlied sang die Gemeinde allein, ohne Begleitung der Orgel. Den ersten Vers des darauf folgenden Psalms sang das Chor, vierstimmig, ohne Orgelbegleitung, die übrigen Verse sang die Gemeinde mit der Orgelbegleitung. Von dem Hauptliede sang das Chor allein den ersten und letzten Vers, die übrigen Verse sang die

Man sieht aus dem Allen, daß der Herzog ganz in der Form der reformirten Kirche stand, in der Er auferzogen und zu der Er durch den würdigen Superintendenten de Marées wieder zurückgebracht worden war. Er war durchaus kein Freund von liturgischen Veränderungen, besonders wenn sie Ihm zu katholisiren schienen. Er liebte das Einfache. Der gewöhnliche Kirchengesang und eine recht erbauliche und erquickliche Predigt genügten Ihm völlig. Ein in wahrer Stimmung abgefaßtes, aus der Tiefe des Herzens hervorgehendes, die Seele in die Nähe Gottes versetzendes, von Gott und seinen weisen und liebevollen Führungen ganz erfülltes, demüthiges, kindliches und inbrünstiges Gebet, frei von Affektation, mistischen Redensarten und unverständlichen, dunkeln Bibelworten, ging Ihm über Alles, ergriff Ihn ganz und rührte Ihn zu frommen Thränen. Die Worte in dem Abendmahlsformular der alten Agende: „denn wir

---

Gemeinde unter Begleitung der Orgel. Den Vers nach der Predigt sang das Chor allein, den Vers nach dem Segen die ganze Gemeinde, von der Orgel unterstützt. Diese wurde immer sanft, würdig (ohne ablenkende Zwischen- und zu lang gedehnte Nachspiele) gespielt. Der ganze Gesang war sehr erhebend. Eine fast gleiche Ordnung besteht auch bei dem protestantischen Gottesdienst in Wien. (Siehe die Haude und Spenersche Zeitung Nr. 147. 1845.) Der Pastor Müller zu Dombeck in der Altmark pflegte theils vor dem Altar, theils von der Kanzel der Gemeinde die Lieder vorzulesen, was mir sehr zweckmäßig erschienen ist, weil so die Gemeinde mit dem ganzen Inhalt des Liedes und dem wahren Sinne der einzelnen Worte, die er gehörig betonte und hervorhob, bekannt wurde. Er verstand aber auch ein Lied gut zu lesen und erbaulich vorzutragen, wogegen ich an anderen Orten dasselbe von Schulmeistern nur abschreien oder herleiern hörte. R.

kommen nicht zu diesem Abendmahl, damit zu bezeugen, daß wir vollkommen und gerecht sind in uns selbst, sondern dagegen, weil wir unser Leben außerhalb uns, in Christo Jesu, suchen, bekennen wir dadurch, daß wir mitten im Tode liegen," wollten Ihm gar nicht gefallen und störten Sein Nachdenken. Als ich einstmals das Gebet zu einer Predigt am allgemeinen Bußtage, wobei Er mit dem General von Golz zugegen war, mit zu großem Pathos angefangen und die Worte: „Sünder, Sünder sind wir, von dir verlassen und ohne Christum ewig verloren," zu stark betont hatte, sagte er mir noch an demselben Nachmittag bei Tafel: „Heute waren Sie einmal aus den Fugen, Propst! Wer wird denn den lieben Gott so anschreien? In der Zerknirschung spricht man hübsch mit gedämpfter Stimme, als wenn man den Krampf hätte. Sie haben uns nur erschreckt, nicht gerührt."

Man könnte sagen, wie sein Baustil war auch Seine Religion, eine Verschmelzung des dunkelgehaltenen, gemüthlich-erhabenen Gothischen mit dem hellen und heiteren Griechischen, wie denn das Christenthum eine Vereinigung des orientalischen Gefühls mit dem griechischen Sinne genannt worden ist. An den Charfreitagen ließ Er sonst oft die Passion von Ramler und Graun aufführen und hörte sie gern. Auch Seine Umgebungen, besonders von Erdmannsdorf und von Rode, hatten dann ihre Freude an dieser so einfachen und einzig schönen Musik, mehr aber noch an Händels erhabenen, tief ergreifenden, die Seele rührenden Messias. Er hatte auch sonst nichts gegen andere Kirchenmusiken, Oratorien, Cantaten und Messen. Nur durfte man sie nicht außer der Zeit, in die Abendstunden verlegen, oder mit der, in der reformirten Kirche üblichen Form des öffentlichen Gottesdienstes verschmelzen wollen. Ich hatte einmal viel Mühe und viel Zuredens, Ihn zu bestimmen, die Erlaubniß zur Aufführung einer katholischen Messe am Charfreitage in der Schloßkirche zu Deßau in den Abendstunden bei Erleuchtung, was eine Ihm nahestehende hohe Freundin von dergleichen geistig=religiösen Erregungen wünschte, zu ertheilen. Er weigerte sich lange, Er erklärte es, wie schon oben erwähnt, für eine histerische Idee, eine Nachäffung des katholischen Kultus, wovon das Volk gar nichts verstehe und wodurch es nicht erbauet würde. Auch besorgte Er, die Kirche möchte dadurch verunreinigt und beschädigt werden und sonst Unfug geschehen. Doch gab Er endlich, wiewohl ungern, nach. Eben so fest, als Er an der Form des öffentlichen Gottesdienstes hing, eben so fest hing Er an der Lehre der reformirten Kirche, zu welcher Er aus der Schule der Encyklopädisten und Deisten wieder zurückgekehrt war, wiewohl Er es späterhin in Glaubenssachen nicht so genau nahm. Er verstand Seinen Katechismus und die Bibel, und machte von ihren Satzungen und Aussprüchen zu Seiner und Anderer Erbauung den besten Gebrauch. Er hatte von mancher Lehre Seine eigene Ansicht und besondere Meinung, sprach sie aber selten aus und that nur so gelegentlich einige Fragen, ohne Sich auf weitere Erörterungen einzulassen. Er schwieg allemal und verhielt Sich still, wenn z. B. der General Golz oder der Fürst Putiatin das Gespräch auf solche Gegenstände lenkten, und hörte ruhig, ohne scheinbare Theilnahme, zu, wenn ich mit diesen Herren disputirte. Lange hielt Er aber das nicht aus; Er gab mir dann bald einen Wink — Er zog gewöhnlich die Augenbraunen zusammen und sah mich an — abzubrechen und aufzuhören. Durch Seine Rückkehr zum Positiven hatte Er ja einen festen Halt, Seine Ruhe wieder gewonnen, die Er um keinen Preis wieder aufgeopfert und hingegeben hätte. Der Gebrannte scheuet das Feuer. Zu wesentlichen Veränderungen des protestantischen Lehrbegriffs, besonders der reformirten Kirche, würde Er schwerlich Seine Stimme gegeben haben, so wie Er denn den neueren stürmischen Reformatoren eben nicht hold war und dem alten Superintendent, wie Er ihn immer nannte, darin Recht gab, daß er gegen sie in die Schranken getreten war. „Ich habe noch nicht zwei Theologen gekannt, die in der Lehre ganz einig gewesen wären," sagte Er bei solchen Veranlassungen. „Sie streiten und zanken und kommen nie zusammen. Ich kann es gar nicht leiden, wenn sie dergleichen Dinge auf die Kanzel bringen und ihre Zuhörer mit den verschiedenen Ansichten über eine Lehre, mit den verschiedenen Erklärungen einer Bibelstelle unterhalten und, wie sie meinen, belehren und erbauen wollen. Das macht die Leute nur neugierig, unruhig, mißtrauisch und ungewiß. Es stört den Frieden und gebiert Unduldsamkeit gegen Andersdenkende, Andersgläubige. Man sollte Jedem seinen Glauben lassen, wenn es nur kein Aberglaube ist, und nie Dinge berühren, über die man nichts ausmachen kann. Man sollte Keinen zum Glauben zwingen; aber Jeden in den Stand setzen, selbst zu prüfen und sich eine eigene Meinung zu bilden. Da das Letzte nicht immer angeht, so sollten doch die Herren Geistlichen den Versuch machen, der aber gewiß schlecht ausfallen wird, den allgemeinen Kirchenglauben, in welchem die Menschen erzogen sind und der der Glaube ihrer Väter ist, so zu befestigen, daß sie nicht irre werden und abfallen können. Uebrigens muß man den Glauben frei lassen und nur den Aberglauben bekämpfen. Man muthet den Leuten gewöhnlich zuviel zu und nimmt auf ihre Vernunft, die sich auch bei den Ungebildeten geltend macht, oft gar keine Rücksicht, und doch danken wir alle Sonntage Gott, daß er uns zu vernünftigen Menschen geschaffen hat. Ob ein Mensch bei dem alten Glauben bleibt, den er nicht versteht, oder den neuen annimmt, den er nicht begreift, ist einerlei. Die neuen Verbesserer nehmen den Leuten Viel, ja Alles, woran ihr Herz hängt und woher sie Trost und Kraft in der Zeit und für die Ewigkeit schöpfen und lassen ihnen Wenig, oft Nichts, woran sie sich halten, aufrichten und wahrhaft erbauen können. Nur den Aberglauben sollte man bekämpfen, offenbar falsche und unvernünftige Meinungen berichtigen und die Leute vor einem Glauben bewahren, der sie fanatisch macht, der ohne Liebe und ohne gute Werke ist. Der rechte Glaube soll dem Sünder keine falsche Beruhigung geben, ihn nicht in gefährliche Sicherheit einwiegen, nicht hochmüthig und leichtsinnig machen, wo er demüthig und zerknirscht sein sollte. Er soll den Sünder vielmehr aufschrecken, zur Einkehr in sich selbst bewegen und zur Besinnung bringen."

Die wahre Absicht des Herzogs läßt sich nicht verkennen. Er wollte, wie überall, so auch in Religionsangelegenheiten, die Aufklärung Seiner Unterthanen. Dadurch würde der Religionsbedrückung, der Feindschaft in den Familien wegen des Konfessionsunterschiedes, der Unduldsamkeit und der oft Land und Leute verderbenden Religionsschwärmerei am besten vorgebeugt. Aber man sollte nichts übereilen und überstürzen, Niemanden verletzen und in seinem

Glauben irre machen. Er wollte keine Verdüsterung und Verdummung, aber auch keine Verblendung und keinen freigeisterischen Uebermuth. Er wollte die Erziehung des ganzen menschlichen Geschlechts durch die Religion des Christenthums. Das solle die Aufgabe der Kirche und das Geschäft ihrer Diener, ja jedes Christen sein. Auf die Erleuchtung des Geistes, die Besserung des Herzens, die Kräftigung des Willens, die unaufhörliche Bereitwilligkeit zu guten Werken müsse man es absehen und anlegen. Darauf komme Alles an. Die Erziehung und Bildung zur wahrhaft menschlichen, d. h. rein christlichen Vollkommenheit, sei ihr Zweck, den man nie aus den Augen verlieren dürfe. Passe der Mensch in allen Lagen und Verhältnissen seines Lebens für die Erde, dann werde er gewiß auch für den Himmel und für die Absichten Gottes passen. Dazu gehöre allerdings Lehrweisheit, die leider nicht jedem Geistlichen verliehen sei, und jene Menschenfreundlichkeit, zu der Christus Vorbild und Muster ist.

Ich erzählte Ihm von einem Geistlichen im benachbarten Sachsen, der jährlich eine donnernde Predigt gegen die Verheirathung seiner heirathslustigen Beichtkinder mit den Dessauischen Kalvinisten hielt. „Nun,“ erwiderte Er, „den kenne ich; der ist eben so fanatisch als s c h w e i n i s c h. Sein Haus ist ein wahrer Stall, seine Kleidung, selbst wenn er im Amte ist, höchst unreinlich.“

„In meiner frühesten Jugend,“ fuhr ich fort, „besuchte einmal mein Vater mit mir Verwandte in dem ganz lutherschen Roslau. Bei unserem Weggehen sahe ich, wie die Leute die Stühle abfegten und bekreuzten, auf welchem wir gesessen hatten. Ich fragte meinen Vater, was das zu bedeuten habe? Er antwortete lachend: Das sind Dickköpfe, und uns nennen sie Spitzköpfe, die ihnen Unglück ins Haus bringen. Ich verstand das damals nicht; nachher, als ich die Kirchen= und Ketzergeschichte studirte, habe ich recht wohl begriffen, was es damit für eine Bewandtniß habe."

„Da sind Sie ja," fuhr Er fort, „frühzeitig mit der Intoleranz und dem Konfessionshaß bekannt geworden. Gottlob, das fällt doch in meinem Lande nicht mehr vor. Sie vertragen sich unter einander."

„Ja," setzte ich hinzu, „sie vertragen sich in der Liebe!"

„Und grade damals, als Sie in Roslau jene Erfahrung machten, fanden doch noch in Deßau zwischen den Reformirten und Lutheranern kleine Reibungen Statt. Jene hielten sich für die beherrschende Parthei, weil sie die Mehrzahl ausmachten. Die lutherische Kirche stand in vielen Stücken unter der Obergewalt der reformirten. Aber ich habe den Dingen eine Ende gemacht, und nun freue ich mich, daß die Leute so friedlich unter einander leben und mit einander verkehren. Beide wollen ja Christen sein...."

Der Herzog war ein durchweg praktischer Mann, der Theorien, wenn sie nicht sogleich ein sicheres und erfreuliches Resultat zu geben schienen, bei Seite liegen ließ. Er liebte die That, weniger das Gerede. Wenn Er etwas vorhatte und zur Ausführung bringen wollte, so sah Er es im Bilde schon dastehen, schon fertig. Wie Er es machen und bewerkstelligen sollte, das behielt Er für Sich und schlug bei Seinen Vertrauten nur so auf den Strauch. Diese, besonders von Erdmannsdorf, wußten Ihm Seine Ideen bald abzulauschen, brachten Ihn dann zum Sprechen und Mittheilen und schoben bald offener, bald versteckter ihre eigenen Ansichten und Pläne unter, die aber den Seinigen durchaus nicht schroff entgegenstehen oder durchkreuzen durften. Hesekiel der Jüngere, Korte und Pozzi haben am Thurm zu Wörlitz manches für sich abgeändert und manchen Anker eingeschoben, wovon Er nie etwas erfahren hat. Nur durfte das Bild, das Er sich entworfen hatte, nicht umgestellt und verwischt werden. So war auch Seine Religion ganz praktisch; um die Systeme bekümmerte Er Sich nicht. Das war auch Seine Sache nicht. Er hörte ruhig zu, wenn davon gesprochen wurde. Er hatte ernstlich nach Seiner Umkehr die Religion zur Regiererin Seines Lebens erkohren. Allein Er ist nicht im Stande gewesen, mit ihr Sich überall und ganz zu beherrschen und zu bändigen. „Ich habe viel gekämpft und gelitten," sprach Er, „aber es ist mir nicht immer gelungen, Sieger zu werden." Es fehlte Ihm, besonders in Seinen späteren Jahren, an sittlicher Kraft, an recht festem Willen. Seine Sinnlichkeit war zu mächtig in Ihm geworden. Er gab nach, weil Er nicht mehr widerstehen konnte.

Bei dem Allen verstand Er es, wie ein ächt christlicher Seelsorger aufzutreten und Andern den Trost der Religion zu bringen, und die, welche Ihm nahe standen, in Unglücksfällen aufzurichten und zu beruhigen. Deß bin ich selbst Zeuge. Am Sterbetage meiner ersten Frau, die Er wegen ihrer Häuslichkeit und ihres stillen Wesens außerordentlich geschätzt hatte, kam Er zu mir. Er umarmte mich still und Thränen standen in Seinen großen, menschenfreundlichen Augen. Ich mußte mich zu Ihm setzen. Er ergriff, eine innere Bewegung unterdrückend, meine Hand, sah mich, der ich über meinen Verlust tief erschüttert war und zitterte und bebte, ernst-freundlich an und sprach mit Seiner rührenden, väterlichen Stimme: „Fassen Sie Sich, Propst! Fügen Sie Sich in den Willen Gottes. Ich nehme den herzlichsten Antheil an Ihrem Verlust und an Ihrem Schmerz. Jeder, der die Verstorbene gekannt hat, die ganze Gemeinde trauert mit Ihnen. Die Verstorbene nimmt die Liebe Aller mit ins Grab. Sie war die Seele Ihres Hauswesens und eine treue Mutter. Sie werden sie ja wiederfinden. Gott hebt die Liebenden für einander auf. Ich habe diesen Morgen immer mit Seufzen an Sie gedacht. Fassen Sie Sich. Sie müssen standhaft bleiben. Bedenken Sie Ihre Gemeinde. Der sollen Sie ein gutes Beispiel geben. Sie haben ihr oft den Trost der Religion gebracht. Zeigen Sie, daß die Religion auch Ihre Trösterin ist, daß Sie Sich Gott ergeben haben und nicht murren. Geben Sie mir Ihre Hand, nicht wahr, Gott ist Ihr Trost?"

Ich konnte nicht sprechen, nicht antworten, ich legte mich schluchzend an Seine Brust. „Nun, ich verlasse mich auf Ihre Religion," fuhr Er aufstehend fort. „Ich werde Sie in einigen Tagen nicht sehen, nicht sprechen. Ich will Sie allein lassen. Gehen Sie in den Garten; schließen Sie Sich in der Kirche ein, wo Sie Gottes Trost predigen sollen. Wenn sie dann gestärkt sind und über Ihren Schmerz gebieten können, dann kommen Sie zu mir. Gott sei mit Ihnen und mit Ihren Kindern!...." Er weinte, wie ich selbst, und ging.

Er hatte mich wirklich durch Seine Zusprache aufgerichtet. Es ward stiller in mir. Ich konnte nach Seinem

Hinweggange am Sarge meiner entschlafenen, theuren Wilhelmine niederknien und beten. Mein fürstlicher Freund war mir zum besten Tröster geworden.

Ich verließ den Thurm einen Tag früher als der Herzog. Das überaus lästige Mückengeschmeiß trieb mich hinunter. Auch hatte ich meine Notizen, die ich in meiner Kegelstube nur mit Bleistift hatte flüchtig zu Papier bringen können, zu ordnen und zu ergänzen und mit Feder und Tinte niederzuschreiben. Am folgenden Tage sprach mich der Herzog in meinem Garten. „Befehlen Sie nun Pfaffen — so hieß der Thürmer — mit seinen Leuten sofort den Thurm zu beziehen und seinen Dienst anzutreten. Nun hilft kein Sperren mehr. Wir haben ihm ja die Wohnung rechtschaffen eingeweihet und uns dabei viel mit dem Ungeziefer plagen müssen."

Das herrliche Gebäude (Kirche und Thurm), das letzte Seiner Bauwerke in Wörlitz, in bedenklichen Zeitläuften begonnen, unter mancherlei Schwierigkeiten ausgeführt, doppelt eingeweihet, stand nun in seiner Vollendung da, eine Zierde der Stadt, des Parks und der Umgegend. Der Herzog hatte eine recht fromme Freude daran und betrachtete es, so oft Er in Wörlitz war, mit besonderm Wohlgefallen und großer Genugthuung. „Kirche und Thurm," sprach Er einmal, als Er mit mir vor dem grauen Hause saß, „sind mir gelungen. Ich bilde mir ordentlich etwas darauf ein. Ich habe sie Gott geweihet und allen guten Menschen, die hier Erbauung suchen. Möge Gott sie in seinen Schutz nehmen und Alle, die sich in ihr versammeln werden!"

Ich dachte aber weiter. Ich hatte mir schon längst vorgenommen, der Kirche einen Fond zu verschaffen, aus dem sie künftig ihre Reparaturen bestreiten könne. Ich machte Ihn darauf aufmerksam, daß es doch sehr zu beklagen sei, wenn das schöne Werk einmal vernachlässigt werden sollte, daß das Kirchenärar zu mittellos sei, bedeutende Ausgaben zu bestreiten habe und kaum das Nothdürftigste erschwingen könne, daß die arme Gemeinde unmöglich die Reparaturen allein übernehmen, ihr auch wohl nicht zugemuthet werden könne, ein so kostbares Gebäude, wie der Thurm, der doch sein Dasein und seine Zierde lediglich der Baulust und dem Geschmacke seines edlen Erbauers verdanke, in baulichem Stande zu erhalten, daß doch in später Zukunft — möchte sie noch so weit entfernt sein! — Umstände und Verhältnisse eintreten könnten, wo Seine Regierungsnachfolger, bei dem besten Willen, nicht vermögend sein möchten, aus eigenen oder Staatsmitteln, Kirche und Thurm, wenn sie einmal durch Blitz oder Orkane Zerstörungen erleiden sollten, wieder herzustellen.

Er schwieg Anfangs. Endlich sagte Er: „da haben Sie Recht. Daran habe ich wirklich noch nicht gedacht. Man muß dem einigermaßen begegnen. Setzen Sie doch eine Vorstellung an mich auf und thun Sie Vorschläge, je eher, je lieber."

Ich beeilte mich, und nach einigen Tagen war meine Vorstellung, worin ich in dem sogenannten Pfaffenhau ein 30 Morgen enthaltendes Wiesengrundstück, worauf auch Eichen standen, zur Dotation vorschlug, in Seinen Händen.

Nachdem Er sie durchgelesen sagte Er: „das ist ganz gut, aber ich muß doch erst meine Herren fragen;“ so nannte Er scherzhaft Sein Kammerkollegium. Das wollte nun von einer so bedeutenden Dotation nichts wissen. Am Ende der Woche kam der Kammerdirektor von Raumer, um mit mir über die Angelegenheit zu unterhandeln, insbesondere mich und durch mich den Herzog auf andere Gedanken wegen des Pfaffenhau's zu bringen, der einmal im Etat stehe und ohne Unbequemlichkeit für das Einnahme- und Ausgabe-Budget nicht herausgelassen werden könne.

Ich bemühete mich, ihm den Inhalt meiner Vorstellung, welche er mitgebracht hatte, genau zu erörtern und setzte dann hinzu, daß ich in der Sache weiter nichts thun könne, daß ich sie in die Hände des Herzogs gelegt habe, der mir vollkommen beistimme, und daß ich überzeugt sei, der durchlauchtige Chef der Kammer, der Erbprinz, werde meine Ansicht und Absicht billigen, und wenn auch nicht auf die von mir angegebene, doch auf eine andere geeignete Weise für eine angemessene Dotation Sorge tragen. — Die Sache ruhete einige Zeit. Endlich an einem Abend fuhr der Herzog bei der Propstei vor und rief mir, als ich an den Wagen getreten war, wie Einer, der einen Sieg erfochten, zu: „Freuen Sie Sich; die Kirche bekommt den Pfaffenhau. Sie werden in einigen Tagen die Schenkungsurkunde bekommen,“ die ich aber erst später, im Februar 1816, erhielt.

Die regierende Herzogin kehrte nach jahrelanger Abwesenheit aus der Schweiz nach Wörlitz zurück. Der Herzog sagte mir einige Tage nach ihrer Ankunft: „Ich werde morgen der Herzogin die Kirche zeigen. Der General (v. Golz) wird auch da sein. Finden Sie Sich ebenfalls um 10 Uhr ein. Sie können sie wohl noch nicht. Ich will Sie ihr vorstellen. Sie müssen mit ihr bekannt werden. Ihren Predigten wird sie freilich nicht beiwohnen können, denn sie hört außerordentlich schwer. Lassen Sie den Eingang unter dem Thurm öffnen, wo wir eintreten wollen." Ich war zur bestimmten Zeit auf dem Platze. Die hohe Frau, der ich niemals nahe gekommen, war ungemein leutselig und einnehmend. Ihre ganze äußere Erscheinung, ihre noch in ihrem hohen Alter so majestätische Gestalt und Haltung, ihre würdevolle und doch dabei so freundlich-milde Herablassung, machten auf mich den tiefsten Eindruck und rissen mich zur Verehrung hin. Sie wußte die Herzen auf der Stelle zu gewinnen. Geist und Gemüth, fromme Heiterkeit und jene ihr so eigenthümliche Verklärung ihres ganzen Wesens, die sich in ihrem beständigen Umgang, ihrer Freundschaft, mit Gott über dasselbe ergossen hatte, sprachen sich aus allen ihren Zügen, aus jedem ihrer Worte aus. Der gütige Herzog stellte mich ihr mit den Worten vor: „das ist der Propst, der hier mich und die Gemeinde oft erbauet und der auch Deine Erbauung besorgen wird." Sie reichte mir die Hand, die ich voll Ehrfurcht an meine Lippen brachte, und sagte: „Ich bin ganz überrascht, lieber Propst, die Kirche ist einfach und ladet zur Andacht ein. Ihre Gemeinde muß hier recht in Gott vergnügt werden, recht gottinnig. Auch das Aeußere macht einen guten Eindruck und stimmt zu frommen Betrachtungen, besonders von meinem Hause aus. Der Thurm ist ein schönes Werk, wie Jean Paul sagt, ein kühner und doch freundlicher Wegweiser zum Himmel."

Als die Herrschaften unter der Kanzel standen und sie betrachteten, sagte der Herzog: „Nun, Propst, steigen Sie einmal hinauf und sprechen Sie einige Worte. Ich möchte wissen, ob die Herzogin Sie versteht." Das kam mir freilich unerwartet. Indeß es half mir eine glückliche Ideenverbindung. Die Herzogin kam aus der Schweiz. Haller gehörte zu ihren Lieblingen. Ich hatte auf der Schule manches tüchtige Stück von seinen Gedichten auswendig lernen müssen und behalten. Das ging mir Alles auf den zehn Schritten, die ich bis zur Kanzel hatte, durch den Kopf, und ich recitirte die schöne Stelle:

„O Schöpfer, was ich sehe, sind deiner Allmacht Werke,
Du bist die Seele der Natur" 2c.

„Ich habe nicht Alles vernommen," sagte die Herzogin, als ich mich ihr wieder näherte. „Das kam wohl daher, daß Sie die Worte betend sprachen, wobei Sie den Kopf zu sehr erhoben." Der General Golz sagte mir aber nachher: „Sie hat gar nichts verstanden. Sie haben tauben Ohren gepredigt. Sie ist ja fast stocktaub. Sie sehen ja, wie wir in ihrer nächsten Nähe stark und langsam sprechen müssen." So war es auch wirklich. Denn sie gestand mir bei einer anderen Gelegenheit, daß sie mich gar nicht verstehen könne; ihr Gehör sei so gut wie weg. Sie bedaure, daß sie meinen Vorträgen nicht beiwohnen könne.

Symposion

auf dem Gothischen Hause zu Wörlitz.

Die Fürsten werden fürstliche Gedanken haben und darüber halten.

Jesaias 52, 8.

Eines Tages, im Jahre 1811, kehrte der Fürst, früher als Er erwartet wurde, von Deßau nach Wörlitz zurück und ließ mir sagen, Er habe Sich Gäste zur Abendtafel mitgebracht, ich sollte mich zur rechten Zeit auf dem gothischen Hause einstellen. Ich fand außer dem Fürsten den General von der Golz, den Geheimen Rath von Rode, den Gesammt=Rath von Krosigk und noch einen Major, dessen Name mir entfallen ist. Wir speisten im Zimmer des neuen Thurmes, das kaum für acht Menschen Platz hat, umringt von den Bildnissen großer Männer und Frauen, Helden der Vorzeit, berühmter und berüchtigter, welche die Geschichte bereits gewürdigt und gerichtet hat. Kaiser Karl V. und Ludwig XIV., Ferdinand der Bigotte und seine eben so bigotte Gemahlin, Isabella von Kastilien, Ludwig der Heilige und Heinrich IV., der lebensfrische und leutselige Bayard, der Ritter ohne Furcht und ohne Tadel, und Alba, der blutdürstige, Maria von Burgund, die ihren Ministern die Köpfe abschlagen ließ, und Maria Theresia, deren Tochter unter dem Beil der Guilliotine blutete, du Guesclin, der Schlachtengewinner, und Coligny, den Partheihaß und Glaubenswuth mordeten, der gelehrte Hottinger und der

Betrüger aller Welt, Theophrastus Paracelsus, Machiavelli, der den Fürsten den Despotismus lehrte, und Philipp III. von Spanien, welcher dessen Theorie zum Ruin seiner Länder in Anwendung brachte, die schöne Gabriele d'Estrée, der Heinrich IV. unzählige Liebesseufzer spendete, und die kluge Maintenon, welche im Kabinet Ludwig XIV. herrschte — sie Alle sahen schweigend auf uns, sie hatten gelebt und Viele von ihnen hatten Millionen Menschen ihrem Ehrgeiz, ihrem Länderdurst, ihrem Glauben geopfert. — Wir konnten uns, wenn uns nicht Näheres in Anspruch genommen hätte, ihrer Tugenden und Großthaten, ihrer Frevel und Laster erinnern. — Auch die Bilder hoher Ahnen und naher Anverwandten des altfürstlichen Hauses hingen und standen da, dessen gegenwärtiger Führer und Vertreter, unser erhabener Symposiarch, uns freudlich um Seine Tafel versammelt hatte.

Der Fürst war sehr heiter und gelaunt, das Essen fein und der Wein gut; durch das Alles wurde das Gespräch recht unbefangen, vertraulich und lebendig. Anfangs drehete sich die Unterhaltung um allgemeine Gegenstände, Theater, Musik, Oper und Jagd. Eine witzige Anekdote folgte der andern, und der Fürst gab aus Seinem reichen Leben und aus dem Leben Anderer, in Seiner gewöhnlichen treuherzigen Weise, so pikante Sachen zum Besten, daß die Gesellschaft bald in die heiterste Stimmung versetzt wurde. Zuletzt kamen wir zu den Tagesbegebenheiten und blieben endlich vor Napoleon wie vor einem glänzenden Meteor stehen, das durch eine dunkle Nacht dahin fährt. Der Kaiser stand damals auf der Höhe seines Glücks. Er ging damit um, die Geister zu beherrschen, sich mit dem Papste zu verständigen und die Kirche dem Staate einzuverleiben.

Wenn dem Kaiser, sagte der Herr von Rode, das gelingt, so haben wir einen Dalai-Lama in Europa und der Kaiser hat sein Ziel erreicht.

Das wäre ein großes Unglück, erwiderte der Fürst, der Ruin des Protestantismus. Der Kaiser, der auf Einheit im Staat wie in der Kirche besteht, würde dem Papst Concessionen machen und ihm alle kirchlichen Partheien zum Opfer bringen.

Die beiden Herren, nahm der General das Wort, sind einander viel zu klug und zu fein; der Papst will nicht bloß ein geistlicher, sondern auch ein weltlicher Herr sein. Zwei Hähne vertragen sich aber nicht auf Einem Mist.

Zumal, bemerkte der Gesammt-Rath, wenn sie von zwei verschiedenen Höfen sind.

Ganz recht, fuhr der General fort, die Kirche will so gut herrschen wie der Staat, und auch in weltlichen Dingen das erste und letzte Wort haben.

Und doch, erwiderte der Herr von Rode, kann es dem Kaiser gar nicht fehlschlagen, er braucht nur zu drohen, Protestant werden zu wollen, und der Papst wird und muß nachgeben.

Daran zweifle ich ganz und gar, unterbrach ihn der Fürst. Es gab zwar einmal eine Zeit, wo der Kaiser, ich glaube er war damals in Belgien, mit solcher Drohung die Bischöfe dort erschreckte. Er würde auch Anhang gefunden haben. Seine Armee, der nördliche Theil von Frankreich, ganz Paris vielleicht, möchten ihm beigetreten sein. Aber den südlichen Theil, die ganze große katholische Bevölkerung, hätte er sicherlich nicht auf seine Seite gebracht. Die katholische Bevölkerung ist viel zu unaufgeklärt, als daß sie sich so leicht von ihrem alten Glauben und vom Papste hätte losreißen sollen. Die Franzosen sind zwar Freigeister in vielen Stücken, aber es giebt wenig freie Geister unter ihnen, wenn von Religion und Kirche die Rede ist. Und auf den freien Geist kommt doch Alles bei einer Religions-Veränderung an. Napoleon würde einen Religions-Krieg hervorrufen, wenn er Protestant werden wollte. Den hat er aber mehr als Alles zu vermeiden. Er hat sich einmal für die katholische Kirche erklärt. Die Geistlichen würden den Kaiserthron unterminiren, woran sie vielleicht schon im Stillen arbeiten, wenn der Kaiser abspringen wollte.

Das ist allerdings auch meine Ansicht, sagte der General. An den Papst und dessen Anhänger behält er immer einen gefährlichen Feind im Lager.

Man sollte überhaupt, setzte der Fürst hinzu, und gab dadurch dem Gespräch eine andere Wendung, da ihm das Gerede über den Kaiser doch nicht angenehm zu sein schien, man sollte überhaupt nicht in dem Glauben des Volkes stören, wenn es nicht von selber kommt und auf Veränderung dringt; dann muß es aber aufgeklärt und zum Nachdenken gebracht worden sein. Freilich soll man vorsichtig einschreiten, wenn sein Glaube in Aberglauben umschlägt. Mit seinem Glauben schleppt es Aberglauben als Ballast fort, den es eben so lieb gewonnen hat, als die Ladung guter Waare.

Das scheint mir aber, meinte der Herr von Rode, ein zu weiter Weg, ein Umweg zu sein, den Ew. Durchlaucht vorschlagen. Man gebe den Leuten nur das Neue, und sie werden den alten Glauben bald aufgeben, nur die ganze Wahrheit, und sie werden nicht widersprechen.

Dem muß ich aber doch widersprechen, unterbrach ich ihn, Herr Geheime Rath! Das Neue ersetzt nicht immer das Alte, und wenn ich den Leuten die Fackel der Aufklärung so plötzlich vor das Gesicht halten wollte, so würde ich sie nur blenden, aber keineswegs erleuchten. Zudem ist das Neue oft das Uralte, älter noch als das Alte, das man verdrängen will. — Als solches muß man es den Leuten empfehlen, als einen Schatz, der lange unter Schutt und Unrath verborgen gelegen, als eine Perle, die jetzt zum Vorschein gekommen, nachdem sie lange vom Schlamm des Meeres bedeckt gewesen. So empfahlen die Reformatoren ihre Lehre, die dem damaligen Volke allerdings als neu erscheinen mußte. Ich bin fest überzeugt, daß die Lehre Jesu, wie Er sie den Menschen mittheilte, und wie sie von seinen ersten Jüngern gepredigt worden ist, eine ganz andere war, reiner, einfacher und besser, als das, was nach den Concilien, wo sich jüdische und griechische Gelehrte gleichsam die Hände darin abgewaschen haben, dafür ausgegeben und den Völkern als Lehre Jesu verkündigt wurde. Man hat aus der Lehre Jesu noch andere Lehren entwickelt, welche nicht dazu gehören; Vieles hineingetragen, was ihr fremd ist, und dermaßen Heidnisches und Jüdisches damit vermengt, daß eine Sonderung Mühe macht, aber auch das größte Verdienst ist. Es bleibt ewig wahr, was Reinhardt sagt, daß sich nichts mehr unter den Händen der Menschen verschlimmere, als die Religion. Die Reformatoren haben unter schweren Kämpfen mit der Kirche einen kühnen und zum Theil glücklichen Versuch der Glaubensreinigung gemacht. Er hat Ströme von Blut gekostet. Die Reformation ist aber stecken geblieben. Sie hat Unraths genug hinweg geschafft, es ist aber auch noch Schutt genug da, der hinweg geräumt werden muß. Daher ist es jetzt das Streben aller Besonnenen, aller Wahrheitsfreunde und Menschenfreunde, das Wahre und Gewisse zu suchen, das reine Gold an das Licht zu bringen und den Kampf gegen Irrthümer fortzusetzen, die uns Schande machen.

Wie Sie das machen wollen, Herr Propst, verneigte sich der Herr von Rode höflich, das ist ganz Ihre Sache. Ich bin nur der Ansicht, man soll Keinem Licht verweigern, der im Finstern tappt. Die Wahrheit ist für Jeden, und wenn sie ihm auch Anfangs anstößig ist, er wird sich bald mit ihr befreunden und in ihrem Besitz glücklich fühlen.

Ich bin ein Feind, nahm hier wiederum der Fürst das Wort, von allem Glaubenszwang. Man soll Niemanden weder zu einem neuen Glauben zwingen, noch zwingen, unverrückt bei dem Alten zu bleiben. Der Glaube läßt sich so wenig erzwingen wie die Liebe. Man soll Jedem bei seinem Glauben lassen, so lange er selbst nicht davon ablassen will. Der Glaube ist seiner Natur nach zänkisch, zähe und trotzig. Die Glaubenshelden wollen mit Gewalt die Leute forciren, sich auf ihre Seite zu stellen und ihnen unbedingt Recht zu geben. Machiavelli da sagt freilich: wenn das Volk nicht mehr glauben will, so muß man es mit Gewalt dazu bringen. Das ist aber unmenschlich und unchristlich zugleich. Daher kommen die Religionskriege. Wer hat denn den vollen, rechten Glauben? Die Reformirten glauben schon viel, die Lutheraner noch mehr, die Katholiken das Allermeiste. Alle aber sind an sich fanatisch. Kalvin ließ den Servet verbrennen. Die Lutheraner in hiesiger Gegend, um in der Nähe zu bleiben, haben die Reformirten bitter angefeindet und verfolgt. Wollte doch noch in der neueren Zeit eine lutherische Gemeinde im benachbarten Sachsen den Leichnam eines unglücklichen Schuhmachergesellen, weil der Mann reformirt gewesen, nicht auf ihrem Kirchhof begraben und wurde dabei von ihrem Superintendenten sogar unterstützt, bis ich mich ins Mittel schlagen mußte. Noch lebt hier ganz in der Nähe ein lutherischer Prediger, der jährlich Einmal seine Leute vor Verheirathung mit Deßauischen Reformirten warnt. Ich habe meine Noth gehabt, bei den verschiedenen Konfessionen im Lande Duldung und Verträglichkeit zu bewirken. Jetzt sind sie alle Eines Sinnes. Das Volk ist immer willig, sich zu vertragen, nur die Herren Geistlichen machen den Skandal. Welche Blutschuld die katholische Kirche auf sich geladen hat, wissen Sie Alle. Sie hat Millionen Menschen zur Ehre Gottes, um des Glaubens willen, und angeblich aus Liebe, um die Seele zu retten, deren Leib sie vernichten, oder sonst verstümmeln ließ, verflucht, eingekerkert, geköpft, gerädert, geviertheilt, verbrannt, oder aus dem Lande gejagt und des Ihrigen beraubt.

Darum eben, sagte der Herr von Rode, scheue ich den Glauben. Sein Zelotismus übersteigt oft alle Gränzen. Er hat die Völker entzweiet. Egypter und Juden haßten sich, wie sich Mohamedaner und Christen noch jetzt hassen. Keiner will dem Anderen gewähren lassen.

Die Liebe, fuhr der Fürst fort, kann hier allein den Ausschlag geben. Das Wissen macht stolz, der Glaube ist feindselig, nur die Liebe bessert, ist verträglich und duldsam. Glaube ohne Liebe ist ein gefährlich Ding, ein zweischneidiges Schwert in den Händen eines Kindes. Es kommt meines Erachtens gar nicht darauf an, wie viel oder wie wenig

Einer glaubt. In dem aber, was er einmal glaubt, und wofür er vernünftige Gründe hat, muß er fest sein. Wir Alle, wie wir hier sitzen, rechnen uns zu den protestantischen Christen, ich wette aber, daß wir nicht Alle einerlei Glauben haben.

Ich für mein Theil, nahm der General das Wort, glaube Alles, was die Kirche glaubt. Die hat meinen Glauben zu vertreten. Sie ist dafür verantwortlich, ob ich zu viel oder zu wenig, Falsches oder Wahres glaube. Ich bekümmere mich gar nicht darum.

Da haben Sie, fiel ich ein, den rechten Köhlerglauben, der....

Was verstehen Sie darunter? unterbrach er mich.

Der Köhlerglaube, antwortete ich, ist der ungeprüfte Religionsglaube, den Einer auf fremde Autorität annimmt, ohne weiter nach dem Grunde zu fragen. Ein Köhler soll auf die Frage: was er glaube? geantwortet haben: ich glaube, was die Kirche glaubt, und die Kirche glaubt, was ich glaube. Uns Protestanten aber ist das Prüfen nicht nur erlaubt, wir sind auch dazu verpflichtet; sonst hätte Luther nicht reformiren dürfen. Das Recht, was er sich nahm, haben wir auch. Der wahre Lutheraner, sagt Lessing, will nicht bei Luther's Schriften, er will bei Luther's Geiste geschützt sein.

Was mich anlangt, sagte der Gesammt-Rath, so bleibe ich bei meinem Katechismus, da steht, was ich glauben soll.

Lesen Sie denn noch in Ihrem Katechismus? fragte der Fürst.

Das eben nicht, war die Antwort. Ich habe ihn auswendig lernen müssen, und manchen Puff dabei bekommen.

Mir ist der Glaube eingebläuet worden, darum halte ich fest an ihm.

Da komme ich noch am besten weg, fiel der Geheime Rath ein, ich glaube nichts, was ich nicht mit Händen greifen kann.

Da sind Sie ja, fiel ich ein, ein rechter Thomas. Sie haben aber dann den Glauben gar nicht nöthig; denn, wenn Sie Alles mit Händen greifen können, so kommen Sie zum Anschauen und zum Wissen. Wie Sie aber das Uebersinnliche mit Händen greifen wollen, sehe ich nicht ein. Zudem müssen Sie ja unzählige Dinge auf Treu und Glauben annehmen (Sie müßten denn an Allem zweifeln), z. B. die ganze Geschichte, so auch die Resultate der Astronomie, wenn Sie Selbst kein Mathematiker sind.

Nun, sagte der Fürst, von Roden wundert mich das nicht. Der ist ein Heide. Er verehrt die Götzen und liebt die Götterbilder. Eine Religion muß Jeder haben, Sie werden doch noch einmal bekehrt werden; hat sich doch Berenhorst bekehrt.*)

Ew. Durchlaucht haben einen rühmlichen Anfang gemacht, setzte ich hinzu.

Ja, fuhr der Fürst mit einer ernsten Miene fort, das bereue ich auch nicht, und danke es nächst Gott dem alten

---

*) Der Geheime Rath August von Rode, Uebers. der Metamorphosen und des Vitruv's, der Oberhofmeister von Berenhorst, Verf. der berühmten Betrachtungen über die Kriegskunst, waren die geiststreichsten Männer in der Umgebung des Fürsten. Sie wurden wegen Unkirchlichkeit zu den damals so genannten Freigeistern gerechnet, unter welchen viele Religionsspötter und Kirchenverächter angetroffen wurden.

Superintendenten noch täglich. — Dadurch bin ich einiger mit mir selbst und ruhiger geworden. Ich ging sehr in der Irre! — — — Aber nun ist die Reihe an Ihnen, hier sah Er mich lächelnd an; den Propst, wandte Er Sich zu den Uebrigen, dürfen wir wohl gar nicht nach seinem Glauben fragen. Er ist hier Kirchenfürst.

Ich stehe unter Ihnen, als unter meinem Bischof, gnädigster Herr, nahm ich das Wort, und muß schon bekennen. Ich glaube Alles, was meine Vernunft verträgt. Ohne diese, thue ich keinen Schritt auf dem Glaubenswege. Sie ist mir von Gott zum Prüfen gegeben, ich soll nachdenken, Gründe und Gegengründe abwägen, die Zeiten und ihre Bildungsstufen erkennen lernen, forschen und in der Schrift nachsehen, ob sich auch Alles so verhält. In der Schrift selbst aber soll ich den Geist suchen, der in ihrem Buchstaben verborgen ist, den Kern aus der Schaale klauben, die Idee in der Form festhalten.

Und die Gemeinde? fragte der Fürst.

Der Gemeinde sage ich Alles, was sie vertragen kann, den ganzen Rath Gottes zu unserer Seligkeit; ich habe noch nicht erfahren, daß ich ihr ärgerlich oder anstößig geworden bin. Ich richte mich nach der Lehrweisheit Jesu, welcher spricht: Ich habe Euch noch viel zu sagen, aber Ihr könnet es nicht tragen. Ich rechne dabei auf den Beistand des heiligen Geistes, den Er seinen Jüngern versprach, und der, wenn er in der Kirche waltet, die Glieder derselben noch in alle Wahrheit leiten wird. Luther und die anderen Reformatoren haben uns ein großes Beispiel gegeben, dem ich nachahme; ich prüfe ihre Glaubensmeinungen so gut, wie die Schrift und die Kirchenlehre.

Jetzt, sagte der General, wird mir die Tendenz Ihrer Predigt, über das Kapitel vom verlornen Sohn, klar, daß wir nur dann der Gnade Gottes versichert sein können, wenn wir sie in Christo suchen. Sie wollten die Gemeinde über die Lehre von der Gnade Gottes aufklären, die keineswegs willkührlich sei, sondern von Bedingungen abhänge, welche wir zu erfüllen hätten, wie der verlorne Sohn sie erfüllte: Reue, Umkehr, Vertrauen zu Gott. Sie gingen dabei vorsichtig zu Werke. So ist's recht.

Ich habe an Ew. Exellenz einen guten Zuhörer, erwiderte ich, ich wollte, sie wären Alle so.

Ich kann aber doch nicht leiden, setzte der Fürst hinzu, wenn die Geistlichen mit ihren neuen Lehren so in den Glauben der Gemeinde hineinplumpen und aufräumen wollen, sie machen dadurch nur irre, und gewinnen Wenige. Wenn ein Gebäude nicht mehr stehen kann, dann bricht es freilich zusammen. Da muß man zu Hülfe kommen, bauen und bessern, wie es am besten gehen will. Dazu muß man denn neues Material nehmen, aber auch das alte nicht wegwerfen, wenn es noch tauglich ist. Mir ist alter Mörtel, der schon einmal gebraucht worden, immer lieber, als neuer und frischer. Sie verstehen mich doch?

Wir gaben unsern Beifall zu erkennen.

Ich will, sprach Er nach einiger Stille weiter, in der Kirche erbauet, angeregt, auf mein Inneres hingewiesen, getröstet, beruhigt, mit Vertrauen und Hoffnung erfüllt werden. Ich bin recht gern in der Kirche. Ein gutes Lied und der volle Gesang der Gemeinde mit der Orgel haben mich oft mehr erbaut als manche Predigt. Manchmal habe ich rechte Sehnsucht, ganz allein in der Kirche zu sein. Ich setze mich dann ganz still hin, und überlasse mich meinen Gefühlen und Gedanken. So reite ich am liebsten allein durch den Wald, wenn Alles um mich her grünt und blüht, die Vögel singen und das Wild auf den Wiesen steht.

Wir unterbrachen nicht.

Glaubensstreitigkeiten, fuhr Er nach einer Weile fort, gehören so wenig auf die Kanzel, als politische und gelehrte Diatriben. Die Wahrheit soll freilich erforscht und an das Licht gebracht werden, und der Geistliche soll höher stehen als die Gemeinde, sonst braucht sie ihn nicht. Es soll aber Alles in der Liebe geschehen. Sie könnten uns noch, hier wandte Er sich zu mir, das schöne Kapitel von der Liebe vorlesen, das ich so gerne höre. (1 Cor. 13.)

Das kann ich auswendig, Durchlaucht, entgegnete ich, und sagte es her.

Ich habe nicht gewußt, sprach, als ich geendet hatte, der Herr von Rode, daß die Bibel ein so beredtes und eindringliches Kabinetsstück enthält.

Wenn Sie Sich Zeit nehmen und die Mühe geben wollten, fuhr ich fort, in der Bibel zu lesen, besonders das Buch Hiob, die Psalmen, den Jesaias, das Evangelium Johannis, so würden Sie darin die tiefsinnigste Philosophie neben der erhabensten Poesie finden. Erst Herder hat uns den Geist der hebräischen Poesie aufgeschlossen, die uns die Dogmatiker verkümmert und woran sie uns allen Geschmack genommen haben. Ich kann Ihnen auch noch einen andern Gewährsmann, den Sie gewiß nicht verwerfen werden, Göthe, anführen, der auf die Bibel den größten Werth legt und sie ein ewiges Buch nennt.

Da bat der arme Major, der entsetzlich an Zahnschmerz

litt und nicht gegessen und getrunken hatte, um die Erlaubniß, sich entfernen zu dürfen. Da es schon spät war, so hob der Fürst die Tafel auf und wir gingen auseinander. Es war eine stille warme Sommernacht. Sterne glänzten am Himmel und tanzten auf den Wellen des See's. Ich ging mit dem General um denselben herum nach Wörlitz zurück. Die anderen Herren ließen sich in einer Gondel übersetzen. Unterwegs sagte der General: der Fürst ist doch ein einziger Mann, Er ist ganz Liebe und thut Alles aus Liebe.

Ja, General, setzte ich hinzu, wenn Er nicht in einem Stücke gefehlt hätte und fehlte, so wäre Er ein vollkommener Mann!

Darüber wollen wir den Schleier decken, Propst, schloß der General. Richten wir nicht. Der Fürst richtet Sich schon Selbst, und das ist Gottes Gericht.

Anmerk. Glaube und Kirche, sagt ein rüstiger Schriftsteller unserer Tage in seinem Büchlein: Wunderthäter und Ablaßkrämer im neunzehnten Jahrhundert — sind von jeher das Schiboleth der empörendsten Greuel und Dummheit gewesen; wo eine raffinirte Grausamkeit begangen, eine teuflische Marter ersonnen wurde, da ward sie im Namen des Glaubens begangen, im Namen der Kirche verübt. Die Juden- und Ketzerverfolgungen alter Zeiten, die Scheiterhaufen der Inquisition und die flackernden Holzstöße der Ketzermeister, die Qualen und Greuel der Hexenprocesse, der Flammentod freidenkender Männer des funfzehnten und sechszehnten Jahrhunderts, eines Huß, eines Clarenbach u. s. w., der kanibalische Meuchelmord der Bartholomäusnacht, die Verheerungen und Plünderungen und alle Scheußlichkeiten des dreißigjährigen Krieges, die Bedrückungen der Protestanten in katholischen Ländern — sie sind alle im Namen des Glaubens und der Kirche verübt; sie bilden die ernste Seite dieses Glaubensbildes, während auf der andern Seite sich kund giebt der ganze Schnack des Pfaffenthums mit seinen, der gesunden Vernunft Hohn sprechenden Manipulationen.

Unterhaltung auf der Seespitze.

Wer Wörlitz besucht hat, der kennt auch die Seespitze, auch der Stein, der Vulkan genannt. Hier sind auf einer am Ende des See's nach Morgen zu liegenden Insel, von kaum 300 Schritt im Umfange, ein feuerspeiender Berg, ein lateinisches Theater, ein antikes Grabgewölbe mit Aschenkrügen, Trümmer eines antiken Gymnasiums, eine moderne Villa, Höhlen, Grotten, hohe Bogengänge, Badezimmer, ein Kabinet des Tages und ein Kabinet der Nacht u. s. w., wunderbar zu Einem Ganzen zusammengeschoben, in einander und an einander gefügt, das bei der größten Mannigfaltigkeit ohne Einheit ist und keiner wahren reinen Idee entspricht, aber dennoch imposant genug, den Besucher in Erstaunen zu setzen und zu fesseln. Ein Werk der schöpferischen Phantasie des Fürsten, dem es zur Erinnerung an Vieles, was Er in Italien gesehn, dienen sollte, womit Er aber späterhin nicht ganz zufrieden war. Er nahm mich eines Tages mit dahin, um mich mit dem Reichthum der in der Villa befindlichen Gegenstände näher bekannt zu machen und Manches, was mir bei alleiniger Beschauung dunkel und unverständlich geblieben, zu erklären; denn Er liebte es, Jeden aus Seiner näheren Umgebung Selbst von Allem zu unterrichten, was an die alte Kunst und an Italien, das Land unvergänglicher Trümmer derselben, erinnert. Mit vielem Wohlgefallen betrachtete Er die Büsten des Amor und der Melpomene. „Und doch," sagte Er dabei, „können sie sich mit ihren Urbildern, den antiken Statuen im Museum Pio Clementino, nicht messen. Die Antiken sind überhaupt unübertreffbar, und mir ist eine Einzige derselben lieber als zehn moderne."

Da kann sich, erwiderte ich darauf, ein kunstliebender deutscher Kronprinz freuen, der erhält vom Papst, wie man hört, eine seltene Antike nach der anderen geschenkt. „Ja," versetzte Er, „der Papst ist auch reich an solchen Schätzen. Er verschenkt aber nie ohne Absicht und ohne Gegengeschenke zu erwarten. Sollte der Kronprinz König werden, so wird er dem Papste Gegengeschenke machen müssen, worüber allen guten und nachdenkenden Menschen, unter Katholiken wie Protestanten, die Augen übergehen werden." Ob diese Prophezeihung wohl eingetroffen ist?

Als wir auf den Vorplatz vor der Villa hinaustraten, sah Er nach dem Krater in die Höhe. „Es ist doch ein verfehltes Werk, etwas Anderes geworden, als ich eigentlich wollte; zu Viel und zu Verschiedenartiges auf einem so engen Raum; ich mußte mehr Platz haben. Ein sehr kostbares Spielwerk, Propst, und noch nicht einmal ganz fertig! Rode in seiner Beschreibung stellt mich mit Hadrian in eine Parallele, was er nicht hätte thun sollen, denn ich verschwinde vor Dem. Hadrian war ein Baugeist und unter allen Kaisern der größte Freund, Kenner und Beförderer der Kunst. Lesen Sie nur im Winkelmann nach. Auf seiner Villa zu

Tivoli hat Hadrian Alles zusammengestellt und nachgeahmt, was er auf seinen großen Reisen durch alle Provinzen des römischen Reiches an Kunst- und Naturwundern gesehn hatte. Er hatte aber auch Raum. Die Trümmer seiner Villa haben noch jetzt an 10 Milien im Umfange. Ich glaube, ich habe an ihn gedacht, als ich dies Bauwerk hier unternahm. Er stellte nicht bloß Werke der Kunst und Natur in ungeheurer Menge zusammen, er vereinigte auch die egyptische Kunst mit der griechischen." — „Man sollte aber doch," fuhr Er nach einer Weile fort, „sich nicht herausnehmen, die Natur in ihren großartigsten und erhabensten Erscheinungen, in ihren Felsen, Schluchten, Thälern und Vulkanen nachahmen zu wollen. Da zieht man allemal den Kürzeren, zumal in einer Gegend, wo das Alles nicht hingehört und wie vom Himmel gefallen aussieht. Da ist doch Alles kleinlich und gedrückt und macht keineswegs den Eindruck, den man beabsichtigt. Um sich das, was man in fremden Ländern an Naturschönheiten gesehn und genossen hat, wieder zu vergegenwärtigen, reichen gute Kupferstiche vollkommen aus. Man sollte der Natur in ihren idillischen Bildungen nachahmen und sie sich zum Muster nehmen, wie sie die Wälder mit ihrem stillen Schatten schafft, die Waldränder mit blühenden Gesträuchen ziert, ihre Bäume gruppirt, ihre Flächen in Wiesen, in Blumenteppiche verwandelt und ihre Gewässer in Seen, Flüsse und Bäche vertheilt. Man kann ihr sogar zu Hülfe kommen, wenn sie auf Hindernisse stößt, welche ihr andere ihrer Mächte in den Weg werfen. Man kann ihr blühendes Reich noch erweitern und es durch ihre eigenen Erzeugnisse verschönern. Man muß, wie sie, keine Gränzen anerkennen und die nothwendigen verstecken. Man muß ihr überall freien Raum gönnen, und wenn sie selbst ihre Gebilde wieder zerstört oder verkümmern läßt, noch Vortheil von ihren Mißgestalten und Verkrüppelungen ziehen."

Ew. Durchlaucht haben dem Allen vollkommen genügt und Sich allenthalben als ächter und dankbarer Zögling der Natur bewiesen. Die Waldungen sind die großartigsten Parks, das ganze Land wird mit Recht „Gartenland" genannt.

„Ja," fuhr Er fort, „hier ist mir das Meiste gelungen zu meiner und aller Menschen Freude, obschon ich von gewissen Leuten, denen ich zu viel pflanzte, oft genug behindert worden bin, weil die Schafhutungen Einbuße litten. Ich fahre aber auch noch immer fort zu erweitern und zu verschönern. Da ist ein Feld, wo meine Nachfolger noch viel schaffen und Nutzen stiften können. Ich bin aber auch von Anfang an von meinen Gärtnern, namentlich von Schoch's (Vater und Sohn) tüchtig unterstützt worden."

Wir gingen weiter durch die drei noch unverzierten Zimmer und das Kabinet des Tages, ebenfalls noch unvollendet, in das Kabinet der Nacht. Hier setzten wir uns einander gegenüber, die Bildsäule der Vestalin zwischen uns, auf die daselbst befindlichen Kanapee's. Die heilige Ruhe um uns her, das mystische Dunkel, die geisterhafte Statue luden zu ernsten Betrachtungen ein. Der Fürst schwieg lange, sah bald auf den Fußboden, bald auf die Gypstafeln mit den vier Jahreszeiten, und blickte endlich zu dem künstlich nächtlichen Himmel, das Gewölbe der Decke bildend, durch Mond und Sterne erleuchtet, empor.

„Propst," fragte Er wie aus einem schönen Traume erwachend, „lieben Sie die Nacht?" — Ja, gnädigster Herr, die Naturnacht mit ihren Sternen und Feuerwürmchen, ihren

14

Nachtigallen und Blüthendüften, ihrem geheimnißvollen Gelispel und Gesäusel, wo man kaum ein Lüftchen spürt. Ich nehme manchmal, wenn sie eingebrochen ist, eine Gondel, fahre auf die Höhe des See's, lege dann die Ruder nieder und lasse die Gondel gehn, wohin sie unmerklich getrieben wird. Das ist mir eine Nachtfeier, welche Ruhe und Frieden in die Seele gießt. Aber vor der Geistesnacht schaudere ich. „Das ist der Tod, Propst," fuhr der Fürst auf. — Nein, Durchlaucht, den Tod fürchte ich nicht; er ist mir Durchgang zu einem höhern Lichte. Es heißt ja: aus Nacht zum Licht! Unter Geistesnacht verstehe ich die Verdummung des Verstandes, die Verfinsterung der Vernunft, die gänzliche Betäubung und Erblindung des Geistes durch Aberglauben und Unglauben, durch wilde Leidenschaften und thierische Lüste.

„Ach so," fuhr Er fort, „Sie meinen den Zustand, wo das Licht unserer Vernunft erloschen ist und wir den Weg zur Wahrheit und zum Frieden verloren haben und nicht wieder finden können. Wir haben also auch," indem Er auf die zwischen uns stehende Statue blickte, „ein heiliges Feuer zu bewahren, wie die Vestalinnen, das Licht der Vernunft."

Gewiß, Durchlaucht! Das ist auch Gebot Jesu, denn er spricht: Schaue darauf, daß nicht das Licht in Dir Finsterniß sei. Wenn nun Dein Leib ganz lichte ist, daß er kein Stück von Finsterniß hat, so wird er ganz lichte sein und wird Dich erleuchten wie ein heller Blitz. (Ev. Luc. 11, 35. 36.)

„Das sind köstliche Worte," sagte Er darauf, „mit welchen man die Feinde der Aufklärung und der Vernunft aus dem Felde schlagen kann. Nur mit der Fackel der Aufklärung kann man die Geistesnacht vertreiben."

Doch nicht allein mit ihr, gnädigster Herr, setzte ich hinzu. Auch ein reines Herz, eine tüchtige Gesinnung, ein redliches Suchen und Erforschen der Wahrheit, ein kräftiger Wille, sich von keiner Macht der Finsterniß überwältigen und in Fesseln schlagen zu lassen, gehören dazu. Bleibt die Aufklärung nur Aufklärerei, dann wird die Geistesnacht gespenstischer und unheilvoller, als die, welche in sie gerathen sind und in ihr umhertappen, zu ahnen vermögen. Sie werden dann bald durch die Lüste in allerlei Irrthümer geführt und von Truggestalten und Nebelbildern einer falschen Philosophie in Sümpfe gestürzt, aus welchen keine Rettung möglich ist.

„Nun, das hab' ich erfahren, Propst," fiel der Fürst ein. „Sie wissen, ich habe sonst viel mit sogenannten Freigeistern verkehrt. Einige unter ihnen waren wirklich redliche Forscher und rechtschaffene Menschen, Andere waren durch das Licht der Aufklärung nicht erleuchtet, sondern geblendet worden. Sie hatten nicht die ganze, volle, reine Wahrheit empfangen. Sie waren ihren Lehrmeistern aus der Schule gelaufen und wollten sich nicht weiter unterrichten lassen. Sie wußten in der That nicht, was sie wollten und was sie thaten. Ich fand wenig Vernunft bei ihnen. Sie brüsteten sich mit ihrem Bischen Wissen, prahlten mit ihrem Unglauben und stritten unter einander über Dinge, von welchen Keiner eine richtige Vorstellung hatte. Einer von ihnen, der sonst in anderen Dingen ganz gesunden Menschenverstand hatte, befand sich wirklich in der Geistesnacht, welche Sie meinen. Er glaubte weder an Gott, noch Unsterblichkeit, spottete über die Bibel und hielt jede Religion für Unsinn und Aberglauben. Dabei glaubte er aber lächerlicher Weise an Gespenster und Geistererscheinungen, hielt auf Sterndeuterei und geheime Magie, war ein Tagewähler und ließ sich ins Geheim von einem alten Weibe seine Träume auslegen, die Karte schlagen und Kaffee gießen. Er wäre des Nachts nie über einen Kirchhof gegangen. Dabei war er unsittlich und roh. Auf seinem Sterbebette litt er die heftigsten körperlichen Schmerzen. Er schrie oder brüllte vielmehr so, daß man es Häuser weit hören konnte. Das Volk sagte: Jetzt hat ihn der Teufel bei den Ohren und reißt ihm die Seele aus dem Leibe. Er blieb übrigens bei Besinnung bis zum letzten Lebenshauch; allein kein Mensch hat ihm mit geistigem Zuspruch beikommen und auf vernünftige Gedanken bringen können. Er wollte Nichts hören und wissen, und starb, dem Tode fluchend, der ihm das süße Leben beneide."

Ebenso wahr als schön, fuhr ich fort, sagt in dieser Beziehung Lucrez: Solche Schrecken der Seele, solche Geistesnacht können nur Naturwissenschaft und Vernunftgebrauch vertreiben.

Hunc igitur terrorem animi tenebrasque, necesse est,
Non radiei solis, neque lucida tela diei
Discutiant, sed naturae species ratisque.

T Lucretii Cari L. L. d. rerum natura. L. III. 91—93. Wakef.

Man muß aber leider! mit einem unserer Dichter, ich glaube Haller, klagen:

Unselig Mittelding von Menschen und von Vieh,
Gott gab Dir die Vernunft, und Du gebrauchst sie nie.

Der Fürst stand auf, wir gingen nach dem See hinunter, wo uns eine Gondel aufnahm und nach dem gothischen Hause brachte.

Im Mai 1812 kam der König von Preußen, Friedrich Wilhelm III., mit dem Kronprinzen, des jetzt regierenden Königs Majestät, auf der Rückreise von Dresden, wohin ihn Napoleon hatte einladen lassen, nach Wörlitz. Der Herzog war darüber sehr erfreut und trug mir auf, in der Kirche anwesend zu sein, die Er Selbst dem Könige zeigen wolle. Ich brauche nur als stiller Zeuge da zu sein und solle einen tüchtigen Orgelspieler beschaffen, der die Orgel zu handhaben verstehe. Der König war sehr ernst. Er betrachtete das Innere der Kirche mit beifälliger Aufmerksamkeit. In der Nähe der Kanzel sagte er, sich zu mir wendend: „Ein Theil Ihrer Gemeinde kann Sie nicht sehen.“ Majestät, erwiderte ich, ich tröste mich mit dem Spruch: Selig sind, die nicht sehen und doch glauben. „Und doch,“ fuhr er fort, „der Glaube **will** auch sein Licht haben.“ Welch sinnvoller Ausspruch! Ihr Gläubigen unserer Tage, wer von Euch Ohren hat zu hören, der höre! Der Glaube **will**, **will** auch sein Licht haben.

Während die Allerhöchsten Herrschaften, vom Erbprinzen geführt, den Thurm bestiegen, blieb der Herzog mit mir in der leeren Kirche zurück. Wir setzten uns in einen der Weiberstühle. Der Herzog war in einer sehr trüben Stimmung. Bald senkte Er das schwerbeladene Haupt, bald hob Er es seufzend gen Himmel, woher Ihm Kraft und Muth kommen sollten. „Wir gehen finstern Tagen entgegen,“ hub Er an, „es gehen große Dinge vor. Gott allein kann helfen. Der Kaiser kann Alles, was er will, er wird uns noch Alle ruiniren.“ Und nun theilte Er mir Einzelheiten mit, sprach Befürchtungen aus und deutete auf geheime Pläne, die gegen Napoleon gerichtet seien, hin, daß ich erschrak und nicht wußte, was ich antworten, wie ich Ihn beruhigen sollte. „Wir gehen noch Alle zu Grunde,“ fuhr Er fort, „es mag kommen wie es wolle. Es bleibt uns nichts übrig, als zu schweigen und zu beten. Das empfehle ich Ihnen. Hören Sie, Schweigen und Beten. Wir wollen Gott vertrauen und uns vorbereiten.“ Er verließ sehr niedergeschlagen die Kirche.

Der Herzog war von Natur ein heiterer, jovialer Mann, recht lebensfroh und, wie man spricht, in seinem Gott vergnügt. Er liebte erweckliche Gespräche und lustige Anekdoten, konnte herzlich lachen und mit einem gewissen komischen Ernst in der scherzhaftesten Weise Seine Erlebnisse mittheilen. Er erzählte dann die pikantesten Anekdoten, theilte Scenen aus Seinem und anderer Personen Leben mit, wobei es nie an derben Ausfällen und spaßhaften Vergleichungen fehlte, beschrieb berühmte Männer und Frauen, die Er gekannt hatte, ihre Eigenheiten, Thorheiten und sonstigen Fehler mit einer so scharfen Feder und einer so treuherzig klingenden und doch muthwilligen Art, daß man die Person lebendig vor sich sah und oft wider Willen lachen mußte. Er lachte gewöhnlich etwas früher und setzte immer voraus, daß man das schon halb und halb wisse, was Er mittheilen wolle. Seine Ausdrücke und Redensarten waren, wie gesagt, derb und gesalzen, nur nicht eben attisch.

Doch kamen oft genug Tage und Stunden, wo Er

recht abgespannt und verdrießlich, übellaunisch und mürrisch war und leider! jedes Mal, wenn Er von Zerbst zurückkehrte. Er forderte von Seinen Körperkräften immer mehr, als sie leisten konnten, und strengte Sich in einer Weise an, die sich nicht mehr für Ihn schickte. Dann konnte man Ihm nichts recht machen. Er war mit Allem unzufrieden. Dann war schwer Umgehen mit Ihm. Jeder wich Ihm aus, der sich Ihm sonst unbefangen nähern durfte. Er hing den Kopf, sprach wenig, brummte vor sich hin, sah Jeden, als wenn Er etwas auf seinem Gesichte lesen wollte, starr an, und es kam mir dann vor, als wenn Er Sich dann vor Sich Selber schämte. Wir schwiegen dann auch. Das Gespräch stockte. Keiner wagte es, Ihn aus Seinen Träumereien zu wecken. Wir warteten auf Seine Rückkehr zu Sich Selbst.

Ich wußte recht gut, wie es mit Ihm stand und was in Ihm vorging. Ich hütete mich aber, Ihn auf andere Gedanken zu bringen. Er mußte Sich Selbst wiederfinden. Dahin kam es denn auch nach einigen Tagen. Er hatte Sich, wie Er wohl meinen mochte, mit Sich Selbst abgefunden. Dann wurde Er allmählig wieder heiter und gesprächig. „Nun Propst," rief Er dann plötzlich, „wie heißt Ihr Lieblingsspruch?"

Griesgram sieht Alles grau,
Freude malt grün und blau!

Er lächelte, wurde freundlich und sagte bald darauf: „Ich bin ein wahrer Griesgram, ein wahrer Sauertopf! Ihr wißt aber auch nicht, wo es sitzt." Ja wohl, Durchlaucht, nahm bei einer solchen Veranlassung der General Golz einmal das Wort; bleiben Sie hübsch in

Wörlitz und hüten Sie Sich vor dem Zerbster Bier! — „Hm," entgegnete Er, wie betroffen, im ziehenden Ton, „der Herr General belieben zu spaßen!" — Zu mir sagte Er, als ich mit Ihm allein war: „Der General will mich hofmeistern." Der General, erwiderte ich, meint es gut mit Ihnen, wie wir Alle, Durchlaucht! Bleiben Sie nur in Wörlitz, wo Sie keinerlei Anfechtungen ausgesetzt sind. „Ihnen, meinem Beichtvater," setzte Er ernstlich-milde hinzu, „muß ich freilich stille halten. Ihr habt aber doch Recht."

War indeß Seine Verdrießlichkeit und Sein Kummer die Folgen lästiger Regierungsangelegenheiten, politischer Befürchtungen und sonst unangenehmer Vorfälle, dann war sie auch ganz anderer Art. Er sprach Sich dann aus, theilte Sich mit, beklagte Sich, wurde sogar oft weinerlich und suchte uns in Sein Interesse zu ziehen und unsere Theilnahme rege zu machen. Dann wurde das Gespräch ernst, beruhigend, wo möglich beschwichtigend. Wir nahmen lebhaft Theil an dem, was Ihm begegnet war, wir stellten Ihm Manches in ein besseres Licht, theilten entweder Seine Befürchtungen, oder bemüheten uns, sie zu mildern, billigten Seine Pläne und Absichten, entschuldigten oder rechtfertigten die Personen, welche Ihm Verdruß gemacht hatten, beriefen uns auf Seine bewährte Regierungsweisheit, auf Seine lange Erfahrung, sprachen von der glücklichen Wendung, welche die Dinge noch nehmen könnten und trösteten Ihn endlich damit, daß wir überzeugt wären, Er könne nicht kleinmüthig werden und verzagen, da Er Sich ja mit Leib und Seele Gott ergeben und Sich und Sein Land unter den Schutz des allmächtigen und allweisen Regierers der

Welt gestellt habe. Das wirkte dann immer auffallend, Er trat gleichsam wieder in die Jahre Seiner vollen Kraft, Seines Muthes, Seiner Besonnenheit, Seines Gottvertrauens zurück. Er ermannte Sich, wurde nach und nach heiter und milde gegen die, welche Ihm etwas nicht recht gemacht hatten, betrachtete die Zeitumstände aus dem richtigsten Gesichtspunkte und nahm Sich vor, ihre Entwickelung ruhig, aber darauf vorbereitet, abzuwarten und Sich gegen die Unfälle des Lebens, die Ihn in Seinen alten Tagen drückten, zu waffnen und sie als Schickungen und Fügungen Gottes anzusehen. Es waren für mich die seligsten Augenblicke, wenn ich Ihn so mit Gott, mit Sich Selbst und mit der Welt wieder versöhnen und wie ein herangewachsener Sohn den Unmuth, den Trübsinn und das Mißtrauen meines alten guten Vaters durch die Religion verscheuchen konnte.

Der Herzog war ein außerordentlicher Kinderfreund, stets freundlich und leutselig gegen Kinder, scherzte mit ihnen und neckte sie auch wohl. Die Kinder hatten auch keine Furcht vor Ihm, was wohl auch daher rühren mochte, daß die Aeltern, Ihm mit treuer Liebe ergeben, ihnen keine Furcht vor Ihm einflößten. Er nannte sie junge Bäume, die man frei und lustig aufwachsen lassen müsse, wenn sie gedeihen sollten, wobei man denn doch auf sie achten und zur rechten Zeit in Zucht nehmen solle. Wenn sie ihren Erziehern zu nahe ständen und diese ihnen auf Tritt und Schritt folgten und sie immer an den Händen hätten, so erginge es ihnen, wie den Bäumen, die man mit Wurzel und Stamm zu stark an die Pfähle bände. Sie würden unten faul und oben abgerieben. So nähmen auch Kinder und junge Leute die Eigenheiten, Unarten und selbst grobe Fehler ihrer Erzieher an, welche unaufhörlich mit ihnen zusammenlebten, gleichsam an ihnen klebten. Meinen ältesten Sohn, einen lebhaften Knaben von fünf oder sechs Jahren, hatte Er oft bei Sich im gothischen Hause, wo derselbe herumspringen, sich verstecken, des Herzogs Hut aufsetzen, auf Seinem Stocke reiten, von Seinen Anieskuchen naschen und sich auf die Stühle legen durfte. Wenn ich ihm dann Einhalt thun wollte und Verweise gab, so sagte der Herzog: „lassen Sie ihn doch, das macht mir Spaß. Wenn sie ihn immer einschüchtern wollen und ängstlich machen, dann werden sie ihn nie kennen lernen.“ Oft nahm Er ihn auch in Seinen Wagen von der Straße mit, ohne daß wir wußten, wo der Junge geblieben war. Wir ließen ihn ängstlich suchen und erfuhren erst durch fremde Leute, daß der Herzog ihn mitgenommen habe. In Schandau, wo ich mit dem Herzog im Bade war und wohin ich meinen Sohn mitgenommen hatte, verkroch sich derselbe einmal zwischen des Herzogs Beinen, als der Herr von Rode, der den wilden Burschen nicht leiden mochte, in das Zimmer trat. Der Herzog klammerte den Knaben fest an und rief ihm zu: „Sei nur ruhig, Bernhard, Rode thut dir nichts, er hat dich recht lieb.“

So dachte Er von Kindern, so behandelte Er sie, wenn sie Ihm nahe kamen. Er sah sie freundlich an, tippte sie, wenn Er Eins auf der Straße begegnete, auf den Kopf, fragte nach ihrem Namen, oder nach dem Namen ihrer Aeltern. Es war Ihm höchst ärgerlich, wenn sie bei jeder Gelegenheit hart gezüchtigt und geschlagen wurden.

„Die Kinder werden meist dumm geschlagen," sagte Er. Sie werden dadurch so harthörig, daß sie, auch erwachsen, dann erst gehorchen, wenn sie geschlagen werden." Als Er von einem Förster hörte, der ein Kind, einige Tage alt, schon in der Wiege mit der Ruthe gepeitscht und ein anderes größeres zur Treppe hinunter geworfen habe, daß es den Arm gebrochen, rief Er ganz erzürnt: „Der Kerl ist ein Heuochse; er verdient gar nicht unter Menschen zu sein." An Müttern, die viele Kinder geboren hatten, hatte Er großes Wohlgefallen, und Er freuete Sich allemal herzlich, wenn Er hörte, daß in einem mit Kindern gesegneten Hause eine gute Erziehung herrsche. Unreinliche Kinder waren Ihm ein Greuel. „Das sind und werden Hofmeier's Madensäcke," sagte Er.*)

Das Unterrichts- und Erziehungswesen blieb Ihm die Hauptsache vom Anfang bis zum Ende; es war der Mittelpunkt aller Seiner Bestrebungen. Der ganze Mensch sollte gebildet und zu dem herangezogen werden, was er sein solle und was aus ihm gemacht werden könne. Die Kirche habe die Aufgabe, das zu thun und zu bewerkstelligen. Sie habe aber nicht immer und nicht überall diese ihre Aufgabe gelöst. Auch sei ihr der Staat hier und da in den Weg getreten und habe ihre Wirksamkeit gelähmt. Der Mensch solle im Christenthume durch die Religion zum wahren Menschen gemacht werden, im Sinne und Geiste Jesu und der Apostel, die die Absicht ihres Meisters wohl gekannt und verstanden hätten. „„Nennt Euch, Ihr Herren Geistlichen, wie Ihr

---

*) Der vormalige Archidiakonus Hofmeier in Deßau nannte in seinen Predigten die Menschen „Madensäcke"; nach Luther.

wollt, Priester, Seelsorger, Pfarrer, Pastoren, Diener des göttlichen Wortes, — Volkslehrer, Volkserzieher, sollt Ihr sein. Das ist Eure ganze, große Bestimmung. Ihr habt viel Miethlinge unter Euch, welche die Heerde vernachlässigen, wenig treue Hirten, welche sich ihrer annehmen und für ihr wahres Heil Sorge tragen. Würdige und brauchbare Bürger für Erde und Himmel zugleich sollt Ihr aus den Menschen machen. Wer hier nicht tüchtig ist und nichts taugt, kann dort nicht gebraucht und angestellt werden. Schon an der Wiege solltet Ihr stehen, wie am Sterbebette; Ihr solltet Rathgeber bei Verlobungen, wie Tröster bei Begräbnissen sein — überall Erzieher zur Weisheit, zur Wahrheit, zur Tugend, zur Menschenfreundlichkeit, zur Freiheit. Die Aufklärung des Geistes, die Reinigung des Herzens, die Kräftigung des Willens, das sei Euer Geschäft. Ganganelli (der Pabst Clemens XIV.) hat in seinen Briefen*) eine vortreffliche Anweisung zur Erziehung der Jugend gegeben, die man in der katholischen Kirche nur nicht allgemein befolgt. Das kann man sich erklären. Die Jesuiten haßten ihn und wollten seine Maximen nicht gelten lassen. Und Jesuiten haben wir auch in unserer Kirche.""

Der Herzog war mit den Unterrichts- und Erziehungs-Maximen Rousseau's, Basedow's, Tillich's, Pestalozzi's und der Lancasterschen Methode ganz vertraut, und hatte Sich daraus ein System gebildet und mit dem Geiste des Christenthums in Verbindung gebracht, das einem Pädagogen von Fach Ehre gemacht haben würde und mich wirklich in Erstaunen setzte. Ich kann daher dem edlen

*) Diese Briefe sind nicht von Clemens XIV.

Großherzog von Weimar nicht ganz beistimmen, wenn er Ihm bei Seiner derben Sinnlichkeit alle Fähigkeit zur Abstraktion abspricht. Er gab Sich freilich nicht viel mit Theorien ab und ließ sie bald bei Seite liegen; denn Er wollte Alles gleich praktisch haben und ausgeführt sehen. Aber Er sonderte doch scharf ab, und bildete sich Begriffe so gut wie ein schulgerechter Philosoph. Ich habe viel von Ihm und Seinen Gesprächen mit Niemeyer, denen ich theils beiwohnte, theils von Niemeyer selbst darüber berichtet wurde, gelernt und habe mit Verwunderung wahrgenommen, wie belesen der Herzog in pädagogischen Schriften war, wie leicht Er Sich Alles aneignete, wie klar und sicher Er über Alles sprach, wie frei und selbstständig Er neue Ideen und Gedanken beurtheilte und zur Diskussion brachte. — Niemeyer, den Er zuerst in Rekahn bei dem Herrn von Rochow kennen gelernt und zu öfteren Besuchen eingeladen hatte, galt in dieser Beziehung viel bei Ihm, Er sah ihn immer gern in Wörlitz und unterhielt sich oft Stunden lang mit ihm über Erziehung des Menschen durch Religion. Er hatte von dem Einflusse einer religiösen Denkart auf den ganzen Menschen und sein Thun und Lassen die geläutertesten Begriffe und war der Ansicht, daß aller Unterricht, wo möglich, durch Religion eine höhere Weihe erhalten müsse.

Bei dieser menschenfreundlichen Gesinnung und bestimmten Richtung des Herzogs in Verfolgung Seines Zwecks, konnte ich denn auch gewiß und sicher sein, daß Er mir Bitten im Interesse der Kirchen und Schulen, die Er für Erziehungsanstalten erklärte und als solche betrachtet wissen wollte, nie abschlagen würde. Denn Kirchen und Schulen lagen Ihm ja am Herzen, ihre Erweiterung, wie ihre Wirksamkeit.

Als ich Ihn daher auf den Uebelstand aufmerksam machte, daß in Wörlitz Knaben und Mädchen noch in derselben Schule beisammen wären, die Menge der schulpflichtigen Kinder nicht mehr Raum habe und das Zusammendrängen beider Geschlechter doch zum Unheil ausschlagen müsse, auch für den Unterricht in weiblichen Arbeiten noch gar nicht gesorgt sei, und daher eine besondere Mädchenschule sich als ein recht fühlbares und dringendes Bedürfniß herausstelle, ging Er sogleich auf meinen Vorschlag, eine Mädchenschule in Wörlitz zu errichten, ein, setzte aber bedauerlich hinzu: „Es fehlt nur an Geld, Propst; wir müssen sparen und sammeln.“ Ich kenne ein Auskunftsmittel, Durchlaucht. „Nun, wie denn?“ — Erlauben Sie mir, der Frau Herzogin die Sache vorzutragen und um ihren Beistand und Beitrag zu bitten. Wenn Sie dann nur die Baulichkeiten übernehmen, das Uebrige hoffe ich von der Frau Herzogin zu erlangen. — „Nun ja, thun Sie das; gehen Sie aber erst zu meinem Sohn, der dann mit mir drüber sprechen wird. Stellen Sie ihm die Sache ja recht beweglich und dringend vor.“

Mittlerweile hatte sich der damalige Kantor Schmelzer, dem ich gelegentlich meinen Plan zu einer Mädchenschule in Wörlitz mitgetheilt, unbefugterweise, und, wie ich zu vermuthen alle Ursache habe, von dem Superintendenten Dr. Häfeli in Bernburg, dem Herzensfreunde der Herzogin, der dem Schmelzer wohl wollte, unterstützt, herausgenommen, einen Schulplan für eine zu gründende Mädchenschule in Wörlitz der Herzogin vorzulegen und seine beiden Töchter zu alleinigen Lehrerinnen an derselben vorzuschlagen. Die Herzogin hatte den Schulplan dem Herzoglichen Konsistorio zugefertigt, das mir denselben zur Begutachtung mittheilte. Mir war diese Einmischung des Schmelzer sehr unangenehm, dem Herzoge höchst ärgerlich. „Schmelzer," sagte Er, „hat freilich früher als Sie den Weg ins Holz gefunden. Was wollen wir aber mit seinen Töchtern anfangen? Sehen Sie zu, wie Sie die Karre wieder aus dem Sumpf ziehen. Ich kümmere mich nicht weiter darum, da wahrscheinlich Häfeli dahintersteckt. Machen Sie die Sache, die Schmelzer für sich ausbeuten will, mit dem Erbprinzen aus." — Der Erbprinz erklärte mir aber unumwunden, daß die Schmelzerschen Töchter schlechterdings angestellt werden müßten und wenn die ganze Schule darüber zu Grunde gehen solle. Seine Mutter sei eigensinnig und bestehe auf ihren Kopf, besonders wenn Häfeli den Plan gebilligt haben sollte. Sie würde eher wieder aus dem Lande gehen, was durchaus vermieden werden müsse. Auch der Privatsekretair der Herzogin, der Rath Wagner, sagte mir, die Herzogin bestehe auf die Anstellung der Schmelzerschen Töchter und würde ihre Hand von der Schule abziehen, wenn ihr nicht gewillfahrt würde. Ich möge mich also nicht länger weigern und mich dem Willen der Herzogin unterwerfen.

Die Schmelzerschen Töchter waren recht gute, stille und bescheidene Mädchen; allein ohne Sicherheit, Selbstvertrauen und Methode und noch viel zu jung, als daß sie der neuen Schule hätten vorstehen und Segen bringen können. Sie hatten zwar unter Leitung ihres Vaters schon einigen Unterricht in der bisherigen Knabenschule gegeben, fühlten aber wohl selbst ihre Untüchtigkeit, was aus der Aengstlichkeit und Befangenheit hervorging, womit sie ihn zu geben pflegten. Auch konnten sie dem Muthwillen und der Widersetzlichkeit der mit ihnen herangewachsenen älteren Mädchen, die in die erste Klasse kommen sollten, wie sich nachher auch auswies, nicht gebieten, denn sie hatten unter der strengen Zucht ihres Vaters nicht herrschen gelernt, wo sie sich zeigten, sondern bloß sklavisch gehorchen.

Ich entwarf nun einen andern Schulplan und legte ihn der Herzogin mit der Bitte vor, Ihre Königliche Hoheit möchte die Anstellung der Schmelzerschen Töchter vorläufig auf zwei Jahre genehmigen. Ich selbst wollte den Religionsunterricht übernehmen, in den übrigen Unterrichtsstunden täglich zugegen sein und den Lehrerinnen noch einige Anleitungen geben, übrigens von Zeit zu Zeit Bericht abstatten.

Die Frau Herzogin ging darauf ein, dankte mir, daß ich selbst den Religionsunterricht ertheilen und den Schmelzerschen Töchtern forthelfen wolle, und erwartete monatlich kurzen Bericht. Die Schule wurde am 1. August 1811 eröffnet. Es kam und ging Alles so, wie ich es vorausgesehen und befürchtet hatte. Ich verlor viel Zeit, fast alle Geduld, hatte unsägliche Verdrießlichkeiten zu ertragen und tagtäglich Streit zu schlichten.

Noch in demselben Jahre, am 11. October 1811, starb die Herzogin in Deßau. Nun bekam ich freie Hand. Die Schmelzerschen Töchter fügten sich darin, gegen eine hinlängliche Entschädigung, ich glaube von 50 Thalern für Jede, ihre Stellen niederzulegen. Der damals tüchtige Schullehrer Braune in Horstdorf wurde mit seiner Frau, die den Unterricht in weiblichen Arbeiten, wozu sie sehr befähigt war, zu geben hatte, angestellt. Die Schule blühete nun erst zu meiner und der Aeltern Zufriedenheit auf.

Der Herzog erkundigte Sich oft nach der Schule und

freuete Sich, wenn meine Berichte günstig lauteten. „Sie können glauben," sagte Er einst bei einer solchen Veranlassung, „es wäre nichts aus dem Dinge geworden, wenn wir nicht nachgegeben hätten. Sie sehen, was dabei herauskommt, wenn sich Leute in unsere Angelegenheiten mischen, die sie eigentlich nichts angehen. Lernen Sie also künftig hübsch schweigen und lassen Sie Keinem von dem, was wir vorhaben, ehr etwas merken, als bis die Frucht reif ist, und Niemand uns was in die Blüthe werfen kann."

Man hat dem Herzoge Unbeständigkeit in Seinen Freundschaften vorgeworfen, daß Er oft plötzlich gleichgültig gegen Seine treuesten Anhänger geworden sei, daß Er nicht selten Seine eifrigsten Diener und Beamten zurückgesetzt und Sich nichts aus ihnen gemacht habe. Das ist freilich nicht ganz zu leugnen, aber leicht zu erklären. Die Freundschaften der Fürsten unter sich selbst lösen sich gewöhnlich bald wieder auf; wo sich die Politik einmischt, kann Freundschaft nicht bestehen. Ihre Freundschaften mit Personen, die ihnen untergeordnet sind, mit Fremden, die in ihre Nähe kommen, oder die sie zu sich rufen, mit ihren Beamten und Dienern, die sie zu ihren Unterthanen rechnen, können darum keinen Halt haben, weil, wenn auch die Gleichheit der Gesinnungen und der Absichten vorhanden sein sollte, doch die Ungleichheit des Standes und des Herkommens, der Sitten und Gewohnheiten, hinderlich sind. Da, wo es immer ungewiß ist, ob Einer dem Andern dieselbe Selbstständigkeit und Freiheit, dieselben Ansprüche und Rechte, unbefangenen Austausch der Gesinnungen, Gefühle und Gedanken, zugestehen wird und wo es schwierig bleibt, zu sagen, was man von dem Andern denkt, vertragen kann und erwartet, kann von Freundschaft im wahren Sinne des Wortes gar nicht die Rede sein. Drängt sich nun vollends die Macht, auch wenn sie in den Händen der Liebe ist, in das Verhältniß, muß der Eine Theil wenigstens stets auf sie Rücksicht nehmen, so entsteht eine gewisse ehrfurchtsvolle Scheu, welche den freundschaftlichen Verkehr außerordentlich peinlich macht. Man sagt, Fürsten haben keine Freunde und will das wohl auch durch das Sprüchwort ausdrücken: mit Fürsten ist kein gut Kirschen essen! Das ist indessen nicht ganz wahr. Die Fürsten haben wohl Freunde; aber *sie selbst* können nicht immer Freunde sein. Sie werden dem rein Menschlichen, worin die wahre Freundschaft ruhet, zu sehr entfremdet, sind von denen, welche sich ihnen in Liebe nahen wollen, zu weit entfernt, werden zu oft gemißbraucht und mißtrauisch gemacht, als daß es ihnen leicht werden und gelingen könnte, sich selbst zu entäußern, herabzustimmen und herabzulassen, sich anzuschließen und unbedenklich hinzugeben und Bündnisse einzugehen, bei welchen ihre Würde und Hoheit nicht weiter in Rechnung gebracht werden. Man möchte sie oft umarmen und an sein Herz drücken, man wagt es nicht, denn es steht eine Scheidewand zwischen ihnen und uns aufgerichtet, die wir nicht niederreißen können, und dieselbe Scheidewand ist es, die sie stehen lassen müssen, eben weil sie Fürsten sind.

Der Herzog war der Freundschaft fähig und empfänglich, das sieht man an Seiner innigen Verbindung mit dem Herrn von Erdmannsdorf, einem Manne, der sich durch jede Art von Vortrefflichkeit auszeichnete und würdig war, der Freund eines Fürsten zu sein. Und dennoch wurde dies schöne Bündniß, ich will nicht sagen zerrissen, doch locker gemacht bei einer Gelegenheit, wo der Herr von Erdmannsdorf ein freisinniges Gutachten abgab und von dem Rechte eines treuen Freundes Gebrauch machte. Die freundschaftlichen Verbindungen mit dem Großherzoge von Weimar, mit Göthe, dem General von Golz, dem Geheimen Rath von Rode, erkalteten und lösten sich allmählig auf, woran wohl die Zeitumstände, Politik, weiblicher Einfluß, auch wohl eine gewisse Eigenwilligkeit und Gereiztheit von beiden Seiten die Schuld tragen mögen. Dabei ließ aber der Herzog, wenn von solchen Verbindungen die Rede war, nie Entrüstung, noch weniger Erbitterung spüren. Kam Er aber auf den Herrn von Erdmannsdorf zu sprechen, dann klagte Er, ihn einigermaßen verloren zu haben, Sich Selbst an, Er seufzte und es traten Ihm Thränen in die Augen. So sehr hatten sie sich geliebt!

Ich selbst nun konnte unter den Umständen und Verhältnissen, unter welchen ich in Wörlitz mit dem Herzoge lebte, am allerwenigsten darauf rechnen, lange in Gunst zu bleiben und eine Ausnahme von der Regel zu machen, so vorsichtig ich mich auch benahm und so sehr ich auch Alles vermied, was Ihn hätte mißtrauisch machen und wider mich einnehmen können. Ich konnte mich auch mit den Männern, die als Freunde Ihm nahe gestanden und von Ihm doch versäumt worden waren, gar nicht messen. Meine Verbindung mit Ihm war zwar von Seiner Seite immer offen, theilnehmend, freundlich und nachsichtsvoll, wie die eines Vaters zu seinem Sohne, konnte aber meinerseits nie so innig, unbefangen und vertraulich werden, wie es bei der

Freundschaft verlangt wird. Das verbot schon die Ehrfurcht, die ich vor Ihm hegte, und die Rücksicht, die ich auf Sein Alter, Seine Würde und Seine Umgebungen, die mir doch Zwang auflegten, zu nehmen hatte. Ich muß aber zu meiner Freude und Genugthuung gestehen, daß es wohl zuweilen zu Mißverständnissen und kleinen Mißhelligkeiten kam, aber nicht zu einem förmlichen Bruche, der mich höchst unglücklich gemacht haben würde. Ich werde hier einige Beläge geben, die Seine Rechtschaffenheit, Seine Biederkeit und edle Gesinnung in das schönste Licht stellen.

Einst gerieth ich mit Jemand über Tafel wegen einer unbilligen Zumuthung, wonach ich auf gewisse Rechte der Propstei zu Gunsten der Brauerschaft in Wörlitz etwas aufopfern sollte, in Streit; wir wurden hitzig und sagten uns unangenehme Dinge. Der Herzog schwieg. Um meinen Gegner gehörig zu fassen und zur Besinnung zu bringen, machte ich ihn auf sein Benehmen im Jahre 1806 beim Einbruch der Franzosen in das Land aufmerksam, wo er auch sein Recht als Freihausbesitzer nicht habe aufgeben und schlechterdings nicht habe bequartirt sein wollen. Dadurch verschlimmerte ich aber die Sache noch mehr. Mein Gegner schimpfte nun auf die Herzoglichen Behörden in Deßau, die ihm absichtlich und aus Haß übermäßig die höchsten französischen Officiere ins Haus gelegt und so ums Geld gebracht hätten. Ich hatte nun nicht bloß mich, sondern auch die Herzoglichen Beamten, die meine Freunde waren und ganz angemessen gehandelt hatten, gegen Anmaßungen und Verunglimpfungen zu vertheidigen. Unsere Erbitterung stieg und ich mußte mir Vorwürfe über meine „vornehmen Freundschaften in Deßau machen lassen, die mich nur zum Hochmuth verleiteten." Plötzlich schlug der Herzog, der bis dahin ganz ruhig zugehört hatte, mit dem Messer, das Er heftig ergriffen hatte, auf die Tafel und rief mit starker Stimme: „Haltet das Maul, alle Beide!" Wir verstummten; die Tafel wurde bald aufgehoben und mein Gegner ging mit den Worten bei mir vorüber: „Das will ich Ihnen gedenken!" — Ich wollte auch gehen, indessen befahl mir der Herzog zu bleiben, um mit Ihm nach Vockerode zu fahren, wo Er wegen eines möglichen Durchbruchs der Elbe, da sich dort das Eis gestopft habe, die erforderlichen Anordnungen treffen wolle. Als wir in der Nähe von Rousseau's Insel kamen, so lange hatten wir stumm neben einander gesessen, fing Er wie gewöhnlich, wenn Er Etwas hatte, an zu brummen und zu knurren, und sagte denn mit eintöniger Stimme: „Ich weiß gar nicht, wie Sie sind. Sie wissen doch, ich will hier Ruhe haben und mich nicht ärgern. Sie sind ganz unverträglich und können Sich gar nicht mäßigen." — Gnädigster Herr, erwiderte ich, ich hätte den Streit gern vermieden; ich wurde aber dazu wiederholt herausgefordert. Ich hätte auch mich und meine Rechte, die ich Preis geben sollte, da ich sie doch von Ihnen empfangen habe und die der Propstei zustehen, gern aus dem Spiele gelassen. Als aber mein Gegner Ihre Beamten verunglimpfte und beleidigte, und Sie Selbst fortwährend schwiegen, so glaubte ich, um bei Ihnen nicht in den Verdacht zu kommen, als gäbe ich meinem Gegner in seinen Verdächtigungen Ihrer Behörden Recht, sie, die zugleich alle meine Freunde sind, vertheidigen und vertreten zu müssen. — „Nun, ich muß mir ja auch Alles gefallen lassen," fuhr Er fort. — Mit Ihnen ist es doch anders,

Durchlaucht, nahm ich das Wort. Sie brauchen das nicht zu leiden und können sofort, wie heute, Stillschweigen auflegen und das Maul verbieten. — „Nun, das war freilich stark, Propst," setzte Er beruhigend hinzu, „es war mir gleich leid. Es soll nicht wiedergeschehen. Halten Sie nur Ruhe. Sehen Sie zu, daß Sie Sich bald wieder vertragen. Ich kann das Maulen in meiner Gegenwart nicht leiden."

Doch die Folgen dieses, vielleicht unvorsichtigen Streites blieben nicht aus. Ich möchte mich gern irren, allein ich glaube doch annehmen zu dürfen, daß mein erbitterter Gegner mir wohl etwas eingebrockt hatte. Die Sache verhält sich folgendermaßen. Nach dem Tode der regierenden Herzogin traf ich einst den Herzog im Hause der Frau von Bäringer. Er ging von da mit mir nach der nicht weit davon entfernten Wohnung des Herrn von Matthisson. Auf dem Wege dahin bat ich Ihn, mir die Schlüssel zur Bibliothek der Herzogin ausreichen zu lassen und zu erlauben, daß ich die Bücher durchsehen und benutzen könne. „Das ist meine Sache nicht," antwortete Er, „Friedrich ist der Erbe. Gehen Sie zu dem, er wird Ihnen Ihren Wunsch gern gewähren." — Nach einigen Wochen wollte ich mich deshalb persönlich an den Erbprinzen wenden, ging aber zuvor zum Herzog, der im gothischen Hause an der Gicht krank lag, theilte Ihm die Absicht meiner Reise nach Deßau mit und fragte, ob Er an den Erbprinzen oder sonst etwas zu befehlen habe. „Sagen Sie meinem Sohne," erwiderte Er, „daß ich große Schmerzen gelitten hätte, mich aber in der Besserung befände. Glückliche Reise!" Der Erbprinz nahm mich, wie immer, sehr freundlich an, gewährte mir meine Bitte und unterhielt sich wohl noch eine Stunde mit mir angelegentlich über die Mädchenschule in Wörlitz und andere Wörlitzer Zustände. Als er mich verabschiedete, trug er mir auf, dem Herzog zu sagen, daß er nach Wörlitz kommen würde, wenn der Herzog es beföhle.

Kurz darauf, nachdem der Herzog wieder genesen war, veränderte Er plötzlich Sein bisheriges Wesen gegen mich. Ich wurde nicht zur Tafel geladen, Er besuchte mich nicht mehr, kam nicht in die Kirche, drehete den Kopf, wenn Er vor meiner Wohnung vorbei ritt, ging oder fuhr, nach der entgegenstehenden Seite, kurz, that ganz kalt und ungnädig. Da ich mir Seinen Unwillen gar nicht erklären konnte und in meinem bisherigen Verhalten nichts fand, was Ihn hätte gegen mich aufbringen können, so beschloß ich, Seine Erklärung abzuwarten, mich ebenfalls entfernt zu halten und nichts zu thun, was Ihn hätte auf den Gedanken bringen und argwöhnen lassen können, ich fühle meine Schuld und Er habe ein Recht, mich ein Wenig zu strafen. So verging fast ein ganzer Monat. Seinen nächsten Umgebungen war aber doch diese Entfremdung höchst unangenehm. Sie drangen daher mehr als einmal und immer lebhafter in mich, den Herzog wieder zu begütigen und den ersten Schritt zur Versöhnung zu thun. Man wisse gar nicht, was vorgefallen, der Herzog sei gewiß geneigt, Sich mit mir zu verständigen, Er zürne übrigens gar nicht ernstlich; das wäre nur so Seine Art zu handeln, wenn Er gegen Jemand Etwas hätte, das Er für Sich behalten und Niemand mittheilen wollte. Ich konnte mich aber lange nicht entschließen, Ihm entgegen zu kommen, da ich durchaus nicht als Schuldiger erscheinen wollte, der ich in der That auch nicht war, und Verwickelungen fürchtete, die, wie ich alle Ursache hatte zu vermuthen, Ihm weit unangenehmer sein mußten als mir selbst. Ich begegnete Ihm einige Male auf der Jagd, wo Er zwar ziemlich milde aussah und mich, als ich eine falsche Spur verfolgte, zurecht wies, sonst aber kein Wort weiter mit mir wechselte. Es ward mir aber doch endlich unmöglich, in diesem peinlichen Zustande und längerer Entfernung von Ihm zu leben. Ich warf mir denn doch meine Halsstarrigkeit vor, die dem Verhältniß ganz und gar nicht angemessen war, und hielt es für schicklich und für eine Pflicht gegen mich selbst, mich Ihm zuerst wieder zu nähern und geradezu nach der Ursache Seiner Ungnade zu fragen. Ich verfügte mich eines Morgens nach dem gothischen Hause, wurde angemeldet und sofort angenommen. Er saß an Seinem gewöhnlichen Arbeitstisch, trocknete Sich die Hände ab und sah mich dabei ernst-bekümmert an. Ich komme, hub ich an, Ew. Durchlaucht meinen Kummer und Schmerz darüber auszudrücken, daß Sie mir zeither so auffallende Beweise Ihrer Ungnade gegeben haben, die ich wahrlich nicht verwirkt zu haben glaube. Ich habe mich und mein ganzes bisheriges Betragen lange und scharf geprüft und schlechterdings nichts gefunden, was den Unwillen Ew. Durchlaucht auf mich nur im Geringsten hätte hervorrufen können. Haben Ew. Durchaucht noch die einzige Gnade, mir zu erlauben, nach der Ursache Ihrer zeitherigen Ungnade gegen mich fragen zu dürfen. Ich bin mir nichts bewußt. — „So," erwiderte Er ernst, „Sie wissen von Nichts?" — Nein Durchlaucht! — „Sie wollen von Nichts wissen! Sie hängen mich an den Nagel." — Gnädigster Herr, das verstehe ich nicht. — „Sie laufen zu meinem Sohn und lassen Sich von dem eine Bitte erfüllen, die ich Ihnen eben so gut und noch lieber gewähren konnte. Habe ich Ihnen nicht schon den Schlüssel zur Gartenbibliothek gegeben? Beleidigt haben Sie mich dadurch nicht. Ich kann nie beleidigt werden. Allein Sie vernachlässigen mich!" Gnädigster Herr, erwiderte ich, halten Sie mir's zu Gnaden, Sie sind im Irrthum. Es kann Keiner treuer an Ihnen hängen als ich, Keiner Ihnen mit mehr Liebe zugethan sein als ich, Ihnen, meinem fürstlichen Wohlthäter und Gönner. Die Sache verhält sich ganz anders, als man Ihnen vielleicht vorgetragen hat. — „Ich lasse mir von Niemand etwas einreden, ich dächte, das wüßten Sie längst." — Alsdann, gnädigster Herr, haben Sie vergessen, wie sich Alles begeben hat und wie ich dazu gekommen bin, zu Seiner Durchlaucht, dem Erbprinzen, zu gehen und ihm eine Bitte vorzutragen, mit der Sie mich an ihn gewiesen haben. — Und nun erzählte ich Ihm den ganzen Verlauf der Sache. Er schien Sich zu besinnen, wurde immer freundlicher und milder und sagte endlich mit gerührter Stimme: „Nun, wenn es so ist, lieber Propst, so habe ich Ihnen Unrecht gethan. Ich vergesse manchmal. Wir wollen wieder, indem Er mir die Hand reichte, gute Freunde sein." — Ich dankte gerührt und mit kindlicher Hingebung, hütete mich aber wohlweislich, weiter in Ihn zu dringen, und nach dem wahren Urheber dieser Verdrießlichkeit zu fragen. Ich ahnte wohl aus Allem, daß Jemand, der mir nicht wohl wollte, meinem Besuch beim Erbprinzen eine falsche Deutung gegeben und Ursache haben mochte, mich mit dem Herzog zu verfeinden. Der Erbprinz selbst war, als ich ihm den Fall gelegentlich mittheilte, derselben Meinung. Thun Sie doch nur die Augen auf, sagte Er, Ihre Feinde sind Ihre Nächsten!

Sie haben aber doch Unrecht gethan, so lange zu warten, ehe Sie meinen Vater wieder ins alte Gleis brachten.

Der Herzog war indeß freundlicher als je, zeigte mir neue Bücher und Bilderwerke, erzählte mir politische Neuigkeiten, fragte nach meinen Kindern u. s. w., kurz es war nichts vorgefallen. Ich wich aber auch von da ab jedem Streite mit Andern, die in Seiner Nähe waren, aus, und bewahrte Ihm die Ruhe, welche Er haben wollte.

Es kam aber auch ein anderer Fall vor, wo der Herzog vollkommen Recht hatte, auf mich unwillig zu sein, und zwar aus väterlicher Fürsorge für mein Wohl und Wehe. Ich hatte mich nämlich verleiten lassen, während des Waffenstillstandes im Jahre 1813 in den Wald bis an die Elbe, Koswig gegenüber, wo Preußen und Kosaken standen, zu reiten. Auch war ich nachher mit dem Rektor de Marées über die Griesenschen Wiesen nach Deßau gegangen, um Neuigkeiten einzuziehen, indem wir mitten im Kriegstumulte von Allem, was außerhalb vorging, nichts sahen und hörten. Wir hatten uns bei neblichtem Wetter durch die Kosaken geschlichen. — Das hatte Er erfahren und machte mir deswegen die bittersten Vorwürfe: „Sie sind doch sehr unvorsichtig und wollen mir gar nicht mehr folgen. In den Wald zu reiten, auf Ihrem infamen Schimmel, der meilenweit 'gesehen werden kann. Sie konnten ja mit dem Rektor als Spione ergriffen, oder von den französischen Vorposten angehalten und festgenommen, oder bei Koswig todt geschossen werden. Denken Sie doch an Ihre Kinder, die keine Mutter mehr haben. Sie konnten Sich in Lebensgefahr und Ihre Kinder ins größte Unglück stürzen. Ihr Posten ist jetzt in Wörlitz. Da sollen Sie bleiben. Ich muß Ihnen wahrlich noch befehlen, in Wörlitz zu bleiben und keinen Schritt aus der Stadt zu thun. Folgen Sie mir doch. Versprechen Sie mir's." Er hatte Recht! Ich versprach Alles und verantwortete mich mit keiner Silbe; denn Er war sehr aufgebracht.

Von da ab blieb unser Verhältniß unverändert bis zu der Zeit, wo Er Sich von Wörlitz ganz zurückzog und auf dem Louisium bei Deßau eine Lebensweise begann, bei der Er Seine bisherigen Vertrauten nicht mehr zu Zeugen haben wollte. Da hörte es ganz auf. Ich sprach Ihn zum letzten Male in der Nähe der kleinen Fähre, als ich Ihn um Urlaub zu einer Reise nach Halle bat, wo ich wohl vierzehn Tage zu verweilen hatte. Er beklagte Sich über körperliches Leiden, bedauerte Seine Dienerschaft, der Er viel Last machen müsse, sprach indeß mit Ruhe von Seinem herannahenden Tode, den Er stündlich erwarte, und wünschte mir eine glückliche Reise. — Er reichte mir die Hand und sah mich dabei starr an, daß ich tief ergriffen wurde. Ich verließ Ihn weinend, und habe Ihn nicht wieder gesehen.

Sein Benehmen gegen Fremde, die Wörlitz besuchten, war ausgezeichnet, im höchsten Grade human und leutselig, welchem Stande sie auch angehören mochten. Schon in der frühesten Zeit Seiner Wirksamkeit hatte Er unzählige angezogen, die von Ihm gehört hatten. Er nahm Jeden wohl auf, ließ Sich mit Jedem in ein Gespräch ein, forschte nach seinem Herkommen und Treiben. Es war Ihm sehr unangenehm, wenn die Leute Ihm auswichen oder gar aus Furcht vor Ihm Sich versteckten. Menschen ganz geringen Herkommens, die Ihn nicht kannten und Ihn gutmüthig anredeten, stand Er gern Rede, nahm sie eine Strecke mit Sich und übergab sie dann einem der Gartenleute zur weiteren Führung. Er erkundigte Sich oft bei mir, ob Fremde dagewesen, ob ich Bekannte unter ihnen gefunden. Er fragte dann nach ihrem Namen und Wohnorte, nach ihrem Stand und Gewerbe. Er empfahl mir, sie gehörig zu berathen, von Allem, was sie sähen, genaue Auskunft zu geben, sie herumzuführen, und auf die Befriedigung ihrer Wünsche zu achten. Ich mußte Ihm bald diesen, bald jenen vorstellen. Waren es Gelehrte, Geistliche, Kaufleute, Oekonomen, so unterhielt Er Sich mit ihnen über ihr Vaterland, über gewisse hochgestellte Männer und Frauen daselbst, über den Zweck ihrer Reise, über die Zeitverhältnisse und andere Dinge, die sie wissen konnten, und worüber Er Belehrung wünschte. Sie gingen nie von Ihm ohne Ehrfurcht und Bewunderung, und schätzten sich glücklich, einen Fürsten gesehen und gesprochen zu haben, in dem sie die Ehre und Zierde der Menschlichkeit erkannten. — Sie wurden gewonnen, wenn sie Ihn sahen, mehr noch, wenn sie mit Ihm gesprochen hatten. Alle Herzen flogen Ihm zu und sie trugen Seinen Namen in ihre Heimath, aus der immer wieder neue Bewunderer Seiner Person und Seiner Werke herbeikamen. Zudringliche und eitle Menschen, die sich nur an Ihn drängten, um mit Seiner Huld zu prahlen, waren Ihm widerlich. Ein fremder Geistlicher, den ich Ihm vorstellen mußte, bat sich von Ihm ein Andenken, Sein Bildniß aus. Er schickte ihm zwar einige bedeutende Kupferstiche, sagte aber dabei: „solche Leute wollen wir uns doch künftig vom Halse halten.“

In der letzten Zeit der französischen Herrschaft jedoch

war Er weniger zuvorkommend gegen Fremde, vielmehr etwas scheu und bedächtig. Er hielt sie für Spione, die nur kämen, das Land auszukundschaften und sich die Leute zu besehen, besonders wenn sie von der westphälischen Seite herkamen. Wenn Er von einem Kommissair hörte, der in Deßau oder Wörlitz gewesen, so zog Er die Stirn in Falten. Mit Männern wie Eblé, Sebastiani, Bourgoing, Lemarois, machte Er eine Ausnahme. Diese hielt Er für rechtschaffene Leute. Die Unbefangenheit, Feinheit und Vertraulichkeit Seines Benehmens zogen sie bewundernswürdig an. Seine deutsche Treuherzigkeit gewann sie in wenigen Augenblicken. Bourgoing sagte mir, er kenne keinen Regenten unter den kleinen Fürsten Deutschlands, der so würdig wäre, ein großes Reich zu beherrschen, als der Herzog von Deßau. — Nur den Eroberer, Excellenz, suchen Sie nicht in Ihm. — Er erobert die Herzen, erwiderte er; Er weiß Fürstenwürde mit Menschenwürde zu vereinigen. Bei Seiner Freisinnigkeit und Humanität wird Er den Rechten und Ansprüchen keines Menschen zu nahe treten.

Hier kann ich nicht unterlassen, ein Gespräch des Herzogs mit dem General Lemarois in der Kirche zu Wörlitz mitzutheilen, an dem auch ich Theil nahm. Der General, damals Gesandter in Dresden, besuchte den Herzog. Der General war ein ruhiger, feiner und höchst liebenswürdiger Mann. Ich hatte ihn schon im Jahre 1806 in Deßau kennen gelernt, wo er bei mir im Quartier lag und mir gegen eine Karte von Deutschland eine dergleichen von Frankreich schenkte. — Der Herzog zeigte ihm auf sein Verlangen die Kirche, in der auch ich anwesend sein mußte. Der General verwunderte sich über die Einfachheit und Leere derselben. Als wir in der Nähe des Tisches standen, der bei uns die Stelle des Altars vertritt, rief der General: mais où est la Cène? Der Herzog machte ihm begreiflich, daß die Feier des heiligen Abendmahls an diesem Tische begangen und daß die Gefäße nach davon gemachtem Gebrauche wieder weggeschafft und aufbewahrt würden. — Et la St. Vierge? wandte der General sich zu mir. — Die heilige Jungfrau, Excellenz, erwiderte ich, ist uns kein Gegenstand göttlicher Verehrung. Wir achten sie hoch, als die Auserkorne, welche den Heiland der Welt unter ihrem Herzen getragen, als die treue Mutter, welche ihn in seiner Kindheit und Jugend bewacht und geleitet hat. Wir hängen der Lehre Kalvin's an. — Die Kalvinisten, unterbrach der General, sind Revolutionäre. — Sie waren aber auch die Unterdrückten, mein General. Die Revolution gab ihnen die Freiheit, fuhr ich fort. — Ach was, erwiderte er, die Freiheit ist eine Chimaire. Der Kaiser hat sie in ihre Gränzen zurückgebracht. — „Und doch General," nahm der Herzog das Wort, „ist die Freiheit das Kleinod aller Franzosen, in England die Mutter aller Großthaten der Nation." — Sie sind gewiß, sagte der General in der verbindlichsten Weise zum Herzog, der einzige Fürst, der auf dem Thron die Freiheit liebt.

Ich brauche nichts weiter hinzuzusetzen; der Herzog feierte einen Triumph über einen Anhänger des Kaiserreichs, wo die Freiheit damals in Ketten lag.

1813.

Instruktion.

Am 26. März 1813 in den Morgenstunden kam der Oberjägermeister von Harling, der dem Marschall Davoust, welcher mit seinem Corps die Elbe hinuntermarschirte, als Führer dienen sollte, zu mir und sagte mir im Namen des Herzogs, daß ich mich zu Hause halten solle, indem mich der Herzog in einigen Tagen zu Sich bescheiden werde und mir wichtige Dinge mittheilen wolle. Der Herzog kam nach einigen Tagen. Ich wurde auf das Schloß gerufen. Der Herzog saß in Seinem Lehnstuhl an einem Tische, wo Er beschäftigt war, von verschiedenen Briefen die leeren Blätter abzuschneiden. Er sah sehr ernst aus, etwas gedrückt zwar, doch schien er voll Fassung zu sein, was mich über Seine Stimmung beruhigte. Ich mußte mich Ihm gegenüber setzen. Er richtete den Blick gen Himmel, wie Er gewohnt war, wenn Etwas Sein Herz bewegte. — „Die Würfel," hub Er an, „liegen auf dem Tische, lieber Propst. Wir schweben in großer Gefahr, es kann Alles zerstört werden und verloren gehen. Ich bin deswegen herausgekommen, Sie zu instruiren. Ich verlasse mich auf Sie. Ich werde Sie vielleicht in langer Zeit nicht wiedersehen. Ich muß in der Stadt (Deßau) bleiben. Ich vertraue Ihnen hier die Stadt an, die Kirche, alle meine Gebäude. Bleiben Sie auf der Stelle; Sie dürfen nicht weichen und wanken, wie sich Einer meiner Beamten im Jahre 1806 hat beikommen lassen, der den Kopf verlor, in bloßen Strümpfen davon lief und die Leute im Stiche ließ. Stehen Sie Ihrer Gemeinde mit Rath und That bei. Sie sind so gut Ihre

Kinder wie die Meinigen. Suchen Sie Sich die Besten aus und sorgen Sie mit denselben für Alles, was Noth thut. Sie haben den Bürgermeister, den Stadtrichter, den Rektor, den Kantor. Auch kann Ihnen der Doktor Hartmann bedienstlich sein. Mit Schochen müssen Sie Sich öfters besprechen. Ich werde Ihnen, wenn es Noth thut, Pozzi'n schicken; der weiß am besten mit den Franzosen umzugehen. Zeigen Sie nur immer Muth und Beharrlichkeit. Die Franzosen respektiren die Municipalitäten mehr als Andere. Mit den Russen, besonders Kosaken, werden Sie freilich Ihre Noth kriegen, wenn die hierher kommen sollten. Wenn Sie an mich zu schreiben haben, so schreiben Sie ganz kurz, ohne alles Klagen, nur das Nothwendigste. Für Alles, was etwa gebraucht werden dürfte, ist gesorgt. Das überlassen Sie dem Amte und dem Bürgermeister. Seien Sie nur bei dem Bequartierwesen, bei Vertheilung der Portionen und Rationen, damit Alles ordentlich zugeht und Keiner über Bedrückung zu klagen hat. Sorgen Sie nur dafür, daß die Leute ruhig bleiben und Muth behalten. Wenn Zureden nichts hilft, dann können Sie auch einmal Strenge anwenden. Sie müssen Ihre Leute kennen und Einen durch den Andern im Zaume halten. Lassen Sie Sich mit Freund und Feind in keine Geheimnisse ein, warnen Sie auch Ihre Gemeinde öffentlich und sonst vor der Theilnahme an gefährlichen Unternehmungen, Verheimlichungen oder Spionieren. Halten Sie es nur immer mit dem, der da ist, ohne Sich weiter um seine Pläne zu bekümmern. Eine Anzahl Leute müssen Sie aber stets bei der Hand haben, die der Wege kundig sind, wenn Boten gebraucht werden. Verlangt man von Ihnen Auskunft über Dieses und Jenes, so müssen Sie stets bei der Wahrheit bleiben, gehörig zurecht weisen, ja nicht irre führen wollen, aber auch nicht zu viel sagen, nicht mehr als Sie wissen. Die größte Noth werden Sie mit einzelnen Kommissarien und untergeordneten Officieren haben. Die sind meist unverschämt und können nie genug kriegen. Hier können Sie nach den Umständen trotzen, ja sogar drohen. Wenden Sie Sich nur immer an die Intendanten, wenn die anwesend sind. Die haben noch Ehre im Leibe. Auch können Sie oft mit Geld etwas ausrichten, wie sich Alles am besten machen läßt. Vor allen Dingen müssen Sie darauf sehen, daß die Quartiere und Stallungen sogleich wieder gereinigt werden, wenn das Militair fort ist. Dadurch verhindern Sie Krankheiten und Seuchen bei Menschen und Vieh, wenn — hier seufzte Er tief — etwas übrig bleibt. Das Alles überlasse ich Ihrem augenblicklichen Ermessen. Glauben Sie mir, man bekommt Rath von oben, wenn man nur recht überlegt und ernstlich helfen will. Nehmen Sie nur ohne Aengstlichkeit Ihren Verstand, Ihre ganze Klugheit zu Hülfe, dann geht's."

Ich notirte mir mit Bleistift auf der Stelle, was ich nicht vergessen wollte, zitterte bei dem Gedanken an die nahe Zukunft, an die Gefahren, die uns droheten, an die Noth und Verlegenheiten, in die ich mit meiner hülflosen Gemeinde kommen mußte. Am folgenden Sonntage predigte ich über die Schriftworte: „schicket Euch in die Zeit, denn es ist eine böse Zeit," und führte schon in Ermahnungen, Warnungen und Rathschlägen einen Theil der Instruktion aus, die ich von meinem sorgenvollen und doch so väterlich sorgenden Herrn bekommen hatte.

Er umarmte mich, als Er nach Deßau zurückfuhr, väterlich, nahm mit tiefer Rührung Abschied, sah mit Wehmuth auf Seine nächsten Schöpfungen und empfahl mir noch einmal dringend mit thränenden Augen die Gemeinde, für deren Wohl Er bisher so theilnehmend gewirkt hatte. — Ich stand ganz betäubt da, ein Waise, der dem Vater nachweint.

Noch während des Waffenstillstandes hatte ich die Freude und den Genuß, den Geburtstag des Herzogs, den 10ten August, auf welchen die Feier des Geburtstages Napoleons, der auf den 15ten fiel, verlegt worden war, feierlichst begehen zu können. Die Franzosen machten große Anstalten dazu; ich und der Garteninspektor Schoch wurden von dem Adjutanten des Generals Gerard mehre Tage vorher geplagt, der Feierlichkeit von unserer Seite den größten Glanz zu geben. Es sollte eine kirchliche Feier sein, zu der eben der Adjutant, dessen Namen ich vergessen habe, unsere Kirche, wegen ihrer Einfachheit und da sie zu wenig Raum und nicht einmal einen Altar habe, nicht brauchbar fand. Wir schlugen daher eine Feier im Freien, auf den Griesenschen Wiesen vor, wo schon so oft der Geburtstag der Herzogin Louise mit herzlichstem Jubel begangen worden war, was der General genehmigte, der uns auch die weitere Anordnung überließ. Es ward demnach ein Altar von Rasen schnell errichtet, zu dem zwei Stufen führten und der mit Laubwerk und Blumen geschmückt wurde. Merkwürdig ist, daß dieser Altar mit dem Altartuch aus der reformirten Kirche, das nicht mehr in Gebrauch war, bedeckt, mit einem Kruzifix, das nicht fehlen durfte und das ich aus der lutherischen Kirche zu Rehsen borgte, geziert und durch zwei

Armleuchter, welche uns die jüdische Gemeinde zu Wörlitz lieh, und auf welchen am hellen Tage, bei der brennendsten Sonnenhitze, Wachslichter brannten, besetzt war. — So waren bei dieser Feierlichkeit drei ketzerische Konfessionen repräsentirt, nur die katholische nicht, welche der Adjutant vertreten wissen wollte. — Er mußte sich indessen mit dem begnügen, was wir beschaffen konnten, obgleich er nicht begreifen mochte, wie wir so ohne Ceremonien sein könnten. Nun bestand er noch darauf, daß Gesänge in lateinischer Sprache abgesungen werden sollten. Der katholische Geistliche in Deßau, an den ich deshalb schrieb, konnte mir aber nicht damit dienen, und da es den Franzosen einerlei sein konnte, ob ihnen etwas in lateinischer oder in deutscher Sprache, die sie beide nicht verstanden, vorgesungen wurde, so wählte ich den Lobwasserschen Lobgesang, dem am Ende noch unser: „Nun danket alle Gott," — beigefügt wurde, da der Adjutant an jenem Gesang nicht genug hatte.

Der Kantor Schmelzer mußte am bestimmten Tage das Amt abhalten und machte bei seinem gemessenen feierlichen Wesen seine Sache recht gut. Von Zeit zu Zeit mußte ich ihn, auf Andrang des Adjutanten, am Mantel zupfen, zum Zeichen, daß er sich umdrehen, das Gesicht gegen die Versammlung wenden und wie betend und segnend die Hände auseinander halten sollte. Die Truppen, die aus Wörlitz, Oranienbaum und den umliegenden Ortschaften zusammengezogen waren, bildeten ein großes, nach dem Altar hin offenes Viereck. Auf der linken Seite des Altars stand der General mit seinen Staabsofficieren und Adjutanten, auf der rechten Seite befand ich mich mit meinen eigends zu dieser Feierlichkeit eingeladenen Municipalen. So oft der

Kantor gegen die Truppen Front machte, schrien diese unter Trommelschlag und Tusch ihr Hurrah: „Vive l'empereur!“, wozu der General den Hut schwenkte und, laut sein „Vive l'empereur!“ rufend, das Zeichen gab. — Wir guten Deutschen hatten es gut und wurden mit unserm herzlichen: „Es lebe der Herzog von Deßau!“ weder gehört noch verstanden.

Nach beendigter Ceremonie machten die Truppen einige Evolutionen und marschirten in ihre resp. Quartiere zurück. Die, welche in Wörlitz und da herum standen, wurden auf dem Markt gespeist und hatten Abends bis in die Nacht hinein, bei anbefohlner Erleuchtung der Stadt, Tanz und Spiel. Im Gasthofe zum Eichenkranz war ein großes Diner arrangirt, wozu wir städtischen Behörden vom General eingeladen waren. Es ging gleich vom Anfange an sehr lebendig dabei her; die schön servirte Tafel kam bald, da Jeder herbeizog und zulangte, was und wie es ihm beliebte, in eine bunte Verwirrung, so daß man gleich Anfangs glauben mußte, man wäre schon am Ende. Jetzt erhob sich der General, ein volles Glas in der Hand. Allgemeine Stille. „Der große Mann,“ hub er an, „dessen Geburtstag wir heute feiern, ist nicht am 10ten, sondern am 15ten dieses Monats geboren. Er will aber, daß wir seinen Tag heute feiern. Am 15ten will er uns wieder zu Siegen führen, die sein Genie während des Waffenstillstandes vorbereitet hat. Franzosen ist dieser Waffenstillstand verhaßt, denn sie leben nur, wenn sie kämpfen und zu Siegen eilen. Der Held des Jahrhunderts, der Ruhm Frankreichs, will die Bahn nicht verlassen, auf der er die Herrschaft der Welt erringen wird. Auf dieser Bahn folgen wir ihm, damit Frankreich seine Bestimmung erfülle, Beherrscher des Erdkreises zu sein. Es lebe der Kaiser! Lange lebe der Kaiser!“ Ein donnerndes Hurrah mit Tusch fiel ein und wollte kein Ende nehmen.

Der General, der sich gesetzt hatte, erhob sich wieder: „Es trifft sich,“ sprach er, „daß der Geburtstag des Herzogs von Deßau, in dessen Lande wir uns befinden, auf den Tag fällt, wo wir den Geburtstag des Kaisers feiern. Nun ist es nicht schicklich, neben der Gesundheit des Kaisers noch auf die Gesundheit irgend eines andern Menschen ein Glas zu leeren. Allein, da der Kaiser dem Herzog von Deßau sehr zugethan ist, da der Herzog von Deßau ein ruhmvolles Mitglied des Rheinbundes ist, der unter dem Schutze des Kaisers steht, und da die Franzosen in diesem Lande durch die Fürsorge des Herzogs von Deßau so wohl aufgenommen und verpflegt werden, so kann ich es verantworten, wenn ich auf die Gesundheit eines Fürsten trinke, der seinen Unterthanen alle Segnungen der Civilisation zu bringen bemüht ist. Hoch lebe der Herzog von Deßau!“

Wir stimmten freudig ein. Dennoch verdroß mich die Rede. Ein alter holländischer Oberst, der neben mir saß, flüsterte mir zu: Nun ist die Reihe an Euch! Ich, vom Wein aufgeregt und, wie gesagt, ein wenig über die hochmüthigen Worte des Generals entrüstet, nahm mein Glas, stand auf und sagte: „Es hat mir und gewiß allen meinen Landsleuten, die die Ehre haben, an dieser Tafel zu sitzen, wohl gethan, daß Sie, mein General, die Gesundheit des Herzogs von Deßau ausgebracht haben, der der Gegenstand unserer tiefsten Verehrung und unserer innigsten Liebe ist. Ich lege auf die Freundschaft Ihres großen Kaisers gegen den Herzog von Deßau den größten Werth, und weiß, daß unser Land ihr viel verdankt. Möge sie fortwährend für unser Glück wirksam sein. Ich wage es, auf die Gesundheit des Kaisers dieses Glas zu leeren. Es lebe der Kaiser, **aber** zum Heile Frankreichs und des ganzen menschlichen Geschlechts!" Das Wörtlein aber (mais) schien die Franzosen doch frappirt zu haben. Auf allen Gesichtern bemerkte ich die verschiedenartigsten Empfindungen und Gefühle. Der General fixirte mich, stieß aber doch mit mir an. Der alte Oberst raunte mir ins Ohr: Gut! Das haben Sie recht gemacht.

Nach aufgehobener Tafel gingen wir zu den jubelnden Soldaten. Ich zog mich allmählig zurück, doch nicht ohne den Adjutanten, der mir außerordentlich ergeben war und mich in meine Wohnung begleitete, wo wir uns bei einer Flasche Wein, wobei die Flasche Wasser nicht fehlen durfte, hinsetzten und plauderten. Als die Lichter, wegen der Illumination, in die Fenster gesetzt wurden, stand er rasch auf und wollte sie wegschaffen. — Ach was, rief er, wozu das? Napoleon verdient das gar nicht. Nun, nun, erwiderte ich, sie werden auch für den Herzog von Deßau hingestellt. „Wissen Sie denn," fuhr er lebhaft fort, „daß die meisten von uns den Kaiser hassen? Nur die Polen lassen sich für ihn gern todt schlagen; und doch betrügt er sie so gut als uns Alle. Ich bin der letzte von sechs Brüdern, die er seinen Siegen geopfert hat. Auch mein Vater ist ein Krüppel. Meine Mutter muß mit meinen zwei Schwestern betteln. Der Kaiser ist ein Halbgott, halb Teufel und halb Mensch! Unsere Armee ist demoralisirt. Wir fechten nur noch, weil wir müssen, weil wir Franzosen sind."

Der Waffenstillstand ging zu Ende und die Mordschwerter wurden wieder aus der Scheide gezogen. Von nun an hörten Durchzüge und Einquartirungen von Truppen aller Völker, welche an dem entsetzlichen Kampfe Theil nahmen, nicht mehr auf. Franzosen, Italiener, Polen, Holländer, deutsche Hülfstruppen, sogar Spanier; ferner Russen, Preußen, Schweden drängten und schoben sich bald mehr, bald weniger hier zusammen, und verweilten bald längere, bald kürzere Zeit. Der übermüthige General Vandamme war auch einen Tag in Wörlitz, wo er die Holländer, welche das diesseitige Elbufer bewachten, besichtigte, in den Herzoglichen Gebäuden Beweise seiner brutalen Ungeschliffenheit gab, aber schon während der Tafel den Donner der Kanonen von Jüterbogk her hören mußte, und dann von hier aus seinem verdienten Schicksale bei Kulm schnell entgegeneilte.

Hierauf rückten Schweden, etwa 600 Mann, unter Anführung des Oberst Björnstierna (zuletzt schwedischer Gesandter in London) über Koswig hier ein. Die Schweden hielten gute Mannszucht, es waren überhaupt ruhige, zufriedene und gottesfürchtige Leute. Der Oberst, ein feiner, hochgebildeter Mann, im Schlosse einquartirt, besuchte mich täglich auf mehre Stunden, sprach sich sehr freisinnig über den Krieg und namentlich über die Stellung, welche sich der Kronprinz von Schweden (der jetzt verstorbene König) dabei gegeben habe, aus, und forschte genau nach allen Wegen, Stegen, Brücken und Waldungen zwischen Raguhn, Jeßnitz, Gräfenhainchen und Kemberg. — Ich habe da einen Fang zu machen, sagte er, über den Sie Sich freuen werden. Eines Abends trug er mir auf, den andern Morgen ganz früh für Lebensmittel für 800 Mann zu sorgen. Er werde mir Sachsen vorführen, die zu ihm übergehen wollten. Am andern Morgen fuhr ich, getäuscht durch französischen Trommelschlag, aus dem Bette zum Fenster hin. Ich fürchtete schon, die Franzosen hätten ihn überfallen. Doch bald sah ich ihn zu Pferde, mit gezogenem Degen, an der Spitze seiner Schweden und der übergegangenen Sachsen, die mit klingendem Spiel einzogen, um die Ecke eines Hauses in die Kirchstraße biegen. Er sah ganz vergnügt aus, grüßte freundlich und rief mir zu: „Wir haben sie, schaffen Sie nun gleich Erfrischungen, Brod, Bier, Schnaps, herbei. Ich kann nur eine halbe Stunde bleiben." — Die Truppen stellten sich in der Straße auf, die Bürger brachten schnell herbei, was sie in Bereitschaft hatten; er wechselte noch einige Worte mit mir und nach einer halben Stunde marschirte er unter großem Geheul der mitgekommenen Weiber, die zurückbleiben mußten, oder nicht mit fort wollten, nach der Elbe ab, wo die Sachsen übergesetzt und den verbündeten Truppen einverleibt wurden.

Abends desselben Tages war er schon wieder mit den Schweden in Wörlitz. Er sagte mir, daß er nun keine Stunde mehr vor den nachfolgenden Franzosen sicher sei, daß es in der Stadt zu einem Gefecht kommen, und daß er sich genöthigt sehen werde, die Stadt anzustecken, er mir daher rathe, mit meinen Kindern und Effekten auf meine Sicherheit bedacht zu sein. Ich stellte ihm vor, daß das Anbrennen der Stadt eine ganz unnütze Sache sei, indem die Franzosen dieselbe auf allen Seiten umgehen und ihn sogar darin gefangen nehmen könnten, da er mit seinen Truppen nicht durch den Park, sondern nur auf dem ihm bekannten Wege zurückgehen und in sein Verhack an der Elbe sicher gelangen könne. Wolle und müsse er aber ein Feuerzeichen geben, so wies ich ihm ein ganz entfernt liegendes Haus oder die Windmühle an, und bat ihn dringend, uns nicht in Gefahr zu bringen. Ich selbst müsse auf meinem Posten bleiben und würde meine Kinder während des etwaigen Gefechts in der Stadt in einem mir bekannten Tunnel verbergen. — Er versprach mir, die Stadt möglichst zu schonen und sie nicht anzustecken, vorausgesetzt, daß er seine Kanonen noch zeitig genug an die Koswiger Ueberfahrt bringen und dort aufstellen könne, wozu ich ihm in der Nacht noch behülflich war.

Nach seinem Weggange schrieb ich eiligst an den Herzog, und unterrichtete Ihn von der möglichen und bevorstehenden Gefahr. Ich schickte das Schreiben durch einen sichern Boten ab, derselbe kam aber mit Tagesanbruch wieder und benachrichtigte mich, daß er habe umkehren müssen; man habe ihn bei Jonitz angehalten und zurückgestoßen, jedoch nicht weiter untersucht. Er gab mir das Schreiben unverletzt wieder, das ich sogleich ins Feuer warf.

Am folgenden Tage feierten wir unter diesen Umständen das Aernte-Dankfest. Noch um 3 Uhr sah ich die ehrlichen Schweden mit ihrem Festkuchen in den Händen auf den Straßen umherschlendern und sich einander besuchen. Da jagten Kosaken von Riesigk und Horstdorf her zur Stadt herein, wieder umkehrend und dann mit den nachsetzenden Franzosen gewissermaßen spielend. Es wurde Generalmarsch geschlagen. Die Schweden vereinigten sich schnell. Der Oberst kam an mein Haus gesprengt, rieth mir und den Nachbarn, die Fensterladen zu schließen, nicht an die Straßen, noch an die Fenster oder Dachluken zu treten, und nahm herzlich Abschied. Das Gefecht in der Stadt dauerte nicht lange; die Schweden zogen sich zurück und die Franzosen stellten das Verfolgen ein, nachdem an der Koswiger Ueberfahrt, über den Elbwall, sie einige Kanonenladungen bekommen hatten, und plünderten den Herzoglichen Küchengarten, drangen auch in den Floratempel ein, wo sie einiges beschädigten, und kehrten nach Wörlitz zurück, wo sie einquartirt wurden. Die Schweden gelangten glücklich in ihre Verschanzungen und über die Elbe.

Wir hatten nun wieder Franzosen, hörten auch, daß ein Armee-Corps unter dem Marschall Ney auf Deßau gegangen und dort ebenfalls mit Schweden und Russen im Handgemenge sei. Den 20. September kam ein Lazareth-Kommandant zu mir und verlangte die Oeffnung der Kirche, welche schleunigst zu einem Lazareth für die französischen Verwundeten, welche den folgenden Tag hergebracht werden möchten, eingerichtet werden sollte. Ein Todesschreck für mich. Ich verweigerte ihm aber die Kirche hartnäckig und erklärte, daß er sie erbrechen lassen könne, den Schlüssel gäbe ich gutwillig nicht heraus. Er wurde wild, drohete mit meiner Abführung an den Marschall Ney, und schickte sich an, die große Kirchthür aufbrechen zu lassen. Ich wendete mich nun an den General-Zahlmeister des Armee-Corps, der bei mir im Quartier lag, und bat ihn, den Mann so lange zu beruhigen und hinzuhalten, bis ich Antwort auf ein Schreiben an den Herzog in Deßau, dem ich schlechterdings von dem Begehren unterrichten müsse, erhalten haben würde; auch möchte er mein desfallsiges Schreiben durch eine seiner Ordonanzen, deren vier von den sächsischen blauen Husaren vor der Thür hielten, nach Deßau abschicken, weil meine Boten nicht durchgelassen würden. Er, ein gemäßigter und milder Mann, gewährte mir Alles, konnte aber kaum den Lazarethofficier besänftigen. Der Husar jagte mit meinem Schreiben davon. Schon nach 3 Stunden erhielt ich von meinem Freunde, dem Kammerrath Basedow, im Namen des Herzogs, die Antwort:

„Der Herzog befiehlt, daß Du eher alle seine Gebäude nehmen kannst, nur die Kirche nicht.“

Ich übergab dies Antwortschreiben sofort dem Officier. Er riß es mir aus der Hand, las es und verlangte nun, ich solle ihm auf der Stelle ein anderes Haus anweisen. Jetzt erst, nachdem er die deutsch geschriebene Antwort gelesen, sprach er deutsch, besser als ich das Französische. Er war ein grober Elsasser, groß, stark von Knochen und barschen Wesens. Der General-Zahlmeister sagte mir nachher: „Mit einigen Napoleons wären Sie auch mit ihm fertig geworden. Solche Art plündert in jeder Art und Weise.“ — Ich wies ihm nun das alte Amthaus zum Lazareth an, was er ganz genügend fand und sogleich einrichten ließ. Noch spät Abends erhielt ich vom Herzoge, der befürchtet haben mochte, die Basedow'sche Antwort möchte nicht in meine Hände gekommen oder nicht respektirt worden sein, folgendes Handbillet in französischer Sprache:

„An den Propst in Wörlitz.

Ich will, daß Sie zum Lazareth eher alle meine Gebäude in Wörlitz nehmen, selbst das Schloß, nur die Kirche nicht. ....“

Ich hatte zum Glück nicht nöthig, es dem Elsasser mitzutheilen, zeigte es aber dem General-Zahlmeister, der sich darüber freuete und sagte: „Lange werden Sie die armen

Verwundeten nicht hier behalten. Ich selbst muß schon morgen wieder fort." — Durch den Boten berichtete ich mündlich dem Herzoge, daß Er ganz ohne Sorge sein könne, die Kirche sei gerettet, und das alte Amthaus genommen worden.

Am 29sten wurden von Nachmittag an verwundete Franzosen einzeln auf Schubkarren von Bauern herbeigebracht, vom Waldersee her, wo sie die Verschanzungen der Verbündeten an der Elbe angegriffen, aber mit bedeutendem Verlust zurückgeschlagen worden waren.

Meine Freude, die Kirche erhalten zu haben, war groß, größer noch die des Herzogs, der mir in der Folge recht herzlich für meine Anstrengung, wie Er es nannte, dankte. Er habe schon Alles verloren gegeben.

Vom 26. September an, wo ein französisches Armee-Corps unter dem Marschall Ney über Oranienbaum auf Deßau vorgedrungen war, um die Schweden und Russen von der Mulde und Elbe zu vertreiben, lagerten in Wörlitz und der Umgegend mehre tausend Mann französische und italienische Truppen, welchen ein alter Kroatengeneral, der sein Regiment theils auf dem Rückmarsche aus Rußland eingebüßt, theils in den preußischen Festungen hatte zurücklassen müssen, beigegeben war, — ein gutmüthiger Mann, der deutsch sprach, gute Mannszucht hielt und seinen Leuten gern gestattete, den Bürgern beim Herausnehmen der Kartoffeln zu helfen. Von Deßau her hörten wir täglich Kanonendonner und kleines Gewehrfeuer. Die Truppen in Wörlitz, Oranienbaum und der Umgegend hielten sich ruhig. Stündlich wurden Verwundete eingebracht, gefangene Preußen und Russen wurden durch Wörlitz nach Wittenberg geführt. Am 3. October früh wurde plötzlich Generalmarsch geschlagen; die bei uns und in dieser Gegend stehenden Regimenter zogen sich schleunigst zusammen und eilten nach Wittenberg zu. In der Stadt blieben nur die Verwundeten und einige raubsüchtige Kommissaire. Nachmittags hörten wir von Wittenberg her heftiges Kanonen- und kleines Gewehrfeuer, das uns stündlich näher kam. Mit Anbruch des Abends kehrten sämmtliche Truppen, wie auf der Flucht, hierher zurück und stellten ihre Geschütze am Begräbnißplatz, am Ende der Stadt, auf. Zwei französische Obersten, ein italienischer, der alte Kroatengeneral, zwei Adjutanten und ein Staabsarzt quartirten sich bei mir ein, verlangten eiligst zwei Tische mit Schreibmaterialien und baten höflichst um ein gutes Abendessen, wozu wir Alles, was ihr Koch im Handkorbe trug, nämlich Eier, einige Citronen und mehre Flaschen Wein, nehmen könnten. Zehn Mann von den sächsischen blauen Husaren hielten vor der Thür. Von einem derselben erfuhr ich in flüchtigen Worten, daß die Preußen bei Wartenberg über die Elbe gegangen wären und die Franzosen kräftig zurückgeworfen hätten. Während die Obersten ihre Berichte an den Marschall Ney ihren Adjutanten diktirten, faßte mich der alte Kroat unter den Arm und ging mit mir in das gegenüber liegende Zimmer, als wenn er mich die Berichte nicht hören lassen wollte. Hier schritt er wüthend auf und ab, schlug sich mehre Male vor die Stirn und rief: Verflucht! Was ist das für ein Krieg! Wir stehen hier wie in einer Wüste, und erfahren nichts. Und die Preußen! Tausend Schritt von uns entfernt, setzen sie sich in Karriere und hauen wild ein. Wir hätten sie vernichten können, wenn wir früher auf dem Platze und bei einander gewesen wären. — Ich that, als wüßte ich von gar nichts, und empfahl mich und meine so sehr bedrängten Bürger seinem ferneren Schutze. „Ach, was Schutz," fuhr er heraus, „unter die Knute werdet Ihr von nun an kommen!" und so tobte er fort. Als die Berichte abgegangen waren, kam einer der Adjutanten, bat um das Essen und lud mich gleichfalls zu Tische ein; die Franzosen speisen nicht gern ohne den Wirth. — Bei Tische waren Alle, bis auf den Alten, ganz unbefangen und lustig, als wenn nichts vorgefallen wäre. Sie sprachen kein Wort von der Affaire. Der Staabsarzt besonders war ganz ausgelassen, machte Witz auf Witz und recitirte unaufhörlich ganze Stellen aus Grecourt und der Pucelle her, die er wörtlich auswendig wußte. Man lachte und scherzte, stieß an, wie bei einer Geburtstagsfeier. Man kam endlich auf die Geschichte. Der große Friedrich ward herauf beschworen. Da hub einer der französischen Obersten an: er erlaube sich eine Frage, jedoch ohne alle Beziehung auf die gegenwärtige Zeit und die dermaligen Umstände, nämlich, ob wohl ein Jahrhundert mehr als Einen Eroberer ertragen könne? Was meinen Sie, mein Herr? wendete er sich an mich. Ich erwiderte: In Europa wäre das wohl nicht gut möglich, in Asien könne wohl alle zehn Jahre ein Anderer auftreten. — Dem stimme ich bei, sagte der Arzt; die Menschen in unseren Tagen haben keine Lust mehr, sich für die Ruhmsucht und Habsucht eines Einzelnen todtschießen zu lassen; die Völker lassen sich nicht mehr mißhandeln.

Eine Depesche wurde abgegeben. Der eine der französischen Obersten las sie und theilte sie den Andern mit. Die Herren standen schnell auf. Ich fragte, wo ich ihnen die

Betten aufschlagen lassen sollte, es sei bereits zehn Uhr Nachts. Sie dankten, rafften aber ihre Habseligkeiten eiligst zusammen und gingen davon. — Alle Truppen waren des Nachts ohne alles Geräusch abmarschirt. Von den zurückgebliebenen Verwundeten wurden am Morgen des anderen Tages noch die meisten auf Wagen fortgeschafft. Einige Kommissaire trieben sich noch auf den Straßen umher, bis auch sie von einzelnen andringenden preußischen Landwehrmännern vertrieben wurden.

Nun hatte ich alle Hoffnung, meinen guten Herrn wiederzusehen. Er kam auch nach der Schlacht bei Leipzig bald nach Wörlitz. Er sah sehr bekümmert und angegriffen aus. Ich mußte Ihm über Alles, was und wie es sich in Wörlitz begeben, was wir gelitten und wie wir uns durchgeholfen, genauen und umständlichen, mündlichen Bericht erstatten. Er war zufrieden, reichte mir die Hand und sagte: „Sie haben Ihre Sache gut gemacht. Ich danke Ihnen. Ich danke Ihnen, daß Sie nicht davongelaufen sind. Sie sehen, dem Standhaften steht Gott bei.“ — Er fragte nun nach einzelnen Einwohnern, nach meinen Kindern, ob der öffentliche Gottesdienst oft hätte ausgesetzt werden müssen und nach dergleichen mehr. Gnädigster Herr, fuhr ich fort, nachdem ich auf alle Seine Fragen geantwortet hatte, ich nehme Ihren Dank nicht für mich allein, sondern für alle Ihre Wörlitzer und Ihre hiesigen Beamten an. Sie haben Alle ihre Schuldigkeit gethan. Auch mit den jüdischen Einwohnern, welchen man den ganz ungerechten Vorwurf gemacht hat, als hielten sie es mit den Franzosen, bin ich vollkommen zufrieden. „Nun, das freut mich,“ sagte Er; „ich habe auch viel gelitten, wohl mehr, als Ihr Alle. Es gab Augenblicke, wo ich beinahe meine Fassung verlor. Ich gab Alles verloren. Ich mußte geschehen lassen und sogar gut heißen, was mir das Herz zerriß. (Er deutete hier wahrscheinlich auf die Bekanntmachung im Wochenblatte vom 12. Juli 1813 hin, die Ihn demüthigte, weil sie Ihm von den Franzosen vorgeschrieben worden war. Er befahl in derselben allen Seinen Unterthanen, die sich erst auf Sein Geheiß den Alliirten hatten anschließen müssen, in ihr Vaterland zurückzukehren.) Ich bin selbst in Lebensgefahr gewesen. Man hat nach mir geschossen. Ich kann Ihnen den Fleck über meinem Bette noch zeigen, wo die Kugel eingeschlagen ist. Wir können Gott nicht genug danken. Ja, Ihm allein gebührt unser Dank. Er hat geholfen."

Wir haben Gott unsern Dank gleich an dem Abend noch dargebracht, wo Ew. Durchlaucht die Gnade hatten, mir Nachricht von der gewonnenen Schlacht bei Leipzig zu geben, und zwar auf den Straßen, weil es nicht thunlich war, die Kirche zu öffnen. Die Dankbegierde war zu groß, zu inbrünstig. Jede Familie trat vor ihre Wohnung und sang, unter Begleitung der Musik auf dem Thurm, die aber nicht durchdrang, das Lied: „Nun danket alle Gott." Es sind wohl niemals mehr Freudenthränen vergossen, mehr Dankopfer dem Allerhöchsten dargebracht worden.

Den Sonntag darauf hielt ich die Dankpredigt. — „Was hatten Sie für einen Text?" Aus Ps. 124, 7. die Worte:

Der Strick ist zerrissen und wir sind los!

„Der Text war gut. Haben Sie die Predigt noch?" — Ja, gnädigster Herr. — „Geben Sie sie mir doch."

Nun freue ich mich auf das Friedensfest. — „Das soll und kann nicht eher gefeiert werden, bis wir wirklich allgemeinen Frieden haben und überall Ruhe ist.“

„Wir sind noch lange nicht aus den Unruhen heraus,“ fuhr Er fort. „Wir haben noch Vieles zu bedenken und anzuordnen. Es sollen Freiwillige aufgerufen, der Landsturm soll errichtet, die Unterthanen sollen von Neuem verpflichtet und an ihren Landesherrn gebunden werden. Ich verlasse mich auf Sie, daß Sie den Leuten dabei gehörig in das Gewissen reden werden. In so unglücklichen Zeiten, wie wir gelebt haben und noch leben, werden die Leute leicht übermüthig und widerspenstig. Sie haben den Gehorsam verlernt und werden zügellos. Auch ist es nöthig, auf das umherlaufende Gesindel zu vigiliren, besonders auf die Nachzügler, die den Landmann drücken und ihn zur frevelhaften Selbstwehr veranlassen. Man muß die Leute erst wieder menschlich machen.“

Für meine beiden Gemeinden Wörlitz und Griesen stehe ich, Durchlaucht. Diese sind viel zu verständig, als daß sie sich in irgend einer Art vergessen und zu groben Excessen verleiten lassen sollten. Auch sehnen sie sich alle nach Ruhe. Sie haben alle Hände voll zu thun, um ihre zerstörte Häuslichkeit wieder herzustellen.

„Sie müssen aber doch noch immer persönlich gegenwärtig sein und den Leute zureden, sie zur Ordnung und Zucht ermahnen. Ich wünsche das sehr. Ich weiß, die Leute hören gern auf Sie. Sie erwerben Sich dadurch ein Verdienst um mich und sie. Dann bedarf's keiner Strenge, keiner drohenden Befehle, die mir allezeit unangenehm sind, wenn ich sie geben muß.“

Ihre Wünsche, gnädigster Herr, sind mir Befehle. Ich werde meine Schuldigkeit thun und das Vertrauen zu rechtfertigen mich bemühen, das Euer Durchlaucht in mich setzen. Euer Durchlaucht können aber, wie ich mir schon erlaubt habe zu versichern, wegen Ihrer Unterthanen in Wörlitz und Griesen ganz unbesorgt sein. Ich glaube, es giebt nicht Einen unter ihnen, der seiner Pflicht untreu werden und von Ihnen abfallen könnte. Sie sehen und lieben ja in Ihnen ihren alten, treuen Vater, sie müßten sich schämen, wenn unter ihnen ein ungerathenes Kind gefunden würde. Und so wird es wohl überall im Lande sein. Wie könnte wohl irgend Einer Ihnen vorsätzlich oder aus Uebermuth Kummer machen, da Sie in mehr denn 50 Jahren vielen Tausenden Freude gemacht und Vieler Wohlstand begründet haben.

„Leider,“ nahm Er das Wort, „kann ich das nun nicht mehr. Ich bin alt und werde schwach. Meine Kassen sind erschöpft. Ich kann nicht mehr so wohlthun und forthelfen, wie mein Herz es verlangt.“ — Er seufzte tief.

Noch während des Waffenstillstandes (1813) hatte Er Sich genöthigt gesehen, Seinem menschenfreundlichen Herzen, das Alle seine Unterthanen mit gleicher Liebe umfaßte, folgende Bekanntmachung abzuringen, die unter dem 1. August erschien:

„Eine lange Reihe von Jahren hindurch habe ich bewiesen, daß ich gern jede billige Bitte meiner Unterthanen gewähre. Die letzten Zeitereignisse haben leider! mich um die Mittel gebracht, ferner hierin den Wünschen meines Herzens zu folgen. Nur selten werde ich Hülfsbedürftige unterstützen können, wenn uns Gott nicht bald bessere Zeiten schenkt.

Jedem meiner Dienerschaft und meiner Unterthanen werde ich es Dank wissen, der im Laufe der gegenwärtigen Zeit mich, so viel als nur immer möglich, mit Bitten verschont, und meinem Herzen dadurch das schmerzliche Gefühl erspart, eine Hülfe versagen zu müssen, die, wie ich zu gut weiß, wohl nie nöthiger war als jetzt.

Leopold Friedrich Franz."

Ich war nun wieder auf mehre Posten gewiesen. Bei den Uebungen des alten Landsturms, der sich sogar durch ein Musikchor begleiten und anfeuern ließ, war ich meist gegenwärtig. Die feierliche Versammlung der sämmtlichen männlichen Einwohnerschaft in der Kirche, wo ich von Neuem den Unterthanen-Eid abnahm und zur Treue und Gehorsam verpflichtete, was doch so aussah, als wenn sich der ganze Staats- und Unterthanenverband aufgelöst hätte, machte doch den Eindruck nicht, den man vielleicht davon erwartete. Die Leute wußten nicht, was damit gesagt sein sollte. Es befremdete sie, daß man fürchtete, sie möchten unter den Kriegstrubeln, wo die bisherige Verbindung mit der Regierung manchmal aufgehört hatte, Rebellen geworden sein, oder wenigstens den Einfall bekommen haben, sich ihrer Verpflichtungen zu überheben. Ich selbst war über diese Anordnung, welche Schwäche zu verrathen schien, nicht ganz im Klaren, zumal da gerade die hiesigen Gemeinden am allerwenigsten geneigt sein konnten, ihrem Landesherrn den Gehorsam aufzusagen, auch gar keine Veranlassung vorlag, wodurch sie in irgend einer Art sich verdächtig gemacht hätten. Ich war herzlich froh, als die Feierlichkeit, bei der ein gewisses Unbehagen vorherrschte, beendigt war, und überließ es den Leuten, weitere Betrachtungen anzustellen.

Die Aufrufung der Freiwilligen geschah im December 1813 auf dem Rathhause in Wörlitz, wozu ich denselben Morgen erst durch den Justizrath de Marées (in Oranienbaum) eingeladen wurde. Ich hielt an die versammelte junge Mannschaft folgende Anrede, die ich den andern Tag bei dem Erbprinzen nach Deßau einreichen mußte:

„Werthesten Freunde und Mitbürger!

Ich habe mich in Eure Mitte gestellt, um einige Worte der Ermunterung zu Euch zu sprechen. Höret mich und nehmet an, was ich Euch sage. — Auch der Christ hat die Pflicht auf sich, das Vaterland mit gewaffneter Hand zu vertheidigen. Darum darf ich, ein Diener Christi, heute wohl zu Euch reden, die Ihr zur Uebung dieser ernsten und schweren Pflicht gerufen werdet. Ihr sollt in die Reihen derer treten, welche für das Vaterland bereits so rühmlich gefochten, welche die Freiheit und Unabhängigkeit desselben so heldenmüthig erkämpft haben. — Diese Güter, Freiheit und Unabhängigkeit, ohne welche ein Vaterland nur verächtlich ist, sollt Ihr Euch und den Nachkommen erhalten und bewahren. Daß der Feind des menschlichen Geschlechts es nie wieder wage, den heiligen Boden Deutschlands zu betreten, nach unsern Gütern seine räuberischen Hände auszustrecken, unsere Sitten und Gebräuche zu ändern, unsere Anstalten und Einrichtungen umzustoßen, unsere Fürsten und Edlen zu beschimpfen, unsere Gesetze und Sprache zu verdrängen, unsere Kirchen zu schänden, unsere Jugend zur Unterdrückung fremder Völker zu mißbrauchen, — das sollt Ihr verhindern helfen, darum sollt Ihr die Waffen ergreifen. Ein großer, ehrwürdiger, heiliger Beruf!

Wähnt nicht, daß es Eurer Mitwirkung beim Kampf für die gute Sache, in welchem jetzt das deutsche Volk begriffen ist, nicht mehr bedürfe. Der Feind ist zwar besiegt, aber nicht ganz geschwächt; er ist zwar aus unsern Gränzen vertrieben, aber er ist kühn genug, zurückzukehren und seine Raubzüge, die nun seit 20 Jahren unsere schönsten Provinzen und die meisten Länder Eurpa's verwüstet haben, zu wiederholen. Sein Uebermuth ist noch nicht gebrochen und er hat noch Lust, das Maaß seines Frevels bis an den Rand zu füllen. Jetzt kocht er Rache, jetzt brütet er über neue Anschläge, wie er Tod und Verderben über uns bringen mag. — Wollt Ihr deutsche Männer und Jünglinge sein und Deutsche bleiben, so dürft Ihr nicht zurückstehen wollen hinter denen, welche Euch bereits auf der Bahn des Sieges vorangegangen sind und den Tod für das Vaterland der schimpflichen Knechtschaft vorgezogen haben. Ihr müßt Euch freudig an die Vertheidiger der guten Sache anschließen; mit Gott für Fürst und Vaterland muß auch Euer Wahlspruch sein; auch Ihr müßt das Kreuz annehmen und dürft den Tod nicht scheuen. Rühmlich ist's und süß, für das Vaterland zu streiten und zu sterben. — Erwägt, was unser Aller Schicksal sein würde, wenn es dem Tyrannen und seinen Knechten wieder gelingen sollte, uns das Joch noch einmal über den Nacken zu werfen. Daß es dann ganz aus mit uns wäre, daß wir dann Sklavenketten schleppen müßten, daß dann unsere Städte und Dörfer ein Raub der Flammen, unsere Güter eine Beute der gierigsten Habsucht, Eure Mütter und Schwestern, Eure Freundinnen und

Bräute ein Opfer viehischer Wollust würden, kurz, daß dann Alles, was uns theuer und ehrwürdig ist, unter die Füße getreten werden würde, darauf könnt Ihr rechnen. Ein Feind, wie dieser, kennt keine Schonung und kein Erbarmen. Ein Tyrann, wie dieser, der am Tage der gräßlichsten Schlacht kalt bleiben und tausenden seiner Krieger den Beistand der Wundärzte mit den Worten rauben konnte: laßt sie liegen, sie sind's nicht werth! — ein solcher Tyrann kann als Sieger nicht großmüthig, nicht menschlich sein, wie er es denn in Wahrheit auch nie gewesen ist.

Auf denn, deutsche Männer und Jünglinge! ergreift muthig das Loos, das Euch zum Kampf wider den übermüthigen Eroberer, wider die frechsten Räuber auffordert. Der Herr der Heerscharen, der, wie es Euch die Geschichte der Zeit so nachdrücklich predigt, unterdrückende Völker zur rechten Zeit züchtigt und Besiegten zur rechten Zeit aufhilft, der kein Volk verläßt, das an Ihm sich hält und stark zu werden strebt durch Einigkeit und Treue, Er giebt Euch das Racheschwerdt in die Hand, daß Ihr kämpfen sollt für Euren Heerd, für Euren Ruhm, für die Mitwelt und für die Nachwelt. Er wird mit Euch sein, wenn Ihr mit Ihm seid, wenn Ihr der heiligen Sache, die Eure Sache ist, Euer leben weihet, und Gefahr und Tod nicht achtet um ihretwillen. — Helft des Vaterlandes wahres Wohl begründen, das aus der Freiheit und Unabhängigkeit wieder geboren werden muß. — Seid Deutsche! Jahrhunderte sind verflossen, in denen kein Deutscher zu einem so ehrenvollen und gerechten Kampfe aufgefordert wurde, als der ist, zu welchem Ihr heute aufgefordert werdet. Machet Euch eifrig dazu fertig. Beginnt ihn mit Selbstvertrauen und mit Vertrauen auf Gott. Ihr werdet der guten Sache den vollständigen Sieg erringen helfen. Ihr werdet die bessere Zeit mit herbeiführen, der wir so sehnsuchtsvoll harren. Auch Eure Namen werden glänzen unter den Namen derer, die das Joch zerbrochen haben und nun auf Euch warten, daß Ihr mit ihnen das Werk der Erlösung Deutschlands vollenden sollt. Werdet ihnen ähnlich in der Tapferkeit, in der Treue, in der Standhaftigkeit und in der Gottesfurcht! — Gott stärke, Gott segne Euch!"

Die Rede hatte Eindruck gemacht. Es drängten sich mehre Freiwillige vor und es würde sich gewiß eine größere Anzahl gemeldet haben, wenn sie nicht von ihren ängstlichen Aeltern zurückgehalten worden wären; wie denn das Deßauische Land im Verhältniß zu andern Ländern eine eben so große Zahl Freiwilliger aus allen Ständen, als irgend ein anderes deutsches Land, gestellt hat. Es gab freilich noch hier und da Leute, selbst unter den Gebildeten, Franzosenfreunde und Napoleonsknechte, die das Hervorbrechen des deutsch-patriotischen Geistes für Fanatismus erklärten und an eine Erhebung Deutschlands zur Selbstständigkeit und Freiheit nicht glauben wollten.

1814.

Doch unsere Noth nahm kein Ende, sie stieg vielmehr höher als je. Wir sollten den Leidenskelch bis auf die Hefen leeren. Wir bekamen es mit einem Feinde zu thun, der schonungsloser und unbarmherziger war als der, welchen Deutschlands tapfere Söhne mit ihren Verbündeten bei Leipzig auf das Haupt geschlagen und über die Gränzen gejagt hatten. Dieser hatte uns Hab' und Gut genommen, jener nahm uns die theure Gesundheit und das kostbare Leben. Es war der Typhus, das Lazarethfieber! Ein preußischer Officier führte von Torgau, das schon am 26. December 1813 den preußischen Truppen übergeben worden war, eine Anzahl Kranke nach Zerbst in das dort eingerichtete große Militairlazareth. Sie sollten in Wörlitz Rasttag halten, und der Mann, hart, unbeugsam und rücksichtslos, bestand darauf, daß sie einzeln bei den Bürgern einquartirt werden sollten. Ich mit dem Doktor Hartmann widersetzten uns aber hartnäckig und brachten es endlich mit Bitten und dringenden Vorstellungen dahin, daß sie im alten Amthause, das einmal dazu bestimmt und eingerichtet war, einquartirt wurden. Hier hätten auch die Speisen und Getränke, deren sie bedurften, bequem zugerichtet werden können. Unglücklicherweise hatte man das nicht beachtet, und allem Widerstreben des thätigen Doktors Hartmann zum Trotz, mußten auf Befehl jenes Officiers die Bürger, bei welchen die Kranken hatten einquartirt werden sollen, die Portionen in das Lazareth bringen und die Gefäße auch wieder abholen. Alle wurden angesteckt, die mit den Kranken und dem Hause, worin sie sich befanden, in Berührungen gekommen waren. In wenigen Tagen brach der gräßliche Typhus in allen ihren Familien aus und griff schnell um sich. Ich erstattete sofort Bericht an die Herzogliche Kammer in Deßau und bat um einen Arzt, um Medikamente und die benöthigten Lebensmittel. Ich erhielt Alles schleunigst und zugleich den Auftrag, nach meinem unbeschränkten Ermessen die erforderlichen Anordnungen zu treffen. Wörlitz wurde cernirt und wir also von aller Welt abgeschnitten; Alles, wessen wir bedurften, wurde bis an die Gränzen des Orts gebracht und von dazu bestimmten Männern in Empfang genommen. Ich richtete einen Sanitätsrath, eine Suppenanstalt und eine Waschanstalt ein, theilte die Stadt in vier Quartiere, aus welchem je zwei Familienväter mit dem Arzt zusammentreten, mir täglich Bericht erstatten, mit mir konferiren und das Lüften, Reinigen, Waschen, Räuchern und Begraben durch besonders dazu angestellte Personen besorgen lassen mußten. Ich war täglich bei Vertheilung der Speisen und Getränke an die Kranken und Genesenen zugegen und hörte nicht auf, zu beruhigen, zu trösten und aufzurichten, so daß ich die Freude hatte, den Muth und das Vertrauen der armen Leute, die schon vorher durch die Kriegsdrangsale so erschöpft waren und nun noch von einer so gräßlichen Seuche heimgesucht wurden, belebt und gestärkt zu sehen.*) Ihre Reihen wurden leider! sehr gelichtet, so daß nachher

---

*) Ich kann nicht unterlassen, hier einer Frau rühmend zu erwähnen, die sich damals um die Kranken sehr verdient gemacht hat. Sie war die Ehefrau eines gewissen Boas, Besitzers eines ganz unbedeutenden Gasthofs. Als ich für meine Suppenanstalt nirgends eine passende Hausfrau gewinnen konnte und wo ich auch anfragen mochte, abschlägige Antwort erhielt, wandte ich mich zuletzt an die Frau Boas. Sie war, nach genommener Rücksprache mit ihrem Manne, der Anfangs gar nichts von der Sache hören wollte, bereit und fertig, für die Kranken und Genesenden die vorschriftsmäßigen Speisen zuzubereiten und zu vertheilen, und sie bewies dabei so seltene Ordnungsliebe, Reinlichkeit, Uneigennützigkeit, Leutseligkeit und Geduld, daß ich sie bewundern mußte und mir für meine Anstalt nichts zu wünschen übrig blieb. Ihr stiller Eifer, ihre ausdauernde Treue und ihre kühne Unerschrockenheit bei so großer Gefahr, selbst angesteckt zu werden und dem Tode zu verfallen, waren in der That musterhaft und rührend. Ich sah hier, daß ächtes

der Begräbnißplatz erweitert werden mußte. Dieses große Unglück, das wohl hätte vermieden werden können, kostete der Herzoglichen Kasse, die ohnehin erschöpft war, über 1200 Thaler, eine Summe, welche der Herzog freudig Seinen Wörlitzern, die Er bei einer gewissen Veranlassung einmal scherzhaft Seine Leibgarde nannte, zum Opfer brachte.

Weniger aber war Er mit der Erweiterung des Begräbnißplatzes zufrieden, nicht sowohl, weil sie auch eine beträchtliche Summe für Material und Maurerlohn kostete, sondern weil dadurch die Form des Platzes verändert und die Ansicht von Außen gestört wurde. Solche Veränderungen alter Anlagen waren Ihm stets sehr unangenehm. Er machte mir aber auch Vorwürfe, daß wir den alten Platz so schlecht benutzt und keinen Raum gespart hätten. „Ich kann die großen Grabdenkmäler, Leichensteine und Umfriedigungen mitten auf dem Platze gar nicht leiden, sagte Er. Warum werden die, welchen man Denkmäler aufrichten will, nicht längs der Mauer nach der Reihe begraben? Da können auch die Inschriften, welche allezeit kurz sein sollten, recht gut angebracht werden. Was nutzen die Prahlereien? — Sie," fuhr Er, die Stirn faltend, fort, „haben da auch solche Umgitterung für Sich und Ihre Familie angelegt. Der Raum ist nun für die Nachkommen auf immer verloren. Woher soll denn noch aller Platz für die Leichen

---

Vertrauen auf Gott und reines Pflichtgefühl die kräftigsten Schutzwehren gegen böse, ansteckende Seuchen sind. — Die Wörlitzer sollten jährlich auf das Grab der Frau Boas, wenn es noch zu finden ist, einen Kranz legen; denn sie hat sich um ihre Väter und Mütter sehr verdient gemacht.

herkommen? Es wäre mir sehr lieb gewesen, wenn Sie mit einem Grabgewölbe an der Mauer den Anfang gemacht hätten. Ihr Vorgänger liegt auch dort begraben." — Ich mußte schweigen, denn Er hatte Recht. — Was würde Er zu dem jetzigen Begräbnißplatz in Deßau sagen, wo man die guten Denkmäler unter den vielen schlechten kaum herausfinden kann und viele Stunden braucht, um sich durchzuarbeiten und zurechtzufinden. Auf dem alten Theile war die Einrichtung sehr einfach; auch ist da Raum erspart worden. Die Todten nehmen doch mit Wenigem vorlieb; freilich die Lebenden wollen Raum für ihre Prunksucht!

Am 27. Mai 1814 starb in seinem 45sten Lebensjahre der einzige Sohn des Herzogs, der Erbprinz Friedrich, dem Er schon längst einen großen Theil Seiner Regierungsgeschäfte übertragen hatte. Für den alten und schon kränkelnden Herrn — Er stand in Seinem 74sten Jahre — ein harter Schlag. — Der Erbprinz Friedrich, Vater des jetzt regierenden Herzogs, war ein stattlicher Herr, abgehärtet, kräftig, geistreich, voll Muth und stark in jeder Gefahr, von Manchen der Beamten gefürchtet, von seiner Dienerschaft treu geliebt, von den Bürgern hochverehrt, zum Herrschen tüchtig, in Geschäften wohl geübt, gegen Jedermann freundlich, dabei aber doch ernst, zuweilen hart und rücksichtslos, eigenwillig bis zur Hartnäckigkeit, sparsam, vernünftigen Vorstellungen und Einreden nur dann Gehör gebend, wenn sie ihm in bescheidener und ehrfurchtsvoller Weise vorgetragen wurden, ein unermüdlicher Jäger, der

Bodenkultur, dem Gartenbau, namentlich der Obstbaumzucht, eifrig ergeben, ein wahrer Bürgerfreund.

Ich war am Tage nach seinem Dahinscheiden eben im Begriff, nach dem gothischen Hause zu gehen, um dem Herzog mein Beileid zu bezeigen, als Er in der Nähe der Kirche mir schon entgegen kam und die Hand gen Himmel hob: „Mich hat ein harter Schlag getroffen. Ich habe einen schweren Verlust erlitten und Ihr Alle habt ihn erlitten. Nun stehe ich in meinen alten Tagen ganz allein. Ich werde schwach und sehe mein Ende kommen. Friedrich würde meinen Platz wohl ausgefüllt haben. Er verstand, Land und Leute zu regieren. Er war sparsam, was ich nicht gewesen bin, und was uns jetzt so Noth thut. Ja, Propst, ich werde wirklich recht schwach. Fragen Sie nur Lehmann. Friedrich hat mir immer die schwersten Lasten abgenommen. Meine Leute haben jetzt ihre Noth mit mir."

Ich suchte Ihn, so viel ich konnte, zu beruhigen und bat Ihn, Sich doch ja nicht der täglichen Bewegung und dem Luftgenuß zu entziehen, wodurch allein Seine Kräfte gestärkt werden würden und Er Seine Heiterkeit wieder gewinnen würde. Er habe ja so treue und Ihm ergebene Beamte, denen Er die lästigen Regierungsangelegenheiten mit Vertrauen überlassen könne und die Ihm gewiß ärgerliche Geschäfte abnehmen und Alles zu Seiner Zufriedenheit und zum Wohl des Landes ausführen würden.

„Es wird mir nur sauer, unsäglich schwer, auf's Pferd zu kommen. Wenn ich erst im Sattel sitze, dann hat's keine Noth. Das Fahren ist mir eben so beschwerlich. Ich leide an einem Uebel, das mir und meinen Leuten gleich lästig ist. Ich werde hülflos wie ein Kind. Ich will mich aber auch ganz zurückziehen. Ich habe meine Rechnung zu schließen. Bitten Sie Gott, daß er mir gnädig sei. Ich kann nicht wieder gut machen. Ich muß mich seiner Barmherzigkeit überlassen. Wenn man den Tod täglich vor Augen hat, so fühlt man auch täglich seine Schuld."

Soll ich Euer Durchlaucht nicht die Kirche aufschließen? Sie ist ja doch Ihre Freude. In ihren stillen Räumen sammelt sich der Geist eher, als auswärts, wo er so leicht zerstreut und auf Gegenstände hingezogen wird, die ihn stören.

„Ja, thun Sie das. Mich hat's, ich weiß selbst nicht wie, hierher gezogen. Ich danke Ihnen. Ich will aber mit Ihnen allein sein. Ich will hier so lange warten."

Ich holte den Schlüssel und wir traten ein. Er ging langsam und gebückt zum Altar. Hier faltete Er Seine Hände, sah gerührt gen Himmel und betete im Geist mit Inbrunst. Dann reichte Er mir die Hand und sagte: „Ich habe mich Gott ergeben. Sie sind mein Zeuge. Ich habe hier Trost bei Gott gefunden. Sagen Sie Ihrer Gemeinde, daß sie mir vergeben solle, ich habe meinen Unterthanen ein böses Beispiel gegeben. Sagen Sie ihr auch, daß ich heute Gott um Gnade gebeten habe und gestärkt worden bin, und daß sie auch hier Gott suchen solle, wenn sie in Noth ist, wie ich gethan habe. Ich danke Ihnen für diese Stunde."

Gnädigster Herr, nahm ich tief gerührt das Wort, bei Gott ist viel Vergebung. Christus hat uns ihn als einen versöhnlichen Vater kennen gelehrt. Ihre Reue, Ihre Demuth öffneten Ihnen den Weg zu seiner Gnade. Wenn er Sie auch dereinst züchtigt, denn er ist gerecht, so geschieht es zu Ihrem ewigen Heile. Sie sind hier doch in Ihrem hohen Berufe treu gewesen, er wird Sie reinigen und läutern, und dann über Vieles setzen; Sie haben ja in der Liebe zu Ihren Unterthanen, deren Wohl und Wehe er Ihnen anvertraut hat, gelebt und gewirkt. Er wird Sie nicht verwerfen. Er wird Ihnen zurufen: „Gehe ein zu meiner Freude! deine Sünde soll dir vergeben sein; denn du hast viel geliebet." (1 Joh. 3, 19. 20. 21.)

Das ist eine Beichte, wie sie ein Fürst in der Nähe des Todes ablegt, und eine Absolution, wie sie der Beichtiger unter solchen Umständen ertheilen kann.

Ich bin recht innig froh, daß ich dieses Bekenntniß Seiner Schuld und die Bitte um Vergebung mehr als einmal aus Seinem Munde vernommen habe. Denn nun bin ich gewiß, Er gehört doch nicht zu denen, welche, wie es in einer gewissen Predigt, die an Seinem Sterbetage 1840 in Deßau gehalten wurde, heißt: „bei allen noch so zahlreichen guten Werken und Verdiensten, bei allen noch so schönen Tugenden, bei allem Lobe, bei aller Liebe, die sie genossen, und wenn auch Tausende an ihrem Grabe Dankesthränen weinen, dennoch in die Hölle fahren können...."

Er umarmte mich, denn Er schien erquickt und gestärkt. Wir verließen lautlos die Kirche und ich eilte in meine Wohnung, um niederzuschreiben, was ich gehört und geredet hatte.

Von dem Tage an kam Er selten und immer seltener nach Wörlitz. Das Reiten und Fahren wurde Ihm beschwerlicher; auch wollte Er Seiner Leute schonen. Er war an ein ruhiges und häusliches Leben gewöhnt, und daraus hatten Ihn Undankbarkeit und Uebermuth gerissen. Die Einsamkeit im gothischen Hause war Ihm lästig; auch fand Er da nicht mehr die Bequemlichkeit, die Unterhaltung und die Anregung, welcher Er bedurfte. Es trat da, wie überhaupt in Wörlitz, eine Vergangenheit vor Seine Erinnerung, die Ihn theils demüthigen, theils schmerzen mußte. Alle waren von Ihm gewichen oder heimgegangen, die Ihn einmal auf Seinem Krankenlager pflegen und im Tode die Augen zudrücken sollten. Sein Leben eilte einem unerwünschten Ende zu. Er wollte einmal abtreten von dem Schauplatze Seines thatenreichen, ruhmvollen Lebens in der Mitte derjenigen, die Er geliebt, und denen Er Wohlthaten erwiesen hatte, und nun sahe Er Sich von Fremden umgeben, die Ihn nicht verstanden, die Ihm keinen Ersatz für den Verlust häuslichen Glücks bieten konnten. Er zog Sich immer mehr zurück, wurde mürrisch und gleichgültig gegen Dinge und Personen, die Ihn sonst interessirt hatten, und näherte Sich absichtlich dem Orte, wo die Gruft, die Er Seiner Gemahlin, die Ihm bereits am 11. December 1811 vorangegangen war, gebauet hatte, auch Seine Hülle aufnehmen sollte.

Im Jahre 1816 wurde endlich das Fest des allgemeinen Friedens, dessen Dauer verbürgt werden konnte, gefeiert, worauf wir mit so großer Sehnsucht geharrt hatten. Es ward auf den 18. Januar angesetzt. Ich ahnete in meiner Freude nicht, daß diese Feier mir eine Unannehmlichkeit zuziehen und den Unwillen des Herzogs gegen Sich selbst und gegen mich erregen würde. — Unter den fünf Glocken nämlich, welche auf dem Thurme zu Wörlitz aufgehängt sind, befindet sich eine kleine, an welcher die Worte aus Schillers Glocke stehen: „Friede sei ihr erst Geläute.“ Diese war erst einmal, und zwar bei der Probe, geläutet worden.

Sie sollte nach dem Willen des Herzogs bis zum Feste eines allgemeinen Friedens unbenutzt bleiben. Den 16. Januar Morgens fuhr der Herzog bei der Propstei vor und verordnete, daß die Friedensglocke den andern Tag zu dreien Malen und ganz allein geläutet, am 18ten aber stets 5 Minuten mit ihr vorgeläutet werden solle, jedoch wolle Er zugegen sein. „Ich muß ihren Ton zuerst hören," setzte Er hinzu. „Lassen Sie also damit nicht eher anfangen, als bis ich hier bin. Ich komme von Oranienbaum herüber." — Er kam aber weder den 17ten, noch den 18ten. Ich wartete mit Schmerzen auf Seine Ankunft, da mir selbst, um beide Tage feierlicher zu machen, an dem Lauten dieser Glocke gelegen war. Er mußte sie vergessen haben. Sie blieb also leider! unberührt. — Den 19ten kam Er endlich ganz entrüstet. „Nun hat die Glocke gar keine Bedeutung mehr," fuhr Er heraus. „Man sollte sie nun grade vom Thurme werfen. Sie hätten mir doch einen Boten schicken können. Ich bin in Oranienbaum gewesen; habe die Sache aber ganz vergessen. Nun haben wir's Beide verschüttet." — Gnädigster Herr, entgegnete ich, ich hatte Ihren Befehl nicht, Sie deswegen aufsuchen zu lassen. „Muß man denn auch Alles befehlen? Sie wußten doch, daß mir daran gelegen war, von der Glocke die ersten Friedenstöne zu hören. Nun kann sie ruhig hängen bleiben bis zur Auferstehung!"

Und damit fuhr Er mißvergnügt von dannen. Mir war die Sache höchst empfindlich. Ich ärgerte mich über mich selbst.

Leider! kam der Tag, an welchem diese Glocke denn auch, aber unter meinen und aller Einwohner Thränen, geläutet werden konnte, bald, wo sie auch ihre Bestimmung erfüllte.

Der Herzog starb ein Jahr darauf, den 9. August 1817, einen Tag vor Seinem Geburtstage, den wir immer mit Wonne gefeiert hatten. Nun hatte Gott Ihm den Frieden geschenkt! — Ich befand mich an Seinem Sterbetage in Halle, wohin mir der Hofprediger Böttger die Trauerbotschaft brachte. Ich eilte nach Wörlitz zurück und ließ die Glocke den Sonntag nach meiner Ankunft, wo ich für meine Gemeinde eine besondere Gedächtnißpredigt hielt, so wie den Sonntag, wo der Trauergottesdienst in allen Kirchen des Landes gehalten wurde, ganz in der Art lauten, die Er für die allgemeine Friedensfeier angeordnet hatte.

Er hörte sie nicht, aber wir hörten sie, und in unsern Herzen hallte es wieder und die Klage wurde auch Glockenton: „Vater Franz ist von uns genommen und wir sind Waisen worden!"

In den Jahren, wo ich dem Fürsten in Wörlitz am Nächsten stand, kamen Tage und Stunden, wo Er einen regen Drang hatte, Sich mitzutheilen und über Seine Vergangenheit, über das, was Er gewollt und wie Er es gewollt, was Er gethan und wie Er Alles zu Stande gebracht, auszusprechen, ernst und launig, wie es gerade der Gegenstand mit sich brachte. Das waren für mich die lehrreichsten und angenehmsten Stunden. Dann entdeckte Er Sich ganz, Sein Herz öffnete sich und Er gab Sich und Andere ohne Rückhalt Preis. Er brauchte dann auch wohl harte Worte und Ausdrücke, die ich nicht so wiedergeben kann, weil sie gar zu derb und zu scharf sind. Zuweilen setzte Er dann wohl auch hinzu: „Aber das bleibt unter uns, davon reden

Sie zu keinem Menschen.“ Bei solchen Veranlassungen, die Er nicht selten absichtlich herbeizuführen schien, durfte ich dann auch Fragen thun, die Er nie unbeantwortet ließ, und konnte mich selbst über Personen, Verhältnisse und Zustände so aussprechen, wie ich sie aufgefaßt oder mir eingebildet hatte. Dann belehrte Er mich kurz, aber hinlänglich, berichtigte meine Urtheile, entschuldigte hier, verdammte und verwarf dort und gab mir oft so übersichtliche Erläuterungen, stellte Alles so gehörig zusammen, daß ich allemal eine klare und sichere Ansicht von den Personen und Sachen erhielt, von welchen gerade die Rede war. Nur durfte ich Ihm damit nicht kommen, was man so Ausfragen nennt. Das nannte Er Examiniren, auch wohl Inquiriren, und war Ihm eben so unleidlich und widerlich, als das stumme Abwarten und Ablauern. Diese Manier, von Ihm etwas herauszubringen, warf Er dem Kanzler Niemeyer vor, welcher allerdings nicht selten ein Wenig examinirte. Auch beklagte Er Sich einmal über den Regierungsrath, nachherigen Geheimerath von Basedow, der ganz der Form gemäß, bei Gelegenheit einer Verwechselung von Goldrollen, im gothischen Hause Untersuchungen anstellen mußte, auch Ihn selbst über Allerlei befragt und Seine Aussage protokollirt hatte, mit den Worten: „Ich wurde ärgerlich und schlug die Sache nieder; Sie können glauben, er hat mich ordentlich inquirirt und ins Verhör genommen.“ So hörte Er auch gern von Sich reden und Seine Werke rühmen. Dann lächelte Er schweigend, besonders, wenn man Ihm Absichten beimaß, die Er nicht gehabt hatte. Aber man mußte dabei Maaß halten und durfte den Mund nicht zu voll nehmen. Daher sagte Er von dem Konsistorialrathe de Marées, der in seiner Jubelpredigt des

Lobens und Rühmens kein Ende hatte finden können und „überschwengliche" Ausdrücke gebraucht hatte, bei welchen Sich doch der alte ehrliche Herr verletzt gefühlt: „Ich habe meine Leichenpredigt anhören müssen, als wenn sie von meinen Verwandten bezahlt worden wäre." Dagegen drückte Er Sich über eine Predigt eines andern hochverehrten Geistlichen in Deßau, der die Worte der Schrift: Wir können nicht wider die Wahrheit — nie aus den Augen verlor, mit einer gewissen Beklommenheit so aus: „Er hat mich ans Herz gegriffen und bloßgestellt, und das vor Aller Augen und Ohren."

Einst fuhr ich mit Ihm, ich glaube es war im Herbst des Jahres 1811, über den Münsterberg und die Kapenmühle nach Pötnitz und von da über Oranienbaum zurück nach Wörlitz. Er war in trüber Stimmung, Er schien in der Vergangenheit zu leben und mochte sie wohl mit der Gegenwart vergleichen, die Ihm, wie es mir seit einiger Zeit vorkam, täglich unbehaglicher wurde. Sein vorgerücktes Alter, Napoleons Umgriffe, Deutschlands Unsicherheit und Preußens Abhängigkeit bei aller stillen Entwickelung seiner innern Kraft machten Ihn doch besorgt für die Zukunft Seines Hauses und Landes. Er sah mich zuweilen bewegt an und blickte dann wie gewöhnlich gen Himmel. Endlich fing Er an, Sich auf die Ihm eigenthümliche Art zu äußern, wenn Er das Wort nehmen wollte, und die wir mit dem ganz treffenden Ausdrucke „knuckern" bezeichneten. „Ich will doch noch einmal vor meinem Tode Alles sehen, was ich zurücklassen muß," hub Er an. — Sie denken an den Tod, Durchlaucht, erwiderte ich, der bleibe Ihnen noch fern! Wir können Sie noch nicht entbehren, obgleich ich Ihnen von Herzen die

Ruhe wünsche, nach welcher Sie Sich so oft sehnen. — „Ja," fuhr Er fort, „Propst, der Tod ruft, ich merke es wohl, und doch geht man nicht gern aus seinem Hause. Man möchte ewig da bleiben, wo man gelebt, Freuden genossen, Freunde gefunden und gewirkt hat." Er schwieg wieder und seufzte. „Ja, ja, ich will noch einmal im ganzen Lande umherfahren und revidiren." Da nehmen Sie mich mit, Durchlaucht, einer solchen Revüe möchte ich zehnmal lieber beiwohnen als jeder anderen. „Nun, das kann wohl geschehen."

Es muß Ihnen doch, fuhr ich fort, eine große Genugthuung gewähren, wenn Sie auf Ihr Leben zurückblicken und auf Alles, was Sie umgiebt. Alles, was da ist im Lande, rührt von Ihnen her, führt auf Sie hin. In Allem lebt Ihr Geist, aus Allem spricht die Macht Ihres Willens. Sie können nicht sterben, so lange diese Dinge leben. Welche Freude, welche hohe Wonne werden Sie bei der Musterung empfinden, welche Sie anstellen wollen. Sie haben die Aufgabe Ihres Lebens gelöst, Ihre Bestimmung erfüllt.

„Ja," nahm Er, wie aus einem Traume erwachend, der uns Angenehmes und Unangenehmes durcheinander vorführt, das Wort, „viel Freude, viel Lobens und Rühmens, viel Anerkennung; aber auch viel Leid und Verdruß, viel Tadel und Verkennung! Ich bin mit mir selbst nicht zufrieden; ich habe meine Aufgabe doch nur unvollkommen gelöst. Als ich anfing, da war ich anders und besser, begeistert für alles Große, Schöne und Edle. Da trug ich nur Eine Idee mit mir herum, in der ich lebte, für die ich wirken wollte. Es ist nachher anders mit mir geworden, ich verlor mich selbst aus den Augen. Man ist doch ein schwacher

Mensch, eine erbärmliche Kreatur! Wenn die böse Lust nicht wäre! Doch davon ein andermal!"

Ich schwieg, denn ich wußte wohl, wohin Er zielte, ich wollte Ihn nicht zur Beichte veranlassen oder gar auffordern, ich wollte erwarten, bis Er freiwillig beichten würde. Ich kannte in dieser Beziehung die Schwierigkeit meiner Stellung; ich wußte recht gut, daß Er, so oft Er Sich auch gelegentlich Selbst anklagte und verurtheilte, doch noch Sich Selbst zu entschuldigen und zu rechtfertigen suchte. Das war der Punkt, wo Er schwach war und schwach blieb bis an das Ende Seiner Tage, die Schattenseite Seines Lebens, die Ihm wohl Kummer machte, an der Er aber bei Seinen Herzensergießungen möglichst leicht vorbeizukommen trachtete. Zu einer tiefen und ernsten Einkehr in Sich Selbst, zu einer strengen ganz unpartheiischen und schonungslosen Selbstschau war es bei Ihm noch nicht gekommen, konnte es auch bei der herrschenden Uebermacht Seiner sinnlichen Natur nicht kommen.

„Wenn ich so manchmal die Vergangenheit mustere," fuhr Er fort, „so tritt mir Mancher entgegen, den ich aus der Reihe streichen muß, so bemerke ich Vieles, was mir ärgerlich ist und was ich aus meinem Andenken vertilgen möchte. Es ist mir mancher schöne Plan gänzlich gescheitert, manche Idee ganz verpfuscht worden, Manches in der Ausführung ganz anders und schlechter geworden, als ich mir vorgebildet hatte und als ich erwartete. Man hat mich oft getäuscht, betrogen und hintergangen, ums Geld gebracht; man hat mein Vertrauen gemißbraucht und meinen Wünschen und Erwartungen oft gar nicht entsprochen, mich bei Vollstreckung meiner Befehle bloßgestellt und sich listig der

Verantwortlichkeit entzogen. Sie können mir glauben, die Schulmeister — so nannte er gewöhnlich die Philanthropinisten — die Gelehrten, die Künstler, die Handwerker haben mir viel Noth gemacht."

Hier nannte Er mir mit einer gewissen Bitterkeit ruhmgekrönte Namen, die ich verschweigen will, weil sie bereits ihre Richter gefunden haben.

„Das Alles," fuhr Er fort, „machte mich ganz verdrießlich, zuletzt höchst mißtrauisch und sogar oft hart gegen Leute, die sich an mich drängten und mir ihre Dienste anboten, und vorsichtiger als sonst, wenn von neuen Anstalten die Rede war, die ich einführen sollte. Hätte ich Erdmannsdorf nicht zur Seite gehabt, der mich immer wieder ermunterte und anfrischte, wenn ich matt werden wollte, so würde ich Vieles gar nicht begonnen, Anderes liegen gelassen haben. Ihm verdanke ich, ihm verdankt das Land die Ausführung und Vollendung meist Alles dessen, was da ist und den Leuten Freude macht. Erdmannsdorf war ein gediegener Mann, mein einziger wahrer Freund und Pfleger der Ideen, dem ich mein Leben geweiht hatte."

Hier schwieg Er abermals und lange. Ich unterbrach das Schweigen nicht; ich überließ Ihn einer Betrachtung, die Sein ganzes Inneres bewegen mußte, denn sie hatten sich sehr geliebt.

„Nun, Propst, was denken Sie," begann Er wieder.

Ich erwäge, Durchlaucht, daß Ihnen doch Viele aus der alten guten Zeit übrig geblieben sind, an welchen Sie doch heute noch in der Erinnerung Freude haben müssen, und die sich bewährt haben.

„Allerdings! Ich müßte undankbar sein, wenn ich die übersehen wollte, welche voll regen Eifers, mit redlichem Streben und in treuer Anhänglichkeit meine Gehülfen gewesen sind, und zwar aus allen Klassen der Gesellschaft. Raumer, Neuendorf, Busse, Funke, Korte, Irmer, Leideritz, ... das waren Männer, auf die ich mich verlassen konnte und die immer eine Sache geschickt anzufangen und auszuführen wußten. Neuendorf insbesondere war ganz mein Mann, zum Organisiren und Dirigiren wie gemacht, ein geborener Schuldirektor, das Beste, was mir aus dem Philanthropin übrig geblieben war.“

Obgleich kein Hochgelehrter, kein Stockphilologe, setzte ich hinzu, aber ein ächter Pädagoge, der den Lehrern wie den Schülern imponirte, Förderer allgemeiner Menschenbildung, fein im Umgange, kein Pedant, ruhig und besonnen, wenn Streit zu schlichten war, immer und überall auf dem Platze, auch da, wo man ihn nicht sah und vermuthete.

„Ich schätzte ihn sehr,“ fuhr der Fürst fort. „Ich überließ ihm ganz die Leitung der Schulangelegenheiten. Dennoch bin ich einmal mit ihm zerfallen. Ich war wirklich sehr aufgebracht und böse. Als nämlich die Revolution ausgebrochen und im vollen Gange war, hatte er versäumt, die Lehrer zu überwachen. Zwei von ihnen waren eingefleischte Revolutionäre. Sie hatten es ordentlich darauf angelegt, ihre Schüler zu Jakobinern zu machen. Nun, Sie müssen doch das wissen. Sagen Sie einmal Selbst!...“

Leider! weiß ich das, Durchlaucht! Die Beiden trieben es in der That arg genug, ohne alle Scheu. Der Eine impfte uns die Revolution, der Andere den Naturalismus ein. Man las uns in den Unterrichtsstunden den Moniteur vor, wir mußten die Marseillaise, die ich aus der Zeit her noch abschriftlich mit der Komposition besitze, auswendig lernen, Reden von Condorcet, Rabaud, St. Just, Mirabeau, in das Deutsche übersetzen und oratorisch vortragen. Wir wußten jeden Tag, was in Frankreich und Paris vorging, und ich erinnere mich noch lebhaft, denn die Sache machte den widrigsten Eindruck auf mich und empörte mein Inneres, mit welcher teuflischen Freude der Eine sich die Hände rieb, wie Jemand, dem ein geheimer Plan gelungen ist, als die Nachricht von der Hinrichtung des Königs im Moniteur mitgetheilt wurde.

Von der andern Seite wurden uns die Schriften Bahrdt's, Riem's, des Zopfpredigers Schulze und Anderer in die Hände gespielt und unter Seufzen und Klagen der Mangel an Freiheit und Gleichheit in der Welt bemerklich gemacht. Die Leihbibliothek des Buchbindergesellen Müller — hier lachte der Fürst und nannte den Müller bei seinem Spitznamen — die man wenig beaufsichtigte, that das Uebrige, um unsere Phantasie zu vergiften, die Lüste zu reizen, Religion und gute, alte Sitte zu verdrängen. Wir lasen revolutionäre und naturalistische Schriften ohne alle Leitung. Schlüpfrige Romane und Bilder fielen uns in die Hände und wurden begierig gelesen und abkonterfeiet. Fremde, auf deren Namen ich mich nicht mehr besinnen kann, kamen als Maler, Buchhändler und unter was sonst für einer Maske herbei, wurden unsere Verführer, und bemüheten sich, uns auf die Revolution vorzubereiten, die auch bald in Deutschland ausbrechen müsse. Manche von uns ließen sich hinreißen und gewinnen; sie wurden übermüthig und roh, den Aeltern und Lehrern ungehorsam, Spötter der Religion und der Geistlichen, vor keinem Erwachsenen ehrerbietig, ernsten Studien abhold, träge und faul. Dieser böse Geist ging aber nicht allein aus der Schule hervor, er war auch hier und da in den Häusern der Vornehmen wie der Geringen durch die Zeitungen, welche begieriger als je gelesen wurden, geweckt und entfesselt worden. Man wurde zur Revolution und zum Unglauben hingezogen, ohne zu ahnen, wohin das führen würde. Der Schule kann man das am wenigsten zur Last legen, und Neuendorf war gewiß ganz unschuldig an diesen Ausschweifungen. Er und die übrigen Lehrer, wie Laube, Pfannenberg, Busse, Vieth, Kolbe, mochten sie auch für sich die allgemeine Ansicht von der Revolution und dem Naturalismus theilen, was ich bei dem Einen und dem Andern noch bezweifle, thaten alles Mögliche, uns vor Verlockung zu bewahren, bei unsern Studien festzuhalten und für eine richtige und bessere Ansicht der Dinge zu gewinnen. Ueberhaupt sprachen sie wenig oder gar nicht von der Revolution und ihren Freveln mit uns.

„So fand ich's auch," nahm der Fürst das Wort, „was Neuendorf und die Schule betrifft, obgleich Neuendorf zugeben mußte, daß er gegen Jene zu nachsichtig gewesen war. Wir verständigten uns bald und wurden wieder gute Freunde. Jene Beiden bekamen derbe und drohende Verweise, wegen der Leihbibliothek erließ ich eine scharfe Ordre. Sie können mir aber glauben, die Sache hat mir viel Aerger und sogar Kummer gemacht. Ich sah voraus, wohin der Freiheitsschwindel die jungen Leute am Ende führen müsse, und wußte am besten, wie der Naturalismus bei der Jugend den rechten Glauben gefährdet und ganz gegen das Christenthum gleichgültig macht."

Euer Durchlaucht müssen aber doch auch unter den ausgezeichneten und hochgestellten Fremden, die Ihnen fast täglich zuströmten und von der Idee ergriffen, welche Sie beseelte, Ihre Bewunderer wurden, Männer gefunden haben, die Ihres Umgangs werth waren und Ihnen gewiß jetzt noch theuer sind. Ich denke hierbei namentlich an Göthe. Doch wundere ich mich, daß ich ihn in den letzten 20 Jahren hier nicht gesehen habe.

„Göthe, mein lieber Propst, paßte nicht für mich. Er paßte besser zum Großherzog. Wir harmonirten nicht recht in Gesinnung und Gefühl. Als Dichter kam er mir nie, als Staatsmann nur auf Augenblicke nahe. Als Kunstkenner und Freund des Alterthums stand er mir schon näher, in manchen Stücken war er sogar weiter gekommen; denn er hatte tiefere Studien gemacht. In den Grundsätzen und Ansichten von der schönen Baukunst und ihren Werken waren wir nicht immer einig. Die Schauspielkunst, die ihn damals, als er mich zuweilen mit dem Großherzog, zuweilen allein besuchte, ganz besonders interessirte, ließ ich noch links liegen. Ich hatte mehr und Anderes zu thun. Nur, was die gothische Baukunst und die schöne Gartenkunst anlangt, da mußte er mir den Preis zugestehen und vor mir die Segel streichen. Er hatte ja England nicht gesehen. Sonst war er mir, ich weiß nicht, wie ich es ausdrücken soll, zu vornehm, zu höfisch-gemessen, manchmal unangenehm schweigsam. Auch spürte ich im Allgemeinen Etwas von Inhumanität an ihm. Wir sind so auseinander gekommen. Kennen Sie denn den Vorfall mit Kretschmar?“ — Nein, Durchlaucht! — — „Nun, den muß ich Ihnen doch mittheilen. Sie haben doch Kretschmar gekannt?" — Ja, recht wohl, Durchlaucht.*)

„Ich hatte befohlen, einen Jagdwagen bereit zu halten, der Göthen, welcher zu einer genau bestimmten Stunde in Deßau ankommen würde, sofort nach Wörlitz bringen solle. Auch sollte Kretschmar benachrichtigt werden, sich bei Zeiten auf dem Schlosse einzufinden, um mitzufahren. Beide kannten sich noch nicht, und der Hofmarschall hatte versäumt, sie einander vorzustellen. ¦Eine Zeit lang saßen sie, Göthe gerade und feierlich wie ein Licht, Kretschmar leicht und beweglich wie ein junger Rehbock, neben einander. Endlich drehet Göthe ein wenig den Kopf nach Kretschmarn und frägt über die Schulter: W e r i s t E r? — Schnell und barsch, Göthen den Rücken zukehrend, erwidert Kretschmar: u n d w e r i s t E r?... So kamen sie an. Ich stand neben Louisen am Eiserhart, wo ich die kleinen Anhöhen auffahren ließ: „Gieb Acht, Louise, die Beiden haben sich unterwegs gezankt." — Göthe stieg links aus und kam in steifer Haltung auf uns zu; Kretschmar rechts, uns nur grüßend, nach der Stadt eilend. Ich schickte ihm einen Diener nach, der ihn auf das Schloß bestellen und zur Tafel laden mußte. Da ließ er mir sagen: er äße nicht mit dem Menschen, habe auch in Deßau schwere Kranke, die er noch besuchen müsse.

---

*) Kretschmar, Hofrath und Leibarzt des Fürsten, ein Schlesier, den der Fürst sehr schätzte und bei Einrichtung und Verwaltung des Armenwesens außerordentlich brauchen konnte und stets zu Rathe zog — ein Mann, derb, kurz angebunden, der sich nichts nehmen und nichts bieten ließ, harmlos, launig, immer guten Humors, human und hülfreich. An seinem Sterbetage trauerte die Stadt!

Nachher erzählte er mir den Vorfall. Er war ganz entrüstet und wollte schlechterdings nichts von Göthen wissen. Ich brachte sie aber doch endlich zusammen."

Züge zu Seinem Bilde.

Der Herzog war körperlich groß und wohlgebauet, muskelstark, fleischig, kräftig und männlich, abgehärtet, Strapazen aller Art zu ertragen, mit festen, ausgeprägten Gesichtszügen, in allen Seinen Bewegungen sicher, von hoher, edler, fürstlicher Haltung. Er war der beste und kühnste Reiter Seiner Zeit. Sah man Ihn zu Pferde, so sah man Anstand ohne Ziererei, Würde ohne Zwang, Kraft ohne Schwerfälligkeit, Ritterlichkeit ohne schulmäßige Manieren in Einer Person vereinigt. Sein Gang war ruhig und gehalten. In Seinem Alter ging Er nur wenig gebückt, aber doch nicht überhängend und gedrückt.

Seine Stimme war an sich männlich und stark, doch nicht ganz rein und sonorisch, ein wenig hohl und eintönig. Er wußte sie zu mäßigen und sprach in der Regel etwas gedehnt; auch pflegte Er auf das Wort, worauf es Ihm ankam, einen gewissen ziehenden Ton und Nachdruck zu legen, der Ihm ganz eigenthümlich war. — War Er aber im Zorn, theilte Er eine Menge Befehle mit, wollte Er Jemand in der Ferne etwas zurufen, so erhob Er die Stimme mächtig, daß sie weit hinschallte und den, welchem es galt, so wie Alle, die es hörten, nicht wenig erschreckte.

Er liebte die Reinlichkeit über Alles, in der Wäsche, in der Kleidung, bei Tafel und in den Zimmern. Selbst wo man es gewöhnlich nicht so genau mit sich und Andern nimmt, hielt Er streng darauf. Unreinliche Menschen, besonders Kinder, waren Ihm höchst zuwider. Daher konnte Er auch nicht das Tabackrauchen, noch weniger das Schnupfen leiden. Nichts war Ihm unangenehmer, als wenn Jemand bei Tafel mit Brodkügelchen spielte, an Messern und Gabeln Reste von Speisen ließ, die Speisen unnöthigerweise in die Finger nahm. Wein verschütten, besonders Rothwein, galt für einen argen Verstoß, den Er auf der Stelle und gewöhnlich recht unfreundlich rügte. — „In England,", sagte Er, „habe ich Vieles gelernt, wovon man bei uns gar nichts wußte, was wir wenigstens nicht beachteten, auch Essen und Trinken, und mit Messer und Gabel umgehen."

Bis auf den Geruch waren Seine übrigen Sinne vollkommen gesund. „„Den Geruch entbehre ich gern, es giebt ja doch mehr Gestänke als Wohlgerüche."" — Der Geruch von Veilchen erregte Ihm Uebelkeit. Dabei hatte Sein Geschmack nicht gelitten. Der Gesichts- und Gehör-Sinn waren am vollkommensten ausgebildet. Er sah weit und scharf, und vernahm eben so gut die leisesten, wie die entferntesten Töne. Im Alter nahmen beide Sinne etwas ab; doch habe ich nie eine Brille bei Ihm gesehen.

Seine Gesichtszüge waren durch seine hohe Freundlichkeit und väterliche Milde — die Grundzüge Seines Charakters — durchaus geregelt und gleichsam festgestellt. Wenn Er aber zornig ward, Sich über Jemand ärgerte und Sich aussprechen wollte, dann faltete sich Seine Stirn, die Augen traten etwas hervor, die Lippen zuckten leise und das Gesicht bräunte sich auffallend. — Man merkte Ihm aber den Zwang an, den es Ihm kostete, wenn Er Seine Mienen verändern und Seine Gebärden verstellen mußte. Er hatte Sich ganz in Seiner Gewalt und gewann bald Seine Fassung wieder. Der Ernst Seiner Gesichtszüge verschwand allmählig. Er sprach dann wieder ruhig und gemäßigt. Er besänftigte Sich Selbst und brachte das Aeußere bald wieder in Harmonie mit Seinem wahren Innern.

Außer an der Gicht litt Er sonst an keiner andern Krankheit. Die Gicht setzte Ihm aber oft hart zu und verursachte Ihm unsägliche Schmerzen. Er nahm ungern Arznei. Sie wurde zubereitet, hingestellt, und Er sah sie an. Gegen körperliche Schmerzen, mochten es auch die unbedeutendsten sein, war Er im höhern Alter sehr empfindlich. Dann klagte und jammerte Er wirklich wie ein Kind, erzählte Jedem von Seinen Leiden und hörte theilnehmende Worte gern zu Seiner Beruhigung an.

Seine Lebensweise war sehr einfach und regelmäßig. Er stand früh auf, legte Sich zeitig zu Bett, und schlief in der Regel fest und ruhig. Er ließ Sich bald vollständig ankleiden, besorgte dann die vorliegenden Geschäfte und machte Sich darauf bis gegen zwölf Uhr Mittags meist zu Pferde anhaltende und starke Bewegung. Nach der Tafel schlief Er zuweilen einige Augenblicke, dann ließ Er Sich entweder vorlesen, oder betrachtete Kupferstiche und Gemälde, ging im Garten spazieren oder fuhr und ritt in der Umgegend umher. Meist ritt und fuhr Er allein, zuweilen Seinen Kammerdiener, oder, wenn Er nicht nach Deßau gehen und dort zu bleiben beabsichtigte, sonst Jemanden, mit dem Er Sich unterhalten wollte, neben Sich im Wagen. Wenn Er ausritt, mußte Sein Reitknecht stets weit hinter Ihm zurückbleiben.

Zum Frühstück nahm Er eine Tasse Chokolade in Milch gekocht mit vielem Zucker und dazu Zwieback. Mittags speiste Er genau um zwölf Uhr. Die Tafel war in Wörlitz, wenn nicht Fremde anwesend waren, ganz einfach mit kräftiger Hausmannskost besetzt. Eine gute Bouillonsuppe, Rindfleisch und schmackhaftes junges Gemüse, zuweilen frischen oder geräucherten Lachs, zuletzt gewöhnlich Wildpretsbraten, am liebsten Dammwild mit Zubehör. Er aß nie zu viel; Er aß Sich nur satt. Ein Lieblingsgericht von Ihm war Taubenfülsel mit Speck. Er trank wenig Wein, höchstens zwei bis drei Gläser Chateau Margeaux, dazwischen manchmal ein bis zwei Gläser Bischof und dabei eine gehörige Menge Wassers. Gleich nach oder noch bei der Tafel trank Er eine Tasse nicht zu starken Kaffee mit fetter, dicker Sahne und vielem Zucker, worin Er noch Zwieback oder sonst leichten Kuchen tunkte. Noch einfacher war die Abendmahlzeit.

Der Herzog lebte überhaupt in Wörlitz ganz Sich und Seinen Privatvergnügungen, wie ein Familienvater unter Seinen Kindern. Er hielt da nicht Hof und hatte nur eine geringe Dienerschaft, einen Kammerdiener, zwei Lackeien, Koch und Reitknecht und zwei Vorreiter um Sich. Er betrachtete Sich am liebsten wie einen englischen Lord, der, sich auf einige Zeit von Staatsgeschäften zurückziehend, im Kreise seiner Familie das Landleben genießt. Täglich speiste Er im gothischen Hause, wo Er in engen, aber kostbar in mittelalterlicher Art ausgestatteten Räumen wohnte, im Sommer in der Thurmkammer, wo nur sechs Personen Platz hatten, Mittags und Abends mit der Frau von Bäringer und ihren liebenswürdigen Töchtern. Gewöhnlich lud Er mich entweder Selbst mit den Worten: „essen Sie doch heute bei uns; wollen Sie heute nicht bei uns essen?“ oder Er ließ mich durch Seinen Kammerdiener einladen. War einer oder der andere Seiner Beamten auf längere oder kürzere Zeit in Geschäften in Wörlitz, wie z. B. der Baurath Pozzi, so ward der auch zur Tafel gezogen. Während der Jagdzeit hielt sich mehrere Jahre der General von der Golz in Wörlitz auf, wohnte im Schlosse und speiste Mittags und Abends mit dem Herzog. Waren dann noch einzelne Fremde, wie z. B. der Kanzler Niemeyer, anwesend, so wurde im größern Arbeitszimmer, das acht bis zehn Personen faßte, gespeist, was auch im Winter der Fall war, weil dieser Raum geheizt werden konnte. Kamen vornehme Fremde oder fürstliche Personen zum Besuch nach Wörlitz, wie die Fürstin von der Lippe, der Fürst Putiatin, die Herzoge von Meklenburg, der General Sebastiani, die französischen Gesandten in Dresden, Bourgoing und Lemarois, und viele Andere, dann war große Tafel im Schlosse, wohin auch Herren und Damen aus Deßau geladen wurden. — Dann machte der Lord dem Fürsten Platz, die Tafel war reicher besetzt, dauerte länger und ward von einer zahlreichen Dienerschaft bedient. Das war auch der Fall, wenn die verwittwete Fürstin von Zerbst, welche in Koswig residirte, mit ihrer Schwester und ihrem Hofstaate bei dem Herzoge speisten, was jährlich Einmal geschah, wogegen der Herzog, welcher gegen die alte und höchst gutmüthige, in alten höfischen Formen sich bewegende Dame ungemein artig und aufmerksam war, ebenfalls jährlich ein oder zwei Mal nach Koswig fuhr und Seine nachbarlichen Besuche abstattete.

Die Unterhaltung bei Tafel, sie mochte nun im gothischen Hause oder im Schlosse sein, war immer sehr belebt, ohne Zwang, und oft, besonders wenn der Fürst Putiatin oder die französischen Herren da waren, ziemlich laut. Man sprach sich über wissenschaftliche Dinge, über die schönen Künste, über neue Entdeckungen und Erfindungen, über Kriegsabentheuer, über die allgemeinen und besonderen Zustände der Völker und ihrer Führer, Geschichte, sogar Politik ziemlich frei, doch immer mit angemessener Berücksichtigung, meist in deutscher, nach Umständen auch in französischer Sprache aus. — In dem engern Kreise, wie er sich im gothischen Hause bildete, dienten die inländischen Zustände, Stadt- und Land-Neuigkeiten, Familienangelegenheiten, ja Schicksale und Erlebnisse einzelner Personen, selbst der nächsten Einwohner und Unterthanen, zur Unterhaltung und wurden Gegenstände des Gesprächs; aber auch Wissenschaft und Kunst, merkwürdige Naturerscheinungen, die neuesten wie die ältesten Weltbegebenheiten, kirchliche Dinge, Staatseinrichtungen und Reformen waren nicht ausgeschlossen. Jeder gab zum Besten, was er im Schatze seines Wissens, seines Forschens und seiner Erfahrungen niedergelegt hatte und mitzutheilen Veranlassung fand. — Am liebsten hörte der Herzog Anekdoten von noch lebenden, berühmten Männern und Frauen in ihren Eigenthümlichkeiten und Albernheiten. Er Selbst erzählte dann, wie nebenher, mit lächelnder Miene, oft mit recht scharfer Kritik, von Gelehrten, die Er kennen gelernt, von berühmten Frauen, ihren Thorheiten und Liebschaften, von den Ländern und Städten, die Er gesehen, von Vorfällen und Unfällen, die Er erlebt, von mancherlei Eigenheiten und Wunderlichkeiten, die Er an Leuten, die Ihm nahe gestanden oder mit welchen Er in

Verbindung gekommen, bemerkt hatte. Von den Geheimnissen Seines eigenen Lebens, von religiösen Dingen, von sittlichen Zuständen, von Seinen Ansichten und Plänen, von Seinen Verirrungen und Fehlgriffen, von Seinen Hoffnungen und Befürchtungen, von Männern, die ihn zu eigennützigen Absichten gemißbraucht und in Seinen Erwartungen betrogen, von Andern, die Ihm redlich geholfen und für Ihn und Seine Sache schwere Opfer gebracht hatten, von Seinen Familienangelegenheiten und darauf bezüglichen angenehmen und unangenehmen Verbindungen, sprach Er mit mir nur in ruhigen, einsamen Stunden, in der Kirche, auf Spaziergängen, im Wagen, ohne Zeugen, bald im ernsten Ton, bald voll Rührung, bald Sich und Andere anklagend, bald mit tiefem Bedauern und mit wehmüthiger Erinnerung an die vergangenen Tage, wie es gerade der Gegenstand mit sich brachte.

Der Erbprinz Friedrich kam aus Gründen, die in Wörlitzer Verhältnissen des Herzogs lagen, sehr selten nach Wörlitz, speiste dort nie en famille mit seinem Vater, und war nur einigemal an der großen Tafel zugegen, bei Einweihung der Kirche und als die Fürstin von der Lippe den Herzog besuchte, so wie bei Anwesenheit des Königs von Preußen im Jahre 1812. Von Zeit zu Zeit machte er seiner Mutter, der regierenden Herzogin, die in stiller Zurückgezogenheit das sogenannte graue Haus bewohnte, seine förmliche Aufwartung, wo er sich nicht einmal setzte, sondern sich stehend mit ihr unterhielt und nach einer halben Stunde wieder entfernte.

Der Legationsrath von Matthisson nahm nie Theil an der Familientafel im gothischen Hause, weil er täglich mit der Herzogin speisen mußte. Da sie aber erst um 1 Uhr Tafel hielt, so kam er nicht selten um 12 Uhr nach dem gothischen Hause, wo der Herzog eben speiste, setzte sich ganz vertraut neben Ihn und ging um 1 Uhr wieder fort. An der Schloßtafel war er meist zugegen.

Der Herzog besuchte Seine Gemahlin oft in ihrem Hause, mußte aber gewöhnlich lange unten an der Thüre warten, bevor diese geöffnet wurde. Ich habe manchmal, um Ihn zu unterhalten, mit Ihm daselbst auf den harten Steinen gesessen und abgewartet, bis Er eingelassen wurde. Er blieb indeß ganz ruhig und scherzte wohl einmal über das „Pantoffelregiment“.

Der Herzog liebte und übte die Jagd leidenschaftlich. Er litt aber keineswegs an der Jagdsucht, die Jagdneid gebiert; Er gönnte mir vielmehr gern dies Vergnügen, das ich mir wöchentlich zu meiner Erholung und Stärkung meiner Gesundheit auf den Rehsenschen Revieren machte, wobei Er mich vor dem abendlichen Anstand warnte, der doch langweilig sei und Erkältung zur Folge habe. Die Parforcejagd trieb Er mit dem Eifer, der Ausdauer und der Kenntniß eines jagdgerechten Jägers, schonte dabei weder Sich noch Andere, und rügte Fehler, welche dabei begangen wurden, an dem höchsten und niedrigsten Theilnehmer mit gleicher Strenge, als wenn das Heil der Welt davon abgehangen hätte, ließ Sich's aber auch gefallen, wenn Er Selbst wegen eines Versehens angeklagt wurde, und zahlte dann, freilich brummend und die Stirn faltend, Seine Strafe.

Ich habe nicht wohl begreifen können, wie ein so menschenfreundlicher Herr, der überhaupt so mitleidig und gefühlvoll war, Sich einem so grausamen Vergnügen, das der höchste Grad der Thierquälerei ist, mit solcher Leidenschaft hingeben konnte. Ich kann mir aber doch die Sache recht gut erklären und den Herzog entschuldigen, ohne Seine Jagdlust gerade rechtfertigen und Ihn deshalb vertheidigen zu wollen. Seine Jugend fiel in die Zeit des Jagdlebens, unter Jägern wuchs Er auf; denn die Jagd war damals das Einzige, was dem Hofe Glanz und eine gewisse Würde gab. Alle Forstbedienten mußten jagdgerechte Leute sein; denn Waldkultur lag sehr im Argen. Das Holz wuchs ja von selbst zu, ohne alle Pflege, es hatte keinen Werth und keinen Preis. „Wer Holz brauchte," sagte mir ein alter Mann in Wörlitz, „der fuhr oder ging in den Wald und holte sich seinen Bedarf; es lag ja überall umher und verfaulte. Das Land war mit schönen, großen, zusammenhängenden Waldungen bedeckt, in welchen Wild aller Art, besonders Roth-Hirsche und Schweine, Aesung und Ruhe hatte und so dreist war, daß es bis an die Gärten der Stadt kam. In dem Thiergarten wurden Elennthiere gehalten und in der Stadt liefen Bären noch 1717 (?) umher." — Der Oheim des Herzogs, der Fürst Eugen, den ich noch recht gut gekannt habe, hatte sein eigenes Revier zur Parforcejagd; denn er war der größte Jäger seiner Zeit. Die Jagd gehörte zu den Bildungsmitteln, war gewissermaßen das Einzige, wodurch man einen jungen fürstlichen Herrn zum Kriege und seinen Strapazen tüchtig und geschickt macht. Denn sie stärkt die Kräfte, erhöhet den Muth, lehrt Gefahren kennen und vermeiden, Frost und Hitze, Hunger und Durst ertragen, und giebt dem Körper eine Gewandtheit, Festigkeit und Dauer, wie er sie kaum auf einem andern Wege erlangen kann.

Der junge Fürst wurde indeß zu früh, in Seinem sechzehnten Jahre, in den Krieg geschickt und den Mühseligkeiten desselben unterworfen. Er fing an zu kränkeln, das Uebel nahm zu, Sein Zustand war höchst bedenklich und Er mußte den Abschied nehmen. Da war es nach Seiner völligen Wiederherstellung die Jagd, der beständige Genuß der frischen Luft, den sie gewährt, die freie Bewegung, welche sie gestattet, und das heitere, lustige Waldleben, das sie ihren Freunden verschafft, was Ihn wieder stählte und den Grund zu Seiner so festen und dauerhaften Gesundheit legte. Schon deshalb blieb Er ihr getreu bis in Seine spätesten Jahre, denn ohne starke und anhaltende Bewegung in freier, frischer Luft, konnte Er nicht existiren; beständig auf dem Pferde, durch Wald und Bruch, über Felder und Wiesen dahin sprengend, von lebenslustigen und heitern Gefährten umgeben und umringt, von behenden, beutebegierigen Hunden, unter Hörnerklang und Jagdgeschrei — that Er es Allen zuvor, der beste Jäger, wie der beste Reiter Seiner Zeit. Sein Jagdgefolge gab Ihm hierin nichts nach, jeder strebte nach der Ehre, der erste Parforcejäger Europa's zu sein; denn die Parforcejagd, so gefahrvoll und angreifend sie auch ist, hat doch das Eigenthümliche, daß sie jeden fesselt, der sich ihr hingiebt; selbst die Damen des Hofes nahmen oft Theil und ertrugen das Ungemach der Wege und der Witterung, sogar die Pferde wurden hingerissen und wetteiferten mit den gierigen Hunden.

Es ist nicht unbeachtet zu lassen, daß der Herzog doch den vielen Fremden, namentlich den jagdlustigen Engländern, welche herbei strömten, und den fürstlichen Personen, die Ihn besuchten, eine Unterhaltung verschaffen, ein Vergnügen machen mußte, das sie nirgends in solcher Ausdehnung und Vollkommenheit finden konnten. Er scheuete den Aufwand, der allerdings groß war, dabei keineswegs, berechnete aber, daß doch durch die Fremden viel Geld in Umlauf kam und besonders der Pferdehandel, den Er begünstigte, befördert wurde und ansehnlichen Gewinn brachte. Gewisse Handwerker, Schneider und Schuhmacher, Sattler, Beutler und Gürtler, lebten fast von der Parforcejagd. Auch die Gastwirthe gewannen dabei und lernten sich in die Leute schicken, so wie Bäcker und Fleischer. — Als die Parforcejagd endlich eingestellt wurde, waren doch Viele unzufrieden darüber; der Jagdverkehr hörte auf, an den sie sich gewöhnt hatten, und in dem sie sich gern bewegten, weil er ihnen Vergnügen und Nutzen verschafft hatte. Nur das edelste Thier des Waldes wurde geplagt und zu Tode gehetzt!

Auch der Fürst und Sein Hof hatten eine Zeit lang ihre „wilde Periode", von der ich übrigens nicht viel berichten kann, weil ich von Augen- und Ohrenzeugen nur Weniges erfahren habe, und das Wenige mehr die Gefährten des Fürsten als Ihn Selbst charakterisirt. Er ließ in früherer Zeit Manches geschehen, was den herbeigekommenen Fremden Vergnügen machte, und den Einheimischen, die sich von dem alten Jagd- und Soldatenleben nicht sobald losreißen konnten, Gelegenheit verschaffte, sich auszubrausen und ihrer zweiten Natur keinen lästigen Zwang aufzulegen. Denn gerade diesen mußte der Uebergang zu einem neuen und edlern Leben, das der Fürst und Seine feinfühlende Gemahlin vorbereiteten, sehr schwer werden. Er sprach Sich über das Alles, als ich zufällig erwähnte, wie ein vormaliger Besitzer von Reinharts auch einmal die ganze Last des fürstlichen Jagdgefolges mit Hunden und Knechten drei Tage lang habe ertragen und namentlich seine mit kostbaren Weinen gefüllten Keller Preis geben müssen, folgendermaßen aus:

„Allerdings trieben wir es manchmal toll genug, zumal wenn das Jagdlager in Oranienbaum war, und gaben dem Treiben der Weimarischen Genies nichts nach. Mir Selbst wurde aber am Ende doch das wüste Leben widerlich, am meisten aber Louisen, die sich aus unserer Gesellschaft ganz zurückzog und mir Vorwürfe machte, daß ich meinen bessern Grundsätzen und Lebensansichten so untreu würde. Berenhorst, Erdmannsdorf, Rode und Behrisch stimmten ihr bei. Mir war das ganz recht. Ich führte bald ein gesittetes und geregelteres Hof- und Jagdleben ein, von dem ich mich eher zurückziehen und mir und meinen Studien leben konnte. Dennoch denke ich heute noch mit Vergnügen an jene lustige Zeit zurück. Sie hatte etwas Freies und Romantisches, was dem steifen und geschnürten Hofleben gänzlich abging. Dieses machte mir die größte Langeweile, besonders, wenn im Frühjahr oder auch an schönen Herbsttagen, wo ich lieber im Walde umhergeritten wäre, die abgemessenen Fußpromenaden des ganzen Hofs nach der Tafel auf dem Walle von der Frau Herzogin beliebt wurden."

Menschenfreundlichkeit war der Hauptzug des Charakters des Fürsten. Er wurde in der Schule der Humanität gebildet und war die Ehre der Menschlichkeit. Menschenfreundlichkeit hatte Sein ganzes Wesen veredelt, sie sprach aus allen Seinen Zügen und Bewegungen, sie tönte aus allen Seinen Worten, Er mochte ermahnen und warnen, oder drohen und strafen, sie leitete Ihn bei allen Seinen Entwürfen und Unternehmungen, sie war die Triebfeder aller Seiner Handlungen. Die Kirchen und Schulen, die Armen-, Kranken-, Wittwen- und Waisen-Anstalten, kurz Alles, was in Seinem Lande Segensreiches hervorgebracht worden ist und noch besteht, verdanken Seine Unterthanen Seiner menschenfreundlichen Wirksamkeit. — Es war die rein christliche Liebe, die Er in Seinem Glauben darreichte und in deren Hände Er Seine Macht und Seinen Reichthum legte, welche Ihn zum Retter Seines Volks, zum Schöpfer Seines Landes, zum Gründer des Glücks und der Wohlfahrt von Tausenden machte. So ward Er die Freude Seiner Unterthanen; denn Er lebte in der Liebe, die in der Liebe zu Gott wurzelte. Er war ein frommer Fürst, ein weiser Christ, der überall Werke der Liebe verrichtete und vor keinem Seiner Unterthanen Sein Herz verschloß. Christen und Juden, Reformirte, Lutheraner und Katholiken hatten gleichen Antheil an Seiner Fürsorge und an Seiner Mildthätigkeit. Bei der Wahl Seiner Dienerschaft sah Er nicht auf die Konfession, sondern auf Brauchbarkeit, Anstelligkeit und Berufstreue. Er machte unter den verschiedenen christlichen Religionsparteien in Beziehung auf ihre Stellung im Staate gar keinen Unterschied und gab Sich Mühe, sie alle in der Liebe zu vereinigen. So hat Er die Union der Reformirten mit den Lutheranern schon längst vorbereitet, noch ehe sie eingeführt wurde. „Die Geistlichen sind es," sagte Er einst, „welche über den Glauben streiten und das Volk aufregen, den Gemeinden fällt es nicht ein, sich über Meinungen und Satzungen zu zanken, wenn ihnen nur Christus gepredigt wird, der der Herzog ihrer Seligkeit ist.“ — Der Mensch stand Ihm am höchsten, der durch das Christenthum zur wahren Weisheit, zu einer reinen, Gott wohlgefälligen Tugend, zum freien Erforschen und Erkennen der Wahrheit gebildet und tüchtig gemacht worden war, seine sinnliche Natur zu veredeln und seine Begierden zu beherrschen. — „Niemeyer,“ sagte Er, „hat mit mir einmal weitläuftig darüber gesprochen, wie der Mensch durch Religion in Kirche und Schule zur Vollkommenheit erzogen und Alles bei ihm in Harmonie gebracht werden müsse. Er hat mich ganz überzeugt; denn ohne die Hülfe der Religion bleibt der Mensch ein Vieh, und durch falsche Religion können sie ihn zur Bestie machen. Denken Sie an die Religionskriege, an die Verfolgungen der Christen durch die Türken, an die Ausrottung der südamerikanischen Völkerschaften durch die Spanier, an die Inquisition, an die Bartholomäusnacht. Die wahre Religion, die Alles durch die Liebe ausrichtet, macht die Menschen erst menschlich.“ — Er wußte Milde mit Ernst so schön zu verbinden, daß der Schuldlose mit Vertrauen erfüllt und der Schuldige auf Seine schonende Nachsicht rechnen konnte. Sein Benehmen richtete sich genau nach der Größe und Absichtlichkeit des Vergehens, wie nach der Stellung und Zurechnungsfähigkeit der Person, welche sich vergangen hatte. Gegen ganz untergeordnete und gemeine Leute war Er Anfangs streng, sprach derb und in harten Ausdrücken, besann Sich aber bald, ließ Sich bedeuten und verzieh ihnen leicht. Gegen höher gestellte Personen aber, von welchen Er mehr verlangte als von Jenen, waren Seine Worte scharf, stark betont, oft von schneidender Wirksamkeit; Er machte ihnen die bittersten Vorwürfe, erinnerte sie mit kalter Besonnenheit an Schuldigkeit und Pflicht, und brachte sie im Gefühl Seiner fürstlichen Würde und Seines guten Rechts zum Verstummen, wenn sie sich rechtfertigen und vertheidigen wollten. War Er indeß Seiner Sache nicht ganz gewiß, oder hatte Er einige Rücksicht zu nehmen, so ließ Er sie durch Schweigen, Kälte und Zurückziehen selbst fühlen, was Er ihnen nicht sagen wollte und was sie von Ihm zu erwarten hatten. Je ruhiger sie dann sich betrugen, je freimüthiger sie sich zu äußern wagten, je unbefangener sie ihr Verhalten darzustellen wußten: desto mehr lenkte Er dann ein, desto nachgiebiger zeigte Er Sich, desto schneller reichte Er die Hand zur Verständigung und Versöhnung. Er zürnte dann nicht mehr, vergab aufrichtig und der Sache wurde nicht weiter gedacht. Mir sind nur wenige Personen bekannt, die Ihm ganz zuwider waren, und noch Wenigere hat Er mir mit wahrem Groll genannt, die Er möglichst vermied, an die Er Sich ungern erinnern ließ und die Ihm nicht wieder unter die Augen kommen durften. Sie hatten's bei Ihm aber auch durchaus verschüttet, Ihn und ihre Stellung gemißbraucht und sich Vergehungen zu Schulden kommen lassen, die Er ihnen nicht verzeihen konnte. „Ich habe sie vergessen," sagte Er, „sie waren meines Zutrauens nicht werth. Ich habe ihrer geschont, weil ich keinen Lärm machen wollte."

Er war freundlich und leutselig gegen Jedermann, gegen Hohe wie gegen Niedere, gegen Einheimische wie gegen Fremde, gegen Arme wie gegen Reiche, gegen Greise wie gegen Kinder. Jeder hatte Zutritt zu Ihm, Jeden, der es verdiente, behandelte Er herablassend und suchte ihm Muth einzuflößen. Jedem konnte Er Rede abgewinnen und mit ihm ein Gespräch einleiten. Den Furchtsamen und Blöden machte Er Muth, die Zudringlichen und Vorlauten hielt Er in den gehörigen Schranken schon durch einen Blick, den Anmaßenden, Trotzigen und Unverschämten wußte Er auf eine Weise zu begegnen, daß sie erschraken und sich von Ihm fern hielten.

Der Herzog sprach und schrieb die englischen und französischen Sprachen wie Seine Muttersprache mit gleicher Fertigkeit; der italienischen war Er weniger mächtig. Er hatte die Schriften der neuern gebildetsten Nationen, besonders die erotischen und die, welche in das Fach der schönen Künste einschlagen, oft, die alten Klassiker in französischen, englischen und deutschen Uebersetzungen mehr als einmal gelesen. Winkelmann's Geschichte war Sein Hauptbuch. Lessing stellte Er sehr hoch. „Er ist so glatt und blank wie ein neuer Harnisch," sagte der Herzog von ihm. Des Herzogs Schreibart war kurz, kräftig, seelenvoll und gemüthlich, wie man an den von Ihm Selbst gefertigten Inschriften in Wörlitz, Riesigk und auf dem Drehberge sehen kann.

Anekdoten und sonst noch Eigenthümliches.

Man hört und liest gern Anekdoten von großen und berühmten Männern und andern merkwürdigen Personen, die sich durch ihre Eigenthümlichkeit bekannt gemacht haben. Die von Friedrich dem Großen sind zu vielen Bändchen angeschwollen, und werden noch immer mit Vergnügen gelesen. Sind sie wahr und zuverlässig, so tragen sie zur Charakterisirung eines Menschen viel bei; Eine witzige Anekdote ist denn oft mehr werth als zehn weitläufige Schilderungen. Es gehen viele Anekdoten über den Herzog Franz umher, die ich nicht ganz verbürgen möchte. Für die, welche ich hier mittheilen will, kann ich wenigstens einstehen.

1.

Der Herzog konnte Fußsteige über Wiesen und Grasflecke nicht leiden und recht unwillig werden, wenn Er Jemanden auf solchen verbotenen Wegen antraf. Einst fand Er einen mir befreundeten Geistlichen, welcher schwer hörte, auf einem Fußsteig, den man am Fuße eines Dammes hin gemacht hatte. Der Herzog war zu Pferde und ritt oben auf dem Damme. Da Er wußte, daß der Mann taub war, so rief Er ihm mit starker Stimme zu und verwies ihm in sehr ungnädigen Ausdrücken sein Vergehen. Dieser ließ sich aber in seinem Gange nicht stören und machte dem Herzoge die freundlichsten und tiefsten Verbeugungen, welcher, als Er sah, daß Er nichts ausrichtete, davon sprengte. Ein Bauer, welcher in der Nähe gepflügt und Alles mit angehört hatte, winkte dem Geistlichen, der doch am Ende Etwas gemerkt haben mochte und in Schrecken gerathen war, zu sich hinauf, erklärte ihm den Unwillen des Herzogs, setzte aber beruhigend hinzu: Sein Sie nur ohne Sorgen, es hat keine Noth, Er thut Ihnen nichts, 's ist nur so ein Raisoneur.

2.

Einst wollte Er mit mir in der Nähe des rothen Wachhauses in Wörlitz nach dem See hingehen, wo eine neue Fähre gebauet wurde. Wir nahmen die kürzeste Richtung über einen Rasenplatz hin, da fuhr aus dem gedachten Hause ein Bursche von 10 oder 12 Jahren auf uns los und schrie: Ihr werd't die Schwerenoth krein, wenn nur Schoch kimmet! Wollt Ihr da runter! „Nun, nun," sagte der Herzog, „wir werden doch hier gehen können." Ne, Ihr sollt runter! Der Herzog ging wirklich nach dem eigentlichen Weg und sagte lachend: „Der Junge wird gut, geben Sie ihm nur einen Gulden!"

3.

Bei einem Feuer in Deßau, das nicht zum Ausbruch kam, befand ich mich gerade in der Nähe, als der Herzog durch die Thür eines Nebengebäudes in einen Garten trat, wo Zimmerleute eben im Begriff waren, einen alten Fliederbaum umzuhauen, der ihnen hinderlich schien. „Wollt Ihr den Baum stehen lassen," herrschte Er sie an, „Ihr könnt nicht einmal eine Brennnessel wachsen lassen; so groß ist doch die Gefahr noch nicht."

4.

Der Maurermeister Korte der Aeltere, auf den der Herzog viel hielt, und der auch seine Sache verstand, ließ sich nicht gern tadeln, denn der Herzog war bei Seinen Baulichkeiten sehr eigensinnig, nahm Alles sehr genau und hatte bald Dieses, bald Jenes zu erinnern. Da war es nun recht lustig anzusehen, wie der Eine verfolgte und der Andere auswich, wie sich Beide langsam und gemessenen Schritts um die Kirche zu Wörlitz herumtrieben und Korte vermied, mit dem Herzoge zusammen zu treffen. Dieser mochte nun rufen, so laut er wollte, Korte! Korte! — Korte hörte nicht. „Ich muß ihn doch noch abfangen," sagte der Herzog brummend, „er hat gewiß kein gutes Gewissen."

5.

Als die durchbrochene Mauer längs dem Kirchhofe in Wörlitz an der Straße hin aufgeführt wurde, hatte der Herzog streng befohlen, daß der alte Mörtel von den Steinen sorgfältig abgekratzt, aufbewahrt und zu dem neuen oder frischen gemischt werden sollte. Einst stand Er bei den Arbeitern und sah zu, wie sie es machten. Da wurde Er plötzlich unwillig, nahm einem der Handlanger Stein und Kelle aus der Hand und zeigte ihm, wie er den alten Mörtel über ein dastehendes Gefäß abkratzen und den Stein ganz rein abarbeiten müsse. Dann gab Er ihm Beides wieder und sagte: „So machst Du es nun, und wenn es nicht geschieht, so werde ich Dir den Mörtel von der Jacke klopfen lassen."

6.

Einst trat ich kurz vor Tafel in das Speisezimmer im Wörlitzer Schlosse. Der Herzog winkte mir, daß ich still sein sollte. Ich stellte mich an Seinen Tisch, an dem

Er in Seinem Lehnstuhl saß, und von Briefen die leere Seite ab und diese wieder in vier Stücke schnitt, auf welche Er gewöhnlich Seine kleinen Ordres zu schreiben pflegte. An dem entfernten Ende standen der Geheimerath v. Rode und der Legationsrath v. Matthisson und unterhandelten laut über eine Grabschrift, welche der Herr von Matthisson auf einen vor Kurzem in Deßau verstorbenen Edelmann, dem er sehr befreundet gewesen, verfertigt hatte. Der Herr von Rode wollte sie abgekürzt wissen, weil sie länger sei, als der Stein, auf welchen sie eingegraben werden sollte. Jener wollte nicht ein Titelchen fahren lassen. Beide Herren wurden hitzig, und der Herr von Rode, der keinen Widerspruch vertragen konnte, besonders da, wo er, wie hier der Fall war, Recht hatte, gerieth mit dem Dichter hart zusammen. Der Herzog hörte nur so halb hin, lächelte und schmunzelte und flüsterte mir endlich zu: „Rode mißt Matthisson's Verse nach der Elle; sie feilschen wie ein Paar Pferdehändler um ein abgetriebenes Jagdpferd. Matthisson ist verliebt in die junge schöne Wittwe, darum sind die Verse so lang geworden."

7.

Auf dem Theater in Deßau war eine dort gebildete Sängerin aufgetreten, deren überaus starke Stimme gerühmt wurde. Ich hatte sie noch nicht gehört, und fragte deshalb den General Golz. Dieser antwortete mir in Gegenwart des Herzogs mit seiner feinen Stimme: Sie brauchen nicht erst nach Deßau zu gehen, um die Dame zu hören, Sie können sie schon bei der Jonitzer Brücke (fast $\frac{3}{4}$ Stunde vom Theater) vernehmen. Der Herzog nahm das ein wenig übel und sagte: „Nun, so ist's nun einmal nicht, da müßte sie sich längst einen Bruch geschrieen haben. Ihre Stimme ist noch lange nicht so dick, wie die Ihrige, General, dünn ist."

8.

Einst befahl Er einem Schlosser in Wörlitz, sich mit seinem Handwerkzeuge zu einer bestimmten Stunde an einem gewissen Ort auf dem Elbwalle einzufinden. Der Herzog war pünktlich da, der Schlosser aber nicht. Der Herzog reitet eine Zeit lang hin und her, um ihn abzuwarten, endlich wird's Ihm aber doch zu lange, und Er will eben davonsprengen, als Er in der Ferne den Mann kommen sieht. „Nun," ruft Er ihm entgegen, „Du bist ja sehr faul, hast Du keine Uhr, bin ich Dein Narr? Geh gleich in die Wache!" Nu, das kann ich auch noch, erwiderte der Schlosser ganz barsch. Da nehmt das Zeug mit, indem er es abwirft, das brauche ich in Eurer Wache nicht! Der Herzog lacht: „Nun 's ist gut, bleib nur hier!"

9.

Der Herzog konnte eben so wenig schmeichlerisches Lob, als ungehörigen Tadel vertragen, besonders wenn sie auf der Kanzel ausgesprochen wurden. In dieser Beziehung sagte Er einmal: „ich bin doch mit meinen Herren Geistlichen in der Stadt übel daran. Der Eine wirft mir oft das Rauchfaß an den Kopf und der Andere geißelt mich vor aller Welt."

10.

Einst befand Sich der Herzog in der Schloßkirche zu Deßau und hörte der Predigt andächtig zu. Die Gemeinde war still und aufmerksam und der Superintendent predigte in seiner gewöhnlichen Weise recht erbaulich. Da wurden Anfangs einige Beamten, zuletzt auch der Herzog herausgerufen.

Der Superintendent hielt inne und die Gemeinde wurde unruhig. Nach einigen Minuten erschien der Herzog wieder in Seinem Chor und rief dem Superintendenten laut zu: „Predigen Sie nur weiter! 's ist nichts. Es brennt bei der alten Naumann der Schornstein."

11.

Der Herzog hatte eine besondere Vorliebe zu dem Kreuz und betrachtete stets mit Aufmerksamkeit Naturprodukte, z. B. Steine, Blätter, Früchte und dergleichen, woran dasselbe sichtbar war. Einst befand ich mich mit dem Förster Wöpke in Rehsen auf der Jagd. Ein Gewitter überraschte uns, und wir flüchteten von einer Wiesenfläche, auf welcher mehre schöne, hohe Buchen standen, in ein Dickicht, wo wir uns vor dem Regen zu schützen suchten. Da schlug der Blitz in eine der stärksten, etwa tausend Schritte von uns entfernten Eiche, beraubte sie so ganz ihrer Zweige, Aeste und Rinde, daß sie, weiß wie Schnee, wie eine Himmelanstarrende stumpfe Säule vor uns stand. Das Sonderbarste war aber, daß der Blitz sie bis etwas gegen die Mitte gespalten und die Spitze von etwa 12 bis 15 Fuß Länge dergestalt in den Spalt hineingeworfen hatte, daß sie mit dem Schaft ein vollkommnes Kreuz bildete. Ich sagte am andern Tage dem Herzog davon. Er fuhr nach der Tafel mit mir hin, besahe das Naturkreuz von allen Seiten mit Wohlgefallen, und befahl dem Förster, die Eiche so lange stehen zu lassen, bis sie von selbst zusammenbrechen würde.

12.

Der Herzog lebte immer in der Erinnerung an England und Italien. Jeder, der in diesen Ländern gewesen war, galt etwas bei Ihm. Von Göthe sagte Er, Er könne ihm kein vollgültiges Urtheil über die gothische Baukunst zugestehen, denn er sei nicht einmal in England gewesen. — Die Tüchtigkeit des Bauraths Pozzi hob Er mit den Worten hervor: Er ist in Rom gewesen. Den Namen meines Schwiegervaters, eines gebornen Ungars, von Forstheni, wollte Er durchaus kurz, Fŏrsthĕnĭ, ausgesprochen wissen. „Seine Vorfahren waren gewiß Engländer; denn im 11ten oder 12ten Jahrhundert sind englische Familien in Ungarn und Siebenbürgen eingewandert, von welchen er abstammen muß." Woher Er das wußte, weiß ich nicht; Er blieb jedoch stets dabei, der Name sei englisch.

13.

Es machte Ihm Vergnügen, Jemandem eine Freude zu machen und ihm Veranlassung zu geben, sich mit Personen, die Ihn besuchten und aus einer Jenem bekannt gewesenen Stadt oder Gegend herkamen, über seine Verhältnisse und Verwandtschaften auszusprechen. Einst begegnete ich Ihm im Wagen, in der Wasserstadt vor Deßau, wohin ich in Geschäften von Wörlitz aus zu Fuß gehen wollte. Er ließ halten und rief mir zu: hier bringe ich Ihnen einen Bekannten, den Herrn Oberforstmeister von Bornstedt aus Letzlingen, der Ihnen von der Altmark erzählen kann. Machen Sie nur Ihre Geschäfte in der Stadt schnell ab und kommen Sie zur Tafel zurück, wir wollen eine halbe Stunde warten... Da Er wußte, daß ich und meine Frau in der Altmark Freunde, Bekannte und eine alte Mutter hatten, so glaubte Er, uns durch den Herrn Oberforstmeister angenehme Nachrichten bringen zu können. Ich beeilte mich also, nahm in Deßau einen Wagen und war noch vor 12 Uhr wieder in Wörlitz. Der Oberforstmeister, selbst ein Fremdling, der seine Waldungen selten verließ, wußte von der Altmark und ihren Bewohnern so gut als nichts. Wir sprachen nur von ganz allgemeinen Zuständen, welche mich und meine Familienangelegenheiten gar nicht berührten. Das war dem guten Vater Franz recht unangenehm. „Da habe ich Sie nun um Ihre Zeit gebracht,“ sagte Er nach aufgehobener Tafel, „Ich glaubte, der lahme Herr würde Ihnen viel Neues mitbringen und könnte Ihnen viele Briefe ersparen.“

Der Oberforstmeister war sonst Page am Deßauischen Hofe gewesen, wo ihm die jungen Prinzen, als sie Versteckens gespielt, das Bein aus der Kugel gerissen hatten, wovon er lahm geblieben war.

In Folge einer gewissen Katastrophe, von der ich weiter nicht reden kann und will, wurde das ganze häusliche Glück des Herzogs in Wörlitz zerstört. Ein höchst beklagenswerthes Unglück, das den in den Tagen des gräuelvollsten Krieges und der allgemeinen Landesnoth ohnehin so hartbedrängten und gebeugten Greis tief kränkte, erschütterte und empörte. Ein eigenthümlicher Familienkreis, in welchem Er Sich so lange wohlbefunden hatte, in welchem Er immer so heiter und froh war und Sich über die wichtigsten Angelegenheiten Seines Lebens und Landes so beredt, so freundlich und väterlich ausgesprochen hatte, wurde im frechsten Uebermuth und schonungslos durchbrochen und zerrissen — der Greis — der Vater einsam gelassen. Wörlitz sah Er von der Zeit an, auch nachdem die Stürme des Krieges vorüber gerast waren, immer seltner; Er vermied es, einem Hause darin nahe zu kommen, bei dessen Anblick Er Sich an Vieles erinnern mußte, was Ihm einst so lieb und theuer gewesen, und Ihm nun entschwunden, vernichtet war, das gothische Haus, die stillen Räume, wo Er in behaglicher Ruhe, nur Auserwählten Sich vertrauend und mit ihnen freundlich verkehrend, Seinen ernsten Gedanken und schönsten Plänen nachgehangen hatte. Er betrat es nur seufzend, zuweilen sah ich eine große Thräne in Seinem Auge, wann Er es verließ. Es war, als trieb Ihn Etwas hinweg, und doch zog Ihn ein anderes Etwas immer wieder an. Er befand Sich in einer für Ihn wie für Andere höchst unbehaglichen Stimmung, in einer Gemüthsverstimmung, die mich für Ihn besorgt gemacht haben würde, wenn ich nicht gewußt hätte, daß Er Sich allein wieder zurechtfinden und helfen konnte. Er zerfiel nach und nach, wie mit Sich Selbst, so mit Seinen Freunden und nächsten Umgebungen; theilte Sich über das, was Ihm Kummer machte und Ihn niederbeugte, nie mit. Er trug Seine Last Selbst. Seine Menschenfreundlichkeit kämpfte mit Seinem gerechten Unwillen über die Undankbarkeit der Menschen, welchen Er Gutes erwiesen, welchen Er Sein Herz geschenkt hatte; Er hat auch vergeben, aber Er konnte nicht vergessen. Die Wunde war zu tief und zu schmerzhaft, die man Ihm geschlagen hatte. Er stand so allein da und war um „Seine Ruhe gekommen;“ denn auch Sein einziger Sohn, der Erbprinz Friedrich, war Ihm durch den Tod schnell entrissen worden, und in Deßau waren Verdrüßlichkeiten vorgefallen, die Ihn wegen der Zukunft des Landes besorgt machten. — „Ich habe nun,“ sagte Er zu mir noch einige Monate vor Seinem Tode, bei einem kurzen Besuche in Wörlitz, „Ich habe nun Keinen mehr, auf den ich mein Vertrauen setzen kann, als Gott, der wird ja mich und euch nicht verlassen. Auch meine alten Diener werden treulos." Er hatte nirgends eine bleibende Stätte, einen Ihm zusagenden Ruheplatz. Bald wohnte Er in Deßau auf dem Schlosse, in den höhern, damals aber nicht freundlichen Räumen mit dem großen altväterischen Himmelbette, wo ich Ihn beim Sammeln und Ordnen architektonischer Zeichnungen und seltener Kupferstiche, welche unter Seinen Augen der Buchbinder Ackermann heften mußte, antraf, bald im Louisium, wo Er, wie Er Sich ausdrückte, Sein Paradebette aufschlagen und den Tod erwarten wolle. Wörlitz und das gothische Haus besuchte Er nur auf einige Stunden, kramte da in Seinen Papieren, nahm dergleichen mit, noch immer mit Anordnungen von Gartenanlagen und Pflanzungen beschäftigt.

Sein letztes Krankenbette, das auf Louisium Sein Sterbebette werden sollte, hatte Er so stellen lassen, daß Er aus demselben nach der, etwa eine kleine halbe Stunde entfernten Kirche zu Jonitz hinsehen konnte, wo Er Seiner Gemahlin ein Mausoleum erbauen ließ, in welchem auch Seine verwesliche Hülle ihre Ruhestätte gefunden hat. Täglich fragte Er mehr als Einmal: „Ist denn der Schlußstein gelegt? Wird denn Alles fertig? Fragt doch einmal! Korte soll eilen; aber sich nicht übereilen." Er erlebte die Vollendung des Baues nicht, nach der Er Sich sehnte.

Die Krankheit, an der Er litt, verschlimmerte sich schnell, die Kräfte nahmen zusehends ab und es trat allmählig große Schwäche ein. Er sagte, weil Er es fühlte, daß Er nur noch wenige Stunden zu leben haben würde. Täglich ließ Er Seinen Leibarzt, den Hofrath Dr. Olberg, nach dem Louisium holen. Auf Olberg's Fragen nach Seinem Befinden antwortete Er nur wenig und kurz, ruhig und ergeben, setzte dann aber bald hinzu: „Wie geht es den Armen, Hofrath? Sie leiden doch keinen Mangel? Ihre Zahl nimmt wohl noch zu? Sorgen Sie nur für die Kranken unter ihnen, Hofrath!" Wenn dieser dann Bericht erstattete und Vorschläge machte, so erwiderte Er: „Nun freilich, das wäre so recht gut; wir könnten es aber auch noch anders und besser einrichten. Man muß für Arbeit sorgen; darauf kommt Alles an. Die Armen versäumen Sie ja nicht, Olberg; sie liegen mir schwer am Herzen. Ich möchte noch gern was für sie thun, ehe ich fort muß. Für mich brauche ich nichts mehr!"

Sein Ende war ruhig. Der Todeskampf dauerte ohngefähr zwölf Stunden ohne heftige Bewegungen. Arme und Hände lagen ausgestreckt auf der Bettdecke. Mit dem Bewußtsein verlor Er die Sprache. Nur die Silbe Le... Le... brachte der Mund noch hervor. Man hat sie auf den Namen Seines Nachfolgers Leopold gedeutet; sie kann aber auch Legen bedeuten, da Er vorher immer vom Legen des Grundsteins gesprochen hatte. Endlich stand das große liebevolle Herz still!

Wie schnell doch Alles verlischt! In der Welt die Menschen selbst, in der Zeit ihr Ruhm! — Aber es bleibt die That!

M. A. Antonin Unterhaltungen
mit sich selbst. II, 12.

Er und Sie.

Das eheliche Verhältniß des Fürsten war so ganz eigenthümlicher Art, daß es hier, wenn auch nur leise, berührt werden muß, wenn der Leser beide fürstliche Personen gehörig würdigen und das Wesen des Fürsten auch in dieser Beziehung richtig erkennen soll. Es ist ganz natürlich, daß der Fürst Seine junge Gemahlin, die Er zuvor nicht gekannt hatte, der Er ein theures Opfer bringen mußte und der gar nicht zu denjenigen gehörte, welche ihre erste, freie Liebe so leicht vergessen können, erst lieben lernen mußte, bevor Er sagen konnte, „sie nahm mein ganzes Herz hin" und wurde bald „die Seele meiner Seelen." So viel Geist, so hohen Adel der Gesinnung, so viel Eifer für Wissenschaft und Kunst, so viel Menschlichkeit und Leutseligkeit, verbunden mit der blendendsten Schönheit, der reizendsten Grazie und dem würdevollsten Anstande, hatte Er nicht erwartet — und fand das Alles in vollem Maße, in der schönsten Blüthe und der herrlichsten Entwickelung. Die Prinzessin schien für Ihn geboren und gebildet, nur für Ihn da und bestimmt zu sein. Er faßte auch bald eine wahre und herzliche Zuneigung zu ihr, sah und verehrte in ihr das Ideal weiblicher Vollkommenheit, die Erscheinung einer schönen Seele. Dennoch wurden sie schon nach den ersten vierzehn Tagen ihrer ehelichen Verbindung, wie der Fürst offen äußerte, „über einen Punkt uneins, wo sie hätten am einigsten sein sollen." Diese Uneinigkeit nahm allmählig zu, so sehr sie der Fürst Andern zu verbergen suchte; endlich trat die unselige Katastrophe ein, welche eine Trennung herbeiführte, über die der Fürst allein betreten war und Sich bitter beklagte. Der Schlüssel zu dem Allen ist leicht zu finden. Das sagte ich dem Fürsten, als Er mir die nähern Umstände ihrer Trennung nachwies, unverholen. Er meinte, ich habe wohl Recht; Er sei aber nicht gesonnen gewesen, Sich Zaum und Gebiß anlegen zu lassen. Dazu kam noch Mancherlei, was Mißverständnisse veranlaßte und zu Mißhelligkeiten führte, die zwar Fremde nicht ahnten, aber doch den nächsten Umgebungen und Einheimischen nicht verborgen bleiben konnten. Die launenhafte Sentimentalität der Fürstin war ihrem Gemahl, der ein Feind aller erkünstelten Empfindungen war, sehr zuwider und lästig; die mistische Richtung, welche sie ihrem Gemüth und Leben gab, trübte Ihm den reinen und unbefangenen Genuß der Natur und Kunst, und störte Ihn in Seiner gewohnten Lektüre, der die von ihr gewählte so schroff gegenüber trat; ihr Umgang endlich mit geistreichen Männern, wie Göthe, Hirt, Reichard, vor allen mit Lavater, in dessen Hause zu Zürich sie eine Zeit lang unter dem schlichten Namen Louise als ein Glied der Familie lebte, war Ihm, so sehr Er auch diese Männer schätzte, in mancher Hinsicht anstößig; Er sah darin Gefahr für Seinen häuslichen Frieden. Der Fürst setzte nun Seiner Seits absichtlich ihrer Sentimentalität oft recht starke Aeußerungen roher Empfindungen, ihrem Misticismus übermüthige Freigeisterei entgegen und suchte ihre Hinneigung zu den „Genies“, wie Er die geistreichen Männer damaliger Zeit nannte, durch Tadel und Sarkasmen niederzuhalten. „Ich that daran Unrecht und richtete auch nichts aus. Ich verletzte ihre Gefühle und machte sie mir nur noch abwendiger.

Sie wurde immer eigensinniger und hartnäckiger. Aber was sollte ich machen? Ich mußte doch was thun, sie zur Besinnung zu bringen und ein Gleichgewicht unter uns herzustellen. Der nüchterne und besonnene Häfeli, der mit Lavater in vielen Stücken nicht übereinstimmte, verstand es besser als ich, sie wieder auf den rechten Weg einer vernünftigen Gottesfurcht zu leiten und ihren überschwenglichen Misticismus in eine reine Freundschaft mit Gott zu verwandeln, bei der sie sich so selig fühlte.

Endlich kam es an ihrem Geburtstage 1783 zu ernstlichen Erklärungen. Sie redete mir ins Gewissen und wollte zwei Männer aus meiner Nähe entfernt haben, die mich in zeitliches und ewiges Verderben stürzen würden, wenn ich sie noch länger zu meinen Freunden zählte. Wir verständigten uns. Ich gelobte Besserung und habe Wort gehalten. Ich ließ sie gewähren und kümmerte mich nicht mehr um ihr Treiben. Sie ließ mich frei und vermittelte selbst ein Verhältniß, das mir so schwere Kämpfe mit mir selbst und mit dem redlichen Erdmannsdorf gekostet hat. Ich entsagte dem Umgange mit jenen Freigeistern und ließ mich durch den alten Superintendent zu Gott und seinem Worte wieder zurückbringen. Von der Zeit an bestand unter uns ein ruhiger, geistiger Verkehr, eine reine Herzensfreundschaft ohne alle Störungen."

Nach diesem offenen Geständniß des edlen Fürsten glaube ich die Inschrift an dem kleinen Tempel auf dem Sielitzer Berge an der Elbe:

„Der Besserung. Des 26. September 1783 eingedenk."
deuten zu können und annehmen zu dürfen, daß der Fürst dieses Haus mit der ganzen, zu stiller Betrachtung ein-

ladenden Anlage erbauet und hergestellt hat, nicht bloß zur Erinnerung an Seine Aussöhnung mit Seiner erhabenen Gemahlin, sondern vielmehr noch an Seine Versöhnung mit Sich Selbst und mit Gott, dessen Wege Er verlassen hatte. In dieser herrlichen Waldeinsamkeit kam Er wieder zu Sich Selbst, zur Prüfung Seines bisherigen Lebens, zur Einkehr in Sein Inneres, das gestört und mit dem Er unzufrieden war. Daß hier nicht von Wiederherstellung leiblicher Gesundheit, wiewohl der Leib auch gelitten haben mag (denn der Fürst machte noch in demselben Jahre mit Erdmannsdorf eine Badereise nach Karlsbad), die Rede sein kann, sieht man an dem gewählten Worte: Besserung, statt dessen Er wohl Genesung genommen haben würde. Man muß vielmehr an Geistes- oder Gemüthskrankheit denken, die Sich der Fürst im Kampfe mit dem Uebermuth sinnlicher Begehrungen und im Wahngefühl geistig-religiöser Erschlaffung und beunruhigender Zweifel zugezogen hatte. Am 26. September, dem dritten Tage nach dem Geburtstage der Fürstin, den 24sten, an welchem es eben zu jenen Erklärungen gekommen war, deren der Fürst oben erwähnt, ist von Ihm der Entschluß gefaßt worden und zur Reife gekommen, Sein Wesen und Leben zu ändern und zu bessern und ein neuer Mensch zu werden.

Es ist mir nie ganz gelungen, aus Ihm Selbst mit Gewißheit den wahren Sinn jener Inschrift herauszubringen. Er spielte wohl zuweilen darauf an, wich aber aus, wenn ich mehr wissen wollte, und endete das Gespräch mit den Worten: „Das ist nun so mein Geheimniß. Sie können rathen. Ich spreche nicht gern davon.“ Uebrigens würde es mir sehr erwünscht sein, wenn ein Anderer den Sinn der Worte und ihre Beziehung genau und richtig anzugeben wüßte. Ich habe überall herum gefragt und geforscht, Niemand hat mir darüber Zuverlässiges und Genügendes mittheilen können.

Mit der sinnlichen Liebe beider fürstlichen Personen war es denn, wie man sieht, bald aus. Dagegen blieb die geistige, reine, welche der Fürst zu Seiner Gemahlin bewahrt hat bis an Seinen Tod. Er liebte ihren Geist und ihr Herz; Er verehrte ihre Tugend und beugte Sich vor ihrer Religiosität; ihre Liebe zu den Künsten und Wissenschaften, ihr Streben und Wirken in den Armen-, Kranken- und Erziehungsanstalten, welchen Er Sein Leben geweihet hatte, erhoben sie in Seinen Augen so hoch, daß Er sie für den Engel hielt, der Ihm zum Rathgeber und Theilnehmer gesandt worden sei. Er sprach von ihr stets mit größter Hochachtung, ja oft mit Ehrfurcht und Bewunderung, und erwähnte ihre Fehler nur dann, wann Er Seinen „Abfall von ihr" beschönigen oder vertheidigen wollte. Voll von dieser Liebe und Verehrung gegen sie, weihete Er das Schloß zu Wörlitz ihr, wie die Inschrift bezeugt, und es ist nur zu beklagen, daß die innerhalb der Säulenlaube, vom Fürsten Selbst gemachte zweite Inschrift:

Liebe und Freundschaft haben es gebauet,
Einigkeit und Ruhe mögen es bewohnen:
So werden häusliche Freuden nicht fehlen.

was die zweite und dritte Zeile anlangt, der Erfolg nicht gerechtfertigt hat. — Bei den verschiedenen Anlagen und Partieen im Wörlitzer Garten und der Umgegend richtete Er Sich gern nach ihren Wünschen und Angaben. Ihr bauete Er, als sie sich von Wörlitz wegwünschte und die

Einsamkeit suchte, das Lustschloß **Louisium** mit dem lieblichen Park, der sich an einen Thiergarten und eine wildreiche Waldung lehnt, wobei Er auf die Bedürfnisse und Bequemlichkeiten eines weiblichen Wesens, das in der Stille und Zurückgezogenheit seinen Frieden suchte, mit bewundernswürdiger Einsicht Rücksicht genommen hat. — Ihren Geburtstag feierte Er mehre Jahre auf eine so sinnige und idillische Weise, daß dadurch angelockt Tausende von Menschen, Einheimische wie Fremde, herbei kamen, ein Fürstenpaar zu sehen, das in treuer Liebe lebe und in Beglückung und Erfreuung seiner Unterthanen sein Glück und seine Freude finde. Die Kirche zu Wörlitz wurde den 24. September 1809, an ihrem Geburtstage, eingeweihet, und der Fürstin, welche sich in der Nähe von Genf aufhielt, genaue Nachricht von den dabei stattgefundenen Feierlichkeiten gegeben. — Noch im Jahre 1817, dem Sterbejahr des Fürsten, ließ Er die Kirche zu Jonitz, nahe bei Louisium, erneuern. Zugleich wurde unter großen und wegen Unsicherheit des Bodens sehr bedenklichen Schwierigkeiten ein Thurm daran gebauet und mit einer Piramide geziert, an deren Sockel in blauen Feldern folgende Embleme mit Inschriften in goldenen Buchstaben angebracht werden sollten.

Nach Abend: das Bild der untergehenden Sonne, mit der Inschrift:

Louisen der Verklärten.

Nach Mitternacht: Palmzweige, mit der Inschrift:

Louisen der Ueberwinderin.

Nach Morgen: ein Rautenkranz, mit der Inschrift:

Louisen der Dulderin.

Nach Mittag: sieben Sterne, die einen Kranz bilden, mit der Inschrift:

Louisen der Seligen.

So lebte der edle Fürst bis zum letzten Hauche Seines Lebens im treuen Andenken an die, welche Ihm Seine Tage verschönert hatte und häusliche Freuden schaffen und bewahren sollte. Es kam leider! Vieles anders, als Er gewünscht und gehofft hatte. Doch der Tod machte allem Streit ein Ende. Ihre Geister schwangen sich in die höhern Regionen des Lichts, wo Alles Harmonie wird und die Liebe nimmer aufhört. Ihre verweslichen Hüllen liegen nun neben einander im Thurme zu Jonitz, in Einer Gruft, die ihnen der jetzt regierende Herzog zur Ruhestätte bereitet hat.

Das fürstliche Grabmal zu Jonitz hatte der Herzog Franz zunächst für Seine Gemahlin bestimmt. An Sich dachte Er wohl am wenigsten und erst zuletzt. Hier wollte Er noch ein Werk Seines schaffenden Geistes ausführen, das gewiß ein schönes und würdiges Werk geworden wäre. Nach Seinen eigenen Aeußerungen und fremden Mittheilungen sollte die in der Nähe der Kirche liegende Schenke verlegt werden und die Dorfschule an ihre Stelle kommen. Ferner sollten die zwei oder drei gegen Norden liegenden Gehöfte und Gärten angekauft, abgebrochen, zu dem, die Kirche umgebenden Raum geschlagen und auf der ganzen Fläche von der Dorfstraße bis zu dem Wege, welcher von Deßau nach Wörlitz führt, ein Grabhain angelegt, auch der auf der Süd- und West-Seite befindliche Teich erweitert und vertieft und vermittelst einer Wasserleitung aus einem Arm der Mulde mit immer frischem Wasser versehen, die Ufer mit Trauerweiden, Hangebirken und andern Gebüschen bepflanzt werden. Zwei Kariatiden, den Tod und die Auferstehung vorstellend, sollten ein Portal über der Thür zum Thurme tragen.

Möchte doch Seine Hoheit, der jetzt regierende Herzog diese Idee des Herzogs Franz in dessen Sinn und Geist noch ausführen! Gewiß alle Verehrer des dort ruhenden Fürstenpaars warten mit Sehnsucht darauf. Er würde nicht nur Sich Selbst ein Denkmal Seiner Pietät gegen Seine verewigten Großältern setzen, sondern auch allen Einwohnern des Landes, welche ihre höhern Güter und Genüsse dem unvergeßlichen Vater Franz verdanken, eine heilige Freude bereiten.

Bildnisse des Herzogs Franz.

1. Ein Oelgemälde im Schlosse zu Wörlitz, in Lebensgröße, den Herzog in den ersten Jahren Seiner Regierung darstellend, von Maron in Rom.

2. Ein Oelgemälde, Brustbild, den Herzog in Seinem hohen Alter darstellend, von Beck in Deßau.

3. Ein Pastellgemälde, Brustbild, den Herzog in Seinem vierzigsten Jahre darstellend. Maler unbekannt. Besitzt ein großer Verehrer des Herzogs, der Kaufmann Ulrich sen. in Annaburg.

4. Ein Kupferstich, der Herzog auf Seinem schwarzen Meklenburger durch den Wald galloppirend. Mann und Pferd trefflich. Von Buchhorn in Berlin.

5. Eine weißmarmorne Büste im Monument zu Wörlitz, mit der Inschrift von W. Müller:

„Gott erbauete Er Kirchen, der Armuth Hütten,
„Den Künsten und Wissenschaften würdige Tempel.
„Alles Schönen Freund und Kenner, alles Guten Förderer,
„Seines Volkes Vater, Seines Landes zweiter Schöpfer,
„Dieses Gartens Gründer.

Von Hunold in Deßau gehauen.

Nach dieser Büste, einer sehr gelungenen Arbeit, die erst nach des Herzogs Tode von Seinem Regierungsnachfolger im Monument aufgestellt wurde, sind die bekannten Büsten in Gips, ebenfalls von Hunold, geformt.

6. Ein Medaillon in Gips, den Herzog in Seinem sechszigsten Jahre vorstellend, auch von Hunold. Das ähnlichste Bildniß, was ich kenne.

Nachwort.

Denjenigen, welche mit dem Deßauer Lande und seinen Zuständen nicht bekannt sind, empfehle ich zum Nachschlagen nachbenannte Werke, von welchen ich auch, wie ich dankbar bekenne, hier und da in meiner Schrift habe Gebrauch machen können:

Geschichte und Beschreibung des Landes Anhalt. Von Heinrich Lindner, Herzogl. Anhalt-Deßauischem Bibliothekar. Deßau, bei Ackermann, 1833.

Beschreibung des Fürstlichen Anhalt-Deßauischen Landhauses und englischen Gartens zu Wörlitz, von August von Rode. Neue vollständige Ausgabe mit 1 Kupfer. Deßau, bei Heinrich Tänzer, 1814.

Das Gothische Haus zu Wörlitz nebst andern Ergänzungen der Beschreibung des Herzoglichen Landhauses und Gartens zu Wörlitz. Von August von Rode. Deßau, 1818. Bei Heinrich Tänzer's sel. Wittwe.

Handbuch der Anhaltischen Geschichte von Dr. G. A. H. Stenzel, außerordentlichem Professor der Geschichte an der Universität zu Breslau. Deßau, bei Chr. G. Ackermann, 1820.

Noch bemerke ich, daß, da ich von dem ersten Plan meines größern Werkes ganz abgegangen bin, das im Verlage von Karl Aue in Deßau 1844 herausgegebene Schriftchen: „Leopold Friedrich Franz, der Vater des Vaterlandes," hier nicht wieder abgedruckt worden ist.

Fr. Reil.

Probst Friedrich Reil

Der Verfasser dieses Buches – Seine Familie und sein Lebensweg

»... So unglaublich es klingen mag, eine ordentliche Biographie des Herzogs Franz haben seine Nachfolger bis heute nicht veranlaßt, ein in seiner Art wirklich einzig dastehender Fall... Donnerwetter, dafür wäre ja, da es sich um einen so würdigen und dabei höchst interessanten Fürsten handelt, ein bedeutender Historiker auch ohne Subvention zu gewinnen, es würde also nicht einmal etwas kosten, nur denken müßte man daran... Nun, ich suchte nur Tatsachen, überschlug absichtlich die Urteile; was ich brauchte, fand ich notdürftig in der Schrift von Probst Reil über den Herzog (1845)...«

Dies schrieb der so brillant seine Reise durch Anhalt und Thüringen schildernde Karl Emil Franzos im Jahre 1901. Am Ende des sich nun neigenden Jahrhunderts sehen wir zwar auf eine Flut von Analysen und Interpretationen des Wirkens von Fürst Franz von Anhalt-Dessau, auf akribische Untersuchungen all dessen, was sich im von ihm Geschaffenen vereint und auch wohin es kraftvoll ausstrahlte; – dem Menschen Leopold Friedrich Franz von Anhalt-Dessau, seinem Wirken und Wesen, kommen aber auch wir wohl nirgends wirklich näher, als in den Schilderungen, die uns Propst Friedrich Reil hinterließ.

Was andere Verfasser über den Fürsten Franz veröffentlichten, so u. a. die alle noch im 19. Jahrhundert erschienenen Arbeiten von Gleim (1821), Würdig (1879) und Siebigk (1883) waren »Erinnerungen« und eben damals noch »Unvergessenes«. Die Qualität einer künftig stets brauchbaren Biographie erreichte keine der bisherigen Veröffentlichungen.

Jeder, den das kulturelle Europa der Goethezeit und die darin wirkenden Persönlichkeiten interessieren, und jeder, der – enger umgrenzt – einen Einblick in das Werden der Dessau-Wörlitzer Kulturlandschaft zu erlangen versucht, greift schließlich einmal zum »Reil«. Näher, als über das von Reil Geschilderte, vermag man dem bemerkenswerten Dessauer Fürsten Franz nicht zu kommen. Freilich ist auch Reils Darstellung nur e i n e Perspektive, Schilderung des Begegnens aus der Sicht des Propstes und Doktors der Philosophie; jedoch ist dem ernstlich und vorurteilsfrei Forschenden auch eben diese so ganz individuelle Betrachtensweise kein überflüssiger Ballast, sondern in Überzeugung und Sprache ein Zeitzeugnis ganz unverfälschter Natur.

Schon lange ist den daran Interessierten das 1845 ein einziges Mal ungekürzt erschienene Buch von Friedrich Reil nur schwer greifbar. Gekürzte Neudrucke, so wichtig und verdienstvoll sie waren, konnten das komplette Werk nicht ersetzen.

Jetzt bot der Rückblick aus dem Abstand von 150 Jahren auf die erste und bisher einzige ungekürzte Veröffentlichung der Niederschrift von Friedrich Reil den Anlaß, dieses oft gesuchte Werk als Reprint dem Fachmann wie dem interessierten Laien wieder leichter zugänglich zu machen.

Über den sein Land und dessen Landschaft einst umwälzend neugestaltenden Fürsten Franz von Anhalt-Dessau muß im Nachwort dieses Buches nichts kommentiert werden. Wer aber war jener Verfasser, dem wir dieses Werk verdanken?

Dies eine Buch von Friedrich Reil ist zu einem Standardwerk geworden. Vom Verfasser selbst blieb nicht viel mehr als sein Name; allein die Kenntnis seiner Lebensspanne von

1772 bis 1849 und sein Wirken als Propst in Wörlitz hat die Erinnerung bewahrt. Wer aber der Mann, der dieses Standardwerk der anhaltischen Geschichtsschreibung verfaßte, tatsächlich war, sowohl nach Herkunft und familiärem Umkreis als auch nach den Stationen seines Lebensweges, das fiel dem Vergessen anheim.

Mit der Wiederherausgabe seines Werkes von 1845 sollen deshalb die Persönlichkeit des durchaus bemerkenswerten Verfassers und seine Familie hier vorgestellt werden.

Friedrich Christian Gottlieb Reil wurde am frühen Morgen des 28. November 1772 in Dessau geboren. Er entstammte einer Dessauer Handwerkerfamilie, die in der Generation des Vaters mehrere damals in Dessau tätige Bäckermeister stellte.

So den Bürger und Weißbäcker, Meister Johann Christoph Reil (1732-1785), in der Zerbster Straße; den Bürger und Weißbäcker Johann Gottlieb Reil (1728-1800), in der Sand-Vorstadt; und schließlich den Vater selbst, den Dessauer Bürger und Weißbäcker, Meister Johann Friedrich Reil, der sich 1770 das Grundstück Schloßstraße Ecke Muldstraße gekauft hatte. Im heutigen Stadtbild Dessaus muß man sich das Geburtshaus von Probst Friedrich Reil also etwa an der jetzigen Einmündung der Muldstraße auf den Vorplatz des Rathauses, gegenüber der Nord-Ost-Ecke des Rathauses vorstellen.

Nach einer mündlichen Überlieferung, die sich hartnäckig über Generationen hinweg unter der zahlreichen Nachkommenschaft erhielt, sollen die Stammeltern der Reils einst aus Frankreich zugewandert sein. Diese Behauptung ist jedoch bis zum heutigen Tag durch nichts zu belegen, und so muß jener Ratskämmerer zu Gernrode, Ulrich Reyhel, der etwa zu

Beginn des 30Jährigen-Krieges geboren wurde, als der erste nachweisliche Ahnherr der Dessauer Reils angesehen werden. Schon einen Sohn von ihm, den bald nach 1700 verstorbenen Joachim Reyhel, finden wir als Bürger und Bäckermeister in Dessau. Er hatte am 2. Februar 1692 mit Eleonore Catharina Würdig in Dessau die Ehe geschlossen, in der als zweites Kind am 8. September 1695 der erste Sohn Johann Georg Reil geboren wurde.

Bäckermeister in Dessau blieb man nun vom Vater auf den Sohn; und aus der ursprünglichen Schreibweise des Namens Reyhel wurde hier in Dessau Reill und Reil.

Meister Johann Georg Reil war schon jung verwitwet, und aus seiner am 6. Juni 1726 geschlossenen zweiten Ehe mit Dorothea Marie Athenstädt wurde als deren viertes Kind am 13. März 1745 Johann Friedrich Reil geboren, der wiederum der Vater des späteren Wörlitzer Propstes und Verfassers des nun hiermit erneut erscheinenden Buches werden sollte.

Johann Friedrich Reil, der wie erwähnt 1770 das Grundstück Schloßstraße Ecke Muldstraße in Dessau gekauft hatte, war recht geschäftstüchtig. Außer in seiner Bäckerei war er auch noch als Bierbrauer und als Branntweinbrenner tätig. Im Jahre 1771 heiratete er Johanna Elisabeth Bock, die Tochter des Försters Heinrich Bock aus Kochstedt. Und das erste Kind aus eben dieser Ehe war der 1772 am 28. November geborene und am 1. Dezember in der Schloß- und Stadtkirche St. Marien getaufte Friedrich Christian Gottlieb Reil.

Dieser trat nun nicht in die handwerkliche Tradition der Familie ein. Die Bäckerei und das väterliche Grundstück übernahm nach des Vaters Tode im Jahr 1800 Friedrichs jüngerer Bruder, der 1776 geborene Johann Carl Marius Reil.

Nach Schulabschluß in Dessau ließ sich Friedrich Reil am 2. März 1793 an der Universität Halle immatrikulieren. Der damals 20Jährige hatte sich zum Studium der Theologie entschlossen.

Im Dessauer Elternhaus des Studenten war die Geschwisterschar bis zu dieser Zeit beachtlich angewachsen. Friedrich Reil studierte bereits im 2. Jahr in Halle, als in Dessau am 9. März 1795 sein jüngster Bruder geboren wurde. Er war das 13. Kind, das Johanna Elisabeth Reil, geb. Bock, zur Welt brachte. Allerdings überlebte sie selbst diese Geburt auch nur noch um 12 Tage. Dadurch verlor Friedrich Reil bereits 22jährig am 21. März 1795 seine Mutter. Und schon fünf Jahre später, am 25. März 1800, starb auch der Vater, der Bäckermeister Johann Friedrich Reil, in Dessau.

Das bedingte für den jungen Theologen schon bald nach Ende seiner Studienzeit einen eigenen Hausstand zu gründen. In Beetzendorf in der Altmark heiratete Friedrich Reil am 5. September 1803 die am 19. April 1783 in Apenburg geborene Johanna Sophie Wilhelmine von Forstheny. Sie war die Tochter des damals zur Zeit ihrer Verehelichung in Salzwedel lebenden preußischen Rittmeisters Georg von Forstheny und dessen Ehefrau Wilhelmine, geb. Rupitz, die ihrerseits eine Tochter des Dr. med Anton Rupitz aus Magdeburg war.

Die Eheleute Reil ließen sich in Friedrichs Heimat und Geburtsstadt Dessau nieder, wo Friedrich Reil 1803 eine Anstellung als Diakon an der Schloß- und Stadtkirche gefunden hatte.

Dem Bäckerssohn, der Theologie studiert hatte, tat sich damit eine beruflich gesicherte Zukunft auf: amtierte er doch gleich zu Beginn seiner beruflichen Laufbahn bereits an der ersten Kirche des Fürstentums Anhalt-Dessau, eben der Hochfürstlichen Schloß- und Stadtkirche St. Marien. In welches Umfeld der junge Diakon hier nun eingebunden war, das ist schon etwas abzulesen an den Taufpaten seines ersten Kindes, des am 2. September 1804 in Dessau geborenen Carl Friedrich Wilhelm Bernhard Reil. Unter den Paten bei dessen Taufe am 7. Oktober 1804 waren neben der Verwandtschaft aus den Familien von Forstheny und Popitz u. a. Frau Obristin von Kleist aus Salzwedel, die Frau des Dessauer Konsistorialrats de Marées, Pfarrer Friedrich de Marées von der Dessauer St. Georgen Kirche, Hofprediger Böttger, die Frau des Dessauer Kammer-Assessors Basedow, Amtmann Bernhard Rupitz aus Erxleben in der Altmark, Ober-Zolleinnehmer du Cros aus Salzwedel usw.

Ein weiteres Kind, der Sohn Franz Ludwig Hermann Rudolph, wurde dem Diakon Friedrich Reil in Dessau von seiner Ehefrau am 30. Oktober 1807 geboren.

Anfang des Jahres 1809 erhielt Friedrich Reil seine Ernennung zum Propst, amtierte noch kurze Zeit in Dessau und wurde dann nach Wörlitz versetzt, wo er schließlich in jenes so enge Vertrauensverhältnis zum Fürsten Franz eintreten durfte, was ihn drei Jahrzehnte später zur Niederschrift seines 1845 erschienenen Buches befähigen sollte.

Den Eheleuten Reil wurden in Wörlitz noch zwei Kinder geboren: Die Tochter Sidonia – benannt nach ihrer Patin Sidonia von Bäringer – am 5. Januar 1810 und der Sohn Adelbert am 19. Mai 1811. Wurde die Taufe der ersteren durch einen Kollegen des Vaters, den Kaplan Johann Julius Friedrich Bobbe aus Vockerode vollzogen, so war die Taufe des Söhnchens Adelbert am 5. Juni 1811 mit einer Trauung verbunden. Propst Reil hatte den Rektor und ersten Lehrer zu Wörlitz, Leopold de Marées, getraut, und unmittelbar nach der Trauung stand die Braut, Johanne de Marées, Pate bei der Taufe des Propst-Söhnchens Adelbert.

Aber Glück und Leid lagen sehr dicht beieinander.

Das 1807 in Dessau geborene Söhnchen starb nur dreijährig am 15. Juli 1810 in Wörlitz, und zwei Monate vor Vollendung ihres 30. Lebensjahres erlitt Propst Reils Ehefrau, Johanna Sophie Wilhelmine, geb. von Forstheny, einen Schlaganfall, dem sie am 23. Februar 1813 erlag. Am Morgen des 25. Februar wurde sie in Wörlitz in aller Stille beigesetzt.

Das Jahr 1813 und die folgenden Jahre mögen für Friedrich Reil den ersten ganz großen Einschnitt auf seinem Lebensweg bedeutet haben. Zunächst sich wissenschaftlich wieder vertiefend, wurde ihm im Jahr 1814 der Magister von der Philosophischen Fakultät der Universität Halle verliehen. Aber parallel zu den Schicksalsabläufen in seinem eigenen Leben vollzogen sich die Veränderungen, die politisch ganz neue Situationen für die damaligen deutschen Länder – und somit auch für Anhalt-Dessau – mit sich brachten; ja ganz Europa war im Umbruch begriffen am Ende der napoleonischen Ära.

Der Landesherr, dessen persönlicher Ansprechpartner der um eine Generation jüngere Friedrich Reil während dieser Wörlitzer Jahre geworden war, Herzog Leopold Friedrich Franz, starb am 9. August 1817 im Luisium bei Dessau. Die Fortsetzung irgendeiner engen Vertrautheit zwischen dem Wörlitzer Propst und dem nunmehrigen Dessauer Herzog Leopold war weder zu erhoffen noch zu erwarten. So mag sehr vielfältiges, das sich in den Lebensumständen von Friedrich Reil zu einer Gesamtsituation vereinte, diesen zu endgültigen Veränderungen gedrängt haben.

Und Friedrich Reil ergriff eine vom Berufsbild eines anhaltischen Geistlichen wirklich sehr stark abweichende und ungewöhnliche Gelegenheit, als diese sich ihm bot!

»Weil das Gebiet nach dem Wiener Kongreß 1815 preußisch geworden war«, hatte der Leipziger Großkaufmann, Gold- und Silberschmied Liebeskind sich entschlossen, seinen ansehnlichen Besitz in der Nähe von Artern in der Goldenen Aue zu veräußern. Es war das Rittergut Schönewerda mit allen seinen damaligen Zugehörigkeiten.

Der Wörlitzer Propst Friedrich Reil kaufte es.

Am 18. Januar 1819 ging der 46jährige Friedrich Reil, Propst und erster Prediger zu Wörlitz, mit einer Trauung, die in aller Stille im Hause vollzogen wurde, nachdem er nahezu seit sechs Jahren verwitwet gewesen war, eine zweite Ehe ein mit Fräulein Johanne Luise Rosine Dünckel, der am 25. Juli 1783 in Stargard in Pommern geborenen Tochter des Stargarder Bürgers und dortigen Schwarz- und Schönfärbermeisters Johann Georg Dünckel.

Noch bis Ostern 1819 blieb Friedrich Reil mit seiner Familie in Wörlitz, und dann wurde der Doktor der Philosophie und bisherige Propst im anhaltischen Wörlitz zum »Erb-, Lehns- und Gerichtsherrn auf Schönewerda, Essmannsdorff und Hemersdorf«.

Die Familie zog in das schloßartige Herrenhaus des Ritterguts Schönewerda und durchlebte daselbst alle Wechselfälle des Lebens während der nun nachfolgenden zwei Jahrzehnte.

Aus der noch in Wörlitz geschlossenen zweiten Ehe Friedrich Reils gingen in Schönewerda noch zwei Kinder hervor: der am 8. April 1820 geborene Wilhelm Reil und die am 14. November 1821 geborene Tochter, Charlotte Marie Luise Reil.

Als Herr auf Schönewerda bemühte sich Friedrich Reil von Anbeginn um ein sehr gutes Verhältnis zur dortigen Bevölkerung; auch war er stets bemüht, drohende Streitigkeiten mit viel Geschick zu vermeiden, so kam es gleich im ersten Jahr seines Dortseins zu Auseinandersetzungen um den Besitz eines Weidestückes von 6,5 Morgen. Friedrich Reil lud die Gemeinderäte, die seine Kontrahenten in jener Angelegenheit waren, zur Taufe seines Sohnes Wilhelm im April 1820 ein. Diese Einladung seitens der Gutsherrschaft empfanden jene nun als eine so hohe Ehre, daß sie das Weidestück, um das es zu Meinungsverschiedenheiten gekommen war, dem Täufling als Patengeschenk überschreiben ließen...

Aber Friedrich Reils familiäres Glück sollte auch auf Schönewerda nicht lange ungetrübt bleiben. Bei der Geburt ihres dritten gemeinsamen Kindes starb am 9. Februar 1823 nach nur vierjähriger Ehe Reils zweite Frau.

An der Kirche von Schönewerda kündete eine heute zwar noch vorhandene, aber da stark verrostet nun leider nicht mehr lesbare gußeiserne Grabplatte die damalige Trauer: »In dieser Gruft ruht die Hülle der Frau Johanne Louise Reil, einer geb. Dinkel aus Stargart in Hinterpommern und des Kindes, das sie mir nicht gebären konnte. Ehre Wanderer das Andenken einer treuen Mutter, die das Leben für die Kinder gelassen hat.«

Der Vater der Verstorbenen, Johann Georg Dünckel, der 1822 von Stargard kommend zu Tochter und Schwiegersohn gezogen war, lebte noch elf Jahre bis zu seinem Tode 1833 bei der Familie auf Schönewerda.

Am 21. April 1834 wurde Reils jüngster Sohn, der 1820 geborene Wilhelm Reil, nach Schulpforta eingeschult. Er sollte später einmal einen außergewöhnlichen Lebensweg beschreiten.

Friedrich Reils ältester Sohn, der 1804 in Dessau geborene Bernhard, heiratete 31jährig in Schönewerda am 15. Oktober 1835 Philippine Stapf, die am 7. Oktober 1815 geborene Tochter des Medizinalrats Dr. Johannes Ernst Stapf aus Naumburg. Die Jungverheirateten lebten hinfort mit auf Schönewerda und drei ihrer vier Kinder wurden daselbst geboren.

Auch mit vorrückendem Alter blieb Friedrich Reil aktiv und unternehmend und lebte keineswegs nur in der ländlichen Zurückgezogenheit seines Gutsbezirks. Im Jahr 1840, als der 1811 in Wörlitz geborene und noch immer unverheiratete Sohn Adelbert bereits Amtmann in Schönewerda war, ging Friedrich Reil während des Sommers mit dem jüngsten Sohn, Wilhelm, auf Reisen. Und einem Brief Reils vom 30. August 1840 ist zu entnehmen, daß beide auf dem Weg nach Magdeburg auch in Wörlitz weilten.

Dann aber ist ein bis heute in seinen Ursachen nicht ganz zu klärender Entschluß im Leben von Friedrich Reil zu beobachten: Das Rittergut Schönewerda, das für nun schon drei Generationen der Familie in über zwei Jahrzehnten zur Heimat geworden war, wurde von Friedrich Reil 1842 zum Preis von 112000 Thalern an den Fürsten Günther Friedrich Carl II. von Schwarzburg-Sondershausen verkauft. Mit der Familie seines ältesten Sohnes Bernhard, der Jurist geworden war, aber ganz zurückgezogen als Privatmann lebte, ging Friedrich Reil nach Delitzsch. Und eben dort fand der inzwischen 70Jährige offenbar die Ruhe, um in der Rückschau auf seinen eigenen Lebensweg sich des mit Fürst Franz in Wörlitz Erlebten, Durchdachten und Besprochenen zu erinnern. Anhand der Aufzeichnungen, die er sich seinerzeit als Propst in Wörlitz gemacht hatte, schrieb er in Delitzsch jenes Buch, dessen Manuskript er vor nunmehr 150 Jahren im Mai 1845 abschloß und das er im Verlag von Karl Aue in Dessau herausbrachte.

Es muß jenes Begegnen mit der schöpferisch so begnadet gewesenen Persönlichkeit des Fürsten Franz für den damals eine Generation jüngeren Friedrich Reil zeitlebens eine ganz persönliche Bedeutung gehabt haben, daß er sich selbst gegen Ende des eigenen Lebens noch einmal derart damit auseinandersetzte und gerade dies durch Niederschrift und Herausgabe vor dem Vergessenwerden bewahren wollte.

Ein Jahr vor dem Erscheinen des Buches in Dessau, hatte Friedrich Reils jüngster Sohn Wilhelm 1844 in Halle zum Dr. med. promoviert. Als praktischer Arzt hatte er sich in Halle niedergelassen und heiratete im Oktober 1846 die 1828 geborene Clara Keferstein. Erster Sohn aus dieser Ehe war der am 14. Oktober 1847 geborene Otto Reil. Und als zweites Kind des Dr. Wilhelm Reil war am 9. August 1849 ein weiterer Sohn geboren worden.

Dieser jüngste Enkel des Propstes – geboren am Sterbetag des dem Großvaters unvergessen gebliebenen Fürsten Leopold Friedrich Franz von Anhalt-Dessau – erhielt als Taufnamen den Rufnamen des Großvaters: Friedrich. Und zur Taufe dieses Enkels war Friedrich Reil von Delitzsch nach Halle gekommen.

Hier infizierte sich der fast 77Jährige mit der grad eben grassierenden Cholera und erlag dieser Seuche zu Halle am 17. September 1849.

Abwechslungsreich in einer gewiß ungewöhnlichen Weise war der Lebensweg des Dessauer Bäckersohnes Friedrich Christian Gottlieb Reil über seinen kirchlichen Dienst als Diakon an der Schloßkirche St. Marien in Dessau und als Propst in Wörlitz, sodann über seinen Lebensabschnitt als Rittergutsbesitzer in Schönewerda, bis hin zur Autorenschaft eines einzigen Buches, das ihn innerhalb der Geschichtsschreibung des Anhalt-Landes unsterblich machte.

Über den Menschen, der das alles war, mag es kaum eine unmittelbarere Charakterisierung geben, als jene, die die Reil-Enkelin Helene Lichtenauer, geb. Baltzer (1853-1944) überlieferte, indem sie ihre Tante Therese Reil, geb. Stapf (1815-1896) – die Gattin des ältesten Reil-Sohnes Bernhard – in einem Brief zitierte. Für jene Tante Helene sei, so heißt es da, Propst Friedrich Reil der feinste und liebenswürdigste Mensch gewesen, den sie kennengelernt habe, von echter französischer Ritterlichkeit...

Fortgelebt hat Friedrich Reil außer in seinem Buch über Fürst Leopold Friedrich Franz von Anhalt-Dessau aber auch als Ahnherr einer weit verstreuten Schar von Nachkommen bis auf den heutigen Tag. Manch außergewöhnliche Charaktere waren wiederum darunter.

Der jüngste Sohn, Dr. med. Wilhelm Reil, den besuchend Friedrich Reil 1849 in Halle verstorben war, ging, als seine Frau an Lungentuberkulose erkrankte, 1857 nach Kairo, um in der Reinheit der ägyptischen Wüstenluft nach Heilungsmöglichkeiten für diese damals noch unheilbare Krankheit zu suchen. Clara Reil, geb. Keferstein, starb jedoch schon 30jährig am 27.12.1858.

Dr. Wilhelm Reil blieb in Ägypten. Gut 20 Kilometer südlich von Kairo entdeckte er die dort mit 30 Grad zutage tretenden Schwefelquellen von Heluan. Dr. Wilhelm Reil legte den Grund für die Weltgeltung, die Heluan bereits nach wenigen Jahrzehnten als Heilbad und ab 1874 auch als Luftkurort am Rande der Wüste erlangte.

Wilhelm Reils erschienene Schrift »Les Eaux thermales d'Hélouan - Caire 1874« ging um die Welt. Schon 1868 holte der in Europa erzogene und im Januar 1863 an die Regierung gekommene Vizekönig von Ägypten, Chediv Ismail Pascha, Dr. Wilhelm Reil in seinen Dienst. In dieser Position war es ihm vergönnt, eines der ganz großen Ereignisse jener Jahre unmittelbar mitzuerleben, das Aufmerksamkeit der ganzen damaligen Welt nach Ägypten lenke: Die Eröffnung des durch Ferdinand von Lesseps vollendeten Sueskanals. Dessen Einweihung am 17. November 1869 zog nicht nur die großen Persönlichkeiten des Orients, wie den legendären Emir Abd el-Kader an, sondern die Monarchen Europas kamen, um mit ihrer Durchfahrt durch den Kanal diese Verbindung vom Mittelmeer zum Roten Meer zu eröffnen. Unter ihnen waren Kaiser Franz Joseph von Österreich, die französische Kaiserin Eugenie, sowie der damalige preußische Kronprinz und spätere Deutsche Kaiser Friedrich...

Der Arzt Wilhelm Reil aus Halle war längst ein Hofmann in Kairo geworden. An andere Höfe des Orients begleitete er den ägyptischen Vizekönig Ismail auf dessen Reisen; so u. a. im Jahr 1872 nach Konstantinopel. Und 1876 wurde der vizekönigliche Leibarzt Dr. Reil auch noch zum Leibarzt der ägyptischen Prinzessin Mansur ernannt, mit der ihn bis ans Ende seines Lebens ein enger Kontakt verband, ja die er sogar noch in seinem Testament bedachte.

Im Juni 1878 in der Rang eines Bay erhoben, war aus dem Sohn des Wörlitzer Propstes und Enkel eines Dessauer Bäckermeisters nun »Le Docteur W. Reil Bay« geworden.

Als ein hoch verdienter Arzt, der durch seine Entdeckung und Gründung des Heilbades Heluan bei Kairo international bekannt geworden war, und dessen Andenken in Ägypten noch während mehrerer Generationen in Ehren gehalten wurde, ist Dr. Wilhelm Reil – 31 Jahre nachdem sein Vater, Propst Friedrich Reil, bei ihm in Halle an der Cholera gestorben war – am 14. Januar 1880 in Heluan bei Kairo verstorben.

Nur ein Zweig der so zahlreichen Reilschen Nachkommenschaft sei hier abschließend noch kurz erwähnt. Des Propstes 1810 in Wörlitz geborene Tochter, Sidonia Reil, hatte am 13. Juli 1830 den Sohn der ältesten Schwester des Vaters – also ihren Cousin 1. Grades – geheiratet. Dieser nun, der 1802 geborene Johann August Friedrich Popitz war zunächst Pfarrer in Oranienbaum gewesen, später dann Archidiaconus in Dessau, wo er im Juni 1870 starb.

Von den fünf Kindern, die dieser Ehe entsprossen, fiel der am 18. April 1839 geborene Rudolf Popitz auf nie ganz geklärte Weise am 9. Dezember 1868 einem Mord zum Opfer. Er wurde in Prag von einer Moldaubrücke gestürzt.

Der jüngste Enkel Friedrich Reils aus dieser Popitz-Nachkommenschaft, der am 18. April 1845 geborene Heinrich Popitz, heiratete im Februar 1881 noch in Dessau, lebte dann aber als Apotheker in Leipzig.

Sein Sohn, Professor Dr. jur. Johannes Popitz, war am 2. Dezember 1884 in Leipzig geboren, wurde Jurist und Staatswissenschaftler; noch während des Kaiserreichs von 1907 bis 1918 als Regierungsreferendar tätig, wurde er 1919 als Regierungsrat ins Reichsfinanzministerium berufen, wo er ab 1925 den Posten eines Staatssekretärs bekleidete. Seit 1929 dann zunächst anderweitig tätig als Professor der Universität Berlin und der Verwaltungsakademie, wurde er 1932 als Reichsminister ohne Portefeuille Reichskommissar für das Preußische Finanzministerium und schließlich mit dem 21. April 1933 Preußischer Finanzminister.

Über diesen Urenkel von Propst Friedrich Reil bemühten sich Historiker zu Anfang der 40er Jahre an jene damals wohl noch existenten handschriftlichen Aufzeichnungen von Propst Reil zu gelangen, die jener sich in seiner Wörlitzer Zeit gemacht hatte und anhand derer er das Manuskript seines Buches über den Fürsten Franz ausgearbeitet hatte.

Schon Professor Dr. Erhard Hirsch verwies in seiner Dissertation, Halle 1969, darauf, daß die Bemühungen, damals noch an die Originale der Aufzeichnungen Reils heranzukommen, sich infolge der Ereignisse um den 20. Juli 1944 zerschlugen.

Jener Urenkel Friedrich Reils, Professor Dr. Johannes Popitz, wurde am 21. Juli 1944 wegen seiner Verbindungen zum Widerstand gegen den Nationalsozialismus verhaftet, am 3. Oktober 1944 vom Volksgerichtshof zum Tode verurteilt und am 2. Februar 1945 hingerichtet.

Somit bleibt uns auch künftig nur – und mit dieser Reprint-Ausgabe nach 150 Jahren erneut – das Buch, wie Friedrich Reil es in Delitzsch schrieb und 1845 in Dessau herausgab, über das Wesen und Wirken des Fürsten und Herzogs Leopold Friedrich Franz von Anhalt-Dessau.

Es ist nicht leicht, unter den erhaltenen Exemplaren eines vor 150 Jahren erschienenen Werkes einen Band zu finden, der vollkommen schadlos und nahezu »druckfrisch« in so gutem Zustand ist, daß er alle qualitativen Bedingungen erfüllt, um als Vorlage für eine Reprint-Ausgabe dienen zu können.

Bücher haben ihre eigenen Schicksale.

Und das Schicksal jenes einen Bandes, der nun mit dieser Ausgabe des Kettmann-Verlages 1995 zur Vervielfältigung gelangt, soll hier abschließend noch kurz geschildert werden; zumal sich seine Provenienz auch lückenlos verfolgen läßt.

Das Buch »Leopold Friedrich Franz ....sein Wirken und Wesen« von Propst Friedrich Reil kam vom Verlag Karl Aue in Dessau 1845 nach Hannover und wurde dort von dem Buchbinder und Lederarbeiter W. Ermold gebunden für die Privatbibliothek des Königs Ernst August von Hannover (1837-1851). Der Bestand dieser Bibliothek wurde übernommen und erweitert von König Georg V. von Hannover (1851-1878), verblieb im Privatbesitz der Welfen auch nach der Okkupation des Königreichs Hannover durch Preußen 1866 und gelangte so in den Besitz des Herzogs Ernst August von Cumberland (1845-1923) und dessen Sohnes, des 1913 bis 1918 regierenden Herzogs Ernst August von Braunschweig und Lüneburg (1887-1953), der mit der einzigen Tochter des letzten Deutschen Kaisers, Herzogin Viktoria-Luise von Braunschweig und Lüneburg, Prinzessin von Preußen, verheiratet war.

17 Jahre nach dem Tod des letzten Herzogs und noch zu Lebzeiten von Herzogin Viktoria-Luise trennte sich 1970 das Welfenhaus von den ererbten Beständen seiner Privatbibliothek, zu denen seit 1845 auch jener Reil-Band gehört hatte. Die »Königliche Ernst-August-Fideikommiß-Bibliothek« wurde zum Verkauf angeboten.

Die Niedersächsische Landesbibliothek Hannover vermochte damals nur Teilbestände daraus für das Land Niedersachsen zu erhalten und kaufte etwa 3 000 Bände auf.

Über das Antiquariat Hauswedell in Hamburg kamen die übrigen Bestände der vormaligen Privatbibliothek der Welfen zur Versteigerung. Laut Auskunft des Antiquariats Hauswedell & Nolte wurde der Band von Friedrich Reil 1971 innerhalb eines Konvoluts verkauft, in dem zahlreiche Bände zusammengefaßt waren. Der prächtig erhaltene Reil-Band wurde gleich damals 1971 von dem Dramaturgen, Regisseur und Intendanten Dr. phil. Walther Eggert (1893-1976), der ein leidenschaftlicher Anhalt-Sammler war und seit der Nachkriegszeit in Heidelberg lebte, erworben.

Nach dem Tod von Dr. Walther Eggert im Oktober 1976 gingen wesentliche Bestände seiner Sammlungen in Besitz von Richard Hohbaum über; darunter auch dieser so sehr gut erhaltene Reil-Band aus dem vormaligen Besitz der Könige von Hannover, der schließlich von Richard Hohbaum 1980 in das Anhalt-Archiv der Alten Oberamtei zu Gerabronn eingegliedert wurde.

Anläßlich der Darstellung dieser Einzelheiten in Vorbereitung der Reprint-Ausgabe des Werkes von Friedrich Reil durch den Kettmann-Verlag in Wörlitz im Frühjahr 1995 wurde durch den Antiquar und Verleger Daniel Osthoff in Würzburg ermittelt, daß dieses Werk Reils seit 1970 auf keiner der großen Antiquariats-Auktionen innerhalb der Bundesrepublik Deutschland angeboten worden ist.

Gerabronn, im Mai 1995

Richard Hohbaum

Meinen ganz persönlichen Dank für vielfältige Unterstützung bei der Ermittlung der Lebensdaten und -umstände des Wörlitzer Propstes Friedrich Reil und seiner Familie schulde ich neben zahlreichen anderen den Mitarbeitern in der Anhaltischen Landesbücherei und im Stadtarchiv Dessau, dem Fachbereich Geschichte und Philosophie sowie dem Archiv der Martin-Luther-Universität Halle/Saale, dem Stadtarchiv Würzburg, Herrn Professor Dr. Erhard Hirsch in Halle, Herrn Pastor Peter Rauch von der Ev. Kirchengemeinde St. Johannis und St. Marien in Dessau, den Betreuern der Kirchenbuchbestände in Schönewerda bei Artern, in Delitzsch und in Wörlitz, sowie für ganz besondere unermüdliche Hilfeleistungen Herrn Uwe Kettmann in Wörlitz und unter den Reil-Nachkommen der Familie Ekkehard Maerker in Donzdorf.

Letzteren ist auch zu danken, daß hier erstmals überhaupt ein Bildnis von Propst Friedrich Reil publiziert werden kann.

R. H.

Dank der Herausgeber

Vor 150 Jahren verfaßte der vormalige Propst der Wörlitzer Kirche Friedrich Reil die Biographie des Herzogs Franz von Anhalt-Dessau. Für den Wörlitzer Kettmann-Verlag ist das Jubiläum gegebener Anlaß, das Buch ungekürzt erneut herauszugeben. Bis heute steht eine umfassende, wissenschaftliche Bearbeitung des Themas aus.

Dem in Dessau geborenen und eng seiner Heimatstadt verbundenen Richard Hohbaum gilt unser besonderer Dank. Mit Engagement und fundierten, neuen Forschungsergebnissen zur interessanten Lebensgeschichte des Biographen verfaßte er das Nachwort für unsere Ausgabe. Darüber hinaus stellte er seinen »Reil« mit der bemerkenswerten Provenienz als Vorlage zur Verfügung. Die Forschungen zur Person Friedrich Reil wurden insbesondere durch Frau Dr. Ulla Jablonowski, Stadtarchiv Dessau; Frau Pastorin Margit Flaschmann, Schönewerda; Frau Heidi Hochkirch, Schönewerda; Herrn Pfarrer Rüdiger Koch, Wörlitz und dem Pfarrerehepaar Heide und Michael Sehmsdorf, Klöden, unterstützt. Für das freundliche Entgegenkommen möchten wir den Genannten herzlich danken.

Zwei bisher unbekannte Porträts des Herzogs Franz von Anhalt-Dessau konnten im Gymnasium Francisceum Zerbst entdeckt werden. Frau Iruta Völlger und Herr Dr. Eberhard Schmaling vom Gymnasium Francisceum unterstützten uns freundlicherweise unkompliziert und kurzfristig.

Unseren herzlichen Dank richten wir an die Familie Ekkehard Maerker, Donzdorf, in deren Besitz sich das bisher unbekannte Bildnis ihres Vorfahren Friedrich Reil befindet.

Seine Biographie des Herzogs Franz von Anhalt-Dessau ist und bleibt ein Standardwerk. Daß es pünktlich zum Jubiläum als Reprint den Lesern vorgelegt werden kann, ist das Verdienst vieler, auch ungenannter Freunde des Dessau-Wörlitzer Gartenreichs.

Uwe Kettmann und Uwe Quilitzsch, Mai 1995

Herzog Leopold Friedrich Franz von Anhalt-Dessau, Lithographie von W. Alzschner, um 1840.
Gymnasium Francisceum Zerbst.

Schloß zu Wörlitz, Lithographie von C. W. Arldt, um 1845.

St. Petri Kirche zu Wörlitz, Lithographie von R. Bürger, um 1845.

Gotisches Haus in Wörlitz, Lithographie von F. von Laer und L. Matthey, um 1831.

Propstei zu Wörlitz, Lithographie, um 1840. Privatbesitz.

Fürst Leopold I. von Anhalt-Dessau, der »Alte Dessauer«, Großvater des Herzogs Franz, unbekannter Künstler nach A. Pesne, Kupferstich, um 1740.

Fürst Leopold II. Maximilian, Vater des Herzogs Franz, Gemälde von A. Pesne, Öl auf Leinwand, um 1740, aus: Egbert von Frankenberg und Ludwigsdorf: Anhaltische Fürstenbildnisse, Dessau o. J., Gymnasium Francisceum Zerbst.

Fürstin Gisela Agnese von Anhalt-Dessau, Mutter des Herzogs Franz, geborene Prinzessin von Anhalt-Köthen, Künstler unbekannt, Kupferstich, aus: S. Lenz, Becmanus enucleatus, Dessau und Köthen 1757.

Herzogin Louise Henriette Wilhelmine von Anhalt-Dessau, Gemahlin des Herzogs Franz, J. J. Freidhoff nach A. Kauffmann, Aquatinta, 1798.

Schloß Luisium, Lithographie von F. Salathé, 1841.

Herzog Franz von Anhalt-Dessau im Schloß Luisium, Lithographie von F. Wernecke nach H. Beck, 1850.

Friedrich Reil, Talbottypie, Bleistift-Nachzeichnung und getuscht, 1843 oder 1847. Privatbesitz.

Gutshaus in Schönewerda bei Artern, Postkarte um 1910. Privatbesitz.

Kirche in Schönewerda, Postkarte um 1910. Privatbesitz.

57

Kanzel der Wörlitzer Kirche, Federzeichnung. St. Petri Kirchenarchiv Wörlitz.

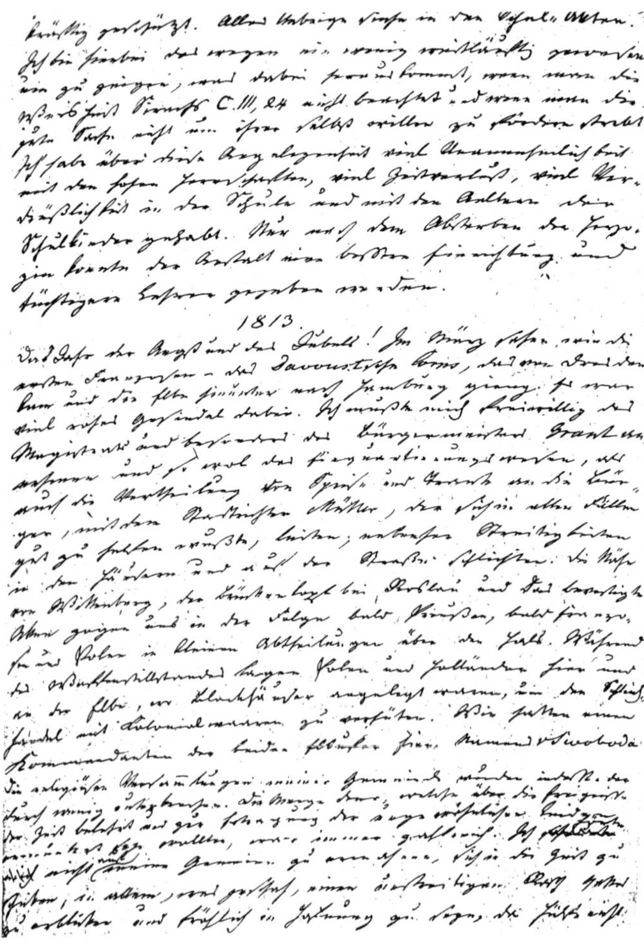

Manuskript F. Reils zur Biographie des Herzogs Franz, Handschrift Reils auf Papier des 16. Jahrhunderts im Kirchenbuch von St. Petri Wörlitz.

Abbbildungsnachweis:

Gymnasium Francisceum Zerbst:	Titel, 1, 7
Kirchenarchiv St. Petri Wörlitz:	15, 16
Heidi Hochkirch, Schönewerda	13, 14
Ekkehard Maerker, Donzdorf	12
Privatbesitz Wörlitz	5
Kettmann-Verlag	2, 3, 4, 6, 8, 9, 10, 11

Eine Entdeckung nach Redaktionsschluß

»Den Reil«, jenes Buch des Wörlitzer Propstes Friedrich Reil über den Fürsten Franz von Anhalt-Dessau nach 150 Jahren als Reprint vollumfänglich wieder leicht zugänglich zu machen, das war die Aufgabe, die sich der Wörlitzer Kettmann-Verlag ursprünglich gestellt hatte, dabei die Lebensstationen des Verfassers, seine Herkunft und seine Familie einmal zu skizzieren, das bot sich bei dieser Gelegenheit an; gar ein Porträt aufzufinden, ergab sich als ein ganz unerwarteter Glücksfall.

Im Rahmen der in solchem Umfang erstmals über den Wörlitzer Propst angestellten Nachforschungen waren manche unter dessen zahlreichen Nachkommen in einer selten so anzutreffenden Begeisterung recht animiert und begannen, sich wieder intensiver mit dem 1849 verstorbenen Ahnherrn zu befassen. Längst verblichene Erinnerungen wurden hervorgekramt und brachten Interessantes wie auch Beiläufiges zum Vorschein. Ein Stichwort lockte das andre hervor, und aus scheinbar längst Vergessenem dämmerte manches, wenn es plötzlich hieß: »Da war doch noch ...«

Vieles ist während der vergangenen zwei Jahrhunderte über den Fürsten Franz von Anhalt-Dessau geschrieben worden; Berufene und Unberufene, Kenner wie auch Verkenner verfaßten ihre Texte sowohl zu seinen Lebzeiten auf den regierenden Fürsten, als auch in all den Decennien seines Geburts- und seines Sterbetages ab 1817 in Erinnerung an den Unvergessenen. Fürst Franz schuf viel, und er verleitete zu vielem; ob ihm nun G. Hanker 1783 seinen »Tempel des Ruhms« widmete, oder ob selbst im Kriegsjahr 1917 Feiern und Vorträgen in Dessau und Wörlitz des damals grad vor hundert Jahren Verstorbenen gedachten.

Einmal – im Jahre 1844 – sah sich auch Propst Friedrich Reil von den Fürst-Franz-Gedenktagen 9. und 10. August herausgefordert. Doch er hielt seine Rede nicht, wie ursprünglich beabsichtigt, sondern er gab sie in Druck.

Da nun Hefte und Broschüren noch viel schneller in den Zeitläufen untergehen als das mit Büchern schon ohnehin meist der Fall ist, sind solche kleinen Gelegenheitsveröffentlichungen Generationen später oft auch viel schwerer wiederzufinden. Ein Exemplar von jenem Heftchen, dessen Text Friedrich Reil während eines Besuches bei seiner Tochter Sidonia, verehelichte Popitz, in Oranienbaum im Sommer 1844 niederschrieb, blieb im Besitz der Nachkommen erhalten.

So kann nun dank der engagierten Vermittlung von Barbara und Ekkehard Maerker im württembergischen Donzdorf hier in diesem Band ein weiterer Nachdruck erscheinen. Familie Paul Günther in Delmenhorst besitzt aus Reil-Nachlaß noch jenes Heftchen von 1844 in gut erhaltenem Zustand und stellte es dem Kettmann-Verlag dankenswerterweise als Vorlage für die hier nachfolgende Reprint-Herausgabe spontan zur Verfügung.

Die ursprüngliche Idee, »den Reil« von 1845 nach 150 Jahren erneut herauszugeben, erweiterte sich dank solcher Unterstützung durch die Reil-Nachkommen zu der erfreulichen Gelegenheit, in diesem Band des Jahres 1995 nun beide Schriften Friedrich Reils – sein umfangreiches Werk von 1845 und seinen Text von 1844 – beisammenzuhaben.

Dahinzu kommt, daß ein dem Redetext von 1844 vorangesetztes Vorwort für die anhaltischen Landsleute – »Vorrede für inländische Leser« – nicht allein erkennen läßt, was Friedrich Reil veranlaßte, jene Rede zu konzipieren. Deutlich kommt darin auch zum Ausdruck, was ihn denn bewogen haben mag, sich im Alter noch an die Niederschrift seines umfangreichen Buches über den Fürsten Franz zu machen.

Mit seinem jüngsten Sohn, Wilhelm, war Friedrich Reil im August 1840 in Wörlitz gewesen, als sich des Fürsten Geburtstag zum 100. Mal jährte. Was Reil aus diesem Anlaß dort hörte und miterlebte, forderte ihn dann heraus, während der nachfolgenden Jahre sein selbst einst so unmittelbar gewonnenes Bild über den Fürsten Franz, dessen Wirken und dessen Wesen, für die Nachwelt niederzuschreiben.

Die hier nun nachfolgend wiedergegebene Schrift Reils von 1844, »Leopold Friedrich Franz, der Vater des Vaterlandes«, ist somit nicht allein ein weiteres Werk dieses Zeitzeugen zur Persönlichkeit des Fürsten Franz, sondern sie ist zugleich auch die Vorgeschichte zu jenem umfangreichen Buch des Wörlitzer Propstes von 1845, das seit langem als das Standardwerk über den Fürsten und den Menschen Leopold Friedrich Franz von Anhalt-Dessau geschätzt wird.

Richard Hohbaum

Leopold Friedrich Franz,

der Vater des Vaterlandes.

Zur stillen Feier des 9. und 10. August 1844

von

dem emeritirten Propst und Dr. der Philosophie

Friedrich Reil.

Leopold Friedrich Franz,

der Vater des Vaterlandes.

Leopold Friedrich Franz,

der Vater des Vaterlandes.

Bruchstück

aus einem größern Werke über Sein Wesen und Wirken.

Den Verehrern des Verewigten

zur stillen Feier des 9. und 10. August 1844

gewidmet

von

dem emeritirten Propst und Dr. der Philosophie

Friedrich Reil.

Dessau, Verlag von Karl Aue.

1844.

Motto:

Welche Wonne, unter Fürsten einen Menschen zu finden!

Vorrede
für inländische Leser.

Die folgenden Blätter sind der Schluß eines größern Werks über das Wesen und Wirken des verewigten Herzogs **Leopold Friedrich Franz**, das ich unter der Feder habe. Das Manuskript sollte Auserwählten unter Seinen Verehrern zur Feier des 9. und 10. August dieses Jahres öffentlich vorgelesen werden. Umstände änderten den Entschluß. In unsrer wunderlichen Zeit werden oft unsern besten Absichten Bedenklichkeiten entgegengesetzt, welche an sich zwar unbedeutend und nichtig sind, die zu widerlegen man aber nicht immer Lust hat, noch sich die Mühe geben will. Meine Freunde riethen mir indeß, das Manuskript dem Druck zu überlassen, um es Allen Verehrern des Unvergeßlichen zugänglich zu machen. Wäre ich damit zur Feier des Sterbetages und des

Geburtstages des Herrlichen im Jahre 1840 hervorgetreten, so würde ich vielleicht dadurch bewirkt haben, daß die Redner, welche an jenem Tage Sein Lob zu verkündigen hatten, mehr Stoff zu ihren Vorträgen in die Hände bekommen hätten, da doch Viele von ihnen, die Ihn nicht gekannt und sich mit Seinem Leben und Wirken wenig beschäftigt hatten, in Verlegenheit kommen mußten, in begeisterter Rede von Ihm, von Seinen fürstlichen Gedanken und von Seiner schöpferischen Thätigkeit öffentlich zu sprechen. Denn weß das Herz nicht voll ist, deß geht auch der Mund nicht über. Haben doch Manche, berufen und unberufen, sich herausgenommen — soll ich sagen, in blindem Eifer? — die Schattenseite Seines Lebens unzart zu berühren und so den Eindruck zu schwächen, den Andre, welche würdiger zu sprechen wußten, auf die Gemüther ihrer Zuhörer hervorgebracht hatten. Wer hatte sie zu Todtenrichtern angestellt?

Aber das treue Volk erkannte jene Feier, ihre Abzweckung und Bedeutung. Vater Franz kam vom Himmel herab, trat wieder in die Reihen Seiner Kinder. Das Volk war voll von Ihm und Seiner Verehrung. Es huldigte Seinem Genius. Hunderte wallfahrteten in dichten Schaaren zu Seiner mit Blumen geschmückten Gruft und vergossen Thränen dankbarer Rührung. Das Volk weinte und jubelte zugleich, denn es vergegenwärtigte sich **Den**, der ein halbes Jahrhundert hindurch Deutschlands Ruhm, Seines Landes Retter, Seiner Unterthanen Freude gewesen war.

Wenn diese Blätter in Vielen das Andenken an Ihn wieder erneuern, wenn sie in denen, welche mit mir alt geworden sind, die Liebe zu Ihm wieder auffrischen, wenn sie das junge Geschlecht, das nur von Ihm hört, aber doch überall Spuren und Denkmäler Seiner Arbeit sieht, bedauern lassen, nicht schon in den Tagen Seines Ruhms und Seiner aufregenden Thätigkeit gelebt zu haben, ja, wenn sie bewirken, daß die Fürstenfeinde unsrer Tage sich mit der Monarchie aussöhnen und einsehen lernen, wie die Macht unwiderstehlich das Bessere hervorbringt und schnell Großes und Herrliches schafft, welche in die Hände der Menschenfreundlichkeit und Liebe gelegt ist: so bin ich für die geringe Mühe, welche mir diese Blätter gekostet haben, hinlänglich belohnt, so ist mein Zweck, Vater Franz, den Vater des Vaterlandes, Seinen nachgelassenen Kindern immer werther und theurer zu machen, erreicht.

Ich habe eigentlich meinen Lohn schon vorweg genommen, denn bei jeder Zeile, die ich, begeistert von Ihm, niederschrieb, habe ich Thränen der Wonne geweint darüber, daß ich Seine Tage gesehen habe, daß ich gewürdigt worden, Ihm nahe zu stehn und daß ich jetzt Zeugniß von Seiner menschenfreundlichen Wirksamkeit ablegen kann.

Ausländische Leser und auch inländische, welchen Eins und das Andere in diesen Blättern unverständlich sein sollte, verweise ich auf das größere Werk, welches vielleicht noch am Ende dieses Jahres im Druck erscheinen wird.

Geschrieben zu Oranienbaum, am 1. Juli 1844.

Der Verfasser.

An meine Landsleute.

Euch, Freunde, weih' ich diese Schrift!
Sie handelt von Ihm,
Den Eure Väter kannten und liebten.

Ihnen war Er Viel: Vater des Vaterlandes!
Mir ist Er Mehr noch: Die Ehre der Menschlichkeit!
Huldigt auch Ihr Ihm und freut Euch Seiner Werke!

Leopold Friedrich Franz,

der Vater des Vaterlandes.

Wenn die alten Römer ihre großen Männer, welche ihnen Wohlthaten erwiesen, auszeichnen wollten, so beehrten sie dieselben mit dem Namen und Titel „Vater des Vaterlandes"; der Kaiser Titus wurde sogar „die Freude des menschlichen Geschlechts" genannt. Kein Regent der neusten Zeit verdient den Namen „Vater des Vaterlandes" mehr, keiner hat sich desselben würdiger gemacht, als der Mann, dessen Todestag wir heute und dessen Geburtstag wir morgen feiern, der verewigte Herzog **Leopold Friedrich Franz.** Wie ein rechtschaffener Vater für die leibliche und geistige Wohlfahrt aller seiner Kinder sorgt, wie er sein ganzes Leben hindurch ihnen Beweise seiner Liebe und Treue giebt, wie er selbst die ungerathenen und ungehorsamen, welche ihm Kummer machen, auch wenn er sie strafen und züchtigen muß, doch noch mit Milde und schonender Nachsicht behandelt: so sorgte auch der Herzog Franz für die wahre allgemeine und besondere Wohlfahrt aller Seiner Unterthanen, welche Er am liebsten Seine Kinder, Seine Getreuen, Seine Angehörigen nannte; so suchte Er bis an das Ende Seiner Tage, so weit Seine Macht reichte, ihr Lebensglück zu begründen und auch für die Zukunft zu sichern; so war Er auch gegen die Rohen, Übermüthigen und Widerspenstigen, welche Er von Sich entfernen und die gerechte Strenge seines Unwillens fühlen lassen mußte, nie hart und grausam.

Man braucht auf die Lage und den Zustand des Landes und seiner Bewohner bei Seinem Regierungsantritt, den 20. October 1757, und bei Seinem Abschiede von der Erde, den 9. August 1817, nur einen flüchtigen Blick zu thun und beide Epochen mit einander zu vergleichen, um sich zu überzeugen, daß der Herzog wie ein Vater unter Seinen Kindern und für Seine Kinder lebte und wirkte, und daß Er würdig ist, mit Recht und vor allen Andern Seines erhabenen Standes den Namen „Vater des Vaterlandes" zu tragen.

Bei Seinem Regierungsantritt fand der junge Fürst — Er war damals 18 Jahre alt — das Land und Seine Bewohner in dem jammervollsten Zustande, im tiefsten Verfall. Der siebenjährige Krieg hatte ihnen fortblutende Wunden geschlagen und drohete noch immer, sie gänzlich zu Grunde zu richten. Friedrich der Große, aufgebracht darüber, daß der Fürst seine Dienste verlassen hatte, behandelte das Land feindselig, wie eine eroberte Provinz, forderte von demselben Leistungen aller Art, die über 100,000 Thaler kosteten, legte ihm eine Kriegssteuer von beinahe Einer Million und sonst noch unerträgliche Lasten auf. Das Land war wie rechtlos und ganz ohne Schutz, die Einwohner waren ohne Muth, ohne Aussicht auf Hülfe, fast der Verzweiflung preisgegeben. Die öffentlichen Kassen waren eben so erschöpft, wie die Beutel der Bürger und Bauern.

Dies Unglück erschütterte den jungen Fürsten und zerriß Sein menschenfreundliches Herz. Er übernahm die Zahlung der Kriegessteuer Selbst, gab dazu Sein ganzes reiches väterliches Erbe her, verkaufte Sein Silbergeschirr und viele Kostbarkeiten, schränkte überall Seinen Aufwand ein und erließ dennoch während des Krieges Seinen Unterthanen den Frohnpfennig. Doch die Kriegesleiden, das Unglück und die Drangsale der Zeit waren nur zufällig und mußten endlich einmal aufhören. Das Übel lag tiefer, es lag hier, wie überall im deutschen Lande, in der Unwissenheit, Rohheit und Unsittlichkeit der Bewohner selbst, in dem Mangel an Kultur, Industrie und Verkehr, einem Mangel, der überall herrschte; Land und Leute befanden sich in einem Zustande der Verwilderung, der ihre allgemeine Verarmung, ihren gänzlichen Ruin, die Auflösung aller bürgerlichen und geselligen Verhältnisse herbeiführen mußte. Räuberbanden lagerten an den Grenzen, beunruhigten und beraubten die Bewohner; die Gewässer durchbrachen fast unaufhörlich die elenden Schutzwehren, und droheten, das fruchtbare Land in Sümpfe, Seen und Moräste zu verwandeln; der Ertrag der Ländereien war so kümmerlich, es fehlte so sehr an tüchtigen Landwirthen und ökonomischer Betriebsamkeit, daß oft die allernothwendigsten Lebensbedürfnisse kaum befriedigt werden konnten und Hungersnoth fast jedes Jahr zu befürchten stand. An gute Polizeianstalten, an bequeme und sichere Verbindungsstraßen und Übergänge über Ströme, Flüsse und Bäche, an eine durchgreifende Fürsorge für Arme und Kranke, für Wittwen und Waisen, war noch gar nicht gedacht worden. Die Kirchen wollten entweder in Trümmer zusammenbrechen oder waren ihrer geschmacklosen Einrichtung wegen nicht werth, Versammlungshäuser für Christen, für vernünftige Verehrer Gottes, genannt zu werden. Die Schulen, wie der ganze Unterricht, lagen im Argen. Abgedankte Soldaten, unwissende Bediente, Handwerksleute, die sich von ihrer Hände Arbeit nicht ernähren konnten, waren Schulmeister und Kinderlehrer. Die höheren Wissenschaften, so wie die schönen Künste, welche den Geist erheben und das Leben angenehm machen, welche allein den Menschen adeln und seine Sitten veredeln und ihn zur Hoheit und Würde eines vernünftigen, gottähnlichen Wesens emporziehen, wurden weder geschätzt, noch gepflegt; ja die nothwendigsten und unentbehrlichsten Handwerksleute waren nicht im Stande, das rohe Material, das ihnen die Natur darbot, gehörig zu bearbeiten und in eine gefällige Form zu bringen. Die Natur selbst trauerte, daß die Menschen noch gar nicht daran gedacht hatten und dachten, ihr zur Entfaltung ihrer Pracht, zur Mittheilung ihres Reichthums, zur Ausstrahlung ihres Glanzes behülflich zu sein. Wälder und Wiesen zugänglicher, Felder und Gärten blühender, Höhen und Tiefen reizender zu machen, die Erde überall zu verschönern, sie in einen Schauplatz für fühlende und vernünftige Wesen zu verwandeln, in einen Vorhof des Himmels — — das war noch Keinem in den Sinn gekommen und eingefallen.

So standen oder lagen vielmehr die Sachen, als der junge Fürst die Regierung des Landes übernahm. Er schauderte bei dem Hinblick auf die vielen Gebrechen. Ihn jammerte des Landes und des Volks. Sein edles Herz wurde empört über die Verwahrlosung des Landes, über den Frevel, womit man das Glück und die Wohlfahrt der Bewohner gleichsam mit Füßen getreten hatte. Er fühlte es dunkel, daß geholfen werden könne, Er fühlte es lebhaft, daß geholfen werden müsse, wenn Er bleiben und Seines Lebens und Seiner Regierung jemals recht froh werden sollte. Da rief Ihm der Gott in Seinem Innern zu: Es werde mehr Licht und Recht, mehr Ordnung und Zucht, mehr Wohlfahrt und Freude in Deinem Lande! Und Er hörte den Ruf von oben. Er gab Sich in jenen feierlichen Augenblicken, wo Er mit Seinem Erdmannsdorf den Bund unverbrüchlicher Freundschaft schloß, das Wort, dem göttlichen Rufe zu folgen, es die Aufgabe Seines ganzen Lebens sein zu lassen, der Retter und Beglücker Seines Landes, Schöpfer der Wohlfahrt, Gehülfe der Freude Seines Volks zu werden. Und Er hat Wort gehalten, der edle Fürst, Er ist Sich treu geblieben, Er hat nichts vergessen, noch versäumt, so daß Ihr heute, Ihr, Seine hinterlassenen Kinder, Ihr, die Erben Seines Ruhms und die Nutznießer Seiner kostbaren Hinterlassenschaft, aus vollem Herzen, in treuer Liebe und mit dankbarer Verehrung Ihn als den Vater des Vaterlandes begrüßen, Ihm über das Grab hinüber zurufen könnt: Vater Franz, Du warst der Unsrige, Du bleibst der Unsrige!

Doch die Bahn war steil und wenig geebnet, die Er betreten wollte, das Ziel hoch gestellt und in weiter Ferne, das Er zu erreichen strebte. Schon der Anfang Seiner Wirksamkeit schien Riesenkraft zu fordern und das Ende war nicht abzusehen. Er mußte ja erst Selbst werden, was Er Andern sein, Selbst suchen und sich aneignen, was Er Andern geben, Sich Selbst die Schätze sammeln, welche Er Andern mittheilen wollte. „Ich mußte auch in die Lehre gehen", sagte Er einmal, „wie jeder Andere". Und Er ging. Zuerst machte Er eine Reise nach Holland, wo die Bewohner Land und Wohnung, Hab' und Gut gegen Sturmfluten und Meereseinbrüche zu vertheidigen haben, von da nach England, wo in der Freiheit, Humanität und strengen Gesetzmäßigkeit die Entwickelung des menschlichen Geistes, der menschlichen Thätigkeit und des menschlichen Verkehrs schon damals die schönsten Siege feierte, und die alten, festen und gemüthlichen gothischen Bauwerke, so wie die großartigen, die Seele mit Wonne füllenden Naturgärten die Aufmerksamkeit der Reisenden fesselten und sie mit Bewunderung erfüllten.

Schon auf dieser ersten Reise sammelte der junge Fürst und prägte Sich tief ein, was Er für Sich und Seine Unterthanen brauchen und in Seinem Lande zur Anwendung bringen konnte: Regentenweisheit, Einsichten und Erfahrungen aller Art, Grundsätze und Regeln für den Umgang mit Menschen aus allen Klassen der Gesellschaft. Er lernte hier freie und frohe, thätige und betriebsame Menschen kennen, die, im Gefühl ihrer Würde, ihre Kräfte zu gebrauchen, die Früchte ihrer Thätigkeit zu genießen und auch Andern mitzutheilen, die rohe Natur und die oft noch rohere Menschheit zu überwinden und zu bekämpfen verstanden. Sein Geist wurde damals schon mit Allem befruchtet, was sich als Blüthe und neue Frucht auf deutschem Boden, in Seinem Lande, entfalten und gestalten sollte. Tüchtige Schutzwehren gegen die verderbliche Wuth der Gewässer, Kunststraßen mit blühenden Bäumen und das Auge ergötzenden Ziersträuchern besetzt, wurden bald nach seiner Heimkehr Gegenstände Seiner schöpferischen Thätigkeit; alterthümliche und schöne Baukunst, für die Ihn Erdmannsdorf zu gewinnen wußte, schöne

Gartenkunst, deren Erzeugnisse Ihn in England so entzückt hatten, Seine Freude, und ihre Werke überall in Seinem Lande, wo Er Platz gewann, aufzustellen, Sein lebenslängliches Bestreben.

Doch, noch hielt Er Seine Bildung nicht für vollendet, Seinen Geschmack noch nicht sicher genug, Sein Urtheil noch nicht gereift, den Schatz Seines Wissens und Seiner Erfahrungen noch nicht so reich und gefüllt, daß Er es wagen mochte, Hand an das Werk zu legen, das Er sich vorgenommen, und das zur Ausführung kommen sollte. Einige Versuche wurden indeß gemacht; der offene Gartensitz in Wörlitz, in der Nähe des Schlosses, den die jetzt regierende Frau Herzogin, Königl. Hoheit, die sinnige Freundin und Kennerin der Pflanzenwelt, neuerdings wie einen Tempel der Flora geschmückt und geziert hat, wurde erbauet, die Anlegung eines Zucht- und Armenhauses beschlossen und in Angriff genommen, eine durchgreifende, zweckmäßige Feuerordnung, mit andern, darauf bezüglichen Anordnungen gegeben.

Der junge Fürst trat überall Selbst hervor, besprach Alles persönlich und entwickelte eine Selbstständigkeit und eine Kraft, die Gemüther an Sich zu ziehen und zu lenken, welche in Erstaunen setzte. Sein Wissensdurst, die Lücken Seiner Erkenntniß, die Er bemerkte, Seine Sehnsucht nach Vollendung, ließen Ihm aber keine Ruhe. Im Jahre 1765 unternahm Er mit Seinem Freunde von Erdmannsdorf und andern lernbegierigen Personen Seine größere Reise, zuerst nach Italien, wo Er unter dem berühmten Winkelmann, der Ihn überall hin begleitete und für das wahrhaft Schöne und Edle zu begeistern verstand, die Alterthumswissenschaft, die schöne Baukunst, die Bildhauer- und Malerkunst studirte, sodann nach Frankreich, wo Er Sich, außer der Untersuchung der dort befindlichen Denkmäler römischer Baukunst und mittelalterlicher Glasmalerei, die damals gefällige, französische Sitte und höfische Form des geselligen Verkehrs aneignete, weiter nach England, Schottland, Irland, wo Ihn das gemüthliche Wesen der Einwohner so sehr ansprach und wo Er die gothische Baukunst in ihrer ganzen Eigenthümlichkeit und tiefen Bedeutung vollständig begriff. Überall suchte Er die geistreichsten, kunstfertigsten, menschlich entwickeltsten Männer auf, pflog Umgang mit ihnen, ging zu den gemeinsten Handwerkern in ihre Werkstätten und ward der Abgott ihrer Verehrung und Liebe. Die Reise dauerte achtzehn volle Monate.

Nun war Er Meister; nun wußte Er nicht bloß klar und deutlich, was Er wollte und wie Er es anzugreifen und durchzuführen hatte, Er wußte auch die Arbeiten Anderer gründlich zu beurtheilen und verständig zu leiten. Jetzt ging Er in **Seine** Arbeit, froh, freudig, voll Hoffnung. Er suchte Gehülfen und fand sie. Gelehrte, Künstler und Handwerker kamen aus fremden Ländern herbei und wurden freundlich aufgenommen, begünstigt und angestellt. Doch aus Seinen eignen Unterthanen wählte Er am liebsten die Fähigsten und Eifrigsten aus, um sie zu tüchtigen Künstlern und Handwerkern bilden zu lassen. Die Eindrücke, welche die Thätigkeit des Fürsten hervorbrachte, waren im Lande selbst Anfangs sehr verschieden. Einige, die nie Etwas wagten, verzweifelten gänzlich am Gelingen. Andere, kurzsichtig und stumpf, begriffen Seine Absichten nicht. Manche, im Hergebrachten aufgewachsen und dem Alten verfallen, stemmten sich wider das Ungewöhnliche und Neue. Viele lauerten noch und wollten klüglich abwarten, was sich begeben möchte. Etliche sogar feindeten schon damals den Geist der Aufklärung an, der den Fürsten bei Seinen hochherzigen Plänen leitete, und fürchteten den Fortschritt, welcher rasche Bewegung verlangt, weil sie lieber in Ruhe leben wollten, welche ihre natürliche Trägheit begehrte. Wenige reichten Ihm die Hand und gingen mit Ihm, Sein Werk zu fördern. Im Volke selbst regte sich allmälig ein neuer Geist. Es ahnete schon, was wirklich werden sollte. Es nahm still und fügsam an den bessern Einrichtungen Antheil, welche hie und da ins Leben gerufen wurden. Es bekam nach und nach aus den mancherlei Anordnungen, aus den bisher nicht üblich gewesenen, väterlich belehrenden Worten und Ausdrücken in den Verfügungen, aus der eigenthümlichen Art und Weise, wie Alles behandelt wurde, eine dunkle Vorstellung von der neuen Ordnung der Dinge, Zustände und Verhältnisse, in welche es eintreten und in welchen es künftig seines Lebens froh werden sollte. Der Fürst wußte auch bald Aller Zutrauen und unbedingte Hingebung durch persönliche, fast augenblickliche Gegenwart bei jeder Gefahr und Noth zu gewinnen. Das Volk sieht es gern und legt großes Gewicht darauf, wenn sein Regent da, wo es gilt, was freilich nur in kleinen Ländern möglich ist, selbst erscheint und kräftig, zuversichtlich auftritt, wenn er Gefahr und Noth gleichsam mit ihm theilt und seinen Beamten und Unterthanen in allen Fällen ein gutes Beispiel giebt. Bei Wassersnöthen, bei Feuersbrünsten sahen die Leute Keinen lieber, als Ihn, gehorchten sie muthig und sich selbst aufopfernd vor Allen nur Ihm und Seinen Befehlen. Sein weiser Rath, die kluge

Leitung und Benutzung der Hülfsanstalten, Sein ruhiges, festes und männliches Auftreten und Anregen, der, den Trägen aufschreckende, den guten Bürger aber, welcher das Seinige leistete, nie hart bedrohende Ton Seiner starken, durchdringenden Stimme — — das Alles war hinlänglich, denen, die bei solchen Gelegenheiten unsicher sind, muthlos werden und den Kopf verlieren, Sicherheit, Muth und besonnenes Vertrauen einzuflößen. Ich habe bei mehr als Einer Feuersbrunst gesehen, wie die Leute zwar Alle da waren, wie sie aber unthätig blieben, sich nach Ihm umsahen und auf Seine Ankunft harrten, bevor sie Hand anlegten. War Er dann da, hörten sie Seine Stimme, dann wurden sie wie elektrisirt, Jeder stand auf seinem Posten, Einer wetteiferte mit dem Andern, Alle griffen rüstig an. Er konnte sie dann, wie man sagt, ins Feuer jagen. Schwache hielten sogar dafür, Er könne das Feuer besprechen.

In Beziehung auf die stufenweise Ausführung Seiner Entwürfe und den Gang, den Er dabei nehmen wollte, hatte Er Sich einen Plan vorgeschrieben, der Nichts zu wünschen übrig läßt; denn Er kannte ja genau die Mittel und Wege, welche zum Ziele führten. Er wollte Nichts übereilen, aber auch Nichts zu weit hinausschieben. Erst sorgte Er für das Allgemeine, Nothwendige und Nützliche, dann für das Besondere und Angenehme; erst weckte, belehrte und prüfte Er die Geister, dann sandte Er sie aus und ließ sie wirken; erst schuf Er Grund und Boden und ebnete ihn, dann stellte Er das Gebäude darauf und hauchte ihm die belebende Seele ein.

Zuerst gab der Fürst Seinen Unterthanen Brot und Arbeit, ernährte sie in der Theuerung, sandte ihnen Ärzte,

Arzeneien und gesunde Nahrungsmittel in ihren Krankheiten, verbesserte Er ihre äußere Lage und ihre innern drückenden Verhältnisse, begründete und sicherte Er ihren Wohlstand. Seine landesväterliche Fürsorge ruhte nie und hörte nur mit Seinem Leben auf. Je größer die Noth und das Elend, desto schneller und durchgreifender war Seine Hülfe. In den Wasser- und Hungerjahren 1771 und 1772, in den Kriegesjahren 1806 und 1813 zeigte sie sich am thatkräftigsten. Im Jahre 1814, wo das Lazaretfieber in Wörlitz wüthete, gingen bedeutende Summen aus Seiner Privatkasse für Armen- und Krankenpflege durch meine Hände, trotz der schweren Opfer, welche der Krieg bereits gekostet hatte und noch kostete.

Er begann Sein Tagewerk nach der großen Überschwemmung 1770. Es wurden nach und nach die kostbaren Dämme geschüttet und erhöhet, Kanäle gezogen, Schleusen angelegt, nach allen Orten hin bequeme Verbindungswege eröffnet, die Wälder zugänglich gemacht und in großartige Naturgärten umgeschaffen, Moräste und Sümpfe in tragbare Wiesen und Äcker verwandelt, überall große Strecken fruchtbaren Landes gewonnen, Baumschulen aller Art, weitläuftige Anpflanzungen von Fruchtbäumen jeder Gattung, Lustgärten, worin die seltensten und schönsten ausländischen Gewächse prangten, gepflanzt, Brücken über Ströme, Flüsse und Bäche gebaut, Bauwerke, die sich eben so sehr durch ihre Festigkeit und äußere Schönheit, als durch die Mannichfaltigkeit ihres Stils, ihrer innern Einrichtung und ihres Schmucks auszeichneten, in jeder Größe und in jeder Form aufgeführt.

Doch von den materiellen Dingen, deren Gestaltung

und Zurechtstellung einen großen Aufwand von Zeit und Geld kosteten, und die bereits im ganzen Lande eine außerordentliche Regsamkeit hervorgebracht und überall Anerkennung gefunden hatten, ging der Fürst bald zur Verbesserung der äußern Lage und der besondern Zustände Seiner Unterthanen über, welche Seine Theilnahme und Hülfe erheischten. Der Landbau, die Viehzucht, die verschiedenen Gewerke, Handel und Wandel mußten von den Übeln, an welchen sie litten, geheilt, von den Lasten, unter welchen sie erlagen, befreit und in ihrer naturgemäßen Entwickelung klug geleitet und nachdrücklich geschützt werden. Die Musterwirthschaft in Wörlitz unter dem eben so thätigen, als einsichtsvollen und umsichtigen Amtskammerrath von Raumer wurde eingerichtet und leistete Außerordentliches. Der Landmann wurde aus seinem Schlummer geweckt, er kam allmälig ab von seinen Vorurtheilen und schädlichen Gewohnheiten, er lernte nachahmen und wußte die neuen Entdeckungen und neuen Erfindungen für sein Geschäft bald und gut zu benutzen. Nach allen Seiten hin und in allen Zweigen der Landwirthschaft gewahrte man mehr Einsicht, mehr Aufmerksamkeit, mehr Betriebsamkeit und kluge Berechnung, als irgend vorhin. Die Viehzucht, namentlich die Pferdezucht und veredelte Schafzucht, der Futterkräuter-, der Kartoffel-, der Flachs- und Tabacksbau hoben sich zusehends, und bald wurden die Getreidemärkte in Deßau mit den Erzeugnissen des Landmanns wohl versehen, der auch nach und nach in seinem äußern Wesen, in seiner Wohnung und Kleidung es bewies, daß er zwar im Schweiße seines Angesichts, aber nicht ohne Segen, nicht in Kummer und Noth die Erde baue.

Ein frohes, freudiges Leben, ein muthiges Streben und Ringen, vorwärts zu schreiten und vorwärts zu kommen, regte sich in dem Handwerksstande. Auch hier mußten erst, nicht ohne Widerspruch und vielfache Beschwerde aller Gewohnheitsmänner, thörichte Vorurtheile, hergebrachte, schädliche Gewohnheiten, nachtheilige Beschränkungen, vermeintliche, aber bedrückende Rechte und Ansprüche, wie sie in einem Stande vorkommen und von ihm so gern festgehalten werden, bei dem, in seinen Abstufungen vom Lehrling zum Gesellen und vom Gesellen zum Meister und den dadurch bedingten Verhältnissen, das Erschweren und Hemmen, das Hänseln und Hudeln, das kostbare Aufdingen, Lossprechen und Meisterwerden, mit den Gelagen und wunderlichen Feierlichkeiten, oft so widerlich hervortritt, möglichst beseitigt, theils aufgehoben, theils in schicklichere Grenzen gebracht werden. Maurer, Zimmerleute, Tischler und Schlosser genossen zuerst der Wohlthat einer freien Bewegung, einer vorzüglichen Begünstigung und eines einträglichen Betriebs. Es wurden ihnen Muster zur Nachahmung vorgelegt, zweckmäßigere Handwerkszeuge beschafft, Vorschüsse geleistet und bei ihnen Bestellungen oft auf Jahre hinaus gemacht. Sie fanden Antrieb und Mittel zu ihrer Ausbildung und Fortbildung, so wie Auszeichnung, Ehre und Brot für tüchtige, gut ausgeführte Arbeit, wie sie dieselben nirgends gefunden hätten. Der Fürst war immer unter ihnen und bei ihnen und ermunterte sie durch Seine Gegenwart. Er kam in ihre Werkstätten, Er bestieg ihre Gerüste, Er sah oft stundenlang ihren Arbeiten zu, Er nahm nicht selten dem Ersten, dem Besten das Werkzeug aus der Hand und zeigte ihm einen bessern Handgriff, Er führte Fremde zu ihnen hin, machte diese aufmerksam auf ihre Geschicklichkeit, nannte ihre Namen und Wohnorte und lobte ihre Fortschritte und Fertigkeiten, die Ihm eben so viel Freude machten, als ihnen selbst Ehre und Gewinn brachten.

Handel und Wandel können in einem kleinen Lande, das von der Natur nicht eben reichlich bedacht ist und wenig erwerbstüchtige, gewerbsthätige und dabei begüterte Einwohner zählt, selten nach Wunsch gedeihen. Dem Deßauischen Lande fehlte Beides und war noch dazu von zwei größern Staaten eingeschlossen, welche oft genug, ihr Interesse eifersüchtig bewachend, Vorkehrungen trafen, die für den Nachbar drückend wurden, Beschränkungen und Hemmungen eintreten ließen, die nicht abgewendet werden konnten. Von Industrie kann nicht die Rede sein; wurde doch die Residenzstadt Deßau in dieser Beziehung von dem benachbarten Zerbst bei Weitem überflügelt und in den Schatten gestellt. Fremde Kaufleute und andere Reisende vermieden das unwirthliche Land, die Einheimischen blieben auf ihrer Scholle und begnügten sich mit dem, was da war und ihnen nothdürftig zuwuchs. Der wöchentliche Getreidemarkt und der Handel mit wohlschmeckendem Gemüse, welchen letzten auch die Zerbster in Händen hatten, brachten Sonnabends einiges Leben in die Stadt. Der Hof und die vornehmere Klasse nahmen ihren Bedarf aus Leipzig oder ließen sich denselben anders woher zuführen; Bürger und Bauern begnügten sich mit den groben, inländischen Erzeugnissen, die sie auf Jahrmärkten und von alten bekannten Krämern erlangen konnten. In Oranienbaum und Radegast wurden nicht ganz unbedeutende Kram- und Viehmärkte abgehalten; hölzerne Waaren, besonders Spielsachen für Kinder, lieferte das sogenannte Klapperschiff, das jährlich einmal in der Nähe des Elbhauses anlegte. In

Raguhn erhoben sich die Tuchmacher und in Wörlitz bestand eine Gerberei, dessen Besitzer sich wenigstens selbst auf seinem Leichensteine, noch bei seinem Leben, einen weltberühmten Lederfabrikanten nannte.

Unter diesen ungünstigen Umständen und bei dieser doch immer abhängigen Lage der Dinge mußte es dem Fürsten, der den damaligen Welthandel in Holland, England und Frankreich kennen gelernt hatte, als eine schwierige und unauflösbare Aufgabe erscheinen, eine merkantilische Bewegung in Seinem Lande hervorzurufen, Handelsquellen zu öffnen und einen allbefriedigenden Verkehr herzustellen. In solchen Fällen müssen der Regierung nicht bloß Kapitalisten und reiche Grundbesitzer, sondern auch und vielmehr industriöse und unternehmende Köpfe die Hand bieten. Die fehlten aber leider! Der Fürst allein konnte die Dinge nicht machen, wenn sie sich nicht gleichsam von selbst machten. Dennoch that Er auch hier alles Mögliche, um dem erwünschten Ziele wenigstens nahe zu kommen. Er ermunterte, räumte Hindernisse aus dem Wege, beseitigte Schwierigkeiten, leistete Vorschüsse und erleichterte auf jede Weise den Käufern und Verkäufern ihre nicht immer durch Glück und Zufälligkeiten begünstigten Geschäfte. Er ließ selbst Versuche mit Manufakturen und Fabriken machen, z. B. mit einer Porzelanfabrik, einer Tuchfabrik, wenn ich nicht irre, auch einer Wollspinnerei, und sahe das Entstehen von dergleichen Etablissements, wie z. B. der Bramigk'schen Tabacksfabrik, die sich noch am längsten gehalten hat und mehrere Jahre hindurch viele Menschen beschäftigte, sehr gern.

Die jüdische Bevölkerung, nicht bedrückt und gewissermaßen schon emanzipirt, immer lebendig und um sich schauend, stets rüstig zum Erwerb und unverdrossen, begriff am Ersten ihre Stellung und ihre Zukunft. Der kleine Schacher- und Hausirhandel, welcher die Straßen und Gasthäuser belebte, wurde mit großer Thätigkeit betrieben. Bald blühte aber, vom Fürsten unterstützt, der geräuschvolle Pferdehandel auf, der meist in den Händen der Söhne Israels blieb, und immer mehr thaten sich die jüdischen Schnitt-, Putz-, Luxus- und Modewaarenhandlungen auf, welche die besten Geschäfte machten und in der neuesten Zeit mit denen in Leipzig, Magdeburg und Dresden wetteifern können. Auch ist sonst mehrere Jahre hindurch, vermuthlich für fremde Rechnung, ein starker Holzhandel getrieben worden, dessen Ablager in der Nähe des Elbhauses war. Der Handel mit Getreide, Vieh, Wolle, Taback, kam von Jahr zu Jahr mehr in Aufnahme, belebte die Schiffahrt auf der Elbe und ließ die Verbindungsstraßen nie leer und einsam. Durch die von allen Seiten herbeiströmenden Fremden, welche kamen, um einen Regenten kennen zu lernen, der Fürstliche Gedanken hatte und ausführte und, wie sie sagten, das neue Land zu besehen, und die nebenher mondenlang verweilten, um das Vergnügen der damals in ihrer höchsten Blüthe stehenden Parforcejagd zu genießen, kam viel Geld in Umlauf. Die Gasthäuser vermehrten, erweiterten und verschönerten sich. Fleischer und Bäcker, Schneider und Schuhmacher, Sattler, Gürtler und Beutler wurden getrieben und gedrängt, Fortschritte zu machen, ihren Waaren mehr Wohlgeschmack und Reiz, mehr Feinheit und Glanz, mehr Festigkeit und Dauer zu geben, und sich selbst durch Höflichkeit und Zuvorkommenheit, durch Reinlichkeit und anständigere Kleidung hervorzuthun.

Es ist nicht zu leugnen und muß Jedem, der jene

Zeit des Aufschwungs erlebt hat, in der Erinnerung vorschweben, daß der Fürst Seine Absicht, mehr Regsamkeit und Strebsamkeit bei Seinen Unterthanen zu wecken und in Gang zu bringen, großen Theils erreichte. Alle rührten sich, Jeder wollte verdienen, Keiner mochte leer ausgehen, selbst die Trägen, Verdrossenen, in den von den Vätern ererbten und erlernten Gewohnheiten, Arbeitsmanieren und Gewerbsbetrieben Festgebannten wurden fortgerissen und, wenn sie leben und gute Tage sehen wollten, gezwungen, sich der allgemeinen Bewegung anzuschließen und fortzuschreiten.

Mit Recht verdient also in dieser Beziehung der preiswürdige Fürst den Ehrennamen Vater des Vaterlandes, denn Er gab den Seinen Brot und Arbeit.

Er gab ihnen aber noch mehr — Er gab ihnen Licht und Nahrung für Geist und Herz. Der Fürst lebte und wirkte in der von Vielen in neuer und neuster Zeit mit Unrecht so sehr verschrieenen Periode der Aufklärung und Verstandesentwickelung. Sollte der Unwissenheit gesteuert, die Rohheit verbannt, der Sittenlosigkeit Grenzen gesetzt, der Sittlichkeit aufgeholfen und aller Aberglaube, die Quelle so vieler Thorheiten, Ausschweifungen und Grausamkeiten, verdrängt werden, so mußte Er Sich Männern anschließen und mit ihnen Hand in Hand gehen, welche die Erleuchtung des Geistes, die Veredlung des Herzens, die Weckung des Verstandes, die Freiheit des Selbstdenkens bezweckten und allen Menschen ohne Unterschied zum Gefühl ihrer Menschenwürde, zum Bewußtsein ihrer Rechte, zur Einsicht in den weiten Kreis ihrer Pflichten, zum freien Gebrauch aller ihrer Kräfte und zur ungehinderten und nur von ihrer Lage und ihren Verhältnissen abhängigen Theilnahme an dem Besitz und

Genuß der Güter und Freuden der Erde verhelfen wollten. „Im Christenthum“, sagte Er einmal, „sollen die Menschen zu würdigen Bürgern des Himmels und der Erde zugleich gebildet und erzogen werden. Die Kirche hat die Aufgabe, dies zu thun. Sie hat sie aber nicht immer und nicht überall gelöst. Kirchlich ist nicht bloß der, welcher in die Kirche geht, sondern auch der, welcher zugleich überall den Zweck der Kirche fördert und fleißig ist in guten Werken. Der beste Christ ist auch der beste Mensch, der beste Unterthan und Staatsbürger“. Man ist sehr im Irrthum und schändet das Andenken des Fürsten und die Stiftungen Seiner aufklärenden Wirksamkeit, wenn man Ihm die Tendenzen der französischen Encyklopädisten, die Frivolitäten der Voltair'schen Schule, den Indifferentismus und die verrufene Freigeisterei der englischen Deïsten beimessen will und sich herausnimmt, in den noch bestehenden, von Ihm gestifteten Schulen Spuren des flachen Naturalismus und einer irreligiösen Bildungsweise, als von Ihm herrührend, nachzuweisen und sie dadurch zu verdächtigen. Allerdings aber haßte Er Nichts mehr, als Glaubenszwang, Gewissenstyrannei, Unduldsamkeit und jene heuchlerische Frömmelei, welche sich einbildet und selbst vermißt, als wäre sie Frömmigkeit.

Ich habe mir hier deswegen diese Ausschreitung erlaubt, um meinen verewigten Herrn und Seine Schulen gegen Angriffe in Schutz zu nehmen, die man sich von einer gewissen Seite her auf Ihn und sie zu machen unterstanden hat. Ich kann nicht dulden, daß Leute, welche Seine Absichten weder zu begreifen, noch Seine reformatorische Thätigkeit zu würdigen im Stande sind und beide nicht einmal aus Seiner Zeit und aus Seiner Stellung in ihr zu erklären wissen, das hohe Verdienst schmälern und verringern wollen, das Er Sich um die Aufklärung, Veredlung und sittliche Erhebung Seines Volks erworben hat, zu einer Zeit erworben hat, wo die Gläubigen so wenig, wie in unsern Tagen, es verstanden und mit der erforderlichen Tüchtigkeit und Umsicht unternahmen, dem frechen Unglauben die Spitze zu bieten, und sich selbst von Irrthümern und abergläubischen Meinungen zu befreien.

Genug, Er machte im Sinn und Geist der aufgeklärtesten und edelsten Männer Seiner Zeit und des wohlverstandenen Christenthums die Bildung und Veredlung Seiner Unterthanen zur Aufgabe Seines ganzen Lebens. Er räumte auf und brachte Licht. Er bekämpfte überall den Aberglauben und gab Jedem Gelegenheit und die Mittel, die Bedürfnisse des Geistes und Herzens zu befriedigen. Die Kirchen und Schulgebäude, die Er aufführte, schmückte und ausstattete, das Schullehrerseminar, in welchem tüchtige Schulmeister gebildet wurden, das Philantropin, dessen Entstehen Er hervorrief und das Ihm große Summen kostete, die Hauptschule in Deßau, die Franzschule in Zerbst, die jüdische Franzschule in Deßau, die Töchterschulen ebendaselbst und in Wörlitz, die Armen- und Waisenschulen, die Schulen in den kleinen Städten und fast in allen Dörfern des Landes, die Bibliotheken, die Er sammeln, bereichern und zu öffentlichem Gebrauch aufstellen ließ, die Leihbibliotheken, die Er begünstigte — die nur nicht immer, aber ohne Seine Schuld, gehörig überwacht wurden — die Buchdruckereien, die Buchhandlung der Gelehrten, die bessern und zweckmäßigern Schulbücher, welche eingeführt wurden, die Pastoralgesellschaft, die trefflichen Lehrer, welche, theils aus der Fremde berufen, theils in den inländischen Anstalten gebildet, angestellt wurden, ein Salzmann, ein Campe, ein Wolke, ein Neundorf, ein Vieth, ein Funke, ein Kolbe, ein Tamm, ein Hausmann, ein Gommel, und viele andere, so wie endlich die ausgezeichneten Geistlichen und Seelsorger, welche Zierden der Kirche waren und unter welchen nur ein Häfeli, ein Walkhof, ein Friedrich de Marées, genannt zu werden brauchen ..... das Alles ist Zeuge von der Fürsorge für die geistliche und sittliche Bildung, die der Fürst im Lande unter allen Ständen zu verbreiten bemüht war.

Dabei ließ Er es aber nicht bewenden. Er kannte die Männer und ihre Schriften, welche für Aufklärung begeistert und thätig waren, wie Lessing, Moses Mendelssohn, Weiße, v. Rochow, Niemeyer und viele andere; Er besuchte sie, oder sie besuchten Ihn, um ihre Pläne kennen zu lernen und Seinen Geist mit ihren Ideen zu befruchten; Er führte sie selbst in Seine Schulen und hörte mit Aufmerksamkeit ihre Rathschläge an. Den öffentlichen Prüfungen der Schüler in der Hauptschule wohnte Er mehrere Jahre hindurch regelmäßig bei, oft von gelehrten Herren und geistreichen Frauen begleitet; Er prüfte dann im Stillen, Seinen Neundorf zur Seite, Lehrer und Schüler, ließ Sich die fleißigsten und sittsamsten mit Namen nennen, fragte nach ihren Ältern und ihren Umständen, und gab so jeder Prüfung eine feierliche Weihe, welche auf alle Anwesenden einen tiefen Eindruck machte. Auch außerdem kam Er oft ganz allein, oft in Begleitung von berühmten Schulmännern, in die Klassen, hörte den Unterricht mit an und besprach Sich mit den Lehrern über Alles, was der Anstalt förderlich sein und ihre Wirksamkeit erhöhen konnte. Auch ritt oder fuhr Er nach den Landschulen, unterhielt Sich mit den Schulmeistern, fragte nach dem Schulbesuch und ob sonst Etwas nöthig sei; genug, Er wollte die Seele aller der Anstalten sein, aus welchen Ihm und dem Lande ein neues, besseres, weiseres und frömmeres Geschlecht erwachsen sollte. Er sah in ihnen die Pflanzschulen künftiger Pfleger der Wissenschaften, künftiger tüchtiger Staats= und Kirchendiener, künftiger aufgeklärter Bürger und wohlunterrichteter, im Nachdenken geübter Landleute, von welchen Er die Fortsetzung Seines menschenfreundlichen Werks erwartete, das Er bei Seinem Abschiede von der Erde in ihren Händen lassen mußte. Er war weit entfernt von der engherzigen Ansicht derjenigen, welche meinen, der Bürger und Bauer werde zu klug und dann unzufrieden mit seinem Stande. „Jeder Mensch, sagte Er, hat Ansprüche auf allgemeine Bildung, jedem müssen die Mittel und Wege zum Fortschritt angeboten und eröffnet werden. Nicht der kluge und zum Nachdenken gebrachte Bürger und Bauer ist unzufrieden mit seinem Stande und Gewerbe, sondern der dumme und verdüsterte, weil dieser sich nicht zurechtfinden kann, seine Stellung zum Ganzen nicht zu würdigen versteht und aus seinem Geschäft nichts zu machen im Stande ist. Sind nicht aus dem Bürger= und Bauernstande mehr berühmte Gelehrte, tüchtige Geistliche und Schulmänner und brauchbare Beamte hervorgegangen, als aus den andern Ständen, die weniger Hindernisse zu besiegen haben, reichlichere Mittel zum Studiren besitzen und leichter zum Ziel kommen können? Jeder soll also lernen, was und so viel er lernen kann und mag. Am meisten ist Mir aber daran gelegen, daß die Leute nachdenken und sich in der Welt zurechtfinden lernen, damit Etwas mit ihnen anzufangen und etwas Rechtes durchzuführen ist. Keiner kann zu viel lernen, wer aber zu wenig gelernt hat, der ist und bleibt ein Stümper und unnützes Glied der menschlichen Gesellschaft". Nie schlug Er mir Bitten im Interesse der Kirchen und Schulen ab. Davon zeugen unter Andern die Dotation an die Kirche zu Wörlitz, die Mädchenschule daselbst, an deren Gründung Seine Gemahlin ebenfalls einen großen Antheil hatte, und so manche stille Gabe zur Anschaffung von Schulbüchern.

Ob Er gleich in Seinen Erwartungen, die Er vom Philantropin hegte, getäuscht wurde, worüber Er Sich oft bitter beklagte, und ob Er gleich von Seiner Verehrung für Rousseau, der die Idee der Menschenerziehung so glühend ausgesprochen hat, bald zurückkam und sonst hie und da manche traurige Erfahrung machte, so wurde Er doch nicht müde, immer wieder von Neuem auf pädagogische Dinge Sein Augenmerk zu richten und Sich mit Männern vom Fach über sie zu besprechen. Vor Pestalozzi hegte Er eine große Achtung. Weniger wollte Ihm die Lancaster'sche Methode, mit welcher Niemeyer Ihn bekannt machte, gefallen; Er meinte, sie könne nur den Mechanismus begünstigen und müsse das freie Selbstdenken unterdrücken. Der Tillich= und Olivier'schen Methode gab Er Seinen Beifall und suchte der Anstalt dieser Männer Raum zu geben, wiewohl Ihm Niemeyer in seinem Gutachten, dem auch Carus und Snetlage beistimmten, bemerklich machte, daß beide Männer sich wohl nicht lange vertragen würden und Tillich der Arbeit, die dieser Plan erheischte, zuletzt unterliegen müsse. „Die Sache ging an Küche und Keller zu Grunde", sagte Er mir einmal, „wie so manches Andere dergleichen". –

Bald erwachten im Volke die edelste Wißbegierde und die aus ihr hervorgehende Leselust, die auch durch Ihn und Seine Vermittlung wohl befriedigt werden konnten. Die Gellert-schen Schriften, besonders die Fabeln und Erzählungen, der v. Rochow'sche und der Weiße'sche Kinderfreund, die mannichfaltigen Jugendschriften, welche aus dem Philantropin hervorgingen, Becker's Noth- und Hülfsbüchlein, Sturm's und Federsen's Morgen- und Abendandachten und viele andere lehrreiche und unterhaltende Schriften wurden von Geistlichen und Weltlichen auf Seine Anregung den Familien empfohlen, einige an die Schulen verschenkt, andere zu Weihnachtsgaben der Jugend in die Hände gelegt. Die Heybruch'sche Leih-bibliothek, damals keusch, und durch freigeisterische Bücher und schlüpfrige Romane nicht so entweiht, wie nachher die Müller'sche, bot der lernbegierigen Lesewelt geschichtliche, natur-historische, biographische Bücher, vornehmlich Reisebe-schreibungen dar, welche den Blick auf die Erde und ihre Bewohner lenkten und Allen Geistesnahrung zuführten, die sich belehren lassen wollten. Auch die Besitzer von Privatbibliotheken, wie der damalige Postmeister von Suhm und der Regierungsrath Köhler, theilten die Schätze derselben Allen mit, die nach höherer Bildung strebten. Landkarten, Abbildungen von fremden Menschen und Gegenden, Thie-ren, Pflanzen und unzähligen andern Gegenständen, von welchen man bis dahin kaum etwas gehört hatte, thaten das Ihrige, Allen das Verständniß und eine neue Welt zu öffnen. Der literarische Verkehr hob sich und nahm mit jedem Jahre zu. Die Jugend schritt rasch vorwärts, das Alter wollte nicht zurückbleiben; dieses lernte sogar von jener und freute sich der Lehren der Weisheit und Erkenntniß, welche die Kinder aus den Schulen mit in die Häuser brachten und auslegten. Man schämte sich seiner Unwissenheit, seiner Einfalt, seiner Vorurtheile und abgeschmackten Einbildungen immer mehr. Der Aberglaube verschwand allmälig, die Gespenster wichen, Hexen, Kobolde und Nickerte zogen sich zurück, Schatzgräber und Geisterbeschwörer wurden an den Pranger gestellt und lächerlich gemacht, kurz jede andere Teufelei, welche mit dem Vater der Lügen, den man in unsern Tagen gern wieder zu Brot und Ehre bringen möchte, steht und fällt, wurde aus der guten Gesellschaft verbannt und angenehmern Vorstellungen, lieblichern Bildern und reizendern Darstellungen aus dem Reiche der Fantasie Platz gemacht und Raum gegeben.

Die Dichter unsrer Nation, diese großen und schönen Geister, welche die Führer und Propheten der Menschheit und ihre Zierde sind, feierten damals ihre herrlichen Triumphe und hatten an unserm Fürsten, der ihren Einfluß kannte und durch sie und ihre Dichtungen Seine Unterthanen mit den erhabensten und tiefsten, wie mit den schönsten und lieblichsten Gedanken befruchten wollte, einen großen Verehrer, der sie mit Auszeichnung empfing und ihre Werke überall empfahl. Er fühlte es und sah es voraus, daß ganz besonders durch sie die Denkweise Seiner Unterthanen geändert, ihre Sprache bereichert und geläutert, ihr Sinn für das Höhere und Bessere geweckt und belebt, ihr Gefühl veredelt, ihr Wille gekräftigt und ihr Herz für wahre Freiheit, reine Menschlichkeit und religiöse Tugend gewonnen und begeistert werden konnte und mußte. Lessing und Klopstock, Geßner und Kleist, Voß und Hölty, Wieland und Bürger, die Stollberge, Göthe und Schiller wurden, wie überall im deutschen

Lande, auch hier, wo Fürst Franz ihrem Genius huldigte, Lieblinge des Volks, das ihre Lieder sang und die herrlichen Gaben ihrer Muse wie Geschenke einer andern Welt aufnahm.

Man muß aber ja nicht glauben, daß der Fürst gegen den Übermuth und den unverständigen Bekehrungseifer gewisser Aufklärer gleichgültig war. Er gab auf Alle Acht und prüfte die Geister. Schlechte Bücher, schlüpfrige Romane, unsittliche und irreligiöse Schriften wurden möglichst entfernt und unterdrückt, Schriftsteller, welche wenig oder nichts leisteten, nicht beachtet, andere, welche es absichtlich darauf anlegten, falsche Ideen zu verbreiten, offenbaren Irrthümern das Wort zu reden, den Samen des Unglaubens auszustreuen und die Jugend zu verführen, verächtlich behandelt. Zwei Lehrer an der Hauptschule, von welchen der eine den platten Naturalismus, der andere schamlos die Revolution predigte, erhielten harte Zurechtweisungen und wurden mit Absetzung bedroht. Sie änderten sich und schwiegen. Ich bin überzeugt, daß der weise Fürst, wenn Er in unsern Tagen noch lebte und wirkte, sowohl den modernen Lichtbringern, welche die Leute blenden, aber nicht erleuchten, so wie den modernen Finsterlingen, welche den alten Aberglauben, die Dummheit und den alten Unsinn aus der Hölle, wo sie an Ketten der Finsterniß gebunden liegen, so gern wieder heraufbeschwören möchten, wie Christus den Saducäern, bald das Maul stopfen und aus seinen Grenzen vertreiben würde. Er wollte wahrhaft erleuchtete, aber nicht verblendete, sich ihrer erhabenen Menschen- und Christenwürde und ihres göttlichen Berufs bewußte, aber nicht verdüsterte, froh und freudig in die schöne Welt hineinblickende, aber nicht in dumpfen Hinbrüten versunkene, von den höllischen Geistern der Finsterniß erlöste, aber nicht in den Ketten der Geistessklaverei und Gewissenstyrannei schmachtende, für das wahre Gute hochbegeisterte und zu jedem guten Werk erregte und geschickte, aber keine gleichgültige, fühllose und verdrossene Menschen um Sich und zu Seinen Unterthanen haben. Und Er hat sie Sich gebildet und geschaffen; noch in vielen, sehr vielen ihrer Nachkommen lebt und wirkt Sein Geist. Er ist dem Ziele, das Er Sich vorgesteckt, nahe gekommen, und mit dankbarer Rührung begrüßen Ihn heute gewiß Alle, welche zu der Gruft hinwandeln, wo Er von Seiner Arbeit ruhet, als den Vater des Vaterlandes.

So vorbereitet konnte der Fürst mit Sicherheit Seine Unterthanen in das Heiligthum der schönen Künste führen, ihnen die Schätze derselben vor die Augen stellen und die Freuden und Genüsse derselben gewähren; Er konnte gewiß sein, daß sie beachten und thun würden, was Er im Wörlitzer Garten Jedem zuruft: „Achte Natur und Kunst und schone ihre Werke!" Die schöne Baukunst, die schöne Gartenkunst, die Bildhauerkunst, die Maler- und Kupferstecherkunst, die Schauspielkunst und die göttliche Kunst der Töne entfalteten vor ihnen ihre Pracht, zogen sie an sich, rissen sie zur Bewunderung hin und machten Viele von ihnen zu Inhabern und Vertrauten ihrer Geheimnisse. Was Griechenland Herrliches, was Italien Großes, was Frankreich Reizendes, was England tief Empfundenes und tief Gefühltes geschaffen und aufzuweisen hatten, ward ihnen theils in Überresten alter Kunst, theils in treuen Nachbildungen aller Art, in Bauwerken, Parks, Statüen, Gemälden und Bildnissen zur Beschauung dargeboten; im Theater sahen sie den Menschen bald in seiner Leidenschaft und in seiner Schuld, bald ergötzten sie sich an der Darstellung menschlicher Zustände und des geselligen Verkehrs, bald wurden sie in das grenzenlose Reich der Töne versetzt und hörten da Unaussprechliches in süßen und bezaubernden Gesangweisen. Sie befreundeten sich allmälig mit Natur und Kunst, sie sahen ein, daß der Mensch Alles um sich her verschönern, seine Genüsse möglichst verfeinern, die rohen Gaben der Erde in liebliche Gebilde der Fantasie umschaffen müsse, wenn er seines Lebens recht froh werden, das, was Gott giebt, wahrhaft menschlich genießen und hier schon einen Vorschmack des Himmels haben wolle, nach dem er sich sehnt. Ihre Häuser und deren Ausschmückung, ihre Gärten, ihr Putz, ihre Vergnügungsarten, Erholungen und Lustbarkeiten zeugten bald von dem Streben nach dem Höheren, von ihrem bessern Geschmack, von ihrem reinern Gefühl, die ihnen der unvergeßliche Fürst einzuflößen gewußt hatte. Veredlung der Sinnlichkeit und offne Empfindung für das Große und Schöne in Natur und Kunst sollten an die Stelle thierischer Rohheit und Unempfindlichkeit treten, in welche sie bisher, theils weniger, theils mehr, versunken waren, nicht tödten oder abstumpfen, sondern beleben und schärfen sollten sie die Sinne, durch welche wir Eindrücke von Allem empfangen, was uns umgiebt.

Man hat von einer gewissen Seite her dem verewigten Fürsten den versteckten Vorwurf gemacht, daß Er durch die Aufklärung und durch so freigebige Darreichung sinnlicher Freuden und Genüsse die Unkirchlichkeit, Unsittlichkeit und Irreligiosität Seiner Unterthanen herbeigerufen und gefördert habe. Nichts ist unwahrer und empörender! Dieser Vorwurf verräth nicht nur die größte Unwissenheit hinsichtlich der Vergangenheit, er enthält auch eine Beleidigung des kurz vergangenen und gegenwärtigen Geschlechts. Soll ich den Verläumdern etwa die Trunkenbolde, die Unkeuschen und Unzüchtigen, die Schläger und Balger, die Kirchengänger und doch Unkirchlichen, die Spötter der Religion, die Straßenjungen namhaft machen und nachweisen, welche noch in den Jahren meiner Kindheit die Straßen erfüllten und auch überall auf dem Lande anzutreffen waren? Soll ich ihnen etwas von den oft schamlosen Umzügen der Handwerker, von den Saufgelagen auf den Herbergen, von den sonntäglichen Schlägereien in den Schenken, von Geschrei und Lästerung selbst in den bessern Gasthäusern, von Zank und Streit in den Familien, der nicht selten auf den Straßen fortgesetzt wurde, von Unflätereien aller Art endlich erzählen, von welchen ich leider oft genug Zeuge gewesen bin und über welche die Geistlichen damaliger Zeit Ach und Weh schrieen? Nein, ich spreche aus Erfahrung, es ist anders und besser geworden durch Vater Franz und durch die Bemühungen Seiner treuen Gehülfen und Beamten. Er schuf den Seinen ein Paradies. Da verließen sie ihre dumpfen Wohnungen, die schmutzigen Wirthshäuser und die damals noch unscheinbare Stadt, sie ergingen sich in demselben, lernten fremde Gewächse erziehen, einheimische veredeln, Blumen lieben und pflegen, auf den Gesang der Vögel lauschen. Da lustwandelten Sonntags nach der Kirche Hausväter und Hausmütter mit ihren Kindern, die sonst nie aus ihren Häusern gekommen waren, unter Blüthenschnee und Blüthenduft, durch wogende Saatfelder in die neuen Kunstgärten und gelichteten Waldungen. Da ruhten die arbeitsamen Bürger und Landleute in dem Schatten vaterländischer Eichen und erholten sich von ihrem Tagewerk. Es ist wahr, Er hat sie umringt mit den Göttern

Griechenlands und Roms, aber sie sind dadurch nicht heidnisch und gottlos geworden, sie suchten vielmehr, begieriger als je, nach der lautern Milch des Evangelii, zahlreich in den Kirchen, die Er ihnen baute und ausschmückte, den alleinigen Gott und den Er gesandt hat, Jesum Christum, wenn ihnen nur immer Rath und Wille Gottes zu ihrer Seligkeit mit Kraft und Salbung klar und verständlich gepredigt wurde. Der Betsaal im Philantropin, wo Salzmann, die Kirchen, wo Schubring, Häfeli und Friedrich de Marées ihre Vorträge hielten, waren nie leer und oft überfüllt. Der Fürst öffnete ihnen die Hörsäle der Weisheit, die Schulen der Kunst, das Theater, und lud sie zu höhern Genüssen, zu reinern Freuden ein, aber sie sind dadurch nicht so irreligiös, so unsittlich, so üppig und ausschweifend geworden, wie diejenigen Seiner Tadler meinen, welche sie gern zu Betbrüdern, Kopfhängern und Muckern, machen möchten; aus ihrer Mitte sind vielmehr zur Ehre des Landes und zum Ruhm des Fürsten tüchtige Gelehrte, achtbare Ärzte, gefeierte Dichter, würdige Beamte, berühmte Künstler, begeisterte Musiker und Freunde des erhebenden Gesanges hervorgegangen. Daß nicht Alle für das wahre Gute gewonnen werden konnten, daß nicht Jeder bekehrt, belehrt und veredelt wurde, daß Mancher in seinem Widerstreben fortwährend beharrte und von der verderblichen Bahn nicht weichen wollte, die er bisher gewandelt hatte, kann den nicht befremden, der den Menschen, seine Trägheiten und seine Gelüste kennt. Aber im Ganzen ist das Volk anders und besser geworden, im Allgemeinen hat es an Bildung und Gesittung gewonnen, und man sieht Vielen, sehr Vielen, wenn man nur auf ihr Leben und Wesen achtet, den Forschritt an, zu welchem Fürst Franz den Anstoß gegeben hat. Daß in Folge der Zeit der Luxus, die Modesucht, die Prunksucht, die Putzsucht, die Genuß- und Vergnügungssucht überhand genommen haben, ist nicht zu leugnen und gewiß zu beklagen. Davon trägt nicht der Fürst die Schuld, sondern der Zeitgeist, den Er nicht herbeigerufen hat und auch nicht dämpfen konnte. Er lebte einfach und prunklos. Die leichte Verbindung mit allen den Ländern und Städten, in welchen jener Geist herrschend geworden war, der beständige Verkehr mit Menschen aus allen Ständen, welche ihm huldigten, der unaufhörliche Wechsel der Stoffe, woraus die Menschen ihren Schmuck und ihre Genüsse bereiten, die Unmöglichkeit zurückzubleiben und zu veralten, wenn Andere vorwärts schritten und sich gleichsam täglich verjüngten — — das Alles mußte auch auf Seine Unterthanen Einfluß haben und Jeden anziehen und fesseln, der sich nicht beherrschen konnte und auch seinen Antheil an den Gütern und Freuden der Erde haben wollte, die in immer neuen Gestalten auf den Markt gebracht wurden. Vater Franz veranlaßte die Erhebung Seines Volks; Ihm verdankt es den Umschwung aller Dinge, so daß Er am Ende Seiner Tage mit Recht sagen konnte: Siehe, das Alte ist vergangen, es ist Alles neu worden; so daß Er bei Seinem Abschiede von der Erde Sein müdes Haupt getrost niederlegen und ausruhen konnte von Seiner Arbeit. Er war nicht so eitel und selbstgefällig, daß Er hätte fragen sollen, wie Augustus: Hab' ich meine Rolle nicht gut gespielt? klatscht doch! Er war kein Schauspieler; allein Er konnte sagen: Ich habe doch nicht ganz umsonst gelebt.

Noch waltet und wirkt Sein Geist mit unsichtbarer Gewalt in dem Lande, welches noch heute der Schauplatz Seiner rastlosen Thätigkeit ist. Von diesem Geiste sind noch Alle erfüllt, die Ihn kannten, die von Ihm gehört haben, die aus den Denkmälern Seiner Wirksamkeit erschließen, was Er gewollt und bezweckt hat. Durch die Erhaltung Seiner Werke, durch die Schmückung des Unscheinbargewordenen, durch die Erneuerung des Alternden und Verjüngung des Veralteten, durch Fortführung der begonnenen und Anlegung neuer Kunststraßen, durch Alleen, Anpflanzungen, Blumengärten und Parkanlagen, durch neue Gebäude und Brücken, durch so viele, den Bedürfnissen der Zeit und des Orts angemessene, äußere und innere Veränderungen in Kirchen und Schulen und andern Anstalten, errichtet Sein edler Enkel und Nachfolger, des jetzt regierenden Herzogs Hoheit, Sich Selbst ein Denkmal hoher Pietät und beweist, daß Er wohl fühlt und erwogen hat, wie Herrliches und Großes Sein erhabner Ahnherr in Seine Hände gelegt und wie es Ihm zukomme, in der Bahn fortzuschreiten, auf welcher Vater Franz unter den schwierigsten Umständen und in der schreckenvollsten Zeit Ihm so muthig und rüstig vorangegangen ist. An dem Aufblühen der naturforschenden Gesellschaft, des Gartenbauvereins und der Blumenzucht, an der Thätigkeit und dem Eifer, womit überall im Lande die öffentlichen Behörden Ausbrüchen roher Sinnlichkeit, den Ausschweifungen ungezügelter Begierden und den frechen Angriffen auf das Eigenthum und auf die Denkmäler der Kunst entgegentreten, an der frommen Regsamkeit endlich, mit welcher die würdigen Geistlichen und Schullehrer für den Zweck der Kirche und der Schule auf den Kanzeln und in den Hörsälen, so wie durch die Bibelgesellschaft und den Gustav-Adolph-Verein und noch in andrer Weise Sorge tragen, sieht man noch immer die Hand, welche den Grund zu Allem legte, was seit fast 30 Jahren auf dem Boden, den Fürst Franz durch Seine Gegenwart verherrlichte, ins Leben getreten ist und sich weiter entwickelt, erkennt man die treuen und dankbaren Söhne des Vaterlandes, welche Ihm nachstreben und von Ihm gelernt haben, ihr irdisches Dasein zum Segen für Mit- und Nachwelt zu machen.

Ihm sei denn Ehre, Ruhm und Dank, dem Vater des Vaterlandes!

Ich stehe nicht an, Ihm Klopstock's Worte aus der Ode Friedrich V. zuzueignen und nachzurufen:

Niemals weint' Er am Bild eines Eroberers,
Seines Gleichen zu sein! Schon da Sein menschlich Herz
Kaum zu fühlen begann, war der Eroberer
Für den Edleren viel zu klein!

Aber Thränen nach Ruhm, welcher erhabner ist,
Keines Höflings bedarf, Thränen, geliebt zu sein
Vom glückseligen Volk, weckten den Jüngling oft
In der Stunde der Mitternacht,

Wenn der Säugling im Arm hoffender Mütter schlief,
Einst ein glücklicher Mann! wenn sich des Greises Blick
Sanft im Schlummer verlor, jetzo verjünget ward,
Noch den Vater des Volks zu sehn.

Lange sinnt Er ihm nach, welch ein Gedank' es ist
Gott nachahmen, und Selbst Schöpfer des Glücks zu sein
Vieler Tausend! Er hat eilend die Höh' erreicht,
Und entschließt Sich, wie Gott zu sein!

Wie das ernste Gericht furchtbar die Wage nimmt,
Und die Könige wägt, wenn sie gestorben sind,
Also wägt Er Sich Selbst jede der Thaten vor,
Die Sein Leben bezeichnen soll!

Ist ein Christ! und belohnt redliche Thaten erst!
Und dann schaut Sein Blick lächelnd auf die herab,
Die der Muse sich weihn, welche, mit stiller Kraft
Handelnd, edeler die Seele macht!

Winkt dem stummen Verdienst, das in der Ferne steht!
Durch sein Muster gereizt, lernt es Unsterblichkeit!
Denn Er wandelt allein, ohne der Muse Lied
Sichres Wegs zur Unsterblichkeit!

Gedruckt in der Hofbuchdruckerei in Deßau.

Verlag von Karl Aue in Dessau.

Probst Friedrich Reil

Bildnis aus den 40er Jahren des 19. Jahrhunderts

Ein Porträt fotografischen Ursprungs aus den 40er Jahren des vorigen Jahrhunderts ist an sich schon eine Rarität. Da auf dem Original nicht vermerkt wurde, wann und wo es entstand und es nur »in der Mitte der 40er Jahre« zu datieren ist, stellt sich sogleich die Frage: Ist's möglich? – Wie entstand das Bild? –

Verschiedenste Experimente, die schließlich zu dem führten, was wir heute »Fotografie« nennen, verdichteten sich in den 30er Jahren des 19. Jahrhunderts zu ersten erkennbaren Erfolgen. Beinahe gleichzeitig traten 1839 Louis Jacques Mandé Daguerre (1789-1851) in Paris und William Henry Talbot (1800-1877) in London mit den Ergebnissen ihrer Experimente an die Öffentlichkeit.

Friedrich Reil starb 1849. Wann also zwischen 1839 und 1849 kann dieses hier erstmals veröffentlichte »Foto« entstanden sein? – Ab wann und wo wurde durch wen in Mitteldeutschland erstmals fotografiert?

Es war 1841, als ein Franzose in Leipzig einen »Kasten« verkaufte und metallene Spiegelbilder zeigte, von denen er vorgab, sie damit angefertigt zu haben.

Ein junger Mann, der 1819 in Ermsleben geborene Carl Albert Dauthendey, gelangte schließlich in den Besitz jener »Camera obscura«, nachdem ihm ein Onkel, der herzoglicher Kammerherr in Dessau war, 300 Thaler zum Ankauf spendiert hatte.

Mit der Camera obscura, deren Wirkungsweise 1558 bereits der Neapolitaner Giovanni Battista della Porta (1535-1615) entdeckte, und mit den neuesten Erkenntnissen des Monsieur Daguerre experimentierte der junge Dauthendey verbissen und brachte dann tatsächlich im Juni 1841 die ersten »Fotos« zustande. Diese Daguerreotypien – wie man sie nun nannte – waren die ersten »Fotos«, die in Deutschland gemacht wurden, und der damals 21jährige Carl Albert Dauthendey war der erste »Lichtbildner« in Deutschland. Unermüdlich weiterarbeitend verbesserte er seine Technik, hatte Erfolg, stellte seine Lichtbildkunst im Mai 1842 auf der Leipziger Messe vor und bekam nun Einladungen und Aufträge sowohl aus Leipzig als auch aus Magdeburg, Halle und Chemnitz.

Im Juli 1843 holte ihn sein Onkel, der herzoglich anhaltische Kammerherr, nach Dessau. Carl Albert Dauthendey wohnte im Gasthof »Zum Goldenen Beutel« in der Steinstraße, richtete sich dort – von Gastwirt Ferdinand Schmidt begeistert unterstützt – sein Labor ein, und außer vielen anderen ließen sich selbst Herzog Leopold und zahlreiche Angehörige der herzoglichen Familie im Garten des »Goldenen Beutel« im Sonnenschein nieder, um sich von Dauthendey ablichten zu lassen.

Zu dieser Zeit, im Sommer 1843, könnte frühestens auch das Bild des von Delitzsch aus immer wieder in Wörlitz, Oranienbaum oder in Dessau bei der Verwandtschaft weilenden Friedrich Reil entstanden sein.

Dauthendey war 1843 bis in den September hinein in Dessau geblieben. Herzogin Friederike empfahl ihn an ihre Cousine, Zarin Alexandra in St. Petersburg, die Gemahlin des Zaren Nikolaus I., und Dauthendey ging für die folgenden 20 Jahre nach Rußland. Nur besuchsweise kehrte er 1847 nach Anhalt und Leipzig zurück. Dieser Zeitpunkt ergibt die zweite Möglichkeit der Entstehung des hier wiedergegebenen Reil-Bildnisses.

Dauthendey hatte neben der Daguerreotypie frühzeitig auch mit der Talbottypie zu experimentieren und zu arbeiten begonnen. Und gegen Ende des Jahrzehnts stieg auch so manch anderer in die neue Lichtbildkunst ein.

Was letztlich bleibt zur genaueren Bestimmung des vorliegenden Bildes, ist der Vergleich.

Die frühen, verhältnismäßig schwachen Fotos wurden mit hoher Sensibilität retuschiert. Dauthendey führte das vereinzelt sogar farbig sehr gut aus, verstand es aber auch beim Schwarz-Weiß-Bild, nahezu unmerklich mit Bleistift oder Tusche daran zu verbessern. Im Vergleich mit den erhaltenen frühen Arbeiten Dauthendeys wird deutlich, daß das Reil-Bild ganz seine Arbeit ist.

Am nächsten steht die hier wiedergegebene Aufnahme von Friedrich Reil in Technik, Überarbeitung und Qualität einem anderen Foto Dauthendeys, das dieser von Pfarrer Heinrich Happach in Sandersleben aufgenommen hat und eigenhändig mit »April 1847« datierte. Es ist im Nachlaß des Sohnes von Carl Albert Dauthendey, des 1867 in Würzburg geborenen und 1918 auf Java verstorbenen Dichters May Dauthendey erhalten.

Aus dem Verlagsprogramm:

Rode, August: Leben des Herrn von Erdmannsdorff, Dessau 1801. (Reprint)
257 Seiten, 5 Abbildungen. Nur über den Verlag zu beziehen.

De Ligne,
Prince Charles-Joseph: Der Garten zu Beloeil nebst einer kritischen Uebersicht der meisten Gärten Europens, Dresden 1799. (Reprint)
Ca. 540 Seiten, 11 Abbildungen.
ISBN 3-930696-00-2

In Vorbereitung:

Rode, August: Beschreibung des Landhauses und Englischen Gartens zu Wörlitz, Dessau 1814. (Reprint)
Ca. 260 Seiten, 10 Abbildungen, 1 gefaltetes Ansichtenkupfer
ISBN 3-930696-02-9

Dwinger, Edwin Erich: Armee hinter Stacheldraht, Wörlitz 1995. (Bewegendes Schicksal eines deutschen Offiziers in der Gefangenschaft während des I. Weltkrieges)
ISBN 3-930696-05-3

Kettmann-Verlag
Markt 12
06786 WÖRLITZ

Tel. / Fax 034905 20282

INHALTSVERZEICHNIS